西方经济学

XIFANG JINGJIXUE

（第4版）

梁小民 编著

国家开放大学出版社·北京

图书在版编目（CIP）数据

西方经济学 / 梁小民编著 . -- 4 版 . —北京：国家开放大学出版社，2021.7（2022.11 重印）

ISBN 978-7-304-10819-9

Ⅰ. ①西… Ⅱ. ①梁… Ⅲ. ①西方经济学－开放教育－教材 Ⅳ. ①F091.3

中国版本图书馆 CIP 数据核字（2021）第 101750 号

西方经济学（第 4 版）

XIFANG JINGJIXUE

梁小民　编著

出版·发行： 国家开放大学出版社

电话： 营销中心 010-68180820　　总编室 010-68182524

网址： http://www.crtvup.com.cn

地址： 北京市海淀区西四环中路 45 号　　**邮编：** 100039

经销： 新华书店北京发行所

策划编辑： 王国华　　**版式设计：** 何智杰

责任编辑： 朱翔月　　**责任校对：** 吕昀谿

责任印制： 武　鹏　马　严

印刷： 唐山嘉德印刷有限公司

版本： 2021 年 7 月第 4 版　　2022 年11月第 3 次印刷

开本： 787mm × 1092mm　1/16　　**印张：** 28.75　　**字数：** 603 千字

书号： ISBN 978-7-304-10819-9

定价： 56.00 元

（如有缺页或倒装，本社负责退换）

意见及建议：OUCP_KFJY@ouchn. edu. cn

第4版前言

《西方经济学》教材前3版受到国家开放大学领导、教师和广大学生的欢迎，一直使用到现在，我谨表谢意，感谢大家的支持与厚爱。

经济学和经济现实在不断变化，作为一本教材应该不断更新，以适应新的情况。这次修改有两点说明。第一，保持原有的体系与内容不变。这个体系与内容仍能反映经济学的进展。国外的教材在修改时也坚持这一原则，以保持教材的稳定性。曼昆的《经济学原理》已出至第8版（国内北京大学出版社在2020年出版了该书第8版的中文版），也是基于这一原则。第二，修改主要在“案例研究”部分，通过更换旧案例，增加新案例，保持教材与经济现实的一致性，也有助于大家通过新案例更好地理解教材的内容。这次修改除对书中个别地方进行补充之外，新写了13个“案例研究”，有些是替代旧的，有些是新增加的。

西方经济学这门课的目的和重点是掌握西方经济学的基本概念、基本方法与基本理论。我们特别要记住，《西方经济学》是在西方经济背景下写出的，反映的是西方国家市场经济的理论与实践。它对于我们有相当大的借鉴与学习意义，但我们不能照搬照抄。我们要根据自己的国情，走自己的路，建立自己的社会主义市场经济。

希望广大读者朋友批评、指正。

梁小民

2020年11月26日

第1版前言

我为中央广播电视大学讲授西方经济学课程和编写教材已有十余年，先后出版过《西方经济学基础教程》(1992年，北京大学出版社)、《西方经济学教程》(1993年，中国统计出版社)以及《西方经济学教程》(修订版，1995年，中国统计出版社)。这次出版的《西方经济学》是最新版本。

经济学的发展日新月异，作为教材应当与时俱进，反映最新的内容。这一版的变动是最大的，许多内容都重写了。这一版的主要变动是：第一，微观经济学部分增加了许多新内容，比如市场失灵、信息不对称、企业理论等。这些内容都是近年来备受人们关注的。第二，宏观经济学的体系与内容完全更新，与国外同类教材接轨。第三，为了让读者更容易理解，增加了“案例研究”“参考资料”“关键概念”“内容提要”“思考题”等内容。第四，根据读者在使用中反映的意见，对一些内容的表述作了修改，使读者学起来更方便。

西方经济学是一门基础课，对提高学生的整体素质和以后各专业课程的学习都是极为重要的，各学校也非常重视这门课的教学。因此，我在编写这本教材时感到责任重大，尽管自己做了不少努力，但肯定尚有欠缺之处，望读者批评、指正。

在这本教材的写作过程中，从编写教学大纲到最后成书，我得到了清华大学蔡继明教授和中国人民大学吴汉洪教授的大力帮助，他们提出的许多修改意见使我受益匪浅，也已经反映在本教材中。中央广播电视大学王社荣先生一直负责这门课的教学工作，为这本教材的写作和出版付出了辛勤的劳动。中央广播电视大学出版社的郭于红女士为这本教材的内容、版式设计、出版作出了重要贡献。本教材的写作与出版还得到了中央广播电视大学各级领导的关心与支持，没有他们的努力，本教材也达不到现在的水平。我诚挚地向他们致谢。

梁小民

2002年11月16日

目　录

下 篇

第一章 CHAPTER 1

导　言

经济学研究什么？用什么方法研究问题？这是我们在学习这门课程时必须弄清楚的问题，也是本章的中心。

重点掌握

◎ 稀缺性的含义

◎ 选择的含义

◎ 机会成本的含义

◎ 微观经济学的含义

◎ 宏观经济学的含义

◎ 实证方法与规范方法的区别

一般掌握

◎ 生产可能性曲线的含义

◎ 微观经济学与宏观经济学的联系

◎ 实证分析方法

一般了解

◎ 计划经济与市场经济的特征

◎ 经济理论与经济政策的关系

第一节 经济学的研究对象

自古以来，人类社会就为经济问题所困扰，生存与发展始终是社会所关心的热门话题。进入 21 世纪之后，经济失衡、贫富对立、失业、通货膨胀、经济停滞、国际经济冲突等，仍然是各国所面临的难题。透过各种表面现象，人类经济问题的根源在于资源的有限性。一方面，相对于人类无穷的欲望而言，大自然赋予我们的资源太少了；另一方面，出于自然或社会的原因，这些有限的资源还往往得不到充分的利用。因此，如何合理地配置和利用有限的资源，就成为人类社会永恒的问题。经济学正是为解决这个问题而产生的。也正因为经济学所要解决的问题如此重要，所以它被称为“社会科学的皇后”。要了解经济学，先要了解人类社会面临的一个永恒问题——资源的稀缺性。

一、稀缺性：人类社会永恒的问题

人类社会的基本问题是生存与发展。生存与发展就是不断地用物质产品（或劳务）来满足人们日益增长的需求。需求来自欲望。欲望是一种缺乏的感受与求得满足的愿望。

注意欲望与需求之间的差别。

欲望可能产生于生理要求，也可能产生于心理要求。欲望的基本特点在于无限性，即人的欲望永远没有完全得到满足的时候。一种欲望满足了，又会产生新的欲望，永无止境。用中国的一句俗话来说，就是“人心不足蛇吞象”。在汉语中，这句话有点贬义。自宋代理学兴起的传统伦理道德观是“存天理，灭人欲”，把人的欲望视为万恶之源。其实，“人心”要是满足了，社会还有发展的动力吗？正是欲望的无限性推动了人类不断去追求、去探索，才有了社会的进步。

人的欲望要用各种物质产品（或劳务）来满足。物质产品（或劳务）要用各种资源来生产。这些资源包括人力资源与自然资源。谁都知道，一个社会无论有多少资源，总有一个有限的量。无限的欲望与有限的资源之间的关系就是经济学所说的稀缺性。我们可以给稀缺性下这样一个定义：

相对于人类社会的无穷欲望而言，经济物品，或者说生产这些物品所需要的资源总是不足的。这种资源的相对有限性就是稀缺性。

这里所说的稀缺性不是指资源绝对数量的多少，而是指相对于无限的欲望而言，再多的资源也是稀缺的。这就是稀缺性的相对含义。换言之，稀缺性是就相对含义而言的。

注意稀缺性是相对的，是相对于人类欲望的无限性而言的。

稀缺性是人类社会面临的永恒问题。这就是说，稀缺性的存在是绝对的。它存在于人类历史的各个时期和一切社会。从历史来看，稀缺性存在于人类社会的所有时期，无论是早期的原始社会，还是当今的社会。从现实来看，稀缺性存在于世界各地，无论是贫穷的非洲，还是富裕的欧美。社会上的每个人，无论是富可敌国的盖茨，还是一贫如洗的阿富汗难民，都要面对稀缺性，无非稀缺的内容不同而已。所以，稀缺性是人类社会永恒的问题，只要有人类社会，就会有稀缺性。

经济学正是产生于稀缺性。经济学的研究对象也正是由这种稀缺性决定的。

二、生产可能性曲线、机会成本和选择

稀缺性决定了每一个社会和个人必须作出选择。欲望有轻重缓急之分，同一种资源又可以满足不同的欲望。选择就是用有限的资源去满足什么欲望的决策，或者说如何使用有限资源的决策。

> 注意稀缺性与选择之间的关系。

作出选择有所得就要有所失，这就是经济学家所说的“天下没有免费的午餐”。为了得到某种东西而放弃的另一种东西就是作出决策的机会成本。例如，我们把一块土地作为高尔夫球场时，必须放弃这块土地所能生产的粮食。为修建高尔夫球场所放弃的粮食就是修建高尔夫球场这项选择的机会成本。

> 注意机会成本并不是实际上的支出，而是一种观念上的支出。比如，修建高尔夫球场的机会成本是放弃一定量的粮食，但并不是实际支出或损失了多少粮食。

我们可以用生产可能性曲线的概念来说明稀缺性、选择和机会成本。

假定一个社会用全部资源生产两种物品：粮食和棉花。如果只生产粮食，可以生产 15 万吨；只生产棉花，可以生产 5 万吨。在这两种极端的可能性之间，还存在粮食和棉花的不同数量组合。假设这个社会在决定粮食与棉花的生产时，提出了 *A*、*B*、*C*、*D*、*E*、*F* 六种组合方式，则可以作出表 1-1。

表 1-1 生产可能性表

可能性	棉花 / 万吨	粮食 / 万吨
A	0	15
B	1	14
C	2	12
D	3	9
E	4	5
F	5	0

根据表 1-1，我们可以作出图 1-1。

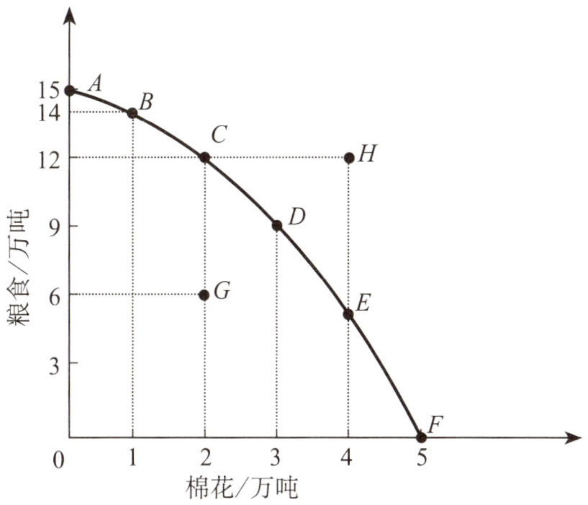

图 1-1 生产可能性曲线

在图 1-1 中，连接 A、B、C、D、E、F 点的 AF 线是在资源既定的条件下所能达到的粮食与棉花最大产量的组合，被称为生产可能性曲线或生产可能性边界。AF 线还表明了多生产一单位粮食要放弃多少单位棉花，或者多生产一单位棉花要放弃多少单位粮食，因此，又被称为生产转换线。从图 1-1 中还可以看出，AF 线内的任何一点（如 G 点）粮食与棉花的组合（6 万吨粮食和 2 万吨棉花），也是资源既定条件下所能达到的组合，但并不是最大产量的组合，即资源没有得到充分利用。AF 线外的任何一点（如 H 点）粮食与棉花的组合（12 万吨粮食和 4 万吨棉花），是粮食和棉花更大产量的组合，但在现有资源条件下无法实现。

生产可能性曲线是在资源既定的条件下所能达到的两种物品最大产量的组合。

生产可能性曲线说明了稀缺性、选择和机会成本这三个重要概念。

> 生产可能性曲线是用来说明稀缺性、选择和机会成本这三个概念的。

人的欲望是无限的，用来满足这种欲望的粮食与棉花的产量也应该是无限的。但由于资源是有限的，这个社会不能生产无限量的粮食与棉花，这就表明社会资源存在稀缺性。生产可能性曲线之外是无法实现的产量组合，这就表明了稀缺性的存在。

在存在稀缺性的情况下，人们必须作出生产多少粮食和棉花的决策。这就是人们所面临的选择问题。生产可能性曲线上的所有点都是人们所作出的选择。

在资源既定时，多生产一吨棉花就要少生产若干吨粮食，或者说为了多得到一吨棉花就要放弃若干吨粮食。所放弃的若干吨粮食正是得到一吨棉花的机会成本。例如，从 A 点到 B 点，为了多生产 1 万吨棉花（从 0 吨增加到 1 万吨）就必须放弃 1 万吨粮食（从 15 万吨减少到 14 万吨）。所放弃的 1 万吨粮食就是生产 1 万吨棉花的机会成本。生产可能性曲线的斜率代表机会成本。

这里我们应该注意，生产可能性曲线凹向原点，即为了多生产棉花所放弃的粮食产量是递增的。例如，从 B 点到 C 点，多生产 1 万吨棉花所放弃的粮食就是 2 万吨，即机会成本是 2 万吨粮食，比从 A 点到 B 点时多生产 1 万吨棉花的机会成本（1 万吨粮食）增加了。这是因为，当我们把更多的资源用于生产棉花时，就把越来越不适宜于生产棉花的资源用于生产棉花，这时效率就会下降，或者说不得不放弃的粮食越来越多。

经济学家把选择概括为三个相关的问题。

第一，生产什么与生产多少。用粮食与棉花的例子来说，就是生产粮食还是棉花；或者生产多少粮食、多少棉花，即在粮食与棉花的可能性组合中选择哪一种。

第二，如何生产。如用什么方法来生产粮食与棉花。生产方法实际上就是如何对各种生产要素进行组合，是多用资本，少用劳动，用资本密集型方法来生产；还是少用资本，多用劳动，用劳动密集型方法来生产。不同的方法可以达到相同的产量，但在方法不同的情况下，其经济效率并不相同。

第三，生产出来的产品如何分配。如粮食与棉花按什么原则分配给社会各阶层与各个成员，也就是"为谁生产"的问题。

稀缺性是人类社会在各个时期所面临的永恒问题，所以，选择即"生产什么""如何生产"和"为谁生产"的问题，也就是人类社会所必须解决的基本问题。这三个问题被称为资源配置问题。

经济学是为解决稀缺性问题而产生的，因此，经济学所研究的对象就是由稀缺性而引起的选择问题，即资源配置问题。也正是在这种意义上，许多经济学家把经济学定义为"选择的科学"或者"研究稀缺资源在各种可供选择的用途之间进行分配的科学"。

资源配置是指如何使用资源，也就是如何作出使用资源的选择。

三、经济学与资源利用

在现实中，人类社会往往面临这样一种矛盾：一方面，资源是稀缺的；另一方面，稀缺的资源还得不到充分利用。英国著名经济学家罗宾逊针对 20 世纪 30 年代的经济大危机不无讽刺地说，"当经济学家们把经济学定义为研究稀缺资源在各种可供选择的用途之间进行分配的科学时，英国有 300 万工人失业，而美国的国民生产总值的统计数字刚下降到原来水平的一半"。

这种情况就是产量没有达到生产可能性曲线所代表的水平（如图 1-1 中的 G 点），稀缺的资源被浪费了。而且，人类社会为了发展，也不能仅仅满足于达到生产可能性曲线所代表的水平，还要利用既定的资源生产出更大的产量（如图 1-1 中的 H 点）。这样，资源的稀缺性又引出了另一个问题：资源利用。所谓资源利用，就是人类社会如何更好地利用现有的稀缺资源，使之生产出更多的物品。

资源利用包括这样三个相关的问题。

第一，为什么资源得不到充分利用。如粮食与棉花的产量达不到生产可能性曲线上的各点所代表的水平。换句话说，也就是如何能使稀缺的资源得到充分利用，如何使粮食与棉花的产量达到最大。这就是一般所说的“充分就业”问题。

第二，在资源既定的情况下，为什么产量有时高有时低。如尽管资源条件没有变，但粮食与棉花的产量为什么不能始终保持生产可能性曲线所代表的水平。这也就是经济生活中为什么会有周期性波动的原因。与此相关的是，如何用既定的资源生产出更多的粮食与棉花，即实现经济增长。这就是一般所说的“经济波动与经济增长”问题。

第三，现代社会是一个以货币为交换媒介的商品社会，货币购买力的变动对资源配置与利用所引起的各种问题的解决都影响甚大。这样，解决这些问题就必然涉及货币购买力的变动问题。这就是一般所说的“通货膨胀（或通货紧缩）”问题。

由以上内容可以看出，稀缺性不仅引发了资源配置问题，而且引发了资源利用问题。正因为如此，许多经济学家认为把经济学定义为“研究稀缺资源配置和利用的科学”也许更恰当一些。

四、经济学与经济制度

尽管各个社会都存在稀缺性，但解决稀缺性问题的方法并不相同。换句话说，在不同的社会中，资源配置与资源利用问题的解决方法是不同的。**经济制度就是一个社会作出选择的方式，或者说解决资源配置与资源利用问题的方式**。人类社会的各种经济活动都是在一定的经济制度下进行的。经济学家十分重视经济制度的作用。

> 要注意经济制度是社会制度的一个重要组成部分，但不同于社会制度。社会主义与资本主义是社会制度，计划经济和市场经济是经济制度。社会主义既可以采用计划经济，也可以采用市场经济。

当前世界上解决资源配置与资源利用问题的经济制度基本有两种：一种是市场经济，即通过市场上价格的调节来决定生产什么、如何生产与为谁生产。用我们所举的例子来说，就是粮食与棉花哪一种产品的价格高就生产哪一种，用什么方法生产价格低就用什么方法生产，谁为生产出来的产品付的价格高就为谁生产。资源的充分利用依靠价格的调节与刺激和政府宏观调控来实现。另一种是计划经济，即通过中央计划来决定生产什么、如何生产与为谁生产。也就是说，用既定的资源生产粮食还是生产棉花、用什么方法生产粮食与棉花、生产出来的粮食与棉花分配给谁都由中央计划来安排。资源的充分利用也依靠计划来实现。

市场经济与计划经济的差别主要表现在三个基本经济问题上：第一，决策机制不同。在市场经济条件下，选择的决策由参与经济的众多个人和企业分散地独立作出；在计划经济条件下，选择的决策由中央计划机构集中地作出。第二，协调机制不同。在市场经济条件下，由价格来协调千百万人的决策，使这些决策一致；计划经济是一个金字塔式的等级体系，用自上而下的命令来贯彻决策，保持决策的协调。第三，激励机制不同。市场经济的激励以个人物质利益为中心，强调“小河有水大河满”；计划经济的激励以集体主义的精神为中心，强调“大河没水小河干”。

经济学家从经济效率、经济增长和收入分配角度来比较这两种经济制度。应该说，这两种经济制度各有利弊。从 20 世纪的总体经济状况来看，市场经济优于计划经济。可以说，经济上成功的国家基本上都采取了市场经济，而采取计划经济的国家基本上无一成功者。正是出于这一原因，20 世纪 80 年代之后，原来采取计划经济的国家纷纷转而采取市场经济。

要注意人类社会没有一种绝对好的经济制度。制度选择只是选择缺点较少或次优的制度。

市场经济是组织经济活动的一种好方式已成为绝大多数人的共识，但市场经济并非完美无缺，因此，还需要政府用各种干预手段来纠正市场经济的缺点。经济学家把这种**以市场调节为基础，又有政府适当干预的经济制度称为混合经济**。混合经济绝不是市场经济和计划经济的混合，而是对市场经济的改进。因此，混合经济又被称为现代市场经济，以区别于只有市场调节、没有政府干预的古典市场经济。

经济学是研究一定经济制度下资源配置与资源利用的科学。本书所介绍的西方经济学是研究市场经济制度下资源配置与资源利用的科学。西方经济学就是市场经济的经济学。我国的经济改革以建立和发展社会主义市场经济为目标，其本质仍然是现代市场经济。从这种意义上说，学习西方经济学对我国经济发展同样具有重要的意义。

案例研究

大炮与黄油

经济学家经常爱讨论“大炮与黄油”问题。“大炮”代表军用品，是保卫一个国家的安全所必不可少的；“黄油”代表民用品，是提高一国国民生活水平所必需的。“大炮与黄油”问题也就是一个社会如何配置自己的稀缺资源的问题。

任何一个国家都希望有无限多的“大炮与黄油”，这就是欲望的无限性。但任何一个社会用于生产“大炮与黄油”的资源总是有限的，这就是社会所面临的稀缺性问题。因此，任何一个社会都要决定生产多少“大炮与黄油”，这就是社会所面临的选择问题。作出选择并不是无代价的。在资源既定的情况下，多生产一单位“大炮”，就要少生产若干单位“黄油”。为多生产一单位“大炮”所放弃的若干单位“黄油”就是生产“大炮”的机会成本。“大炮与黄油”问题概括了经济学的内容。

各个社会都要解决“大炮与黄油”问题。德国纳粹时期，希特勒叫嚣“要大炮不要黄油”，实行国民经济军事化。第二次世界大战后，苏联为了与美国对抗并实现霸权，把有限的资源用于“大炮”——军事装备与火箭的生产等，导致人民生活水平低下，长期缺乏“黄油”，匈牙利经济学家科尔奈称之为“短缺经济”。第二次世界大战中，美国作为“民主的兵工厂”（当时美国总统罗斯福的提法），向反法西斯国家提供武器，也把相当多的资源用于生产“大炮”。“大炮”增加，“黄油”减少，因此，美国战时对许多物品实行管制。无论出于什么目的而更多地生产“大炮”，都要求经济的集中决策——希特勒的法西斯独裁、苏联的计划经济以及美国的战时经济管制。这些体制都可以集中资源不计成本地达到某种目的——法西斯德国的侵略、苏联的霸权以及美国的反法西斯。但代价是“黄油”减少，人民生活水平下降。

在正常的经济生活中，政府与市场共同决定“大炮”与“黄油”的生产，以使社会福利达到最大。整个经济学都是在解决“大炮与黄油”问题。学生在学习中可以经常想一想所学的内容与这一问题有什么关系，或者说如何更好地解决“大炮与黄油”问题。

第二节 微观经济学与宏观经济学

经济学研究资源配置与资源利用，内容是相当广泛的，其中研究资源配置的微观经济学与研究资源利用的宏观经济学是其基础。本书所要介绍的内容正是微观经济学与宏观经济学的基本原理。在这一节中，我们先对微观经济学与宏观经济学作概括性的介绍，以便学生进一步理解经济学研究的对象，并为阅读以后的内容积累一些预备性知识。

一、微观经济学

1. 微观经济学的定义

“微观”的英文为“micro”，它来源于希腊文“μτκρο”，原意是“小”。微观经济学以单个经济单位为研究对象，通过研究单个经济单位的经济行为和相应的经济变量单项数值的决定来说明价格机制如何解决社会的资源配置问题。美国经济学家曼昆在他的《经济学原理》中概括出了“经济学十大原理”，其中前七个是关于微观经济学的。这就是：①人们面临权衡取舍（在资源有限时的选择）；②某些东西的成本是为了得到它所放弃的东西（选择要付出机会成本）；③理性人考虑边际量（以后会介绍边际量的含义，这是经济学中一个极为重要的概念）；④人们会对激励作出反应；⑤贸易可以使每个人的状况都变得更好；⑥市场通常是组织经济活动的一种好方法；⑦政府有时可以改善市场结果。

在理解微观经济学的定义时，要注意这样几点。

第一，研究的对象是单个经济单位的经济行为。单个经济单位指组成经济的最基本的单位：家庭与企业。家庭是经济中的消费者和生产要素的提供者。企业是经济中的生产者和生产要素的需求者。在微观经济学的研究中，假设家庭与企业经济行为的目标是实现最大化，即家庭要实现满足程度（效用）最大化，企业要实现利润最大化。微观经济学研究家庭与企业的经济行为就是研究家庭如何把有限的收入分配于各种物品的消费，以实现满足程度最大化，以及企业如何把有限的资源用于各种物品的生产，以实现利润最大化。经济学家在给微观经济学所下的定义中特别强调了这一点。例如，美国经济学家亨德森强调："居民户与厂商这种单个单位的最优化行为奠定了微观经济学的基础。"

> 微观经济学强调研究家庭与企业的行为，价格支配家庭与企业的行为，所以，微观经济学又被称为价格理论。

第二，解决的问题是资源配置。资源配置即前面所说的生产什么、如何生产和为谁生产的问题。解决资源配置问题就是要使资源配置达到最优化，即在这种资源配置下能给社会带来最大的经济福利。微观经济学从研究单个经济单位的最大化行为入手，来解决社会资源的最优配置问题。因为如果每个经济单位都实现了最大化，那么，整个社会的资源配置也就实现了最优化。

> 在现实中，家庭和企业行为的目标可能是多元化的，但在经济学中假设它们的目标是最大化。学完后面对假设的解释，学生会更深刻地理解这一点。

第三，中心理论是价格理论。在市场经济中，家庭和企业的行为要受价格的支配，生产什么、如何生产和为谁生产都由价格决定。价格像一只看不见的手，调节着整个社会的经济活动，通过价格的调节，社会资源的配置实现了最优化。微观经济学正是要说明价格如何使资源配置达到最优化。因此，价格理论是微观经济学的中心，其他内容都是围绕这一中心问题展开的。也正因为这样，微观经济学也被称为价格理论。微观经济学的中心理论实际上是解释英国古典经济学家斯密的"看不见的手"这一原理的。斯密认为，每个人都在追求自己的个人利益，但他们在这样做时，由于一只"看不见的手"的指引，结果增加了社会利益。"看不见的手"就是价格。微观经济学的中心就是要解释价格如何实现资源配置最优化。

第四，研究方法是个量分析。个量分析主要研究经济变量的单项数值如何决定。例如，微观经济学中研究的价格是某种商品的价格，即价格这种经济变量的单项数值。微观经济学中所涉及的变量，如某种产品的产量、价格等都属于这一类。微观经济学分析这类个量的决定、变动及其相互间的关系。美国著名经济学家萨缪尔森强调了微观经济学个量分析的特征，即微观经济学是"关于经济中单个因素——诸如一种产品价格的决定或单个消费者或企业的行为——的分析"。

2. 微观经济学的基本内容

微观经济学包括的内容相当广泛。其中主要有：

第一，均衡价格理论，也称价格理论。其研究某种商品的价格如何决定，以及价格如何调节整个经济的运行。如上所说，这一部分是微观经济学的中心。其他内容都是围绕这一中心而展开的。

第二，消费者行为理论。其研究消费者如何把有限的收入分配到各种物品的消费上，以实现效用最大化。这一部分是对决定价格的因素之一——需求——的进一步解释。

第三，生产理论，即生产者行为理论。其研究生产者如何把有限的资源用于各种物品的生产而实现利润最大化。这一部分包括研究企业内部组织与效率的企业理论、研究生产要素投入与产量之间关系的生产理论，以及研究成本与收益的成本与收益理论。这一部分是对决定价格的另一个因素——供给——的进一步解释。

第四，厂商均衡理论，或称市场结构理论。其研究企业在不同结构市场上的行为与市场均衡。如果说均衡价格理论研究完全竞争市场上的价格决定问题，这一部分则研究不同市场上的价格决定问题。

第五，分配理论。其研究产品按什么原则分配给社会各集团与个人，即工资、利息、地租和利润如何决定。这一部分运用价格理论来说明“为谁生产”的问题。

第六，一般均衡理论与福利经济学。其研究社会资源配置最优化的实现，以及社会经济福利的实现等问题。

第七，市场失灵与微观经济政策。传统微观经济学理论以完全竞争、完全理性与完全信息为前提。但在现实中，由于存在公共物品、外部性、垄断与信息不对称，价格调节并不总是能实现资源最优配置，这被称为市场失灵。解决市场失灵就需要政府的微观经济政策。

现代微观经济学还包括更为广泛的内容，如产权经济学、成本—收益分析、时间经济学、家庭经济学、人力资本理论等。这些都是在微观经济学基本理论的基础之上发展起来的。微观经济学还是现代管理科学的基础。在本书中，我们将介绍微观经济学最基本的内容：均衡价格理论、消费者行为理论、生产理论、厂商均衡理论、分配理论、市场失灵理论以及相关的微观经济政策。

二、宏观经济学

1. 宏观经济学的定义

“宏观”的英文为“macro”，它来源于希腊文“μικρο”，原意是“大”。宏观经济学以整个国民经济为研究对象，通过研究经济中各有关总量的决定及其变化来说明资源如何才能得到充分利用。曼昆的“经济学十大原理”中其余的三个是关于宏观经济学的：①一国的生活水平取决于它生产物品与提供劳务的能力；②当政府发行了过多货币时，物价上升；③社会面临通货膨胀与失业之间的短期权衡取舍。

在理解宏观经济学的定义时，要注意这样几点。

宏观经济学研究整体经济的运行规律。

第一，研究的对象是整体经济。这就是说，宏观经济学所研究的不是经济中的各个单位，而是由这些单位所组成的整体；不是树木，而是由这些树木所组成的森林。这样，宏观经济学就要研究整体经济的运行方式与规律，从总体上分析经济问题。正如萨缪尔森所说，宏观经济学“根据产量、收入、价格水平和失业来分析整个经济行为”。美国经济学家夏皮罗则强调了“宏观经济学考察国民经济作为一个整体的功能”。

第二，解决的是资源利用问题。宏观经济学把资源配置作为既定的前提，研究现有资源未能得到充分利用的原因、达到充分利用的途径，以及如何增长等问题。微观经济学把资源的充分利用作为既定的前提，但 20 世纪 30 年代的经济大危机打破了这个神话。这样，资源利用就成为经济学的另一个组成部分——宏观经济学——所要解决的问题。

比较微观经济学定义与宏观经济学定义的差别。

第三，中心理论是国民收入决定理论。宏观经济学把国民收入作为最基本的总量，以国民收入的决定为中心来研究资源利用问题，分析整个国民经济的运行。国民收入决定理论被称为宏观经济学的核心。其他理论则运用这一理论来解释整体经济中的各种问题。宏观经济政策则是这种理论的运用。

第四，研究方法是总量分析。总量是指能反映整体经济运行情况的经济变量。这种变量有以下两类：一类是个量的总和。例如，国民收入是组成整体经济的各个单位的收入之和，总投资是各个企业的投资之和，总消费是各个家庭消费的总和，等等。另一类是平均量。例如，价格水平是各种商品与劳务的平均价格。宏观经济学所涉及的总量很多，其中主要有：国内生产总值、总投资、总消费、价格水平、增长率、利率、国际收支、汇率、货币供给量、货币需求量等。总量分析就是分析这些总量的决定、变动及其相互关系，并通过这种分析说明经济的运行状况，决定经济政策。因此，宏观经济学也被称为“总量经济学”。

2. 宏观经济学的基本内容

宏观经济学的内容相当广泛，包括宏观经济理论、宏观经济政策，以及宏观经济计量模型。本书涉及的主要是宏观经济理论与宏观经济政策，其中主要有：

第一，国民收入决定理论。国民收入或称国内生产总值，是衡量一国经济资源利用情况和整体国民经济状况的基本指标。宏观经济学要研究长期与短期中宏观经济的决定：长期中说明潜在国内生产总值、物价水平和自然失业率的变动；短期中用总需求—总供给模型，即从总需求和总供给的角度出发，分析国内生产总值和物价水平的决定及其变动的规律。这是宏观经济学的中心。

第二，失业与通货膨胀理论。失业与通货膨胀是各国经济中最主要的问题。宏观经济学把失业与通货膨胀和国内生产总值联系起来，分析原因及其相互关系，以便找出解决这两个问题的途径。

第三，经济周期与经济增长理论。经济周期指国民收入的短期波动，经济增长指国民收入的长期增长趋势。这一理论主要用来分析国民收入短期波动的原因、长期增长的源泉等问题，以期实现经济长期稳定发展。

第四，开放经济理论。现实的经济都是开放型的经济。开放经济理论用来分析一国国民收入的决定与变动如何影响别国，以及如何受到别国的影响，同时还用来分析开放经济条件下一国经济的调节问题。

注意宏观经济学中理论与政策之间的关系。

第五，宏观经济政策。宏观经济学是为国家干预经济服务的，宏观经济理论要为这种干预提供理论依据，而宏观经济政策则要为这种干预提供具体的措施。政策问题包括：政策目标，即通过宏观经济政策的调节要达到什么目的；政策工具，即用什么具体办法来达到这些目的；政策效应，即宏观经济政策对经济的作用。

应该指出的是，不同的经济学家对经济运行进行了不同的分析，对各种宏观经济问题作出了不同的解释，提出了不同的宏观经济政策，从而形成了不同的宏观经济学流派。当前最有影响的宏观经济学流派是新凯恩斯主义和新古典宏观经济学。

新凯恩斯主义是由凯恩斯主义发展而来的。20 世纪 30 年代的经济大危机使主张完全自由放任的新古典经济学遇到危机。于是英国经济学家凯恩斯在 1936 年出版的《就业、利息和货币通论》中提出了国家用经济政策调节经济以实现稳定的主张，这就是凯恩斯主义。20 世纪 50 年代以后，美国经济学家萨缪尔森等人发展了凯恩斯主义理论，并将之运用到美国，这就形成了当时的凯恩斯主义主流经济学派——新古典综合派。80 年代以后，美国经济学家阿克洛夫、斯蒂格里茨、曼昆等人用微观经济理论解释宏观经济，论证了国家短期中运用政策调节经济的必要性，这就是当代代表国家干预思潮的新凯恩斯主义。

新古典宏观经济学是反对国家干预经济的。第二次世界大战后，代表这种自由放任思潮的是以美国经济学家弗里德曼为代表的货币主义，20 世纪 70 年代之后又出现了理性预期学派，80 年代后则有实际经济周期理论。这些理论也不尽相同，但共同的基本观点是：市场机制是完善的，不需要国家干预。

我们介绍的宏观经济学基本知识以新凯恩斯主义的理论体系为主，但也包括新古典宏观经济学的一些重要观点。

三、微观经济学与宏观经济学的联系

从以上的分析中可以看出，微观经济学与宏观经济学在研究的对象、解决的问题、中心理论和分析方法上存在差别。但作为经济学的不同组成部分，它们之间又有着密切的联系。

> 联系前面对微观经济学和宏观经济学的介绍，理解它们之间的差别。

1. 微观经济学与宏观经济学是互相补充的

经济学的目的是实现社会经济福利的最大化。为了达到这一目的，既要实现资源的最优配置，又要实现资源的充分利用。微观经济学在假定资源已实现充分利用的前提下，分析如何达到最优配置的问题；宏观经济学在假定资源已实现最优配置的前提下，分析如何达到充分利用的问题。它们从不同的角度分析社会经济问题。从这种意义上说，微观经济学与宏观经济学不是相互排斥的，而是相互补充的，它们共同组成了经济学的基本原理。

> 不要把微观经济学和宏观经济学的区分绝对化。

2. 微观经济学与宏观经济学的研究方法都是实证分析

微观经济学与宏观经济学都把社会经济制度作为既定的前提，不分析社会经济制度变动对经济的影响。也就是说，它们都把市场经济制度作为一个既定的存在，分析这一制度下的资源配置与利用问题。这种不涉及制度问题、只分析具体问题的方法就是实证分析。从这种意义上说，微观经济学与宏观经济学都属于实证经济学的范畴。

> 学习实证分析与规范分析之后，你对这一点会有更好的理解。

3. 微观经济学是宏观经济学的基础

整体经济是单个经济单位的总和，微观经济学应该成为宏观经济学的基础。但如何把微观经济学作为宏观经济学的基础，不同的经济学家有不同的理论。凯恩斯主义学派用微观经济学中的均衡概念来解释宏观经济问题，新古典综合派也接受了这一基本观点，并把微观经济学与宏观经济学综合在一个经济学框架之内。

理性预期学派认为，在新古典综合派那里，微观经济学与宏观经济学之间缺乏内在的联系，或者说，并没有使宏观经济学建立在微观经济学的基础之上。他们从新古典经济学的市场出清（价格调节使供求相等）和理性人假设出发，提出了理性预期概念，并以此为基础来构建宏观经济理论。新凯恩斯主义学派承认凯恩斯主义宏观经济学缺乏微观经济学基础，但从信息不对称出发，提出了价格黏性和工资黏性概念，说明了短期中价格调节的不完全性，重建了凯恩斯主义经济学。尽管这两个流派的观点都没有得到经济学界的公认，但以微观经济学为基础构建宏观经济学是目前的主流经济学家们承认的。这说明微观经济学是宏观经济学的基础。

把经济学分为微观经济学与宏观经济学是出于介绍经济学的需要，但这两部分是一个整体。经济学家正在努力把微观经济学与宏观经济学统一起来。

参考资料

微观经济学与宏观经济学名称的由来

在 20 世纪 30 年代之前，并没有微观经济学与宏观经济学的提法。

我们一般把英国古典经济学家斯密视为现代经济学的奠基者，他的主要代表作是《国民财富的性质和原因的研究》（简称《国富论》）。从斯密开始的古典经济学既研究经济增长、经济周期这类我们今天称之为宏观经济学的内容，又研究价格、价值、成本、收入分配这类我们称之为微观经济学的内容。换言之，在经济学形成后的相当长的一段时间内，经济学并没有微观与宏观的区分。

自 19 世纪 70 年代的边际革命之后，经济学的研究视角从生产转向需求，直至 20 世纪 30 年代之前，研究的中心是资源配置，即我们今天所说的微观经济学，这一时期的经济学被称为新古典经济学。到 19 世纪末英国经济学家马歇尔的《经济学原理》出版时，我们今天所说的微观经济学体系已经基本形成，但是并没有微观经济学这个名称。

在凯恩斯之前，经济学家也研究过经济增长、经济周期这类宏观经济问题。但现代宏观经济学是在凯恩斯 1936 年出版《就业、利息和货币通论》之后才形成的，不过提出微观经济学与宏观经济学这两个名称的并不是凯恩斯。凯恩斯也没有把自己的理论体系称为宏观经济学。

第一次使用微观经济学和宏观经济学这两个名词的是荷兰统计局一位并不知名的经济学家沃尔夫。他在 1941 年的一篇文章中写道："微观经济学解释所指的是一个人或家庭……的关系。宏观经济学解释产生于与个人或家庭组成的大集团（社会阶层、民族等）……相应的关系。"沃尔夫的解释已接近于我们今天对微观经济学和宏观经济学的理解。美国经济学家萨缪尔森在 1948 年出版的《经济学》中把这两种理论构建在一个经济学体系之内，这成为迄今为止几乎所有初级教科书的标准模式。

把经济学分为微观经济学与宏观经济学是一个创举，但过分强调这两者之间的区别，又容易形而上学地割裂它们之间的内在联系。经济学家正在努力建立一个微观经济学与宏观经济学统一的体系，也许我们的下一代学习经济学时又没有微观与宏观之分了。

第三节 经济学的研究方法

每门学科都有自己的研究方法，经济学自然也不例外。这就是说，经济学要运用一定的方法来研究稀缺性所引起的资源配置与资源利用问题。具体来说，对这些问题既可以用实证分析方法（简称实证方法）进行分析，也可以用规范分析方法（简称规范方法）进行分析。用实证方法来分析经济问题称为实证经济学，而用规范方法来分析经济问题称为规范经济学。

一、实证方法与规范方法

实证方法研究经济问题超脱价值判断，只研究经济本身的内在规律，并根据这些规律，分析和预测人们经济行为的效果。它要回答"是什么"的问题。

规范方法研究经济问题以一定的价值判断为基础，提出某些标准作为分析处理经济问题的标准，并研究如何才能符合这些标准。它要回答"应该是什么"的问题。

> 微观与宏观是从经济学研究对象角度来划分的，实证与规范是从研究方法角度来划分的。

在理解实证方法与规范方法时，应注意这样一些问题。

第一，价值判断的含义。在以上关于实证方法和规范方法的定义中都涉及价值判断这个概念。什么是价值判断呢？《简明帕氏新经济学辞典》的解释是：价值判断可被定义为对所认定的客观效力的赞成或不赞成的判断。我国已故著名经济学家陈岱孙教授指出：这地方讲的价值，并不是指商品的价值，而是指经济事物的社会价值。由此可见，**价值判断就是指对经济事物社会价值的判断，即对某一经济事物是好还是坏的判断。**价值判断大而言之，可以指一种社会经济制度的好坏；小而言之，是指某一具体事物的好坏。所谓好坏，也就是对社会是有积极意义，还是有消极意义。价值判断属于社会伦理学范畴，具有强烈的主观性与阶级性。实证方法为了使经济学具有客观科学性，就要避开价值判断问题；而规范方法要判断某一具体经济事物的好坏，则要从一定的价值判断出发来研究问题。是否以一定的价值判断为依据，是实证方法与规范方法的重要区别之一。

第二，实证方法与规范方法要解决的问题不同。实证方法要解决"是什么"的问题，即要确认事实本身，研究经济本身的客观规律与内在逻辑，分析经济变量之间的关系，并将其用于分析与预测。规范方法要解决"应该是什么"的问题，即要说明事物本身是好还是坏，是否符合某种价值判断，或者对社会有什么意义。这一点也决定了实证方法可以避开价值判断，而规范方法必须以价值判断为基础。

第三，实证方法研究经济问题所得出的结论具有客观性，可以根据事实进行检验，也不会以人们的意志为转移。规范方法研究经济问题所得出的结论要受到不同价值观的影响，没有客观性。处于不同阶层地位、具有不同价值判断标准的人，对同一事物的好坏可能会作出截然相反的评价，谁是谁非没有什么绝对标准，从而也就无法进行检验。

第四，尽管用实证方法与规范方法研究经济问题时有上述三点差异，但它们并不是绝对相互排斥的。规范方法要以实证方法为基础，而实证方法也离不开规范方法的指导。一般来说，越是具体的问题，实证的成分越多；而越是高层次、带有决策性的问题，越具有规范性。

我们可以用收入分配的例子来说明实证方法与规范方法之间的区别与联系。

当前人们议论较多的是收入分配差距扩大的问题。经济学家可以用实证方法或规范方法来研究这个问题，但分析的角度不同，要解决的问题也不同。收入分配包括两个不同的问题：一是引起收入分配差距扩大的原因是什么，即收入分配与造成这种分配状况的因素之间的关系。这种关系是客观存在的。二是对这种收入分配现状的看法与评价，即收入分配差距扩大是一件好事还是一件坏事。这两个问题就要用不同的方法去研究。

> 在探讨经济规律时要用实证方法，但根据这种规律制定经济政策时离不开规范方法。我们可用收入分配的例子来理解这一点。

我们用实证方法研究收入分配时要认识其本身的规律。这时我们排斥价值判断，即不管收入分配差距扩大是一件好事还是一件坏事，只研究收入分配差距扩大与引起这种现象的原因之间的关系。例如，我们研究受教育程度与收入之间的关系，从中可以得出受教育程度与收入同方向变动的结论。这一结论可以根据统计资料或其他有关证据来证明。如果证明这一结论是正确的，它就是客观的，不以人的意志为转移。无论你对收入分配差距扩大有什么看法，都不影响这一结论。这时的研究就与自然科学一样，分析所观察到的现象，从中得出结论，并加以验证。这也是研究一切科学的实证方法。

我们用规范方法研究收入分配时要判断哪一种收入分配状况是理想的，或者说收入应该如何分配。这时我们要把一定的价值判断——是效率优先，还是公平优先；是强调过程的公平，还是强调结果的公平——作为前提。由于所依据的价值判断不同，规范方法研究收入分配问题所得出的结论也不同。如果强调效率优先，就会得出收入分配差距扩大是一件好事的结论；如果强调公平优先，就会得出收入分配差距扩大是一件坏事的结论。收入分配差距扩大本身既有有利的影响，也有不利的影响，究竟哪一种结论正确？没有客观的标准，也没法进行验证，永远也不会得出客观而一致的结论。在根据规范的标准制定政策时，要由政治程序决定采用哪一种观点：在独裁政治下，由一个人说了算；在寡头政治下，由几个人说了算；在民主政治下，由多数人说了算。

但实证方法与规范方法相互之间也并不排斥。实证分析是规范分析的基础。比如，如果一个社会要使收入分配更为平等，其政策就要根据实证分析的结论来制定。如果实证分析证明教育差别是引起收入分配差距扩大的主要原因，减轻或消除不平等就要从发展教育、更多地关注贫困人口的教育问题入手。实证分析是认识世界，然而改善世界——按一定的价值判断制定政策——要以认识世界为基础。从这个角度看，实证方法是经济学的基础。

实证经济学与规范经济学所强调的是用不同的方法来研究经济问题。用实证方法研究经济学就是实证经济学，用规范方法研究经济学就是规范经济学。这种划分与强调研究对象不同的微观经济学与宏观经济学的划分不同。如前所述，微观经济学与宏观经济学都是用实证方法进行研究的，因此，都属于实证经济学。

在西方经济学的发展中，早期强调从规范的角度分析经济问题；19 世纪中期以后，则逐渐强调实证方法。许多经济学家都认为，经济学的实证化是经济学科学化的唯一途径。只有使经济学实证化，才能使之成为像物理学、化学一样的科学。应该说，迄今为止，实证经济学仍然是西方经济学中的主流。但也有许多经济学家认识到，经济学并不能完全等同于物理学、化学这些自然科学，它也无法完全摆脱规范问题，即无法回避价值判断问题。因此，经济学应把实证方法与规范方法结合起来。这一看法是很有道理的。

二、实证分析方法

经济学中的实证分析方法来自哲学上的实证主义方法。实证分析是一种根据事实加以归纳或演绎的陈述，而这种实证性的陈述则可以简化为某种能根据经验数据加以证明的形式。在运用实证分析方法研究经济问题时，就是要提出用于解释事实（经济现象）的理论，并以此为根据作出预测。这也就是形成经济理论的过程。

> 经济学采用的实证方法也是物理学、生物学等自然科学采用的实证方法。

因此，这里重点介绍如何用实证分析方法得出经济理论。

1. 理论的组成

一个完整的理论包括定义、假设、假说和预测。

定义是对经济学研究的各种变量所规定的明确的含义。变量是一些可以取不同数值的量。在经济分析中常用的变量有内生变量与外生变量、存量与流量。

内生变量是一种理论内所要解释的变量。外生变量是一种理论内影响其他变量，但本身由该理论外的因素所决定的变量。内生变量又称因变量，外生变量又称自变量。

存量是指一定时点上存在的变量的数值。其数值大小与时间维度无关。流量是指一定时期内发生的变量的数值。其数值大小与时间维度相关。

假设是某一理论所适用的条件。因为任何理论都是有条件的、相对的，所以在理论的形成中假设非常重要。西方经济学家在分析问题时特别重视假设条件。有一个小故事可以说明这一点。几位在沙漠中旅行的学者讨论如何打开罐头的问题。物理学家说，给我一个聚光镜，我可以利用阳光把罐头打开；化学家说，我可以利用几种化学药剂的化学反应来打开罐头；而经济学家则说，假设我有一把开罐刀……这说明了经济学家分析问题总是从“假设如何如何”开始的，离开了一定的假设条件，分析与结论都是毫无意义的。例如，需求定理在假设消费者的收入与嗜好、人口量、社会风尚等不变的前提下分析需求量与价格之间的关系。消费者的收入与嗜好、人口量、社会风尚等不变就是需求定理的假设。离开这些假设，需求定理所说明的需求量与价格反方向变动的定理就没有意义。在形成理论时，所假设的某些条件往往并不现实，但没有这些假设就很难得出正确的结论。在假设条件下得出理论，就像自然科学在严格的限定条件下分析自然现象一样。我们要习惯这种以一定假设为前提分析经济问题的方法。

假说是对两个或更多的经济变量之间关系的阐述，也就是未经证明的理论。在理论形成中提出假说是十分重要的，这种假说往往是对某些现象的经验性概括或总结。但要经过验证才能说明它是否能成为具有普遍意义的理论。因此，假说并不是凭空产生的，它仍然来源于实际。

> 假设与假说仅一字之差，但含义完全不同，读者要注意这一点。

预测是根据假说对未来进行预期。科学的预测是一种有条件的说明，其形式一般是“如果……就会……”。预测是否正确，是对假说的验证。正确的假说，其作用就在于它能正确地预测未来。正确的假说就是理论。

2. 理论的形成

我们可以根据图 1-2 来说明一种经济理论是如何形成的。

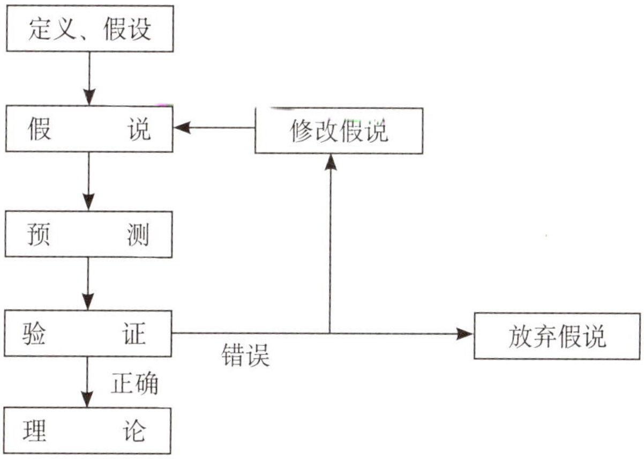

图 1-2 实证分析方法

图 1-2 说明了在形成一种理论时，首先，要确定所研究的经济变量的定义，并提出一些假设条件。然后，根据这些定义与假设提出一种假说。根据这种假说可以提出对未来的预测。最后，用事实来验证这一预测是否正确。如果预测是正确的，这种假说就是正确的

理论；如果预测是不正确的，这种假说就是错误的，就应放弃或进行修改。本书所讲的许多理论都是用这种方法得出的。这就是实证分析方法。

3. 理论的表述方式

运用实证分析方法所得出的各种理论可以用不同的方法进行表述，也就是说，同样的理论内容可以用不同的方法表述。一般来说，经济理论有四种表述方法。

第一，口述法，或称叙述法，即用文字来表述经济理论。

第二，算术表示法，或称列表法，即用表格来表述经济理论。

第三，几何等价法，或称图形法，即用几何图形来表述经济理论。

第四，代数表述法，或称模型法，即用函数关系来表述经济理论。

这四种方法各有其优点，在分析经济问题时得到了广泛的运用。

> 经济学理论更多地运用了数学工具，即代数表述法运用较多。所以，要注意这种表述方法的重要性。但在初级经济学中，我们运用较多的还是前三种表述方法。

三、实证分析工具

经济学中运用实证分析方法分析经济问题并形成理论时，运用了各种分析工具。实证分析中所涉及的分析工具是很多的，这里仅介绍**均衡分析**与**非均衡分析**、**静态分析**与**动态分析**，由均衡分析与静态分析和动态分析相结合而形成的**静态均衡分析**、**比较静态均衡分析**和**动态均衡分析**，以及**定性分析**和**定量分析**。

1. 均衡分析与非均衡分析

均衡是物理学中的名词。当一物体同时受到方向相反的两个外力的作用，且这两个外力的大小恰好相等时，该物体由于受力相等而处于静止状态，这种状态就是均衡。19 世纪末英国经济学家马歇尔把这一概念引入经济学中，指经济生活中各种对立的、变动着的力量处于一种力量相当、相对静止、不再变动的状态。均衡分析主要分析各种经济变量之间的关系，说明均衡的实现及其变动。均衡分析又可以分为局部均衡分析与一般均衡分析。局部均衡分析考察在其他条件不变时单个市场均衡的建立与变动。一般均衡分析考察各个市场之间均衡的建立与变动，它是在各个市场的相互关系中来考察一个市场的均衡问题的。均衡分析偏重数量分析。非均衡分析则认为经济现象及其变化的原因是多方面的、复杂的，不能单纯用有关变量之间的均衡与非均衡来加以解释，而主张以历史的、制度的、社会的因素作为分析的切入点。即使是对数量的分析，非均衡分析也不是强调各种力量相等时的均衡状态，而是强调各种力量不相等时的非均衡状态。微观经济学与宏观经济学中运用的主要分析工具是均衡分析。

> 有关实证分析工具这一部分较为抽象，如有困难可以不看这一部分。

2. 静态分析与动态分析

静态分析和动态分析的基本区别在于，前者不考虑时间因素，而后者考虑时间因素。换句话说，静态分析考察一定时期内各种变量之间的相互关系，而动态分析考察各种变量在不同时期的变动情况。静态分析主要是一种横断面分析，不涉及时间因素所引起的变动；动态分析主要是一种时间序列分析，涉及时间因素所引起的变动。或者说，静态分析研究经济现象的相对静止状态，而动态分析研究经济现象的发展变化过程。

3. 静态均衡分析、比较静态均衡分析、动态均衡分析

把均衡分析、静态分析和动态分析结合在一起就产生了三种分析工具：静态均衡分析、比较静态均衡分析与动态均衡分析。静态均衡分析说明各种经济变量达到均衡的条件；比较静态均衡分析说明从一种均衡状态变动到另一种均衡状态的过程，即原有的条件变动时均衡状态发生了什么相应的变化，并对新旧均衡状态进行比较；动态均衡分析则在引进时间因素的基础上说明均衡的实际变化过程，说明在某一时点经济变量的变动如何影响下一时点该经济变量的变动，以及这种变动对整个均衡状态变动的影响。在微观经济学与宏观经济学中，这三种分析工具都得到了广泛运用。

4. 定性分析与定量分析

定性分析主要说明经济现象的性质及其内在规定性与规律性。定量分析则主要分析经济现象之间量的关系。许多经济现象是可以用某种标准来衡量的，可以表示为一定的数量，各种经济现象之间量的关系可以更为精确地反映经济运行的内在规律。因此，实证经济分析特别注意定量分析。这也是经济学广泛运用数学工具的重要原因。经济学中数学的运用主要表现在两个方面：一是运用数学公式、定理来表示或推导、论证经济理论，这就是一般所说的数理经济学。二是根据一定的经济理论，编制数学模型，并将有关经济变量的数值代入这种模型中进行计算，以验证理论或进行经济预测，这就是一般所说的计量经济学。定量分析使经济学更能运用于实际。数学是经济学的重要分析工具，这一点读者应该十分注意。

四、经济理论与经济政策

经济学具有强烈的实用性，是为现实服务的。经济学既包括理论，又包括政策，是两者的结合。

> 当学完这门课后再来看这一部分内容，体会会更深刻。

经济理论是对各种经济问题的分析，力图找出经济现象本身的客观规律。经济政策是根据经济规律制定的，因此，经济理论是经济政策的

基础。没有正确的经济理论就难以制定出正确的经济政策。经济政策是经济理论的应用。从这个意义上说，经济理论是基础，这也正是经济理论受到重视的原因。

但是，从实际情况来看，也并不总是先有经济理论而后有经济政策。常见的情况是，先有解决某个实际问题的经济政策，而后才有为之服务并对之作出解释的经济理论。例如，在 20 世纪 30 年代的经济大危机中，就是先有国家干预经济的具体政策，而后才有对这种政策进行解释的凯恩斯主义宏观经济理论。然而，这并不意味着否认经济理论的重要意义。尽管政策可能先于理论，并要求理论对之作出解释，但缺乏正确理论基础的政策可能是盲目的、不完善的。只有以正确的理论为依据，政策才会完善。因此，整个政策的制定、发展和验证都离不开理论。同样，理论也只有为政策服务，并通过政策实施的结果来验证才能证明其正确性。正因为如此，我们在研究经济学时既要研究理论，又要研究政策，把两者有机地结合起来。

在现实中，我们经常看到经济理论与经济政策不一致的情况。经济理论与经济政策的不一致有各种原因。首先，理论是以一定的假设条件为前提的，当这种假设条件不具备时，理论就与实际情况不一致，人们也难以根据这种理论来制定政策。例如，根据货币理论，增加货币量可以降低利率，从而刺激投资，这是政府运用货币政策调节经济的依据。但在现实中我国曾连续七次降息，对刺激投资的作用十分有限，货币政策没有起到应有的作用。原因何在？其实这种理论的前提是，投资者是私人投资主体，即企业与个人，投资目的是实现利润最大化，从而降息可以刺激投资。但我国经济仍不是成熟的市场经济，投资者并不是私人投资主体。相当大部分的投资由国有企业与政府进行，投资目的也是多样化的，如实现政绩等。这样，利率下降刺激投资的作用就十分有限，货币政策难以发挥作用。之所以出现这种情况，并不是货币理论不对，而是我国的现实经济中缺乏这种理论适用的假设条件。

其次，理论是对现实生活的抽象与概括，它忽略了现实生活中的许多细节。这种抽象的理论虽抓住了事物的本质，但并不是对现实生活照相式的反映。本质往往不同于现象。例如，消费者行为理论所说的消费者均衡条件，即消费者在收入与物品价格既定的情况下实现效用最大化的条件是所购买各种物品得到的边际效用与价格之比相等。在现实中很少有人这样去进行消费，甚至精通这一理论的经济学家也很少有意识地去这样做。这一理论是对现实生活的一种简化，它不考虑消费者的其他目的，而仅仅把效用最大化作为唯一目的，也没有考虑消费者的许多细节，如冲动型的消费等。但这个理论抓住了消费者行为最本质的东西，而且往往在无形地支配许多消费者的消费行为，只是消费者自己没有注意而已。生活比理论要丰富多彩，这就是“生命之树常青，而理论是灰色的”。但理论能抓住现象的本质，这正是理论的意义所在。

> 理论与现实生活之间的关系既说明了理论的重要性，又说明了不能盲目照搬一种理论，尽管这种理论已被其他国家的实践证明是正确的。这就是我们说的既反对经验主义，又反对教条主义。

最后，即使经济理论是正确的，也不一定能完全按照经济理论来制定经济政策，因为经济理论仅仅是从经济的角度去分析问题，而经济政策的制定要受到政治、社会等因素的影响，有时这些因素比经济理论分析还要重要。例如，让价格自发地决定并调节经济是市场经济的基本原则。由此出发，价格上限就应该被取消，但在现实中，许多国家对一些生活必需品都实行价格上限。经常受到抨击的租金上限——房租的上限，也在许多大城市得到了运用。这是因为从社会和政治的角度看，这种做法有利于照顾低收入者的利益，有利于整个社会的安定，也有利于政府得到更多人的支持。从经济的角度看，价格上限不好；从政治和社会的角度看，价格上限还具有一定的作用。理论往往是简单的，但现实生活要复杂得多。从这种意义上说，经济理论是科学，而运用这些经济理论制定经济政策则是一门艺术。

理论与政策的不一致并不说明理论不正确或者无用，只说明我们要从实际出发来运用理论，生搬硬套某种理论必定失败。这是我们学习经济学时一定要注意的。

一般来说，经济政策可以大致分为微观经济政策和宏观经济政策。前者是以微观经济理论为基础，从其中引申出来的；后者是以宏观经济理论为基础，从其中引申出来的。微观经济理论与微观经济政策的结合就是微观经济学，而宏观经济理论与宏观经济政策的结合就是宏观经济学。这门课程就是从理论与政策相结合的角度来介绍西方经济学的基本内容的。

案例研究

经济学有什么用?

经济学是致用之学。有人认为，学了经济学可以更好地理财，使自己变得富有。其实即使再高明的经济学家，也无法靠经济学致富。举一个例子，费雪是20世纪初极为著名的经济学家。在1929年美国经济大危机前，他认为美国经济会一直繁荣下去，股市会一直上涨，所以把自己的全部财产再加上借债合计近1 000万美元投入股市，结果1929年股市大崩盘，他血本无归，负债累累。像这样投资失败的经济学家，屡见不鲜。

那么，我们学经济学有什么用呢?

经济学给我们一个认识问题、分析问题的工具，使我们更深刻地认识世界。世界上发生过许多种族灭绝惨剧。为什么会有这种血腥的种族屠杀？许多人认为是宗教、文化等的冲突引起的。有经济学家认为，这些因素是种族冲突的导火索或一些表面原因，根本在于各种族的资源争夺。资源是有限的，一个种族的人利用暴力或权力占有了更多资源，必然引起其他种族的反对，这就有了冲突，甚至发生种族屠杀。20 世纪 90 年代卢旺达胡图族与图西族的种族屠杀正根源于此。占有 20% 人口的图西族，靠比利时殖民者的支持掌握了政权，占有了大量资源。这引起占有 80% 人口的胡图族的反抗，进而演变为两个种族的大屠杀。如果资源是无限的，或者资源的分配公正，还会有屠杀吗？种族屠杀的原因极为复杂，民族认同、宗教、文化都在起作用，但经济问题，即分配有限资源的矛盾才是根本的。所以，用经济学观点分析种族屠杀才能认识到冲突的根源，并寻找相应的解决方法。对世界上种种问题，都要从经济角度加以分析。

经济学对我们个人又有什么用呢？

经济学讲“选择”问题。我们每个人一生面临着许多选择问题，比如，上大学学什么专业，毕业后到哪个公司工作，与谁结婚，住在哪个城市，甚至每月的收入如何花，都是选择问题。选择正确，就会有幸福的一生；选择错误，则会悔恨终生。我先讲一下选择失败的例子。金庸的《笑傲江湖》中有一个岳不群。他人生的目标是当武林盟主，他把自己的一切资源都投入所选的这个目标中，结果爱徒、妻子、女儿都离他而去，他在江湖上众叛亲离，甚至摧毁了自己的身体。读过这本小说的人都会认为他作出了错误的选择。这就在于他为了一个目标付出了巨大的代价。经济学告诉我们两点。一是人生幸福的目标是一个多元函数，即多种因素决定一个人幸福与否。这就是我们所说的，一个人有成功的事业，一定的收入，爱你的家人、朋友等才是幸福的。把所有资源用于一个目的，像岳不群一样当武林盟主，或赚钱，或当官，是不理性的。二是幸福 = 效用 / 欲望，效用是满足程度，如果效用是一定的，欲望越多，越不幸福。所以，一个人不要有超出自己资源能实现水平的欲望。想赚无数的钱，把一切资源用于赚钱，甚至不惜打破法律与道德底线，这样赚的钱能给你带来幸福吗？人的资源，包括先天的基因和后天的努力、所从事的职业等决定了你收入的上限，追求赚无数钱的欲望害了多少人？“人心不足蛇吞象”，又没有能力去“吞象”，结果是被象踩死。适当的欲望鼓励人去努力、去奋斗，但脱离资源限制的欲望就害人了。了解这些经济学道 理，你作出的选择就会更理性，人生就会更幸福。通过学经济学课程你会更深刻地理解这些道理。

经济学是让人幸福的学问。带着这句话去学经济学，你的眼界会更开阔，人生也会更幸福。

关键概念

稀缺性	选择	机会成本	资源利用	经济制度
微观经济学	宏观经济学	实证方法	规范方法	价值判断
假说	假设	定义	变量	内生变量
外生变量	存量	流量		

内容提要

- 经济学产生于稀缺性的存在，是研究人类社会的选择问题的。选择的代价是机会成本。
- 机会成本是为了得到某种东西而放弃的另一种东西。这个概念说明世界上“没有免费的午餐”，任何选择都有代价。
- 作出选择的方式是一个社会的经济制度，任何经济活动都在一定的经济制度下进行。
- 微观经济学研究家庭与企业的决策，宏观经济学则研究整体经济的运行规律，它们是经济学中既有差别又不可分割的两个组成部分。
- 实证方法说明“是什么”的问题，规范方法说明“应该是什么”的问题，这两种方法是互相补充的。经济学家更多地运用实证方法认识客观世界。
- 经济理论不是对现实生活照相式的反映，而是对现象背后本质的抽象。经济政策以经济理论为依据，但还要考虑各种非经济因素。

思考题

1. 我们在什么意义上说稀缺性是相对的？在什么意义上又说稀缺性是绝对的？

2. 假设一个人可以选择免费上大学，但为了上大学不得不放弃一份月薪为 3 000 元的工作，那么他上大学的机会成本是什么？

3. 什么是混合经济？为什么混合经济不同于“计划经济和市场经济的混合”？

4. 经济学家在微观经济学和宏观经济学中都研究价格，这两种研究有什么不同？

5. 微观经济学和宏观经济学之间有什么不同与联系？

6. “经济增长取决于技术进步”这种说法是实证表述还是规范表述？为什么？

7. “经济增长是一件好事”这种说法是实证表述还是规范表述？为什么？

8. “假设”和“假说”这两个词有什么不同？

9. 为什么任何一种经济理论都离不开假设条件？这对我们学习经济学有什么意义？

上　篇

第二章 CHAPTER 2

需求、供给、价格

微观经济学研究家庭与企业的行为，要说明价格如何配置资源、调节经济。价格理论是微观经济学的中心。在市场经济中，价格是由供求关系决定的，所以，供给与需求就是最重要的概念。本章主要介绍需求、供给、价格的决定，价格如何调节经济，以及政府限制价格的行为对经济的影响。

重点掌握

◎ 需求的含义

◎ 需求曲线与需求定理

◎ 需求量变动与需求变动的区别

◎ 均衡价格的决定与变动

一般掌握

◎ 供给理论

◎ 价格如何调节经济

一般了解

◎ 价格上限及其影响

◎ 价格下限及其影响

第一节 需求理论

一、需求、需求表、需求曲线

1. 需求

需求是决定价格的关键因素之一。什么是需求呢？我们可以给需求下这样一个定义：需求是指消费者（家庭）在某一特定时期内，在每一价格水平下愿意而且能够购买的某种商品量。

在理解需求这个概念时，应该注意的是，需求是购买欲望和购买能力的统一，缺少任何一个条件都不能成为需求。所以，需求也可以说是家庭根据其购买欲望和购买能力所决定的计划购买量。需求预测要同时考虑需求的这两个条件，否则会作出错误的预期。阅读本节的案例研究，你可以更深刻地了解这一点。

微观经济学中所说的需求是指消费者对某种商品的需求。某个消费者对某种商品的需求是个人需求。把个人需求加在一起就是整个社会对某种商品的需求，称为社会需求。

需求是购买欲望与购买能力的统一。这是用文字形式表述需求的概念，注意还可以用其他形式表述这个概念。

2. 需求表

我们可以用一个例子来表述需求这个概念。例如，在 2020 年第一季度的某地市场，当鸡蛋的价格为每千克 3.6 元时，需求量为 200 千克；当价格为每千克 3.8 元时，需求量为 150 千克；当价格为每千克 4.0 元时，需求量为 100 千克；当价格为每千克 4.2 元时，需求量为 80 千克；当价格为每千克 4.4 元时，需求量为 50 千克。根据这些具体数字，我们可以作出表 2–1。

表 2–1 需求表

序　号	价格 /（元 / 千克）	需求量 / 千克
a	3.6	200
b	3.8	150
c	4.0	100
d	4.2	80
e	4.4	50

需求表是用表格的形式来表述需求的概念。

这种表示某种商品（上例中的鸡蛋）的价格与需求量之间关系的表就是需求表。

3. 需求曲线

根据表 2-1 我们可以作出图 2-1。

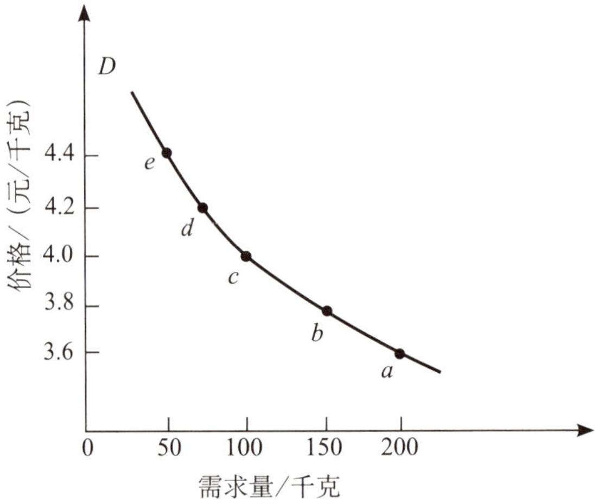

图 2-1　需求曲线

> 需求曲线是用图形的形式来表述需求的概念和需求定理。

在图 2-1 中，横轴代表需求量，纵轴代表价格，*D* 为需求曲线。需求曲线是根据需求表画出来的，是表示某种商品价格与需求量之间关系的曲线，向右下方倾斜。

二、影响需求的因素：需求函数

如前所述，需求是购买欲望和购买能力的统一，所以，影响需求的因素包括影响购买欲望与购买能力的各种经济与社会因素。这些因素主要是：价格、收入、消费者偏好与预期。价格既影响购买能力，又影响购买欲望。收入更多地影响购买能力。消费者偏好与预期更多地影响购买欲望。

1. 价格

影响某种商品价格的因素包括这种商品本身的价格与相关商品的价格。

某种商品价格高，人们买不起，即购买能力小，也不愿意购买，需求小。相反，某种商品价格低，人们买得起，即购买能力大，也愿意购买，需求大。这是人们所共知的。

> 在经济分析中互补品与替代品的关系非常重要，以后会经常用到。

某种商品的需求还与其他相关商品的价格相关。相关商品有两种：一种是互补品，另一种是替代品。互补品是指共同满足一种欲望的两种商品，它们之间是相互补充的。例如，电脑和电脑软件就是互补品。对于这种有互补关系的商品，当一种商品（如电脑）的价格上升时，对另一种商品（如电脑软件）的需求就会减少，因为一种商品（如电脑）的价格上升，需求减少，对另一种商品（如电脑软件）的需求也会减少。反之，当一种商品的价格下降时，对另一种商品的需求就增加。两种互补品之间的价格与需求呈反方向变动。替代品是指可以互相代替来满足同一种欲望的两种商品，它们之间是可以相互替代的。例如，羊肉与牛肉之间就存在这种替代关系。对于这种有替代关系的商品，当一种商品（如羊肉）的价格上升时，对另一种商品（如牛肉）的需求就会增加。因为羊肉价格上升，人们少吃羊肉，就会多吃牛肉。反之，当一种商品的价格下降时，对另一种商品的需求就会减少。两种替代品之间的价格与需求呈同方向变动。

2. 收入

收入水平决定消费者的购买能力，对需求有重要的影响，这是不言而喻的。关键是要注意，决定某种商品需求的不仅有总收入水平，而且有收入分配状况。不同收入水平的人购买能力不同，需求也不同。我们不能仅仅根据总收入或平均收入来判断对某种商品的需求，而要分析不同收入阶层的需求。

3. 消费者偏好

消费者对不同商品的偏好程度决定了他们的购买意愿。消费者偏好取决于个人生理与心理的欲望，也取决于社会消费时尚。影响消费时尚的主要是示范效应和广告效应。示范效应是某一消费群体的消费方式对其他群体的影响。一般来说，在国际上，发达国家的消费方式影响发展中国家；在一国内，上层人士的消费方式影响其他群体。广告效应是广告对形成消费时尚的影响。在现实中，广告往往可以打造一种消费时尚。

> 想想你自己的消费偏好是如何形成的，如何受示范效应和广告效应的影响。

4. 预期

预期包括消费者对自己未来收入与商品价格走势的预期。这种预期影响购买意愿，从而影响需求。一般而言，如果消费者预期未来收入水平上升或商品价格上升，则会增加现在的需求；反之，如果消费者预期未来收入水平下降或商品价格下降，则会减少现在的需求。

以上主要是从个人的角度分析影响需求的因素。如果分析某种商品的社会需求，我们还应该考虑人口数量等因素。

如果把影响需求的各种因素作为自变量，把需求作为因变量，则可以用函数关系来表示影响需求的因素与需求之间的关系，这种函数被称为需求函数。以 D 代表某种商品的需求，P_a 代表商品本身的价格，P_b 代表相关商品的价格，Y 代表收入，T 代表消费者偏好，P_e 代表消费者价格预期，Y_e 代表消费者收入预期，则需求函数可以写为：

$$D=f(P_a, P_b, Y, T, P_e, Y_e)$$

假设其他条件不变，只考虑需求与价格之间的关系，把商品本身的价格作为影响需求的唯一因素，以 P 代表价格，就可以把需求函数写为：

$$D=f(P)$$

需求函数是用数学公式表示需求这个概念。

三、需求定理

从需求表和需求曲线中可以看出，某种商品的需求量与其价格是呈反方向变动的。这种现象普遍存在，被称为需求定理。在理解价格的决定时，需求定理是很重要的。

需求定理是说明商品本身价格与其需求量之间关系的理论。其基本内容是：**在其他条件不变的情况下，一种商品的需求量与其本身价格呈反方向变动**，即需求量随着商品本身价格的上升而减少，随着商品本身价格的下降而增加。

特别要注意需求定理的前提是其他条件不变。这就是这个理论的假设条件。

需求定理描述了我们经常在市场上所看到的现象，并不难懂，但在理解需求定理时，特别要注意“在其他条件不变的情况下”这个假设前提。在介绍实证分析方法时，我们曾指出假设条件的重要性。这就是说，任何一种经济理论都是有条件的，只有在某种条件下才能成立，才有适用性。离开具体的假设条件，放之四海而皆准的绝对真理是不存在的。需求定理作为一种经济理论也是以一定的假设条件为前提的，这个假设条件就是“其他条件不变”。所谓“其他条件不变”，是指除了商品本身的价格之外，其他影响需求的因素都不变。这就是说，需求定理在假定影响需求的其他因素不变的前提下，研究商品本身价格与需求量之间的关系。离开这一前提，需求定理就无法成立。例如，如果收入增加，商品本身的价格与需求量就不一定呈反方向变动。

经济学的目的并不是简单地描述某种现象，而是要解释某种现象背后的原因。那么，一种商品的需求量为什么与价格呈反方向变动呢？经济学家用替代效应和收入效应来解释这一点。

替代效应是指在实际收入不变的情况下某种商品价格变化对其需求量的影响。这也就是说，如果某种商品价格上升了，而其他商品的价格没变，那么，其他商品的相对价格下降，消费者就要用其他商品来代替这种商品，从而对这种商品的需求就减少。例如，如果大米的价格上升而面粉的价格不变，面粉相对于大米就便宜了，人们就会更多地购买面粉而减少大米的购买。这种某种商品价格上升而引起的其他商品对这种商品的替代就是替代效应。替代效应使价格上升的商品的需求量减少。

收入效应是指在货币收入不变的情况下某种商品价格变化对其需求量的影响。这也就是说，如果某种商品价格上升，而消费者的货币收入并没有变，那么，消费者的实际收入就减少，从而对这种商品的需求也就减少。例如，如果大米的价格上升而消费者的货币收入不变，则消费者实际收入减少，对大米的需求量必然减少。这种某种商品价格上升而引起的实际收入减少与需求量减少就是收入效应。

替代效应强调一种商品价格变动对其他商品相对价格水平的影响，收入效应强调一种商品价格变动对实际收入水平的影响。需求定理所表明的商品价格与需求量呈反方向变动的关系正是这两种效应共同作用的结果。

四、需求量的变动与需求的变动

我们在经济分析中要特别注意区分需求量的变动与需求的变动。

我们首先来说明需求量与需求的区别。在经济分析中，需求量是指在某一特定价格水平下消费者计划购买的量。例如，在我们所举的例子中，当鸡蛋价格为每千克 4.0 元时，消费者计划购买 100 千克，这个 100 千克就是需求量。在需求曲线图中，需求量是需求曲线上的一个点。我们所说的鸡蛋价格为每千克 4.0 元时，需求量为 100 千克就是指图 2-1 中的 c 点。需求是指在不同价格水平下不同需求量的总称，例如，鸡蛋价格为每千克 3.6 元时的需求量为 200 千克，3.8 元时为 150 千克，4.0 元时为 100 千克……这种与不同价格相对应的不同需求量总称为需求，在需求曲线图中，需求是指整个需求曲线。

在现实中，影响需求的各种因素（商品本身的价格、其他相关商品的价格、收入等）既影响需求量，又影响需求。但在经济分析中为了方便起见，需要区分需求量的变动与需求的变动。我们把商品本身价格变动所引起的计划购买量的变动称为需求量的变动，把商品本身价格之外其他因素变动所引起的计划购买量的变动称为需求的变动。例如，鸡蛋价格下降了，消费者计划购买的鸡蛋多了，这就是需求量的变动；但如果消费者的收入增加了，消费者计划购买的鸡蛋多了，这就是需求的变动。

> 在日常生活中我们不区分需求与需求量。经济学家强调这种区分是为了便于进行经济分析。

这就是说，需求量的变动是指在其他条件不变的情况下，商品本身价格变动所引起的需求量的变动。需求量的变动表现为同一条需求曲线上点的移动，可以用图 2-2 来说明。

> 注意需求的变动与需求量的变动的区别：第一，引起变动的原因不同；第二，在图形上的表示不同。

在图 2-2 中，当价格由 P_0 上升为 P_1 时，需求量从 Q_0 减少到 Q_1，在需求曲线 D 上则是从 b 点向上方移动到 a 点。当价格由 P_0 下降到 P_2 时，需求量从 Q_0 增加到 Q_2，在需求曲线 D 上则是从 b 点向下方移动到 c 点。可见，在同一条需求曲线上，向上方移动表示需求量减少，向下方移动表示需求量增加。

需求的变动是指在商品本身价格不变的情况下其他因素变动所引起的需求量的变动。需求的变动表现为需求曲线的平行移动，可以用图 2-3 来说明这一点。

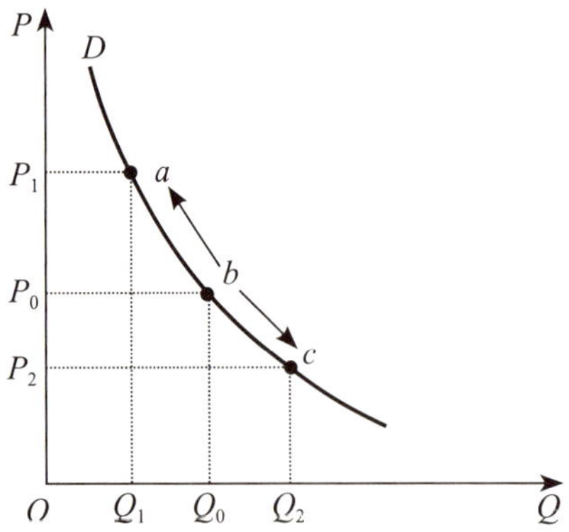

图 2-2 需求量的变动

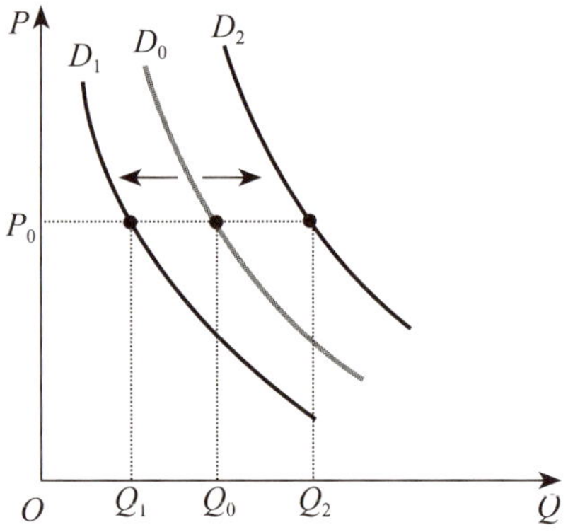

图 2-3 需求的变动

在图 2-3 中，价格是 P_0。由于其他因素变动（如收入变动）而引起的需求曲线的移动是需求的变动。例如，收入减少了，在同样的价格水平 P_0 下，需求从 Q_0 减少到 Q_1，需求曲线由 D_0 移动到 D_1；收入增加了，在同样的价格水平 P_0 下，需求从 Q_0 增加到 Q_2，需求曲线由 D_0 移动到 D_2。可见，需求曲线向左方移动表示需求减少，需求曲线向右方移动表示需求增加。

参考资料

需求定理的例外

需求定理是对一般商品而言的变化规律。但与一切规律一样，需求定理也有例外，而且，需求定理的例外还是十分重要的。

一种例外是炫耀性商品。20 世纪初美国经济学家凡勃伦在《有闲阶级论》一书中提出了炫耀性消费的概念。炫耀性消费是消费者用于显示自己社会身份的消费。用于炫耀性消费的商品被称为炫耀性商品。在市场经济社会中，金钱是人们成功的重要标志，所以，炫耀性消费就是用高价商品来显示自己的社会地位。贵重的首饰、豪华的轿车、高档时装都是有闲阶级用于炫耀的炫耀性商品。因为商品只有价高才有炫耀的作用，所以，这种商品价格下降时需求减少。当然这就不符合我们所说的需求定理。

另一种例外是吉芬商品。爱尔兰经济学家吉芬发现，在 1845 年爱尔兰大灾荒时，马铃薯的价格上升，需求量反而增加。这种商品价格上升、需求量增加的现象被称为“吉芬之谜”，具有这种特点的商品被称为“吉芬商品”。吉芬商品都是低档生活必需品。在遭受自然灾害等特殊时期，这种低档生活必需品价格上升，需求量也随之增加，因为马铃薯价格上升引起的收入效应大于替代效应。这就是说，在正常情况下，马铃薯价格上升一方面引起用其他商品替代马铃薯（替代效应），会使马铃薯的需求减少；另一方面引起人们实际收入减少，也会使马铃薯的需求减少。但在大灾荒时，所有商品价格都上升。土豆、肉类、面粉价格都上升，马铃薯价格上升的替代效应并不大（如果其他商品涨价幅度高于马铃薯，替代效应是用马铃薯代替其他商品），但使收入减少的收入效应大，这时，人们实际收入减少，更消费不起肉类或面粉，只能用低档的马铃薯充饥。这样，马铃薯价格上升，需求量也增加。

在这两种情况下，需求曲线是一条向右上方倾斜的线。

案例研究

汽车是如何进入家庭的

2002 年，笔者写本教材的第 1 版时，曾用了汽车的案例，标题是“汽车能进入家庭吗”，结论是由于人们的购买能力低，汽车进入家庭只是一个梦想。如今 18 年过去了，我这个结论也完全过时了。2009 年，我国的汽车产销量已达 1 300 万辆，位居世界首位，并一直保持到今天。中国也由自行车大国变为汽车大国。

引起这种变化的原因还是购买能力。2001 年以后，中国加入世界贸易组织（World Trade Organization，WTO），经济走上了高速发展的轨道，国内生产总值以每年近 10% 的速度增加，人们的收入也大大提高。从 1989 年到 2008 年，中国国内生产总值从 1.7 万亿元增加到 30 万亿元，增长了 16.6 倍；居民收入也从 1.1 万亿元增加到 15 万亿元，增长了 12.6 倍。此后，中国的 GDP 与居民收入仍在持续增长。收入有了巨大的增加，购买能力肯定大大提高了。

另外，由于技术进步与成本下降，与 2000 年左右相比，汽车的价格也大大下降了。当年像捷达、桑塔纳这样的中档车，价格在 14 万 ~ 15 万元，而如今价格下降很多，汽车的性能也有很大提升，何况还有大量便宜的低档车上市，五菱宏光满地走，吉利处处可见。汽车价格的下降也提高了消费者购买汽车的能力。汽车已成为进入家庭的一般消费品。

消费者购买能力的提高使汽车进入家庭成为现实。但从另一个角度来看，汽车的普及加剧了交通拥堵，加剧了环境污染，也不见得是一件好事。所以，我们不仅要考虑汽车进入家庭对汽车工业和经济发展的喜，也要考虑对环境的忧。

案例研究

创造需求：把潜在需求变为现实需求

我们在微观经济理论中所讲的需求是消费者表现在市场上的需求，或者说“显性需求”。但实际上消费者还有无限的潜在需求，即没有表现出来的需求。寻找能满足这种需求的产品与劳务，就可以把这些潜在需求变为现实需求。举个例子来说明这一点。

男人长胡子，胡子太长不方便又不美观。这就产生了对剃须刀的需求。显而易见，这种需求是由人的生理特点决定的。于是出现了剃须刀片。

但人不仅要把胡子刮干净，还希望刮胡子简单、迅速。如何做到这一点，消费者并不知道。因此这种需求只是潜在的，一开始并没有在市场上表现出来。企业知道了消费者的这种潜在需求，开发出电动剃须刀，既能刮干净胡子，又使这一过程简单、迅速。于是就创造出对电动剃须刀的需求。

人的需求中，一种需求是生理需求，如吃饭、穿衣、住房、交通等。另一种需求是社会需求，如显示自己的身份等。生理需求是有限的，随着社会经济的发展，已逐步完全满足。但社会需求是无限的，随着社会发展而不断产生。发现并提供满足这种需求的产品与劳务就是创造需求的过程。而且，生理需求中也包含了越来越多的社会需求，比如穿衣，最初的要求是遮身、保暖，就属于生理需求，但在社会发展过程中，这种生理需求包括了更多社会需求的因素，如对美的追求，通过衣服来显示自己的社会身份等。于是，衣服的样式不断改变，出现名牌衣服等。正是企业不断开发出满足人对衣服的各种社会需求的服装，服装行业的需求才不断扩大，不断进步。没有这种人们对衣服潜在需求的开发，我们的社会比茹毛饮血时代也进步不了多少。

人的社会需求是无限的，不同的时代有不同的社会需求。我们常说，企业要根据消费者的需求进行生产，这并不是说企业仅仅应满足消费者的显性需求，而是说企业要了解消费者的社会需求，开发他们还没有意识到的或者不知如何满足的潜在需求，并根据这种需求创造出产品与劳务。抓住消费者的某种潜在需求，开发产品与劳务就是一种创新。这样既能满足消费者的多种需求，又能给企业带来机遇。

理解需求，不仅要知道显性需求与各种因素的关系，还要了解潜在需求，知道如何开发潜在需求。这才是对需求的全面了解。

第二节　供给理论

一、供给、供给表、供给曲线

1. 供给

供给是决定价格的另一个关键因素。什么是供给呢？我们可以给供给下这样一个定义：供给是指生产者（企业）在某一特定时期内，在每一价格水平下愿意而且能够供应的某种商品量。

供给是供给欲望与供给能力的统一。供给能力中包括能够提供新生产的产品与过去的存货。供给是商品的供给，它取决于生产。同样，也可以说供给是企业计划提供的商品量。

> 学习供给理论时注意与需求理论进行对比，特别要注意这两种理论的差别是什么。

微观经济学中所说的供给是指企业对某种商品的供给。某个企业对某种商品的供给是企业供给。把一个行业所有企业的供给加在一起就是行业供给。

2. 供给表

我们仍用鸡蛋的例子来表述供给这个概念。例如，在 2020 年第一季度，当鸡蛋的价格为每千克 3.6 元时，供给量为 50 千克；当价格为每千克 3.8 元时，供给量为 80 千克；当价格为每千克 4.0 元时，供给量为 100 千克；当价格为每千克 4.2 元时，供给量为 150 千克；当价格为每千克 4.4 元时，供给量为 200 千克。根据这些具体数字，我们可以作出表 2-2。

表 2-2　供给表

序　号	价格 /（元 / 千克）	供给量 / 千克
a	3.6	50
b	3.8	80
c	4.0	100
d	4.2	150
e	4.4	200

这种表示某种商品（上例中的鸡蛋）的价格与供给量之间关系的表就是供给表。供给表实际上是用表格的形式来表述供给这个概念。

3. 供给曲线

根据表 2-2 我们可以作出图 2-4。

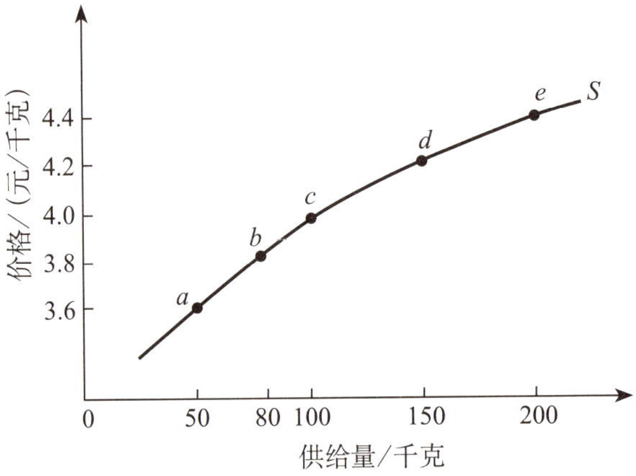

图 2-4　供给曲线

在图 2-4 中，横轴代表供给量，纵轴代表价格，*S* 为供给曲线。**供给曲线是根据供给表画出的，是表示某种商品价格与供给量之间关系的曲线，向右上方倾斜**。供给曲线实际上是用图形的形式来表述供给这个概念。

二、影响供给的因素：供给函数

供给是供给欲望与供给能力的统一，所以，影响供给的因素包括影响企业供给欲望与供给能力的各种经济与社会因素。这些因素主要是：价格、生产要素的数量与价格、技术以及预期。价格既影响供给欲望，又影响供给能力。生产要素的数量与价格以及技术主要影响供给能力。预期更多地影响供给欲望。

1. 价格

价格上升，企业愿意也能够提供更多商品，所以，价格是决定供给的重要因素之一。这种现象在日常生活中是常见的。

> 想想为什么影响需求与供给的因素不完全相同。

2. 生产要素的数量与价格

商品是用人力、资本等各种生产要素生产出来的，生产要素的数量与价格是决定供给的因素之一。生产某种商品的生产要素越多、价格越低，这种商品的供给也就越多。

3. 技术

技术是把生产要素变为商品的方法。在生产要素既定时，技术越先进，效率越高，所能提供的商品就越多。所以，在生产中提高技术是十分重要的。

4. 预期

这主要是指企业对未来价格的预期。企业如果预期未来价格会上升，就会把已生产出来的商品储存起来，或者现在减少生产，这样就会减少当前的供给，以便在未来价格上升时增加供给。

以上主要从个别企业的角度分析影响供给的因素。如果分析某种商品的行业供给，我们还应该考虑该行业的企业数量等因素。

如果把影响供给的各种因素作为自变量，把供给作为因变量，则可以用函数关系来表示影响供给的因素与供给之间的关系，这种函数被称为供给函数。以 S 代表供给，P 代表商品本身的价格，F_q 代表生产要素的数量，F_p 代表生产要素的价格，T 代表技术，P_E 代表价格预期，则供给函数可以写为：

$$S=f(P,\ F_q,\ F_p,\ T,\ P_E)$$

假设其他条件不变，只考虑供给与价格之间的关系，把商品本身的价格作为影响供给的唯一因素，以 P 代表价格，就可以把供给函数写为：

$$S=f(P)$$

三、供给定理

从供给表和供给曲线中可以看出，某种商品的供给量与其价格是呈同方向变动的。这种现象普遍存在，被称为供给定理。

> 需求定理与供给定理两者的相同与不同之处分别是什么？

供给定理是说明商品本身价格与其供给量之间关系的理论。其基本内容是：在其他条件不变的情况下，一种商品的供给量与价格呈同方向变动，即供给量随着商品本身价格的上升而增加，随商品本身价格的下降而减少。

在理解供给定理时，也同样要注意“在其他条件不变的情况下”这个假设前提。这也就是说，供给定理在假定影响供给的其他因素不变的前提下，研究商品本身价格与供给量之间的关系。离开了这一前提，供给定理就无法成立。例如，当技术进步时，即使某种商品价格下降，供给量也会增加。本节的案例研究“技术进步与电脑供给”说明了这一点。

供给定理所说明的供给量与价格的同方向变动关系可以用生产成本来解释。在现实经济中，作为生产要素的资源总是有限的。某种商品的供给增加，就需要更多的生产要素，企业为了把生产要素从其他商品的生产中吸引过来，就要提高生产要素的价格，从而使成本增加。因此，只有在一种商品价格上升时，供给才会增加。这一点将在生产理论中进一步说明。

四、供给量的变动与供给的变动

在分析供给问题时，我们同样要注意区分供给量的变动与供给的变动。

首先，我们同样应该区分供给量与供给。在经济分析中，供给量是指在某一特定价格水平下企业愿意或计划供给的商品量。例如，当鸡蛋的价格为每千克 4.0 元时，企业计划供给 100 千克，这个 100 千克就是供给量。在供给曲线图中，供给量是供给曲线上的一点。我们所说的鸡蛋价格为每千克 4.0 元时，供给量为 100 千克就是图 2－4 中的 c 点。供给是指在不同价格水平下不同供给量的总称。例如，鸡蛋价格为每千克 3.6 元时，供给量为 50 千克，3.8 元时为 80 千克，4.0 元时为 100 千克……这种不同价格所对应的不同供给量总称为供给。在供给曲线图中，供给指整个供给曲线。

> 联系需求量与需求的变动来理解供给量与供给的变动。

在现实中，影响供给的各种因素，既影响供给量，又影响供给。但在经济分析中为了方便起见，我们应区分供给量的变动与供给的变动。我们把商品本身价格变动所引起的企业计划的供给量变动称为供给量的变动，把商品本身价格之外其他因素的变动所引起的企业计划供给量的变动称为供给的变动。例如，当鸡蛋价格上升时，企业计划供给的鸡蛋多了，这就是供给量的变动；但如果养鸡技术提高了，同样多的饲料能使鸡下更多的蛋，这就是供给的变动 。

这就是说，供给量的变动是指在其他条件不变的情况下，商品本身价格变动所引起的供给量的变动。供给量的变动表现为同一条供给曲线上点的移动，可以用图 2–5 来说明这一点。

在图 2－5 中，当价格由 P_0 上升为 P_1 时，供给量从 Q_0 增加到 Q_1，在供给曲线 S 上则是从 b 点向上方移动到 a 点。价格由 P_0 下降为 P_2 时，供给量从 Q_0 减少到 Q_2，在供给曲线 S 上则是从 b 点向下方移动到 c 点。可见，在同一条供给曲线上，向上方移动表示供给量增加，向下方移动表示供给量减少。

供给的变动是指在商品本身价格不变的情况下，其他因素变动所引起的供给量的变动。供给的变动表现为供给曲线的平行移动，可以用图 2－6 来说明这一点。

在图 2－6 中，价格是 P_0。由于其他因素变动（如生产要素价格变动）而引起的供给曲线的移动是供给的变动。例如，生产要素价格下降了，在同样的价格水平 P_0 下，企业所得到的利润增加，从而产量增加，供给从 Q_0 增加到 Q_1，则供给曲线由 S_0 移动到 S_1。生产要素价格上升了，在同样的价格水平 P_0 下，企业所得到的利润减少，从而产量减少，供给从 Q_0 减少到 Q_2，则供给曲线由 S_0 移动到 S_2。可见，供给曲线向左方移动表示供给减少，供给曲线向右方移动表示供给增加。

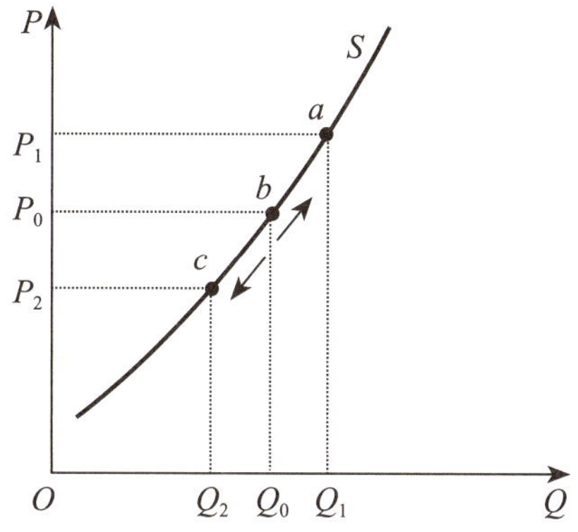

图 2-5　供给量的变动

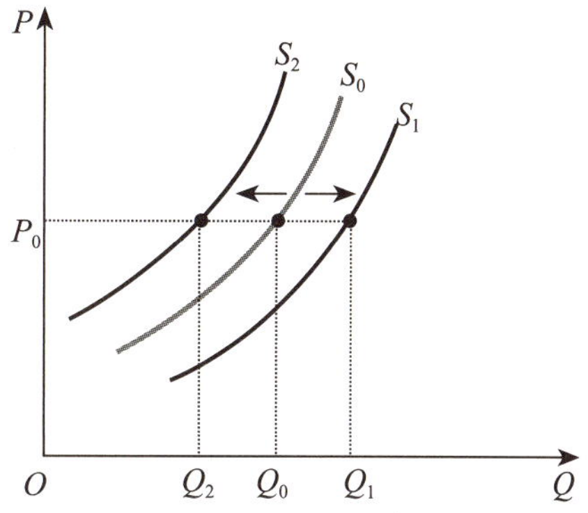

图 2-6　供给的变动

案例研究

技术进步与电脑供给

在供给理论中，我们的分析以供给量和价格的关系为中心。但应该看到，在今天决定供给的关键因素是技术。电脑的供给说明了这一点。

20 世纪 80 年代，个人电脑的价格按运算次数、速度和储存能力折算，每台为 100 万美元。尽管价格如此高昂，但供给量极小，只有少数工程师和科学家才能使用。21 世纪初，同样性能的个人电脑的国际价格已降至 1 000 美元左右。价格约为当初价格的 1‰，如今电脑的价格仍在下降，但供给量增加了不止 1 万倍。现在个人电脑的普及程度是许多未来学家所未预见到的。

电脑供给的这种增加不是由于价格的变动引起的，而是由于技术进步引起的。从 20 世纪 80 年代末开始，电脑行业的生产技术发生了根本性变化。集成电路技术的发展、硬件与软件技术标准的统一、规模经济的实现与高度专业化分工使电脑的生产成本迅速下降，而质量日益提高。这种技术进步引起电脑供给曲线向右方移动，而且移动幅度相当大。这样，尽管价格下降，供给还是大大增加了。

技术是决定某种商品供给的决定性因素。正因为如此，经济学家越来越关注技术进步。

第三节　价格的决定

在市场经济中，价格是由需求与供给这两种力量决定的。这种价格又称均衡价格。这一节我们就来分析均衡价格是如何决定，又是如何变动的。

一、均衡价格

我们可以给均衡价格下这样一个定义：

均衡价格是指一种商品需求量与供给量相等时的价格。这时该商品的需求价格与供给价格相等，称为均衡价格；该商品的需求量与供给量相等，称为均衡数量。我们可以用图 2-7 来说明均衡价格。

> 在现实中均衡价格就是市场成交价格，均衡数量就是市场成交量。

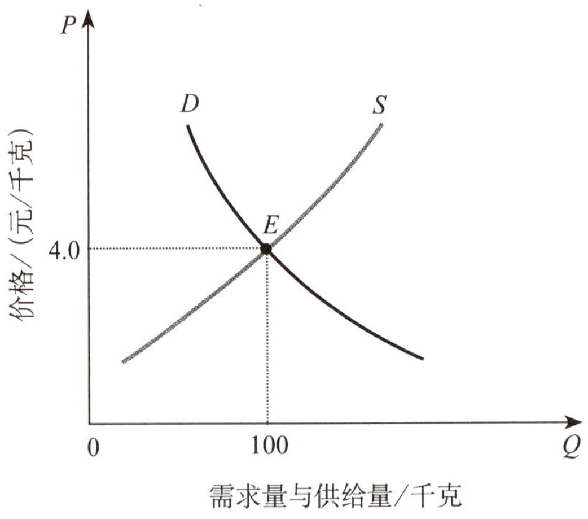

图 2-7　均衡价格的决定

在图 2-7 中，横轴代表数量（需求量与供给量），纵轴代表价格（需求价格与供给价格）。D 为需求曲线，S 为供给曲线。D 与 S 相交于 E 点，这就决定了均衡价格为每千克 4.0 元，均衡数量为 100 千克。

对均衡价格的理解应注意这样三点。

第一，均衡价格的含义。正如我们在介绍均衡分析时所讲过的，均衡是指经济生活中各种对立的、变动着的力量处于一种力量相当、相对静止、不再变动的状态。均衡一旦形成，如果有另外的力量使它偏离原来的位置，则会有其他力量使之恢复到原来的位置。由此可见，均衡价格就是由于需求与供给这两种力量的作用，处于一种相对静止、不再变动状态的价格。

第二，决定均衡价格的是需求与供给。这里要强调的是，在一个完全竞争、不存在垄断的市场上，只有需求与供给决定价格，它们就像一条裤子的两个裤筒一样，不分主次。因此，需求与供给的变动都会影响均衡价格的变动。

第三，市场上各种商品的均衡价格是最后的结果，其形成过程是在市场的背后进行的。

在市场上均衡价格的形成是自发的，没有任何外力干扰，均衡价格形成的过程也是价格调节经济的过程。

我们还要注意，当市场供求实现均衡时，消费者愿意支付的价格（需求价格）与生产者愿意接受的价格（供给价格）相等，消费者愿意而且能够购买的需求量与生产者愿意而且能够提供的供给量也相等。这种市场的均衡状态称为市场出清。

二、均衡价格的形成

如前所述，均衡价格是在市场上供求双方的竞争过程中自发地形成的。均衡价格的形成也就是价格决定的过程。因此，价格是由市场供求双方的竞争所决定的。需要强调的是，均衡价格形成，即价格的决定完全是自发的，如果有外力的干预（如垄断力量的存在或国家的干预），那么，这种价格就不是均衡价格。

我们可以用表 2-3 来说明均衡价格形成的过程。

表 2-3 均衡价格形成表

供给量 / 千克	价格 / （元 / 千克）	需求量 / 千克
50	3.6	200
80	3.8	150
100	4.0	100
150	4.2	80
200	4.4	50

我们可以假设，在市场上有一个叫价者，其先报出每千克鸡蛋的价格为 4.2 元，这时需求量为 80 千克，而供给量为 150 千克，供给量大于需求量，鸡蛋卖不出去，必然降价。其再报出每千克鸡蛋 3.8 元，这时需求量为 150 千克，而供给量为 80 千克，需求量大于供给量，必然提价。叫价者多次报价之后，最终会报出每千克鸡蛋 4.0 元，这时需求量为 100 千克，供给量为 100 千克，供求相等，于是就得出均衡价格为每千克 4.0 元，均衡数量为 100 千克。换言之，市场上自发进行的竞争过程决定了鸡蛋的价格为每千克 4.0 元。这是供求双方都可以接受的价格，也就是均衡价格。

我们还可以用图 2-8 来说明同样的道理。

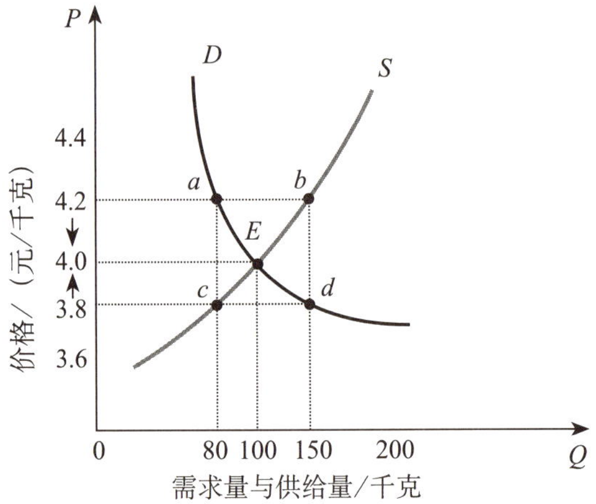

图 2-8 均衡价格的形成

在图 2-8 中，如果价格为每千克 4.2 元，需求量为 80 千克，而供给量为 150 千克，供大于求（图 2-8 中的 b 至 a），价格必然按箭头所示方向向下移动。如果价格为每千克 3.8 元，则需求量为 150 千克，供给量为 80 千克，供小于求（图 2-8 中的 c 至 d），价格必然按箭头所示方向向上移动。这种一跌与一涨的现象会一直继续下去，直至价格最终达到每千克 4.0 元为止。因为这时供求相等，均衡就实现了。这样，每千克 4.0 元就是均衡价格。

三、需求与供给变动对均衡价格的影响

均衡价格（以及均衡数量）是由需求与供给决定的。所以，需求或供给任何一方的变动都会引起均衡价格的变动。

分析各种因素如何影响均衡价格，可以分为三步：第一步，这种因素变动影响需求还是供给。第二步，引起需求或供给如何变动，即需求曲线或供给曲线向哪个方向移动。第三步，这种变动的结果是什么。

1. 需求变动对均衡价格的影响

如前所述，需求变动是指在价格不变的情况下影响需求的其他因素变动所引起的变动，这种变动在图形上表现为需求曲线的平行移动。

我们可以用图 2-9 来说明需求变动对均衡价格（以及均衡数量）的影响。

在图 2-9 中，D_0 是需求曲线，D_0 与供给曲线 S 相交于 E_0，决定了均衡价格为每千克 4.0 元，均衡数量为 100 千克。

> 例如，医生建议人们多吃或少吃鸡蛋会影响鸡蛋需求。

医生建议人们多吃鸡蛋，引起需求增加，需求曲线向右方移动，即由 D_0 移动到 D_1。D_1 与 S 相交于 E_1，决定了均衡价格为每千克 4.2 元，均衡数量为 150 千克。这表明由于需求增加，均衡价格上升了，均衡数量增加了。

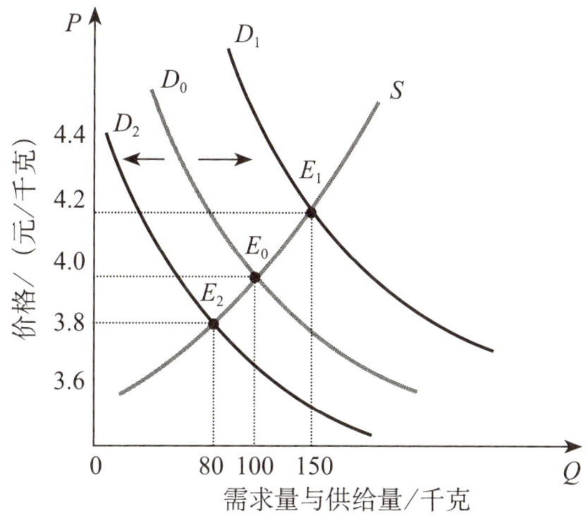

图 2-9　需求变动对均衡价格的影响

相反，如果医生建议人们少吃鸡蛋，引起需求减少，需求曲线向左移动，即由 D_0 移动到 D_2。D_2 与 S 相交于 E_2，决定了均衡价格为每千克 3.8 元，均衡数量为 80 千克。这表明由于需求减少，均衡价格下降了，均衡数量减少了。

结论是：需求变动引起均衡价格与均衡数量同方向变动。

2. 供给变动对均衡价格的影响

供给变动是指在价格不变的情况下影响供给的其他因素变动所引起的变动。这种变动在图形上表现为供给曲线的平行移动。我们可以用图 2-10 来说明供给变动对均衡价格（以及均衡数量）的影响。

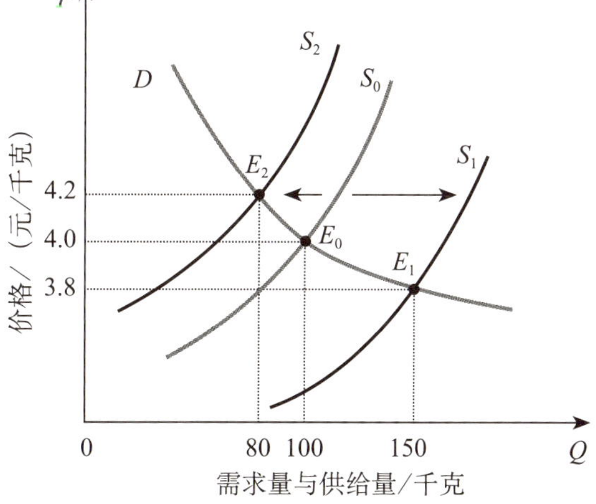

图 2-10　供给变动对均衡价格的影响

在图 2-10 中，S_0 是供给曲线，S_0 与需求曲线 D 相交于 E_0，决定了均衡价格为每千克 4.0 元，均衡数量为 100 千克。

引进更好的鸡饲料引起供给增加，供给曲线向右下方移动，即由 S_0 移动到 S_1。S_1 与 D 相交于 E_1，决定了均衡价格为每千克 3.8 元，均衡数量为 150 千克。这表明由于供给增加，均衡价格下降了，均衡数量增加了。

> 例如，引进更好的饲料或一场禽流感会改变鸡蛋的供给。

相反，一场禽流感引起供给减少，供给曲线向左上方移动，即由 S_0 移动到 S_2。S_2 与 D 相交于 E_2，决定了均衡价格为每千克 4.2 元，均衡数量为 80 千克。这表明由于供给减少，均衡价格上升了，均衡数量减少了。

结论是：供给变动引起均衡价格反方向变动、均衡数量同方向变动。

3. 供求定理

从以上关于需求与供给变动对均衡价格影响的分析可以得出：

第一，需求增加引起均衡价格上升，需求减少引起均衡价格下降。

第二，需求增加引起均衡数量增加，需求减少引起均衡数量减少。

第三，供给增加引起均衡价格下降，供给减少引起均衡价格上升。

第四，供给增加引起均衡数量增加，供给减少引起均衡数量减少。

这就是微观经济学中的**供求定理**。

> 供求定理说明供求变动对均衡价格和均衡数量的影响，是分析经济问题的一个重要工具。

供求定理是我们运用供求关系分析经济现象的重要工具。这个工具看起来简单，却能说明许多问题。

参考资料

均衡价格的数学表述——一个实例

经济理论可以用数学公式来表述，即建立经济模型。这种方法在经济学中得到了广泛应用。所以，我们这里以均衡价格的数学表述来说明这一点。

均衡价格由需求与供给决定，我们可以把均衡价格决定的条件表述为：

$$D=f(P) \tag{2-1}$$

$$S=f(P) \tag{2-2}$$

$$D=S \tag{2-3}$$

式（2−1）是需求函数，式（2−2）是供给函数，式（2−3）表示供求相等，即均衡价格决定的公式，也就是当 $D=S$ 时，就可以得出 P 的值。

我们知道，需求量与价格呈反方向变动，所以，可以把式（2−1）需求函数写为：

$$D=a-bP \tag{2-4}$$

同样，我们知道，供给量与价格呈同方向变动，所以，可以把式（2−2）供给函数写为：

$$S=-c+dP \tag{2-5}$$

这样，均衡价格决定的条件就可以写为：

$$a-bP=-c+dP \tag{2-6}$$

或者

$$a+c=(d+b)P \tag{2-7}$$

$$P=\frac{a+c}{d+b} \tag{2-8}$$

a、b、c、d 是常数，只要给出具体数值就可以计算出均衡价格 P，再把 P 代入式（2−4）或式（2−5），就可以计算出均衡数量。

假定我们给出：$a=1\,000$，$b=100$，$c=125$，$d=125$，则可以计算出均衡价格 P 为：

$$P=\frac{a+c}{d+b}=\frac{1\,000+125}{125+100}=5$$

把 $P=5$ 代入式（2−4）和式（2−5），得出：

$$D=1\,000-(100\times5)=500$$

$$S=-125+(125\times5)=500$$

所以，在均衡价格为 5 时，均衡数量即需求量和供给量均为 500。

经济学家经常用数学工具来表述经济理论。对这种方法我们应有所了解。但要记住，数学仅仅是经济学的分析工具之一，而不是经济学本身。对初学者来说，重点还在于学习经济学的基本思想与理论。

案例研究

高房价之谜

如今北京、上海、深圳、杭州、广州这些地方的房价之高已到了不可思议的地步。北京四环之内的房子的价格大都在每平方米4万元以上，学区房更是普遍超过每平方米10万元，即使你是一个月收入1万元的高收入者，在扣税之后，一年的劳动所得连一个卫生间也买不了。

房价高的原因是多方面的，但最根本的原因还在于供求关系。价高的房都有其地理位置的优势，而这些地方可供盖房子的土地是极为有限的。价格上升不能增加这些地方土地的供给，也就难以增加住房的供给。这在全世界的大城市，如美国的纽约、日本的东京，都是普遍的现象。

另外，从需求来看，在这些地方买房子的都是富人。这些年中国经济发展速度较快，富人的收入增长速度也较快。按世界通用的标准，有可投资资产（可投资资产不包括已有的房地产和消费品）100万美元以上的人称为富人。按公开的统计数字，现在中国富人人数已达63万人，居世界第四位。实际上很多人知道，中国有许多“隐形富人”。“显形富人”和“隐形富人”就是这种高价房子的需求者。这类富人在不断增加，收入也在不断增加，高价房子何愁没人买？

高房价是由供求关系决定的。从全国来看，在未来若干年内，城市化的进程正在加快，大量的农村人口要转入城市，因此对城市住房的需求会不断增加。因此，房价上升是一个必然的趋势，不以人的意志为转移。政府采取的各种政策能在短期内抑制房价上升过快的势头，而不能改变大城市房价上升的总趋势。政府对高房价的各种限制政策使房价在2017年相对稳定，甚至略有下降。但是这些政策对未来房价的影响如何还取决于住房供求关系的走向。

第四节　价格对经济的调节

在市场经济中，经济的运行是由价格这只“看不见的手”调节的，也就是说，资源的配置是由价格决定的。那么，价格是如何起到这种作用的呢？这正是本节要介绍的内容。

一、市场经济与价格机制

市场经济就是一种用价格机制来决定资源配置的经济体制。一般而言，市场经济应该具备这样三个特点。

第一，决策机制是分散决策。这就是说，消费者和生产者都是独立的，他们根据自己的目标分散地作出自己经济行为的决策。这种分散决策的基础是消费者和生产者是自己资源的所有者。

> 回想第一章中市场经济与计划经济的对比。

第二，协调机制是价格。在市场经济中每个消费者和生产者都独立地决策，但整个经济的决策必须是一致的，使个人决策自发实现一致的关键是价格。价格是市场经济的协调机制。

第三，激励机制是个人物质利益。经济学家假设每个人都是经济人，即任何一项经济行为都是为了实现自己的利益最大化——消费者的效用最大化或生产者的利润最大化。这种物质利益的最大化是社会前进的动力，也是市场经济中最基本的激励机制。

当然，我们这里所讲的是自由竞争市场经济的基本特征。现代市场经济是存在国家宏观调控的市场经济，即混合经济。国家的宏观调控也应该是现代市场经济的基本特征。这一点，以后我们再详细论述。

市场经济中价格对经济的调节就是我们一般所说的价格机制。因此，要了解价格如何调节经济，首先就要了解价格机制这个概念。

什么是价格机制？我们先来介绍“机制”这个词。“机制”是从“机器”与“制动”这两个科技术语中各取一字构成的，原意是指机器构造及其制动原理和运行规则。后来人们在生物学和医学中借用机制一词来指生物体尤其是人体的结构和功能，即它们的内在运行、调节的方式和规律。20 世纪 40 年代末美国科学家维纳提出控制论以后，人们把社会视为一个有机的整体，机制一词被用来说明社会本身的运行、调节的方式和规律。价格机制又称市场机制，是指价格调节社会经济生活的方式和规律。价格机制包括价格调节经济的条件、价格在经济中的作用、价格调节经济的方式。所以，价格机制阐述了市场经济中价格调节经济的方式及其内在规律。

二、价格在经济中的作用

> 价格发挥这些作用的条件是完全竞争，当这种条件不具备时，价格的这种作用会受到限制，学习中也要注意这个问题。

美国经济学家弗里德曼把价格在经济中的作用归纳为三种：第一，传递情报；第二，提供一种刺激，促使人们采用最节省成本的生产方法，把可得到的资源用于实现最有价值的目的；第三，决定谁可以得到多少产品，即收入的分配。这三种作用是密切关联的。

这三种作用实际上解决了资源配置所包括的三个问题：生产什么、如何生产和为谁生产。从价格调节经济，即决定“生产什么”的角度来看，价格在经济中的作用可以具体化为以下四点。

第一，作为指示器反映市场的供求状况。市场的供求受各种因素的影响，每时每刻都在变化。这种变化是难以直接观察到的，但它反映在价格的变动上，人们可以通过价格的变动来确切了解供求的变动。正如锅炉中水的温度是无法直接观察到的，只能反映在温度计上，人们正是通过温度计上的数值来了解锅炉中水的温度。价格受供求的影响而迅速变动，某种商品的价格上升，就表示这种商品的需求大于供给；反之，这种商品的价格下降，就表示它的需求小于供给。价格这种作为供求状况指示器的作用是其他任何东西都不能替代的。

第二，价格的变动可以调节需求。消费者为了实现效用最大化，一定会按价格的变动来调整购买与消费。通常，当某种商品的价格下降时，人们会增加对它的购买；当这种商品的价格上升时，人们会减少对它的购买。在市场经济条件下，消费者享有完全的消费自由，他们的购买行为只受价格的支配。因此，提价可以减少需求，而降价则可以增加需求。价格的这种作用也是其他东西不能替代的。

第三，价格的变动可以调节供给。企业为了实现利润最大化，一定会按价格的变动来进行生产与销售。通常，当某种商品的价格下降时，企业会减少产量；当这种商品的价格上升时，企业会增加产量。在市场经济条件下，企业享有完全的生产自由，它们的生产行为只受价格的支配。因此，提价可以增加供给，降价可以减少供给。价格的这种作用也是其他东西不能替代的。

价格形成的过程也就是价格调节经济的过程，所以要结合上一节讲的价格决定与变动来理解价格如何调节经济。

第四，价格可以使资源配置达到最优状态。通过价格对需求与供给的调节，最终需求与供给相等。当需求等于供给时，消费者的欲望得到了满足，生产者的资源得到了充分利用。社会资源通过价格分配于各种用途，这种分配使消费者的效用最大化和生产者的利润最大化得以实现，从而这种配置就是达到最优状态的配置。

三、价格是调节经济的“看不见的手”

那么，价格如何调节经济的运行？当市场上某种商品的供给大于需求时，这种商品会出现供给过剩，供给过剩说明资源配置不合理。供给大于需求的情况会使该商品的价格下降。这一方面刺激了消费，增加了对该商品的需求；另一方面抑制了生产，减少了对该商品的供给。价格的这种下降，最终使该商品的供求相等，从而使资源得到合理配置。同理，当某种商品的供给小于需求时，也会通过价格的上升使供求相等。价格的这一调节过程，是在市场中每日每时进行的。价格把各个独立的消费者与生产者的活动联系在一起，并协调他们的活动，从而使整个经济和谐而正常地运行。

还应该指出的是，价格机制是自发地调节经济的。自发性也是价格机制发挥作用的基本特点，没有自发性就没有价格机制的作用。在市场中，即使没有任何一种外力的干预，价格也可以调节经济。如果要消除这种自发性，人为地利用价格机制，那么，价格也就无法发挥作用了。

但是，价格作为“看不见的手”来调节经济，需要一些条件。换言之，市场经济中价格的调节作用以三个重要的假设为前提条件。

第一，人是理性的。这就是说，人是经济人，每个人都自觉地追求个人利益最大化。只有这样，价格才能引导人们的经济行为。

第二，市场是完全竞争的。这就是说，市场上的任何一方都没有垄断力量，无法控制市场。每一个买者或每一个卖者都不能通过改变需求量或供给量来影响价格，从而价格可以完全由市场供求决定。

第三，信息是完全的。这就是说，市场上的任何一方都可以及时地免费得到作出决策所需要的信息。任何一方都无法利用信息优势欺骗对方。每个人都可以在完全信息的基础上根据价格指引作出正确决策。

在具备这些条件的情况下，价格的自发调节使市场实现供求相等的市场出清。

但是，在现实中这些假设条件并不完全具备，从而使价格机制的作用受到限制。我们把这种情况称为“市场失灵”，此内容在以后进一步论述。

参考资料

亚当·斯密论“看不见的手”

人的本性是利己的，每个人都从个人利益出发决定自己的经济行为。没有任何人指挥，没有任何人干预，但结果是整个社会和谐而有效率地正常运行。市场经济的这种奥秘何在呢？生活在资本主义早期的英国古典经济学家亚当·斯密在1776年出版的《国富论》中指出了这一点：

人类几乎随时随地需要同胞的协助，要想仅仅依赖他人的恩惠，那是一定不行的。他如果能够刺激他们的利己心，便有利于他，并告诉他们，给他做事，是对他们自己有利的，他要达到目的就容易得多了……我们每天所需的食物和饮料，不是出自屠户、酿酒师或面包师傅的恩惠，而是由于他们自利的打算。

每一个人……既不打算促进公共的利益，也不知道自己是在什么程度上促进那种利益……他们盘算的也只是自己的利益。在这种场合下，像在其他许多场合一样，他受着一只“看不见的手”的指导，去尽力达到一个并非他本意要达到的目的。也并不因为他非出于本意，就对社会有害。他追求自己的利益，往往使他能比在真正出于本意的情况下更有效地促进社会的利益。

正是在以上论述中，斯密提出了一只“看不见的手”，即价格自发调节经济，进而实现合意结果的思想。在斯密那里，这种思想并没有得到理论上的严格论证，只是一种“天才思想的闪烁”。但斯密揭示了市场经济最基本的思想。因此，斯密关于“看不见的手”的论述被认为是“经济学皇冠上的宝石”，至今仍然是至理名言。

第五节　对价格干预的市场结果

如前所述，市场机制是自发地调节经济的。价格完全由供求决定，随供求的变动而变动，并在这一过程中自发地调节经济。如果有外力如政府干预价格的这种自发调节过程，会有什么结果呢？我们以许多国家经常采用的价格上限和价格下限来说明这一问题。

一、价格上限

价格上限又称最高限价或限制价格，是政府为了限制某种商品价格上升而规定的这种商品的最高价格。买卖双方以高于这种限制价格的价格进行的交易属于非法交易。

> 在计划经济条件下，政府规定的许多价格都属于价格上限，因此引起供小于求的“短缺经济”。在市场经济条件下，政府出于政治或社会目的也会制定这种价格上限。

当政府规定了价格上限时，如果市场均衡价格低于这种价格上限，价格仍由供求决定，价格上限实际上并不起作用。但如果由供求决定的价格高于价格上限，价格上限就对价格有制约作用，阻止价格的上升。这时起作用的不是市场决定的均衡价格，而是政府规定的价格上限，即最高价格。

价格上限一定是低于均衡价格的。由于价格低，需求就大（根据需求定理）；由于价格低，供给就少（根据供给定理）。因此，在实行价格上限时，市场上必然出现供给小于需求的供给不足状况。我们可以用图 2-11 来分析存在价格上限时的供给不足。

从图 2-11 中可以看出，由供求所决定的产品均衡价格为 P_0、均衡数量为 Q_0，政府规定了价格上限为 P_1，$P_1 < P_0$，即价格上限一定低于均衡价格。这时需求量为 Q_2，供给量为 Q_1，$Q_2 > Q_1$，产品供给不足，$Q_2 - Q_1$ 为供给不足的部分。

在供给短缺时，实行价格上限有利于维护社会稳定，是一种无奈之举。计划经济时代的苏联、中国都这样做过。第二次世界大战时英、美等市场经济国家也这样做过。

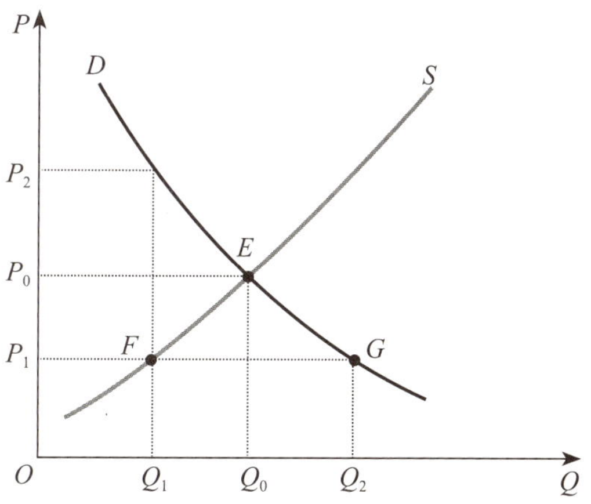

图 2-11 价格上限

这里是从纯经济的角度分析价格上限的，有时政府为了社会安定等政治原因不得不实行价格上限。这时政治的考虑大于经济的考虑。

在实行价格上限时，价格起不到调节市场供求的作用。政府解决供给不足主要有两种方法：配给制和排队。配给制就是由政府有关部门决定谁可以得到紧缺的物品。当需求者多、供给不足时，政府有关部门只好用配给的办法决定把物品分配给谁。这种配给制可以采用发放定量票证的方法，也可以按某种条件配给。这时要有一个专门负责配给工作的机构，就会形成资源浪费。更为严重的是，主管配给的官员有了分配物品的权力，有可能出现腐败受贿现象。权力可能使人腐败，配给物品也是一种权力。排队就是采用先来后到的原则，直至产品卖完为止。这时人们为了得到紧缺的物品就要把部分资源（劳动时间）用于排队，这又是一种资源浪费。所以，实行价格上限会引起资源浪费。

在实行价格上限时还必然出现黑市交易，即违法的市场交易。由于价格被固定，供给无法增加，黑市价格就由需求决定。这种价格一定会高于均衡价格。在图 2-11 中，当价格上限为 P_1 时，供给量为 Q_1，这时需求与供给相等的价格为 P_2。P_2 就是黑市价格，它不仅高于价格上限 P_1，而且高于市场放开时应达到的均衡价格 P_0。只要有价格上限，就会有黑市交易出现，这是一种必然的因果关系。黑市交易的存在破坏了正常的市场秩序。下面的案例研究说明了这一点。

案例研究

协和医院专家挂号费质疑

协和医院是北京乃至全国最有名的医院之一。看过病的人都知道，在协和这类名牌医院看专家门诊有多难。协和医院正教授级专家特需门诊挂号费现在分为

200元与300元二档，在物价上涨的今天也不算贵，但数量有限，提前一周在网上抢号也很难抢到。

如果放开协和医院的专家挂号费，由供求自发决定，均衡价格自然要远远高于目前的价格。把专家门诊挂号费定为一定数额就是政府确定的价格上限。这种价格远远低于均衡价格。在这种情况下，许多人出于对专家的信任，无论大病小病都想找专家看，即需求大。但由于价格低，专家得到的收入少，愿意看病的医生少，供给就少。需求远远大于供给，有许多人想看专家门诊而挂不上号。

在供大于求的情况下，医院可以用的一个办法是配给制，即由医院决定谁可以挂上专家门诊号。实行配给制又有两种做法：一种做法是医院成立一个办公室，想要挂专家门诊者提出申请，由该办公室根据病情进行审批。这种做法使用审批代替价格，不如由价格自发调节节省资源。另一种做法是由有关人员（医院领导或挂号员）决定，这时就有可能出现受贿现象，即掌握了配给权的人与患者进行权钱交易，把专家门诊号分配给能给自己带来好处的人，或者让患者找路子、拉关系获得专家门诊号。

医院除了配给制还可以采用排队制，即由患者排队挂号，按先来后到的原则挂号，当天的专家门诊号挂完为止。在协和医院这些大医院，挂专家门诊者排长队，甚至许多患者家属前一天就去排队。这说明这些大医院采用了排队制的方法。用排队制代替价格调节浪费了患者及其家属的资源，他们把本来能用于工作的时间浪费于排队。

在实行价格上限时，无论采用哪种方法，都必然会出现黑市。这就是票贩子倒票。规定的专家门诊挂号费为一定数额，但票贩子倒号的收价远远高于此数，有的甚至高达千元。在这样丰厚利润的诱导之下，票贩子倒票当然屡禁不止了。只要有价格上限，就有黑市的票贩子，这是一个规律，不是公安部门加大打击力度就能解决的。前几年，协和医院采用了实名挂号看病制，企图制止黑市交易，但其结果无非是倒号变为倒排队的位子，黑市交易并没有得到遏制。可以预言，只要不取消价格上限，无论采用什么办法，黑市的存在都是必然的，丰厚利润会造就一批又一批心狠手辣、手法不断翻新的票贩子。

据说，规定专家门诊挂号费的上限是为了保证低收入者也可以看得上专家门诊。任何人只要到医院看看就知道，一些从外地来的患者，一些收入低的患者，既无钱又无门路，尽管规定了挂号费标准，但他们能看得上病吗？价格上限对他们真是口惠而实不至。

当然，在患者多而专家有限的情况下，放开价格会使挂号费大幅度上升。或者说在专家门诊供给有限的情况下，挂号费主要由需求决定。价格上限从短期来看主要是抑制需求，但当价格上升、专家收入增加时，供给也会逐渐增加。从长期来看，供求是会平衡的，当实现这种均衡价格时，有购买能力的需求可以得到满足，医生也会提供更好的服务。

案例研究

网约车与市场机制的运用

各国各个城市都对出租车有严格的管理制度，包括进入限制，即控制每个城市的出租车数量，规定出租车的统一价格等。这样就造成打车难，尤其是节假日或刮风、下雨、下雪时，一车难求。严格的出租车管理，说来是为了防止出租车行业的恶性竞争，保护消费者的利益，实际有时适得其反。

网络的发达促成了网上租车，这就有了网约车。这种网上租车的发展大大方便了消费者，也没有引起出租车行业的恶性竞争。消费者用手机随时可以叫车，尽管价格有了一定的浮动，在节假日，刮风、下雨、下雪天出租车紧张时价格会高一些，但与方便比起来，还是值得的。出租车行业一些必要的限制仍然存在，比如对出租车司机的资质要求（这是保证出租车安全运营所必需的）。但没有了进入的数量限制，出租车可以根据市场需求自行调节，不会出现恶性竞争。而且，出租车可以根据消费者的需要，随叫随到，也不用"扫马路"浪费资源了。在许多城市，网约车的出租车司机可以兼职，市场需要时就进入，市场不需要时就退出。兼职出租车司机用自己的车，资源得到更充分利用，他们的收入也增加了。这样对消费者和出租车双方有利得多，当然受到社会广泛欢迎，所以，网约车的发展都相当迅速且成功。

网上租车打破了许多对出租车行业的不利限制，更多地让市场机制发挥作用，说明了市场机制的优势。过去在政府严格限制时，出租车执照这种本来无价的东西变成有价的商品，在市场上炒卖。纽约的一个出租车执照居然被炒到近20万美元。而且，由于有限制，服务不规范，收费奇高的"黑出租车"屡禁不止。消费者有时依然一车难求。当网上租车打破这些限制之后，出租车市场真正实现了供求的自然平衡，同时也消除了炒出租车执照、"黑出租车"等顽疾。

市场经济并不是放任自由、政府什么也不管的经济。有些政府的管制是必须的，比如对出租车司机的资质要求是为了保护消费者。但在不危害社会安全和消费者利益的情况下，还是管制少一些更好。网约车的成功说明了这一点。

二、价格下限

价格下限又称支持价格，是政府为了扶植某种商品的生产而规定的这种商品的最低价格。买卖双方以低于价格下限的价格进行的交易就为非法交易。

当政府规定了价格下限时，如果市场均衡价格高于这种价格下限，价格仍由供求决定，价格下限实际上并不起作用。但如果供求决定的价格低于价格下限，价格下限就对价格有制约作用，阻止价格的下降。这时起作用的不是市场决定的均衡价格，而是政府规定的价格下限，即支持价格。

价格下限一定是高于均衡价格的。由于价格高，需求就少（根据需求定理）；由于价格高，供给就多（根据供给定理）。因此，在实行价格下限时，市场上必然出现供给大于需求的供给过剩状况。我们可以用图 2-12 来分析价格下限时的供给过剩。

从图 2-12 中可以看出，该行业产品由供求所决定的均衡价格为 P_0，均衡数量为 Q_0，政府为支持该行业生产而规定的价格下限为 P_1，$P_1 > P_0$，即价格下限一定高于均衡价格。这时，需求量为 Q_1，供给量为 Q_2，$Q_2 > Q_1$，即供给量大于需求量，Q_2-Q_1 为供给过剩部分。

许多国家实行的农产品支持价格和最低工资法都属于价格下限。就农产品支持价格而言，其目的是稳定农业生产和农民的收入，有其积极意义，但这也导致了农产品过剩，不利于农业结构调整。政府实行农产品支持价格，则过剩的农产品要由政府收购，这也增加了财政负担。就最低工资法而言，这有利于维护低收入者的利益，但增加了劳动供给，减少了劳动需求，有增加失业的负作用。

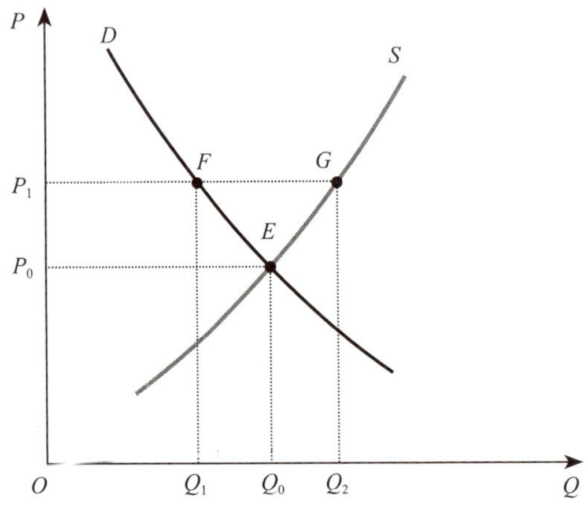

图 2-12　价格下限

> 价格下限又称为支持价格或最低价格。从政治和社会考虑出发，价格下限有时也难以完全取消，如我国实行的农产品保护价格，还有世界上许多国家实行的最低工资法。

案例研究

最低工资法的争论

在美国，绝大多数经济学家是反对最低工资法的，理由是最低工资法减少了就业。

最低工资法有没有这种影响呢？的确是有的。当最低工资高于劳动市场供求关系所决定的工资水平时，企业就会采用减少雇用工人的方法，比如用机器代替工人，或者干脆不生产，也不雇用工人。

但是为什么各国都采用了最低工资法呢？经济学家讲供求关系，讲均衡价格，都没有考虑这种价格的社会效应。如果没有最低工资法，一定有部分工人的工资过低，无法维持生活。要知道，在劳动市场上，资方是强者，具有一定的垄断地位，他们要千方百计压低工人的工资。这就会加剧劳资之间的冲突，使社会不安定、不和谐。最低工资法正是为了保护这部分低收入工人的收入水平。

价格调节是无情的，不考虑调节的社会效应。各国采用最低工资法正是为了纠正价格这种不利于社会和谐的影响。

三、放开价格的意义与局限性

通过本章的学习，我们知道了由价格调节经济活动是市场经济的核心。所以，市场经济的基本原则是，能够由价格调节的要尽量放开价格，让价格自发调节。我国市场经济改革成功的经验之一也是放开价格。价格是调节经济的一只“看不见的手”。如果把这只手绑起来，经济就会出现各种问题。

当然，我们也不能把价格的这种作用绝对化。市场经济仍然离不开政府，在有些情况下，也需要政府对价格的干预。例如，在存在垄断的情况下，垄断者控制了供给，这时如果政府不对垄断者的定价行为进行必要的干预，价格就会过高，有可能损害消费者的利益。尤其在自来水、电力、煤气这些垄断部门，政府都要对价格的确定进行干预。换言之，价格调节的完善性是以竞争的充分性为前提的，如果竞争不存在或不充分，政府的适当干预就是必要的。

我们在分析价格的作用时，仅仅是从经济的角度来说明价格调节的。但在制定政策时，我们还要考虑社会、政治等各种因素。例如，如果发生了自然灾害，农产品大幅度减产，根据供求定理，价格应该大大上升，

> 要记住价格不是万能的。

以使供求平衡。这从经济学的角度看无可厚非。但农产品是生活必需品，需求缺乏弹性，如果价格上升太多，许多低收入者将无法保证基本生活，这样就会损害这部分人的利益，并不利于社会安定。这时实行价格上限、采用配给制就是必要的。许多国家在严重的自然灾害和战争时期都这样做过。再如，许多经济学家都指出了最低工资法的不利之处，但至今绝大多数国家都实行最低工资法。这就是因为这种制度可以在一定程度上保护低收入者，有利于社会安定和公正原则的实现。综合经济、政治与社会的利弊来看，还是利大于弊的。

我们在第一章中说明了经济学是认识客观世界的，但在根据经济学原理制定政策时还要考虑政治、社会、历史传统等因素。经济理论是制定政策的重要依据，但并不是唯一依据。从这个角度来理解价格机制才更全面，也才能实现经济学改善世界、增进社会福利的目的。

关键概念

需求	需求表	需求曲线	互补品	替代品
需求函数	需求定理	供给	供给表	供给曲线
供给函数	供给定理	均衡价格	均衡数量	市场经济
价格机制	价格上限	价格下限		

内容提要

- 某种商品的需求是购买欲望和购买能力的统一，某种商品的需求与其价格呈反方向变动。
- 在经济分析中要区分需求量的变动与需求的变动。某种商品价格变动所引起的购买量变动称为需求量的变动，表现为同一条需求曲线上点的移动。收入、其他商品价格、消费者偏好、预期等因素变动所引起的购买量变动称为需求的变动，表现为整个需求曲线的移动。
- 某种商品的供给是供给欲望和供给能力的统一，某种商品的供给与其价格呈同方向变动。
- 在经济分析中要区分供给量的变动与供给的变动。商品本身价格变动所引起的供给量的变动，表现为同一条供给曲线上点的移动。除商品本身价格外其他因素变动所引起的供给量的变动，表现为整个供给曲线的移动。
- 均衡价格是某种商品需求量与供给量相等时的价格，它是由市场供求关系自发调节形成的。与均衡价格相对应的是均衡数量，即相等的需求量与供给量。

- 需求或供给的变动会引起均衡价格与均衡数量的变动。经济学家用供求定理概括了这种变动的规律。任何一种因素的变动或者引起需求的变动，或者引起供给的变动，或者引起供求两者的变动，因此，可以用供求定理来分析许多经济现象。
- 通常所说的“看不见的手”指调节经济的价格。在市场经济中，价格调节经济的运行，没有价格的这种自发调节作用就没有市场经济，但价格又不是万能的。
- 从经济的角度看，政府采用价格上限和价格下限干预价格的自发变动是不好的。而现实中许多国家采用这些政策主要出于政治或社会考虑。

思考题

1. 为什么需求不同于欲望？

2. 有些企业在广告宣传中声称自己的产品是为“工薪阶层”服务的。从经济学的角度看，这种说法对不对？为什么？

3. 出租车行业越发达，服务越好，价格越低，买汽车的人就越少，为什么？

4. 旅游业的发展可以带动酒店、餐饮、交通、娱乐等行业的发展，为什么？

5. 我国加入世界贸易组织对汽车市场的需求有什么影响？为什么？

6. 收入增加和价格下降可以使电视机的市场销售量增加。从经济分析的角度看，这两种不同因素引起的销售量增加有什么不同？

7. 根据供给定理，价格下降，供给量减少。但在现实中，为什么电脑价格下降时，供给量却增加了？

8. 如果医生告诉人们多吃鸡蛋有利于健康，同时许多长寿老人在电视上说自己长寿是因为坚持每天吃两个鸡蛋。这对鸡蛋和猪肉市场分别有什么影响？为什么？

9. 一场霜冻使柑橘大幅度减产。这对柑橘和苹果市场分别有什么影响？为什么？

10. 目前许多城市严重缺水。经济学家主张提高水价。从经济学的角度看，这种观点是否正确？为什么？

11. 匈牙利经济学家科尔奈称计划经济是一种“短缺经济”，即各种物品的供给缺乏。引起短缺的原因是什么？如何才能从根本上走出“短缺经济”？

12. 有些地方规定电影票价不得超过 50 元，不得低于 20 元。这两种规定是什么价格政策？其会引起什么后果？

第三章 CHAPTER 3

弹性理论

在第二章中我们论述了供求决定价格，以及价格调节经济的基本原理，但并没有深入分析价格变动与供求之间量的关系。我们在现实中观察到，价格的变动会引起需求量或供给量的变动，但需求量或供给量对价格变动的反应程度是不同的。有些商品，如高档化妆品之类的奢侈品，价格变动的幅度小，而需求量或供给量变动的幅度大；另有一些商品，如粮食之类的生活必需品，价格变动的幅度大，而需求量或供给量变动的幅度小。弹性理论正是要说明价格变动与需求量或供给量变动之间这种量的关系的。弹性理论是上一章叙述的继续和发展。从这种意义上说，弹性理论是价格理论的一个重要组成部分，也是供求分析工具之一。

弹性分为需求弹性与供给弹性。需求弹性又分为需求价格弹性、需求收入弹性与需求交叉弹性，本章将介绍各种弹性的概念，计算及其在经济分析中的运用。

重点掌握

◎ 需求价格弹性的含义与计算

◎ 需求富有弹性与缺乏弹性

◎ 决定一种商品需求弹性的因素

◎ 需求弹性与总收益之间的关系

◎ 如何用弹性理论解释谷贱伤农与薄利多销

一般掌握

◎ 需求收入弹性的含义与计算

◎ 需求交叉弹性的含义与计算

◎ 供给弹性的含义与计算

一般了解

◎ 弹性与税收分摊之间的关系

第一节 需求价格弹性

一、需求价格弹性的含义

“弹性”是一个物理学名词，指一个物体对外部力量的反应程度。在经济学中，弹性指在经济变量之间存在函数关系时，因变量对自变量变化的反应程度，其大小可以用两个变化的百分比比率来表示。

需求价格弹性又称需求弹性，指价格变动的比率所引起的需求量变动的比率，即需求量变动对价格变动的反应程度。在这里，价格变动是自变量，需求量变动是因变量。

注意需求价格弹性是指需求量与价格变动的相对量的比率，而不是绝对量的比率。

各种商品的需求弹性是不同的，一般用需求弹性的弹性系数来表示弹性的大小。需求弹性的弹性系数是需求量变动的比率与价格变动的比率的比值。用公式来表示，需求价格弹性可以写为：

$$需求价格弹性=\frac{需求量变动百分比}{价格变动百分比}$$

如果以 E_d 代表需求弹性的弹性系数，以 $\frac{\Delta Q}{Q}$ 代表需求量变动的比率，以 $\frac{\Delta P}{P}$ 代表价格变动的比率，则需求弹性的弹性系数的一般公式就是：

$$E_d=\frac{\frac{\Delta Q}{Q}}{\frac{\Delta P}{P}}=\frac{\Delta Q}{\Delta P}\cdot\frac{P}{Q}$$

例如，某种保健品的价格变动 10% 时，需求量变动 20%。这就是说，价格变动 10% 引起需求量变动 20%。所以，根据公式，这种保健品的需求价格弹性为 2。

在理解需求弹性的含义时要注意这样几点。

第一，在需求量与价格这两个经济变量中，价格是自变量，需求量是因变量。所以，需求弹性就是指价格变动所引起的需求量变动的程度，或者说需求量变动对价格变动的反应程度。

第二，需求弹性系数是需求量变动的比率与价格变动的比率的比值，而不是价格变动的绝对量与需求量变动的绝对量的比率。因为绝对量有计量单位，不同的计量单位是不能相比的，而变动的比率采用百分比的形式，没有计量单位，才可以相比。例如，价格变动的绝对量是元或角，需求量变动的绝对量是千克或吨，这当然是无法相比的，但价格变动的百分比与需求量变动的百分比就可以相比。

第三，弹性系数的数值可以为正值，也可以为负值。如果两个变量同方向变动，则其为正值；反之，如果两个变量反方向变动，则其为负值。一般情况下，价格与需求量呈反方向变动，所以当价格上升，即价格的变动为正值时，需求量减少，即需求量的变动为负值；同理，当价格的变动为负值时，需求量的变动为正值。所以，需求弹性的弹性系数应该为负值。但在实际运用时，为了方便起见，我们一般都取其绝对值。

第四，同一条需求曲线上不同点的弹性系数大小并不相同。这一点在后面的参考资料中有进一步的说明。

二、需求价格弹性的计算

我们计算某种商品的需求价格弹性一般也是计算需求曲线上某一段的弹性。可以用图 3-1 说明需求价格弹性的计算。

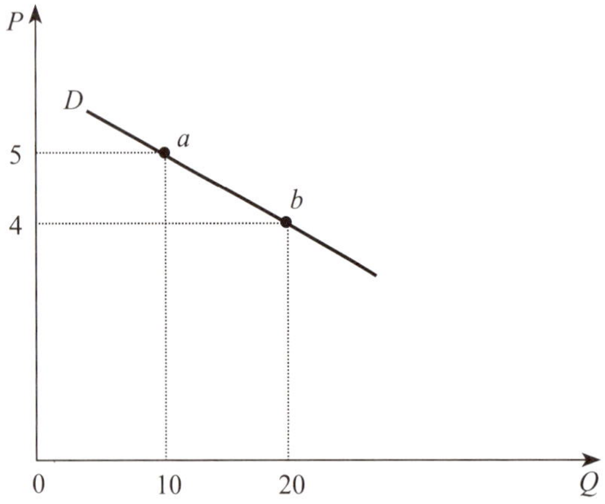

图 3-1　需求价格弹性的计算

从图 3-1 中可以看出，当某种商品价格从 5 下降为 4 时，需求量从 10 单位增加到 20 单位。因此，需求价格弹性是：

$$需求价格弹性=\left|\frac{\frac{20-10}{10}}{\frac{4-5}{5}}\right|=5$$

如果换一个角度，这个图上表示的变动也可以说成，当某种商品价格从 4 上升到 5 时，需求量从 20 单位减少到 10 单位。因此，需求价格弹性是：

$$需求价格弹性 = \left| \frac{\frac{10-20}{20}}{\frac{5-4}{4}} \right| = 2$$

这两种计算结果是不一致的。实际上，在需求曲线上 a 点到 b 点，价格的变动与需求量的变动是相同的，但根据需求价格弹性公式，价格下降与价格上升时计算出的弹性系数却不相同。这是因为计算价格变动和需求量变动时所用的分母不一致，计算出的变动百分比就不一致。为了克服这种不一致，我们计算需求弹性时，用变动前与变动后的价格、需求量的平均数作为分母。这时，以 P_1 代表变动前的价格，P_2 代表变动后的价格，Q_1 代表变动前的需求量，Q_2 代表变动后的需求量，则需求价格弹性的公式就是：

$$E_d = \left| \frac{\frac{\Delta Q}{\frac{Q_1+Q_2}{2}}}{\frac{\Delta P}{\frac{P_1+P_2}{2}}} \right|$$

这时，图 3-1 中需求曲线上 a 点至 b 点的需求价格弹性就是：

$$需求价格弹性 = \left| \frac{\frac{10-20}{\frac{10+20}{2}}}{\frac{5-4}{\frac{5+4}{2}}} \right| = \frac{\frac{10}{15}}{\frac{1}{4.5}} = 3$$

这就是说，这种商品无论价格上升或下降，需求价格弹性都是 3。

这种计算需求价格弹性的方法称为中点法。用这种方法计算出的**需求曲线上 a 点至 b 点的需求价格弹性称为弧弹性**。

三、需求价格弹性的分类

在现实中我们观察到，各种商品的需求弹性并不一样。有的商品，如保健品，价格变动比率小而需求量变动比率大；有的商品，如盐，价格变动比率大而需求量变动比率小。前一种商品需求弹性大，而后一种商品需求弹性小。根据各种商品需求弹性系数的大小，可以把需求弹性分为五类。

> 在以后的学习中注意需求弹性的特例（如需求无弹性）在经济学分析中的意义。

1. 需求无弹性，即 $E_d=0$

在这种情况下，无论价格如何变动，需求量都不会变动。例如，糖尿病患者对胰岛素这种药品的需求就是如此。胰岛素是糖尿病患者维持生命所必需的，无论价格如何变动，需求量都不会变动。胰岛素的需求弹性为零。这时的需求曲线是一条与横轴垂直的线，如图 3-2 中的 D_1。

2. 需求有无限弹性，即 $E_d\to\infty$

在这种情况下，当价格既定时，需求量是无限的。例如，银行以某一固定价格收购黄金，无论有多少黄金都可以按这一价格收购，银行对黄金的需求是无限的。这时，黄金的需求弹性无限大。这时的需求曲线是一条与横轴平行的线，如图 3-2 中的 D_2。

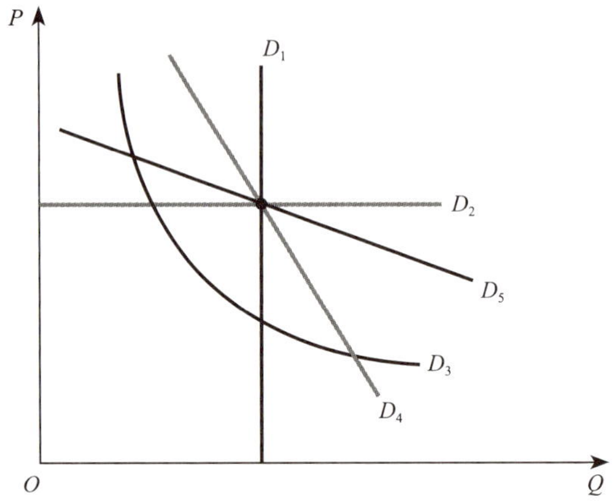

图 3-2　不同需求弹性的需求曲线

3. 单位需求弹性，即 $E_d=1$

在这种情况下，需求量变动的比率与价格变动的比率相等。这时的需求曲线是一条正双曲线，如图 3-2 中的 D_3。

以上三种情况都是需求弹性的特例，在现实中是很少见的。现实中常见的有以下两种。

4. 需求缺乏弹性，即 $1>E_d>0$

在这种情况下，需求量变动的比率小于价格变动的比率。生活必需品，如粮食、蔬菜等属于这种情况。这时的需求曲线是一条比较陡峭的线，如图 3-2 中的 D_4。

5. 需求富有弹性，即 $E_d>1$

在这种情况下，需求量变动的比率大于价格变动的比率。奢侈品，如保健品、汽车、珠宝、出国旅游等属于这种情况。这时的需求曲线是一条比较平坦的线，如图 3-2 中的 D_5。

我们可以用表 3-1 来概括需求弹性的分类。

表 3-1 需求弹性分类简表

需求弹性类型	弹性系数	含 义	图 形	举 例
需求无弹性	$E_d=0$	无论价格如何变动，需求量都不变	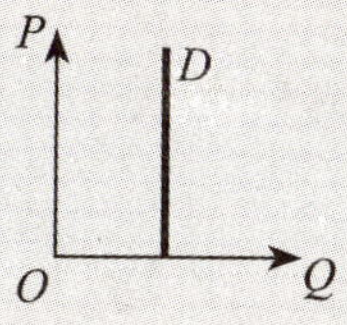	胰岛素
需求有无限弹性	$E_d \to \infty$	价格既定，需求量无限	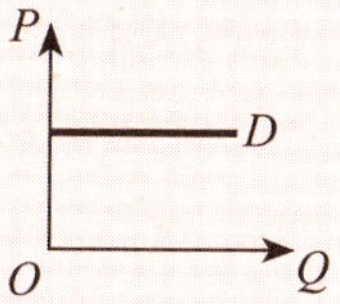	黄 金
单位需求弹性	$E_d=1$	价格变动的比率等于需求量变动的比率	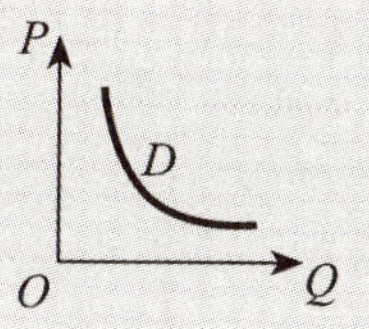	普通服装
需求缺乏弹性	$1>E_d>0$	价格变动的比率大于需求量变动的比率	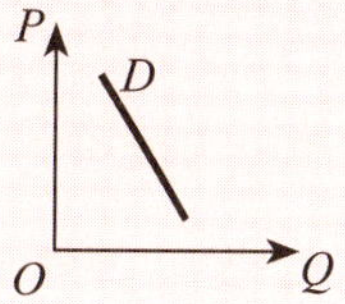	粮 食
需求富有弹性	$E_d>1$	价格变动的比率小于需求量变动的比率	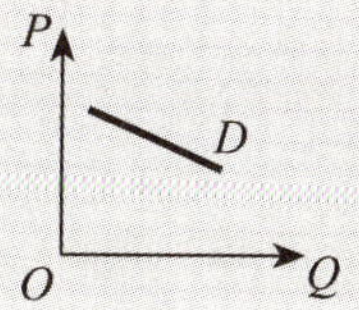	保健品

四、影响需求弹性的因素

为什么各种商品的需求弹性不同呢？一般来说，有这样几种因素影响需求弹性的大小。

1. 消费者对某种商品的需求强度

> 想一想为什么有的商品需求强度相同而需求弹性不同。

消费者对某种商品的需求强度，即该商品是生活必需品还是奢侈品。一般来说，消费者对生活必需品的需求强度大而稳定，所以生活必需品的需求弹性小，而且，越是生活必需品，其需求弹性越小。例如，粮食、蔬菜这类生活必需品的需求弹性一般都小，属于需求缺乏弹性的商品。相反，消费者对奢侈品的需求强度小而不稳定，所以奢侈品的需求弹性大。例如，出国旅行这类消费的需求弹性一般都大，属于需求富有弹性的商品。根据一些美国经济学家在 20 世纪 70 年代的估算，在美国，土豆的需求弹性系数为 0.31，咖啡的需求弹性系数为 0.25，而出国旅行的需求弹性系数为 4。

2. 商品的可替代程度

如果一种商品有许多替代品，那么，该商品的需求就富有弹性。因为价格上升时，消费者会购买其他替代品；价格下降时，消费者会购买这种商品来取代其他替代品。例如，据估算，美国消费者航空旅行的需求弹性为 2.4，主要就是因为航空旅行有汽车旅行、火车旅行等作为替代。相反，如果一种商品的替代品很少，则该商品的需求缺乏弹性。例如，法律服务几乎是不可替代的，所以，其需求弹性为 0.5。

3. 商品本身用途的广泛性

一种商品的用途越广泛，其需求弹性就越大；一种商品的用途越狭窄，其需求弹性就越小。例如，在美国，电力的需求弹性是 1.2，这就与其用途广泛相关；小麦的需求弹性仅为 0.08，这就与其用途狭窄相关。

4. 商品使用时间的长短

一般来说，使用时间长的耐用消费品的需求弹性大，而使用时间短的非耐用消费品的需求弹性小。例如，在美国，电冰箱、汽车这类耐用消费品的需求弹性在 1.2 ～ 1.6；报纸、杂志这种印刷品的需求弹性仅为 0.1。

5. 商品在家庭支出中所占的比例

在家庭支出中占比小的商品，价格变动对需求的影响小，所以其需求弹性也小；在家庭支出中占比大的商品，价格变动对需求的影响大，所以其需求弹性也大。例如，在美国，香烟占家庭支出的比例很小，其需求弹性为 0.3 ～ 0.4；汽车在家庭支出中的比例较大，其需求弹性是 1.2 ～ 1.5。

> 根据这些因素可以判断某种商品是需求富有弹性还是需求缺乏弹性。但到底弹性是多少，还要根据实际资料用公式计算。

在以上五种影响需求弹性的因素中，最重要的是消费者对某种商品的需求强度、商品的可替代程度和商品在家庭支出中所占的比例。某种商品的需求弹性到底有多大，是由上述这些因素综合决定的，不能只考虑其中的一种因素。而且，某种商品的需求弹性也因时期、消费者收入水平和地区的不同而不同。例如，在欧美，第二次世界大战之前，航空旅行是奢侈品，其需求弹性非常大，所以，航空公司通过小幅度降价就可以吸引许多乘客。第二次世界大战之后，飞机成为日常交通工具，航空旅行不再是奢侈品，其需求弹性就变小了，所以，航空公司难以利用小幅度降价来吸引大量乘客，只能用提高服务质量等方法来吸引大量乘客了。同样，在我国，彩电、音响等商品刚出现时，其需求弹性也相当大，但随着收入水平的提高和这些商品的普及，其需求弹性逐渐变小了。

参考资料

点弹性与同一条需求曲线上的弹性

我们在正文中介绍了需求曲线上两点之间弹性的计算，这种需求弹性称为弧弹性。如果我们计算需求曲线上某一点的弹性，这种需求弹性就称为点弹性。点弹性也就是价格变动无限小时所引起的需求量变动的反应程度。弧弹性是需求曲线上两点之间弧的弹性。

如上所述，计算弹性系数的一般公式为：

$$E_d=\frac{\frac{\Delta Q}{Q}}{\frac{\Delta P}{P}}=\frac{\Delta Q}{\Delta P}\cdot\frac{P}{Q}$$

当价格变动无限小，即 $\Delta P\to 0$ 时，上式可以写为：

$$E_d=\lim_{\Delta P\to 0}\frac{\Delta Q}{\Delta P}\cdot\frac{P}{Q}=\frac{\mathrm{d}Q}{\mathrm{d}P}\cdot\frac{P}{Q}$$

这就是点弹性的计算公式。由于价格与需求量呈反方向变动，所以 $\frac{\mathrm{d}Q}{\mathrm{d}P}$ 为负数，上式可以写为：

$$E_d=\frac{\mathrm{d}Q}{\mathrm{d}P}\cdot\frac{P}{Q}$$

设某种商品的需求函数为：

$$Q=f(P)=a-bP$$

a 和 b 均为常数，Q 为需求量，设 $a=20$，$b=2$，则有：

$$Q=20-2P$$

这时：

$$E_d=-\frac{dQ}{dP}\cdot\frac{P}{Q}=-(-2)\cdot\frac{P}{Q}=2\cdot\frac{P}{Q}$$

当 $P=4$ 时：

$$Q=20-2\times 4=12$$

因此，当价格为 4，即 $Q=f(4)$ 时，这一点的点弹性为：

$$E_d=2\cdot\frac{P}{Q}=\frac{2\times 4}{12}=\frac{8}{12}\approx 0.67$$

同理，当 $P=6$ 时：

$$Q=20-2\times 6=8$$

因此，当价格为 6，即 $Q=f(6)$ 时，这一点的点弹性为：

$$E_d=2\cdot\frac{P}{Q}=\frac{2\times 6}{8}=1.5$$

无论是计算弧弹性还是计算点弹性，计算结果都告诉我们：在同一条线性需求曲线上，各点的弹性并不一样。这就说明，需求弹性系数并不是需求曲线的斜率。同一条线性需求曲线的斜率是相同的，但需求弹性并不同。因为一条直线的斜率表示的是该线上一点到横轴与纵轴的距离之比，是用距离的绝对量来计算的；需求弹性系数则是纵轴代表的价格变动率与横轴代表的需求量变动率之比，是用相对量来计算的。可以用图 3-3 来说明这一点。我们先来看弧弹性的计算结果。

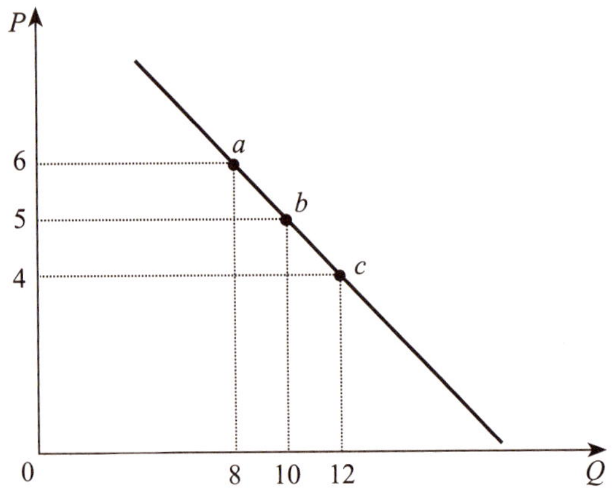

图 3-3　同一条线性需求曲线的需求弹性

在图 3-3 中，当价格从 6 下降为 5 时，需求量从 8 单位增加到 10 单位，用中点法计算的弧弹性为：

$$E_d=\left|\frac{\dfrac{8-10}{\dfrac{8+10}{2}}}{\dfrac{6-5}{\dfrac{6+5}{2}}}\right|\approx 1.2$$

当价格从 5 下降为 4 时，需求量从 10 单位增加到 12 单位，用中点法计算的弧弹性为：

$$E_d=\left|\frac{\dfrac{10-12}{\dfrac{10+12}{2}}}{\dfrac{5-4}{\dfrac{5+4}{2}}}\right|\approx 0.8$$

在这条线性需求曲线上，从 a 点到 b 点需求弹性为 1.2，从 b 点到 c 点需求弹性为 0.8，从而可以看出，同一条线性需求曲线上的弹性不同。

再来看点弹性。在介绍点弹性时，我们计算出价格为 6（$P=6$，a 点）时，需求弹性为 1.5；价格为 4（$P=4$，c 点）时，需求弹性为 0.67。再根据计算点弹性时给出的公式和数字，当价格为 5 时，则有：

$$Q=20-2\times 5=10$$

当 $P=5$，即 $Q=f(5)$ 时，点弹性为：

$$E_d=2\cdot\frac{P}{Q}=\frac{2\times 5}{10}=1$$

在这条线性需求曲线上，价格为 5 时对应的需求量为 10 单位，点弹性为 1。

这说明，同一条线性需求曲线上各点的弹性并不同。在中点（b 点）时，需求弹性正好为 1。在中点以上（如 a 点），需求富有弹性（1.5）。在中点以下（如 c 点），需求缺乏弹性（0.67）。

第二节　其他需求弹性

需求量的变动还与收入和其他相关商品的价格有关，供给量的变动与价格相关。表示需求量与收入之间关系的弹性称为需求收入弹性，表示需求量与其他相关商品价格之间关系的弹性称为需求交叉弹性，表示供给量与其价格关系的弹性称为供给弹性。本节将介绍这三种弹性。

一、需求收入弹性

1. 需求收入弹性的含义与公式

需求量的变动不仅取决于价格，还取决于收入。需求收入弹性又称收入弹性，指收入变动的比率所引起的需求量变动的比率，即需求量变动对收入变动的反应程度。

> 在经济学分析中，需求收入弹性也经常用到。

一般用收入弹性的弹性系数来表示弹性的大小。这一弹性系数是需求量变动的百分比与收入变动的百分比的比率。以 E_m 代表收入弹性的弹性系数，$\frac{\Delta Q}{Q}$ 代表需求量变动的百分比，$\frac{\Delta Y}{Y}$ 代表收入变动的百分比，则计算收入弹性系数的公式是：

$$E_m = \frac{\frac{\Delta Q}{Q}}{\frac{\Delta Y}{Y}} = \frac{\Delta Q}{\Delta Y} \cdot \frac{Y}{Q}$$

例如，假设收入的变动为 10%，某种商品的需求量的变动为 20%，则收入弹性系数为 2。

这里要注意两点：第一，在计算收入弹性时，假设价格和其他影响需求的因素是不变的。第二，因为一般而言，收入与需求量呈同方向变动，所以，收入弹性系数一般为正值。

2. 需求收入弹性的分类

在其他条件不变的情况下，消费者收入增加后对各种商品的需求也会增加，但对不同商品需求增加的多少并不相同。这样，各种商品的收入弹性大小也就不同，收入弹性一般分为五类。

第一，收入无弹性，即 $E_m = 0$。在这种情况下，无论收入如何变动，需求量都不会变动。这时收入—需求曲线（表示收入变动与需求量变动之间关系的曲线）是一条垂线，如图 3-4 中的 A。

第二，收入富有弹性，即 $E_m > 1$。在这种情况下，需求量变动的百分比大于收入变动的百分比。这时收入—需求曲线是一条向右上方倾斜而比较平坦的线，如图 3-4 中的 B。

第三，收入缺乏弹性，即 $E_m < 1$。在这种情况下，需求量变动的百分比小于收入

变动的百分比。这时收入—需求曲线是一条向右上方倾斜且比较陡峭的线，如图 3-4 中的 C。

第四，单位收入弹性，即 $E_m = 1$。在这种情况下，需求量变动与收入变动的百分比相同。这时收入—需求曲线是一条向右上方倾斜且与横轴成 45° 的线，如图 3-4 中的 D。

第五，收入负弹性，即 $E_m < 0$。在这种情况下，需求量的变动与收入的变动呈反方向变动。这时收入—需求曲线是一条向右下方倾斜的线，如图 3-4 中的 E。

想一个需求收入弹性为负的商品的例子。

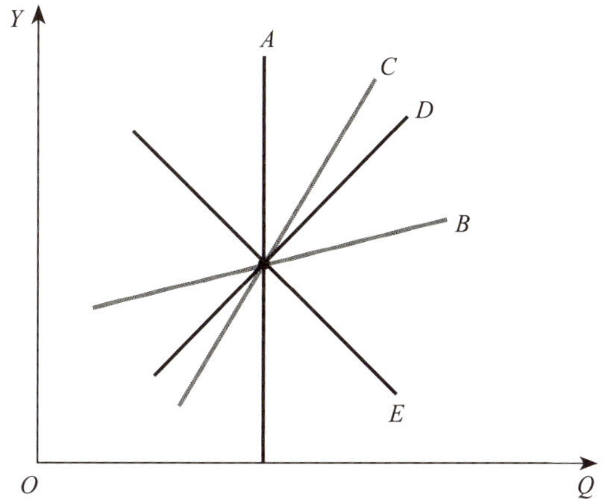

图 3-4 不同收入弹性时的需求曲线

3. 需求收入弹性与恩格尔定理

经济学家根据长期统计资料分析得出，生活必需品的收入弹性小，而奢侈品和耐用品的收入弹性大。恩格尔定理正是对这个结论的证明。德国统计学家恩格尔根据他对德国某些地区消费统计资料的研究，提出了一个定理：随着收入的提高，用于购买食物的支出在全部支出中所占的比率越来越小，即恩格尔系数是递减的。恩格尔系数是用于购买食物的支出与全部支出之比。恩格尔系数可以反映一国或一个家庭富裕程度与生活水平的高低。一般来说，恩格尔系数越高，富裕程度和生活水平越低；反之，则说明富裕程度和生活水平越高。一般把恩格尔系数在 0.5 之下作为生活达到富裕水平的标准。恩格尔定理说明了生活必需品（食物）的收入弹性小。

此外，我们还可以根据收入弹性的大小来划分商品的类型。一般认为，收入弹性为正值，即随着收入增加需求量增加的商品是正常商品；收入弹性为负值，即随着收入增加需求量减少的商品为低档商品。收入弹性大于 1 的商品为奢侈品，收入弹性小于 1 的商品为生活必需品。

二、需求交叉弹性

需求交叉弹性又称交叉弹性，指相关的两种商品中一种商品的价格变动的比率所引起的另一种商品的需求量变动的比率，即一种商品的需求量变动对另一种商品的价格变动的反应程度。

某种商品对另一种商品交叉弹性的大小可以用交叉弹性的弹性系数来表示。这种弹性系数为某种商品需求量变动的百分比与另一种商品价格变动的百分比的比值，以 E_{XX} 表示 X 商品对 Y 商品的交叉弹性，$\frac{\Delta Q_X}{Q_X}$表示 X 商品需求量变动的百分比，$\frac{\Delta P_Y}{P_Y}$表示 Y 商品价格变动的百分比，则 X 商品对 Y 商品的交叉弹性系数的计算公式为：

$$E_{XX}=\frac{\frac{\Delta Q_X}{Q_X}}{\frac{\Delta P_Y}{P_Y}}=\frac{\Delta Q_X}{\Delta P_Y}\cdot\frac{P_Y}{Q_X}$$

对于不同的商品关系而言，交叉弹性的弹性系数是不同的。互补商品之间价格与需求量呈反方向变动，其弹性系数为负值，弹性的绝对值越大，互补性越强。替代商品之间价格与需求量呈同方向变动，其弹性系数为正值，弹性的绝对值越大，替代性越强。

从这一点出发，我们可以根据交叉弹性系数来判断两种商品之间的关系。如果交叉弹性为负值，则这两种商品为互补关系，其弹性的绝对值越接近于1，互补关系越强；如果交叉弹性为正值，则这两种商品为替代关系，其弹性的绝对值越接近于1，替代关系越强；如果交叉弹性为零，则这两种商品之间没有关系。

> 想一想衬衫与领带的互补跟鞋子与鞋带的互补有什么不同，茶与咖啡的替代跟不同品牌茶的替代有什么不同。推测其需求交叉弹性。

三、供给弹性

供给弹性指供给价格弹性。

1. 供给价格弹性的含义与计算

供给价格弹性又称供给弹性，指价格变动的比率与供给量变动的比率之比，即供给量变动对价格变动的反应程度。

供给弹性的大小可以用供给弹性的弹性系数来表示。供给弹性的弹性系数是供给量变动的百分比与价格变动百分比的比值。以 E_s 表示供给弹性系数，$\frac{\Delta Q}{Q}$表示供给量变动的百分比，$\frac{\Delta P}{P}$表示价格变动的百分比，则供给弹性系数的计算公式是：

$$E_s=\frac{\frac{\Delta Q}{Q}}{\frac{\Delta P}{P}}=\frac{\Delta Q}{\Delta P}\cdot\frac{P}{Q}$$

例如，某种商品价格的变动为10%，供给量的变动为20%，则这种商品的供给弹性系数为2。因为供给量与价格一般呈同方向变动，所以，供给弹性系数一般为正值。

2. 供给价格弹性的分类

各种商品的供给弹性大小并不相同。一般我们可以把供给弹性分为以下几类。

第一，供给无弹性，即 $E_s=0$。在这种情况下，无论价格如何变动，供给量都不变。这时供给是固定不变的，如土地、古董、某些艺术品的供给。这时的供给曲线是一条与横轴垂直的线，如图 3-5 中的 A。

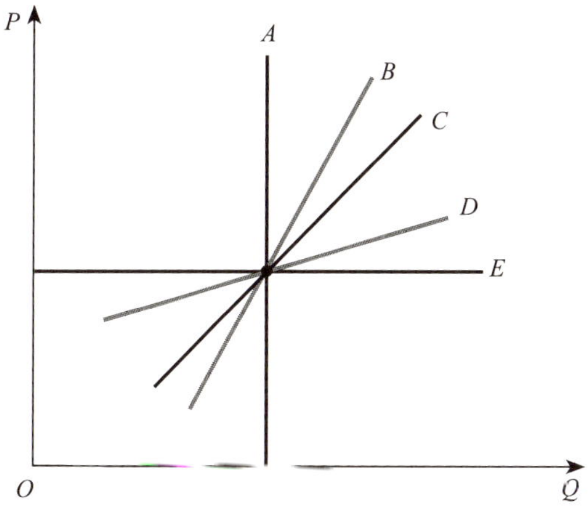

图 3-5　不同供给弹性时的供给曲线

第二，供给有无限弹性，即 $E_s\rightarrow\infty$。在这种情况下，价格既定而供给量无限。这时的供给曲线是一条与横轴平行的线，如图 3-5 中的 E。

第三，单位供给弹性，即 $E_s=1$。在这种情况下，价格变动的百分比与供给量变动的百分比相同。这时的供给曲线是与横轴成 45°且向右上方倾斜的线，如图 3-5 中的 C。

第四，供给富有弹性，即 $E_s>1$。在这种情况下，供给量变动的百分比大于价格变动的百分比。这时的供给曲线是一条向右上方倾斜且较为平坦的线，如图 3-5 中的 D。

第五，供给缺乏弹性，即 $E_s<1$。在这种情况下，供给量变动的百分比小于价格变动的百分比。这时的供给曲线是一条向右上方倾斜且较为陡峭的线，如图 3-5 中的 B。

供给弹性实际上就是供给价格弹性。

在现实中，常见的情况是供给无弹性、供给富有弹性和供给缺乏弹性。

3. 供给弹性与时间

供给取决于生产。影响供给的因素很多，影响一种商品供给弹性的因素也很多，如某种商品生产所用的技术、设备以及所需要的资源状况等，但其中最重要的是时间因素。

在经济分析中往往强调短期与长期的不同。在微观经济学中，时期长短与时间长短无关，而取决于生产要素的调整。如果在某一时期内，所使用的生产要素完全可以根据产量调整，即生产规模可以变动，这一时期就称为长期。如果在某一时期内，所使用的生产要素一部分可以根据产量调整，如劳动力与原材料随时可以根据产量调整，而另一部分生产要素不能根据产量调整，如厂房与设备不能根据产量随时调整，这一时期就称为短期。简而言之，短期中由厂房、设备决定的生产规模不能变动，而长期中生产规模可以变动。

> 注意经济学长期与短期区分的依据并不是时间长短，而是生产要素的调整。

特别要注意的是，不同行业与不同企业的短期与长期的时间长短并不同。例如，汽车行业中大企业所用的设备复杂，生产规模一旦确定就难以改变。假设在汽车行业改变生产规模要 3 年以上的时间，那么，汽车行业的长期就是 3 年以上，3 年以下就是短期。再如，服装行业的生产规模改变只要 1 年，那么，服装行业的长期就是 1 年以上，1 年以下就是短期。

供给弹性的大小与时间相关。一般来说，价格发生变动时，供给量很难调整，即生产无法立即增加或减少，所以，即期供给弹性几乎为零。换言之，在价格变动之后的极短时间内，供给量几乎不变。短期中，价格变动后，企业可以通过调整劳动力、原材料这类生产要素来改变供给量。但由于生产规模不能变，调整的幅度有限，短期中供给缺乏弹性。长期中，价格变动后，企业可以调整生产规模，充分调整供给，长期中供给富有弹性。

第三节　弹性理论的运用

弹性理论也是重要的供求分析工具之一，对分析许多现实经济问题和作出经济决策是十分重要的。这里我们分析需求弹性与总收益的关系，以及需求弹性、供给弹性与税收分摊的关系。从这种分析中我们可以看出如何运用弹性理论来作出正确的决策。

> 经济理论的作用是分析现实经济问题，学习“弹性理论”这一节，特别要注意它的作用是什么。

一、需求弹性与总收益

我们首先要了解总收益这个概念。总收益也可以称为总收入，指企业出售一定量商品所得到的全部收入，也就是价格与销售量的乘积。如

果以 TR 代表总收益，Q 代表销售量，P 代表价格，则有：

$$TR = P \cdot Q$$

特别要注意的是，总收益并不是出售商品赚到的钱，即不是利润，而是所得到的钱。总收益中包括成本与利润。只有扣除成本之后的净收益才是利润。这里要分析的是需求弹性对包括成本在内的总收益的影响，而不是对扣除成本之后净收益的影响。由于成本变动的关系，总收益增加并不一定是净收益增加，总收益减少也不一定是净收益减少。

此外，总收益也就是总支出。这就是说，从企业的角度来看，总收益是出售一定量商品的总收入；从家庭的角度来看，这也就是为购买一定量商品而付出的总支出。所以，分析需求弹性对企业总收益的影响实际上也就是分析需求弹性对家庭总支出的影响。

某种商品的价格变动时，它的需求弹性的大小与出售该商品所能得到的总收益是密切相关的。总收益等于价格乘以销售量。价格的变动引起需求量的变动，为了简单起见，我们假设需求量也就是销售量，这样，价格的变动也就引起了销售量的变动。不同商品的需求弹性不同，价格变动引起的销售量的变动不同，从而总收益的变动也就不同。下面，我们分析需求富有弹性的商品与需求缺乏弹性的商品需求弹性与总收益之间的关系。

1. 需求富有弹性商品的需求弹性与总收益之间的关系

如果某种商品的需求是富有弹性的，那么，当该商品的价格下降时，需求量增加（从而导致的销售量增加）的幅度大于价格下降的幅度，所以总收益会增加。

以电视机为例。假定电视机的需求是富有弹性的，$E_d = 2$。当价格为 500 元，即 $P_1 =$ 500（元），销售量为 100 台，即 $Q_1 = 100$（台）时，总收益 TR_1 为：

$$TR_1 = P_1 \cdot Q_1 = 500 \times 100 = 50\ 000\text{（元）}$$

> 想一想现实中什么商品可以薄利多销，什么商品不能薄利多销。

现在假定电视机的价格下降 10%，即 $P_2 = 450$（元），因为 $E_d = 2$，所以销售量增加 20%，即 $Q_2 = 120$（台），这时总收益 TR_2 为：

$$TR_2 = P_2 \cdot Q_2 = 450 \times 120 = 54\ 000\text{（元）}$$

$$TR_2 - TR_1 = 54\ 000 - 50\ 000 = 4\ 000\text{（元）}$$

这表明，由于电视机价格下降，总收益增加了。

需求富有弹性的商品价格下降而总收益增加，就是我们一般所说的薄利多销的原因所在。“薄利”就是降价，降价能“多销”，“多销”则会增加总收益，所以，能够做到薄利多销的商品是需求富有弹性的商品。

如果某种商品的需求是富有弹性的，那么，当该商品的价格上升时，需求量减少（从而导致的销售量减少）的幅度大于价格上升的幅度，所以总收益会减少。

仍以电视机为例。假定现在电视机的价格上升了 10%，即 $P_3 = 550$（元），因为 $E_d = 2$，所以销售量减少 20%，即 $Q_3 = 80$（台），这时总收益 TR_3 为：

$$TR_3 = P_3 \cdot Q_3 = 550 \times 80 = 44\ 000 \text{（元）}$$

$$TR_3 - TR_1 = 44\ 000 - 50\ 000 = -6\ 000 \text{（元）}$$

这表明，由于电视机价格上升，总收益减少了。

需求富有弹性的商品价格上升而总收益减少，说明这类商品如果调价不当，就会带来损失。例如，1979 年我国农副产品调价，猪肉价格上调 20% 左右，在当时，人们的生活水平较低，对猪肉的需求富有弹性，猪肉涨价后人们的部分购买力转向其他替代品，猪肉的需求量迅速下降。国家不得不将一些三、四级猪肉降价出售，加上库存积压，财政损失达 20 多亿元；再加上农副产品提价后给职工的补助 20 多亿元，财政支出增加 40 多亿元。类似这样的例子还有不少。

根据富有弹性的商品涨价与降价所引起的总收益的变化可以得出：如果某种商品是富有弹性的，则价格与总收益呈反方向变动，即价格上升，总收益减少；价格下降，总收益增加。我们可用图 3-6 来说明这一点。

在图 3-6 中，*D* 是某种需求富有弹性商品的需求曲线。当价格为 *C* 时，销售量为 *F*，总收益为矩形 *OFAC* 的面积；当价格为 *E* 时，销售量为 *G*，总收益为矩形 *OGBE* 的面积。由图上可以看出，当价格由 *C* 下降为 *E* 时，矩形 *OGBE* 的面积－矩形 *OFAC* 的面积＞0，总收益增加；当价格由 *E* 上升为 *C* 时，矩形 *OFAC* 的面积－矩形 *OGBE* 的面积＜0，总收益减少。

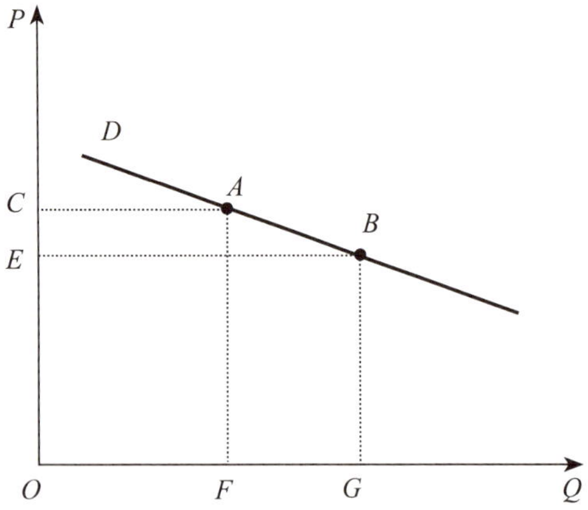

图 3-6　需求富有弹性与总收益的关系

用数字计算和图形比较可以说明同样的道理。

2. 需求缺乏弹性商品的需求弹性与总收益的关系

如果某种商品的需求是缺乏弹性的，那么，当该商品的价格下降时，需求量增加（从而导致的销售量增加）的幅度小于价格下降的幅度，所以总收益会减少。

以面粉为例。假定面粉的需求是缺乏弹性的，$E_d = 0.5$。当价格为 0.2 元，即 $P_1 = 0.2$（元），销售量为 100 千克，即 $Q_1 = 100$（千克）时，总收益 TR_1 为：

$$TR_1 = P_1 \cdot Q_1 = 0.2 \times 100 = 20 \text{（元）}$$

现在假定面粉的价格下降 10%，即 $P_2 = 0.18$（元），因为 $E_d = 0.5$，所以销售量增加 5%，即 $Q_2 = 105$ 千克，这时总收益 TR_2 为：

$$TR_2 = P_2 \cdot Q_2 = 0.18 \times 105 = 18.9 \text{（元）}$$

$$TR_2 - TR_1 = 18.9 - 20 = -1.1 \text{（元）}$$

这表明，由于面粉价格下降，总收益减少了。

中国有句古语叫“谷贱伤农”，意思是指粮食丰收了，由于粮价下跌，农民的收入反而减少了，其原因就在于粮食是生活必需品，需求缺乏弹性。由于丰收而造成的粮价下跌，并不会使需求量同比例增加，从而总收益减少，农民受损失。此外，在资本主义社会，经济危机时期出现过把农产品毁掉的做法，究其根源也在于这些农产品的需求缺乏弹性，降价不会引起需求量的大幅度增加，只会减少总收益，所以将这些农产品毁掉反而会减少损失。

想一想中学时学过的叶圣陶的小说《多收了三五斗》。

如果某种商品的需求是缺乏弹性的，那么，当该商品的价格上升时，需求量减少（从而导致的销售量减少）的幅度小于价格上升的幅度，所以总收益会增加。

仍以面粉为例。假定现在面粉的价格上升了 10%，即 $P_3 = 0.22$（元），因为 $E_d = 0.5$，所以销售量减少 5%，即 $Q_3 = 95$（千克），这时总收益 TR_3 为：

$$TR_3 = P_3 \cdot Q_3 = 0.22 \times 95 = 20.9 \text{（元）}$$

$$TR_3 - TR_1 = 20.9 - 20 = 0.9 \text{（元）}$$

这表明，由于面粉价格上升，总收益增加了。

卖者总收益的增加，也就是买者总支出的增加，由此可以看出，粮油、蔬菜这类生活必需品的涨价一定要谨慎，因为这类商品的需求弹性很小，涨价后，人们的购买量不会减少很多，这样就会增加人们的生活支出，造成实际收入下降，影响生活安定。

根据需求缺乏弹性的商品涨价与降价所引起的总收益的变化可以得出：如果某种商品是需求缺乏弹性的，则价格与总收益呈同方向变动，即价格上升，总收益增加；价格下降，总收益减少。我们可用图 3-7 来说明这一点。

在图 3-7 中，D 是某种需求缺乏弹性商品的需求曲线。当价格为 C 时，销售量为 F，总收益为矩形 $OFAC$ 的面积；当价格为 E 时，销售量为 G，总收益为矩形 $OGBE$ 的面积。由图上可以看出，当价格由 C 下降为 E 时，矩形 $OGBE$ 的面积 − 矩形 $OFAC$ 的面积 < 0，总收益减少；当价格由 E 上升为 C 时，矩形 $OFAC$ 的面积 − 矩形 $OGBE$ 的面积 > 0，总收益增加。

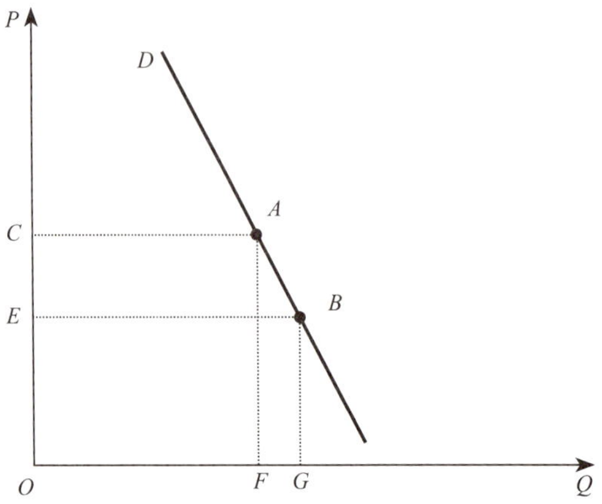

图 3-7　需求缺乏弹性与总收益的关系

这里要注意的是，总收益中包括成本与利润。因此，总收益增加并不等于总利润增加。在根据价格弹性调整价格时能否使利润增加还要考虑成本的状况。

需求弹性与总收益之间的关系对我们理解许多经济现象和作出经济决策具有指导意义。例如，在商业竞争中，降价是一种重要的竞争手段。但是，从需求弹性与总收益的关系中可以看出，降价竞争只适用于需求弹性大的商品，对于需求弹性小的商品，降价竞争是无利的。再如，前些年控制通货膨胀是我国经济宏观调控最重要也是最困难的任务之一。但人们对通货膨胀的不满，不仅在于总体物价水平过高，而且在于与人们生活密切相关的粮食、蔬菜等的价格上升幅度过大、速度过快。这种情况同样可以用需求弹性与总收益的关系来解释。由此也可以看出，经济学是一门实用的科学，与我们的日常生活密切相关。

二、需求弹性、供给弹性与税收分摊

政府征收的税收可以分为两类：一类是直接税。这类税收完全由纳税人承担，无法转嫁出去。例如，个人所得税、财产税就是直接税。另一类是间接税。这类税收尽管由纳税人缴纳，但税收负担可以全部或部分转嫁出去。例如，销售税由生产者或经营者缴纳，但可以全部或部分转嫁给消费者。税收负担在经营者和消费者之间的分割称为税收分摊，税收负担最终由谁承担称为税收归宿。在这种税收分摊中，经营者承担多少，消费者承担多少，取决于需求弹性和供给弹性。

如果某种商品的需求缺乏弹性而供给富有弹性，也就是说，消费者对这种商品的价格变动反应不敏感，无法及时根据价格调整自己的需求，而生产者对这种商品的价格反应敏感，可以根据价格调整自己的供给，那么，税收就主要落在消费者身上。我们可以用图 3-8 来说明需求缺乏弹性而供给富有弹性时的税收分摊。

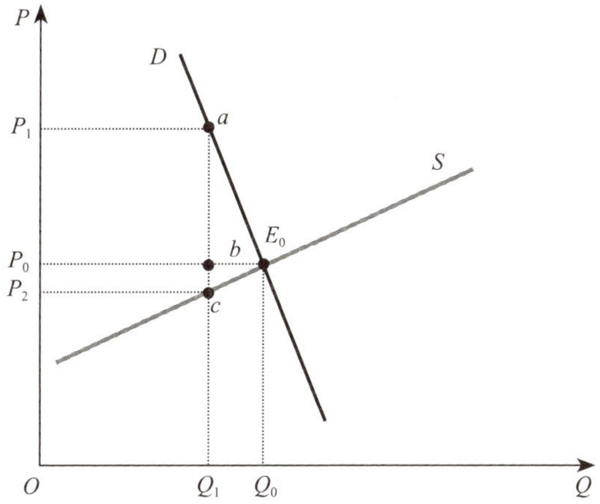

图 3-8 需求弹性、供给弹性与税收分摊（一）

想一想为什么需求曲线 D 比较陡峭而供给曲线 S 比较平坦。

在图 3-8 中，需求曲线 D 比较陡峭，表示需求缺乏弹性；供给曲线 S 比较平坦，表示供给富有弹性。当没有税收时，价格为 P_0。在政府征收税收之后，消费者支付的价格为 P_1，生产者得到的价格为 P_2。这两种价格之差作为税收由政府收取。无税收时的均衡数量为 Q_0，有税收时的均衡数量为 Q_1，政府得到的税收总量为消费者支付价格与生产者得到价格之差乘以交易量（均衡数量），即矩形 P_2caP_1 的面积。其中消费者承担的税收为矩形 P_0baP_1 的面积，生产者承担的税收为矩形 P_2cbP_0 的面积。矩形 P_0baP_1 的面积大于矩形 P_2cbP_0 的面积，说明税收主要由消费者承担。例如，吸烟者对香烟的需求是缺乏弹性的，但生产者可以调整产量，因为香烟的供给富有弹性，所以，对香烟征收的税收主要由消费者承担。

如果某种商品的需求富有弹性而供给缺乏弹性，也就是说，消费者对这种商品的价格变动反应敏感，能及时根据价格调整自己的需求，而生产者对这种商品的价格反应不敏感，无法根据价格调整自己的供给，那么，税收就主要落在生产者身上。我们可以用图 3-9 来说明需求富有弹性而供给缺乏弹性时的税收分摊。

想一想香烟的税收分摊。

在图 3-9 中，需求曲线 D 比较平坦，表示需求富有弹性；供给曲线 S 比较陡峭，表示供给缺乏弹性。当没有税收时，价格为 P_0。在政府征收税收之后，消费者支付的价格为 P_1，生产者得到的价格为 P_2。这两种价格之差作为税收由政府收取。无税收时的均衡数量为 Q_0，有税收时的均衡数量为 Q_1，政府得到的税收总量为消费者支付价格与生产者得到价格之差乘以交易量（均衡数量），即矩形 P_2caP_1 的面积。其中消费者承担的税收为矩形 P_0baP_1 的面积，生产者承担的税收为矩形 P_2cbP_0 的面积。矩形 P_0baP_1 的面积小于矩形 P_2cbP_0 的面积，说明税收主要由生产者承担。下文案例研究中的例子说明了这一点。

比较图 3-8 与图 3-9 有哪些区别。

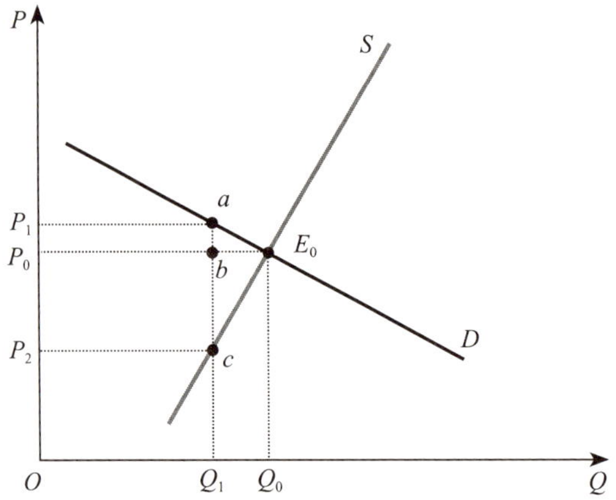

图 3-9 需求弹性、供给弹性与税收分摊（二）

案例研究

奢侈品消费税的归宿

1990 年美国国会通过税法，对游艇、豪华轿车这类奢侈品征收特别消费税。制定这项税收的人认为，这些奢侈品全由富人消费，税收也必然由富人承担。向富人收税可以帮助低收入者，平等又合理。但实施之后反对者并不是富人，而是生产这些奢侈品的企业与工人，其中大部分是这种税收所要帮助的低收入者。为什么这些并不消费奢侈品的人反对这项税收呢？这就涉及弹性与税收归宿。

正如正文所述，这种税收分摊，即税收负担最终由谁承担，取决于需求弹性和供给弹性。奢侈品是需求富有弹性而供给缺乏弹性的商品，因此，这种由消费者缴纳的税收负担最终主要由生产者承担。

对富人而言，奢侈品并非生活必需品，而且替代品多，如不买游艇，可以到国外度假或购买房产。所以，奢侈品需求富有弹性。当奢侈品由于税收而价格上升时，富人可以大大减少这类奢侈品的消费，转而消费其他少征税的商品与劳务。

但短期中，生产这项奢侈品的企业供给缺乏弹性，不得不减少生产或降价。这就使企业生产困难，不得不解雇工人。这个行业所有者利润减少，工人收入减少，甚至失业。这些工人本来属于被帮助的对象，结果反受其害，承担了绝大部分税收。

因此，这项税收遭到受损害行业的反对，美国国会不得不在 1993 年取消了这项税收。

税收归宿是经济学中的一个重要问题。如果一种税收政策不考虑弹性与税收分摊的关系，结果可能适得其反，“打在贾宝玉身上，痛在贾母心上”，这正是经济学对政策制定的指导作用。

案例研究

政府为什么要管制药品价格

许多国家政府都对药品特别是处方药，实行政府定价或价格管制。为什么不让药品与其他商品一样由市场供求定价、自由浮动呢？这就与药品的需求弹性与供给弹性相关。

当人患有某种病时，吃某些药就是刚性需求，或者说需求弹性为零。药品的需求与病情相关，由病情与患病人数决定，与价格无关系。对药品而言，需求与价格无关，无论价格是多少，需求量都是不变的。这样，如果让药品任意定价，价格过高，患者承受不了，吃不起药，病情就会恶化，甚至死亡。这样的结果显然与社会利益相悖。对患者来说，需要价格稳定或者下降。

从供给来看，药品供给的一个重要特点是由少数企业控制。药品是一种特殊商品，不能像某些商品一样，任何企业都可以生产。一是药品企业有进入限制，生产药品的企业必须具备一定的资质，并经过政府有关部门审查批准。二是药品有专利，获得政府有关部门认可的专利方可生产，除非专利到期，否则只能由有专利权的企业生产。这两点决定了药品的供给有垄断性，且药品的供给也受这两个因素的限制，是有限的，不可能像某些商品一样大量增加。这就使药品的供给即使不是供给弹性为零也是缺乏弹性的。同时，生产药品企业的垄断性又使它们控制了定价权，如果由它们决定价格或收取高价格，就大大损害了患者的利益，它们提价自肥，而使患者蒙受损失。这当然不是应有的结果。

实行市场经济，由价格调节经济中供求的目的还在于使社会资源得到有效配置，人民生活幸福。绝大部分商品的价格应该放开，由市场供求关系决定。但在两种情况下，政府应该对价格适当管制。一种是需求与供给都缺乏弹性，而又是生活必需品的商品应实行价格管制。二是在一些特殊时期，例如在战争与自然灾害时期对生活必需品应实行价格管制。各国都有这样的管制措施，如在第二次世界大战期间，美国还成立了价格管制的机构，各国对生活必需品都有严格的管制。

当然，政府的这种价格管制应该有严格的限制和条件，管制不能无限扩大，也不能始终不变，在能放开时还是尽量要放开。价格的管与放是一门艺术，管得好，既有利于市场经济的正常运行，又保护了人民的利益；管不好，尤其是管得太多、太广，就会有损于市场经济的调节作用，甚至形成政府主宰一切的管制经济。

关键概念

需求价格弹性（需求弹性）	弧弹性	需求无弹性	需求缺乏弹性
需求富有弹性	需求收入弹性	需求交叉弹性	供给价格弹性（供给弹性）
供给无弹性	供给缺乏弹性	供给富有弹性	供给有无限弹性
单位供给弹性	收入无弹性	收入富有弹性	收入缺乏弹性
单位收入弹性	收入负弹性	税收分摊	税收归宿

内容提要

- 需求价格弹性（需求弹性）是需求量变动对价格变动的反应程度，其弹性系数是价格变动的比率所引起的需求量变动的比率。
- 需求弹性可以分为需求无弹性、需求有无限弹性、单位需求弹性、需求富有弹性和需求缺乏弹性。其中最常见的是需求缺乏弹性和需求富有弹性。需求缺乏弹性指弹性系数小于 1，即需求量变动的百分比小于价格变动的百分比。需求富有弹性指弹性系数大于 1，即需求量变动的百分比大于价格变动的百分比。
- 不同商品的需求弹性大小不同，这主要取决于消费者对某种商品的需求强度、商品的可替代程度、商品本身用途的广泛性、商品使用时间的长短、商品在家庭支出中所占的比例等因素。
- 需求收入弹性指需求量变动对收入变动的反应程度，其弹性系数是收入变动的比率所引起的需求量变动的比率。一般而言，正常商品需求收入弹性大于零，低档商品需求收入弹性小于零。奢侈品的需求收入弹性大于 1，生活必需品的需求收入弹性小于 1。
- 需求交叉弹性指一种商品需求量变动对另一种商品价格变动的反应程度，其弹性系数是一种商品的价格变动的比率所引起的另一种商品的需求量变动的比率。两种替代品的需求交叉弹性大于零，两种互补品的需求交叉弹性小于零。

- 供给弹性指价格变动的比率与供给量变动的比率之比，即供给量变动对价格变动的反应程度。一般来说，即期的供给弹性为零，短期的供给缺乏弹性，长期的供给富有弹性。
- 需求富有弹性的商品，价格下降，总收益增加；价格上升，总收益减少。需求缺乏弹性的商品，价格下降，总收益减少；价格上升，总收益增加。
- 当一种商品的需求缺乏弹性而供给富有弹性时，税收负担主要由消费者承担。当一种商品的需求富有弹性而供给缺乏弹性时，税收负担主要由生产者承担。

思考题

1. 某种商品的价格由 10 元下降为 6 元时，需求量由 20 单位增加为 40 单位。用中点法计算这种商品的需求弹性，并说明其属于哪一种需求弹性。

2. 小说类图书和中小学教科书都属于书籍，但小说类图书的需求弹性大于中小学教科书的需求弹性，为什么？

3. 当人们的平均收入增加 20% 时，某种商品的需求量增加 30%，计算需求收入弹性，并说明这种商品是正常商品还是低档商品，是奢侈品还是生活必需品。

4. 一位司机来到加油站，发现汽油价格下降，该司机把油加满。这位司机对汽油的需求弹性属于哪种类型？

5. 如果一种商品价格上升 10%，另一种商品需求量增加 15%，则这两种商品的需求交叉弹性是多少？这两种商品是什么关系？

6. 如果出租车服务价格上升 20%，出租车服务与私人汽车之间的需求交叉弹性为 0.2，则私人汽车的需求量会增加或减少多少？

7. 20 世纪 70 年代汽油价格上升 200%，豪华汽车（耗油大）的需求量减少 50%，则这两者之间的需求交叉弹性是多少？它们之间是什么关系？

8. 小餐馆与大饭店都是餐饮业，在一年之内，哪一类的供给弹性大？为什么？

9. 如果某一年农业受灾，这对不受灾地区的农民来说是一件好事还是坏事？为什么？

10. 农业科学家开发了一种高产水稻。这对农民来说是一件好事还是坏事？为什么？

11. 保健品能不能薄利多销？为什么？

12. 一些地方对汽车收取各种附加费用，这些费用最终主要由谁承担？为什么？这种做法对发展我国汽车工业是否有利？

第四章 CHAPTER 4

消费者行为理论

需求与供给是经济学中两个极为重要的概念。需求来自消费者，是由消费者的行为决定的。供给来自生产者，是由生产者的行为决定的。因此，要更深入地了解需求与供给，就必须了解消费者与生产者的行为是如何决定的。本章介绍说明消费者行为决定的消费者行为理论。

消费者或家庭，是能作出统一消费决策的单位。家庭提供各种生产要素，并获得相应收入。家庭把这些收入用于消费和储蓄，目的是实现人生的幸福。消费者行为理论正要说明这一问题。

重点掌握

◎ 效用与边际效用

◎ 边际效用分析与效用最大化的条件

◎ 无差异曲线的含义与特征

◎ 消费可能线

◎ 序数效用分析与效用最大化的条件

一般掌握

◎ 消费者剩余

◎ 消费者行为与需求定理的关系

一般了解

◎ 消费者行为与企业决策

◎ 消费者的劳动供给决策

◎ 消费者的储蓄决策

◎ 消费者的投资决策

第一节 欲望与效用

不同的人对幸福有不同的理解，不同的学者对幸福有不同的解释。经济学家把幸福理解为一个幸福方程式：$幸福=\frac{效用}{欲望}$。因此，我们对消费者行为的解释从欲望与效用这两个概念开始。

> 你是如何理解幸福的？你认为经济学家的理解对吗？

一、欲望

欲望是一种缺乏的感觉与求得满足的愿望。这也就是说，欲望是不足之感与求足之愿的统一，两者缺一都不能称为欲望。

从这个定义中可以看出，欲望是一种心理感觉。欲望的特点是其无限性。一种欲望满足之后又会产生其他欲望，永远也没有完全满足的时候。俗话所说的“人心不足蛇吞象”正是这个意思。欲望的无限性正是推动社会前进的动力。人类正是为了满足自己不断产生、永无止境的欲望而不断奋斗前进的。

人的欲望尽管是无限的，但又有轻重缓急之分，有不同的层次。美国著名心理学家马斯洛在《动机与人格》一书中把人的欲望分为五个层次。

第一个层次是人的基本生理需要，包括对衣、食、住、行等基本生存条件的需要。这是人类的最基本欲望。

第二个层次是安全需要，主要是指对现在与未来生活安全感的需要。这种欲望实际上是生理需要的延伸。

第三个层次是归属和爱的需要。这是一种人作为社会的人的需要，主要指在自己的团体里求得一席之地，以及与别人建立感情。这种欲望产生于人的社会性。

第四个层次是尊重的需要，包括自尊与来自别人的尊重。自尊包括对获得信心、能力、本领、成就、独立和自由等的愿望。来自他人的尊重包括威望、承认、接受、关心、地位、名誉和赏识。这是人更高层次的社会需要。

第五个层次是自我实现的需要。这就是成长、发展、利用自己潜在能力的需要。这种需要包括对真、善、美的追求，对完善自己的追求，以及实现自己理想与抱负的欲望。这是人类最高层次的欲望。

> 假定欲望的有限性是指，在某个时期，对某个人而言，欲望是一定的。这种既定的欲望满足后又会产生新欲望，这就是欲望的无限性。

欲望是消费者进行消费的出发点，满足欲望是消费的目标。在幸福方程式中，欲望是分母，但欲望又是无限的。如果按这种假设进行研究，这个幸福方程式就无意义了，因为相对于无限的欲望，即使有再大的效用，也只能得出幸福近似于零的结论。这样，在研究消费者行为时，我们假定欲望是既定的。

在现实中，消费者的欲望表现为偏好，即喜欢什么或者不喜欢什么。这样，我们在研究消费者行为时就要从消费者的偏好出发。

二、偏好

偏好是决定消费者行为的重要因素，消费者的偏好表示为对一种物品或几种物品组合的排序。这种排序表示了消费者对不同物品或物品组合的喜好程度，或者说欲望的强烈程度，所以，可以代表消费者的偏好。例如，消费者对苹果和面包的排序是面包先于苹果，这就表示消费者对面包的偏好大于苹果。

我们假设有两种物品组合：A 组合包括一块面包和一个苹果，B 组合包括一块巧克力和一块糖。在研究消费者行为时，我们有三个重要假设。

第一，消费者能够确定自己喜欢哪种组合。比如，某个消费者对 A 组合的偏好大于 B 组合，或者对 A 与 B 组合同样喜欢，或者对 B 组合的偏好大于 A 组合。这就是说，消费者要能确定自己对这两种组合的排序是什么，或者说可以比较不同组合的重要程度。这是偏好的完备性。

第二，消费者的偏好具有传递性。例如，除了 A、B 组合，还有 C 组合，即一瓶矿泉水和一张电影票。如果消费者对 B 的偏好大于 C，同时，对 A 的偏好大于 B，那么，就必须得出其对 A 的偏好也大于 C，即 $A > B$，$B > C$，一定有 $A > C$。

第三，消费者对数量更多的同种物品组合的偏好一定大于数量较少的同种物品的组合。例如，A 组合是一个苹果和一块面包，D 组合是两个苹果和两块面包，那么，消费者对 D 的偏好一定大于 A。

> 偏好来自欲望，也是主观的，每个人的偏好不同。但这三个假设普遍适用。

当然，消费者的偏好是一种产生于欲望的心理现象，在现实中消费者的偏好并不一定完全符合这三个假设，无理性的行为也会发生。但是我们在研究消费者行为时，假设消费者是理性的，他们的偏好具有这三个特征。尽管认为消费者偏好具有这三个特征是一种假设，但它们与绝大多数消费者的正常消费行为是一致的，因此，它们完全可以作为我们研究消费者行为的前提。

三、效用

效用是消费者从消费某种物品中所得到的满足程度。消费者消费某种物品获得的满足程度高就是效用大；反之，满足程度低就是效用小。如果消费者从消费某种物品中感受到痛苦，则是负效用。

效用和欲望一样是一种心理感觉。某种物品效用的大小没有客观标准，完全取决于消费者在消费某种物品时的主观感受。例如，一支香烟对吸烟者来说可以有很大的效用，而对不吸烟者来说则可能毫无效用，甚至有负效用。因此，效用本身既没有客观标准，又没有伦理学含义。对不同的人而言，同样的物品所带来的效用是不同的，甚至对同一个人而言，同一物品在不同时间与地点所带来的效用也是不同的。例如，同一件棉衣，在冬天或寒冷地区给人带来的效用很大，但在夏天或热带地区也许只能带来负效用。这就说明效用的大小与有无完全是一种主观感受，因人、因时、因地而不同。

这里我们要注意效用与使用价值的区别。使用价值是物品本身所具有的属性，它由物品本身的物理或化学性质所决定。使用价值是客观存在的，不以人的感受为转移。例如，上面提到的香烟，无论对吸烟者还是不吸烟者，都具有使用价值。但效用强调了消费者对某种物品带来满足程度的感受的主观性。当然，效用要取决于使用价值。但在研究消费者行为时，我们强调的是效用的主观性。

> 我们在政治经济学中学过使用价值这个概念，要注重使用价值与效用的不同，不能混为一谈。

效用是一种心理感觉，所以消费者行为理论也就更偏重于心理分析。同时，效用也可以表示偏好，因为效用是消费者消费某种物品时感觉到的满足程度，而这种满足程度的大小取决于消费者的偏好。消费者对某种物品或物品组合的偏好越大，从消费这种物品或物品组合中得到的效用也就越大。

四、基数效用论与序数效用论

消费者行为理论要研究幸福最大化问题，在假定欲望既定的前提下，也就是要研究效用最大化问题。那么，如何来研究效用呢？一些经济学家认为效用可以用具体数字来表示；另一些经济学家则认为效用作为一种心理现象，是不能用具体数字来表示的。由此就产生了两种不同的消费者行为理论：基数效用论与序数效用论。

1. 基数效用论

基数效用论是研究消费者行为的一种理论。其基本观点是：**效用是可以计量并加总求和的**，因此，**效用的大小可以用基数（1，2，3，…）来表示**，正如长度单位可以用米来表示一样。所谓效用可以计量，就是指消费者消费某一物品所得到的满足程度可以用效用单位来进行衡量。例如，可以说某消费者吃一块巧克力所得到的满足程度是 5 个效用单位等。所谓效用可以加总求和，是指消费者消费几种物品所得到的满足程度可以加总而得出总效用。例如，某消费者吃一块巧克力所得到的满足程度是 5 个效用单位，听一张贝多芬的音乐唱片所得到的满足程度是 6 个效用单位，这样，消费者消费这两种物品所得到的总满足程度就是 11 个效用单位。根据这种理论，我们可以用具体的数字来研究消费者效用最大化问题。

基数效用论采用的是边际效用分析法。

2. 序数效用论

> 注意：这两种理论研究消费者行为时得出的结论相同，差别是在所用的分析方法上。

序数效用论是为了弥补基数效用论的缺点而提出来的另一种研究消费者行为的理论。其基本观点是：**效用作为一种心理现象无法计量，也不能加总求和，只能表示出满足程度的高低与顺序**，因此，**效用只能用序数（第一、第二、第三……）来表示**。例如，消费者消费巧克力与唱片，其从中得到的效用是无法衡量，也无法加总求和的，更不能用基数来表示，但其可以比较从消费这两种物品中所得到的效用。如果其认为消费巧克力所带来的效用大于消费唱片所带来的效用，那么就可以说，巧克力的效用排第一，唱片的效用排第二。

序数效用论采用的是无差异曲线分析法。

在以下各节中，我们将分别介绍这两种理论对消费者行为所进行的分析。应该指出的是，这两种理论所得出的结论是相同的，只不过所用的分析方法不同。

案例研究

“子非鱼，安知鱼之乐”新解

中国古代哲学家庄子与惠子在一座桥上游玩，庄子看见鱼在水中自由地游来游去，感叹道：“鲦（tiáo）鱼出游从容，是鱼之乐也。”惠子反驳说：“子非鱼，安知鱼之乐？”这段对话表明惠子善辩。但从现代经济学的角度看，我们可以把这段话作为对鱼快乐与否的判断。

如果鱼有感觉，它也要追求效用最大化。它在水中自由地游来游去是不得已而为之，还是在享受，只有鱼自己才能判断。效用或满足是一种心理感觉，只有当事人自己才能作出判断。所以，应该说惠子说得对，你又不是鱼，怎么能知道鱼快乐还是不快乐呢？

消费者行为理论强调的是从个人出发来判断效用。正如要鱼自己判断自由地游来游去是否快乐一样，个人的感觉是研究消费者行为的出发点。当然，由于人的行为有共同之处，人对满足程度的判断表现为他的消费行为，所以，这种心理感觉有共同的规律可探寻，仍是可以研究的。这正是消费者行为理论的意义。

案例研究

幸福指数靠谱吗？

世界各地都有幸福指数排行。一些经济学家热衷于研究、编制这种指数，但许多人对这种指数持怀疑态度。

在世界幸福指数排名中，不丹名列首位。但不丹经济十分落后，且是一个封闭的小国。在我国的幸福指数排名中，农村的幸福指数高于城市。但农村相对于城市的贫穷与落后是有目共睹的。而且，依此类推，是不是经济越落后，社会越封闭，幸福指数越高？果真如此的话，我们发展经济，向世界开放还有什么意义？

幸福是一种个人感觉，取决于同样为感觉的效用与欲望。这些都难有客观标准。幸福指数排名的关键在于被调查人的回答。幸福或不幸福完全在于个人的回答，这种回答取决于个人当时的心态。不丹尽管经济落后，但没有开放，又深受佛教影响，国民清心寡欲，所以能吃饱就感到相当幸福。同样，农村的人欲望低，也没有城里人的许多烦恼，安贫乐道，对自己的生活感到幸福。幸福是一种主观感受，很难衡量，也很难比较。因此，用一个幸福指数来衡量幸福感并不科学，对各国各地的幸福指数进行排名更是荒唐。

我国也曾计划编制并发布幸福指数，但实施不久就放弃了。这说明幸福指数并不靠谱。现在世界上仍有幸福指数发布，你也不必当真。

第二节 边际效用分析与消费者均衡

在本节中我们将介绍基数效用论如何运用边际效用分析法来说明消费者均衡的实现，即消费者效用最大化的实现。

一、总效用与边际效用

在运用边际效用分析法分析消费者行为时，我们首先要了解两个重要的概念：总效用与边际效用。

总效用是指从消费一定量的某种物品中所得到的总满足程度。

> 要特别注意“边际”这个词的含义，在西方经济学中“边际”一词极为重要。

边际效用是指某种物品的消费量每增加一单位所增加的满足程度。边际的含义是增量，指自变量增加所引起的因变量的增加量。在边际效用中，自变量是某物品的消费量，而因变量则是满足程度或效用。消费量变动所引起的效用的变动即为边际效用。

我们可以用表 4－1 来说明总效用与边际效用的关系。

表 4-1　总效用与边际效用的关系

巧克力的消费量	总效用	边际效用
0	0	0
1	30	30
2	50	20
3	60	10
4	60	0
5	50	-10

根据表 4-1 我们可以作出表示总效用和边际效用的图 4-1 与图 4-2。

在图 4－1 中，横轴代表巧克力的消费量，纵轴代表总效用，*TU* 为总效用曲线。在图 4-2 中，横轴仍然代表巧克力的消费量，纵轴代表边际效用，*MU* 为边际效用曲线。

从表 4-1 和图 4-1 与图 4-2 中可以看出，当消费 1 单位巧克力时，总效用为 30 效用单位，由没有消费巧克力到消费 1 单位巧克力，消费量增加了 1 单位，效用增加了 30 效用单位，所以，边际效用为 30 效用单位。当消费 2 单位巧克力时，总效用为 50 效用单位，由消费 1 单位巧克力到消费 2 单位巧克力，消费量增加了 1 单位，效用从 30 效用单位增加到 50 效用单位，所以，边际效用为 20 效用单位。依此类推，当消费 5 单位巧克力时，总效用为 50 效用单位，而边际效用为-10 效用单位，即增加第五个单位巧克力的消费所带来的是负效用。由此可以看出，当边际效用为正数时，总效用是增加的；当边际效用为零时，总效用达到最大；当边际效用为负数时，总效用减少。

你可以通过总效用推算出边际效用吗？

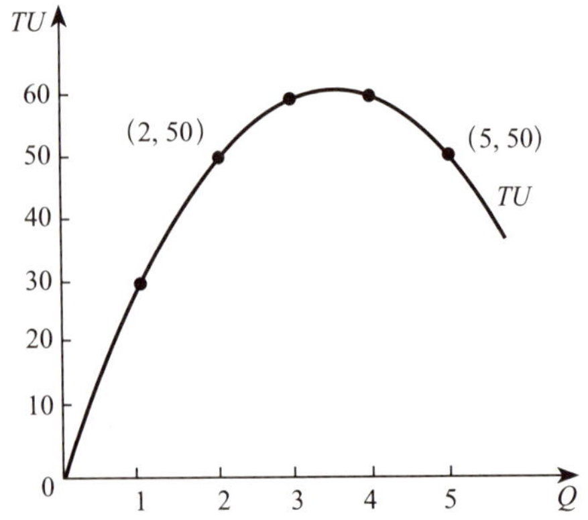

图 4-1　总效用

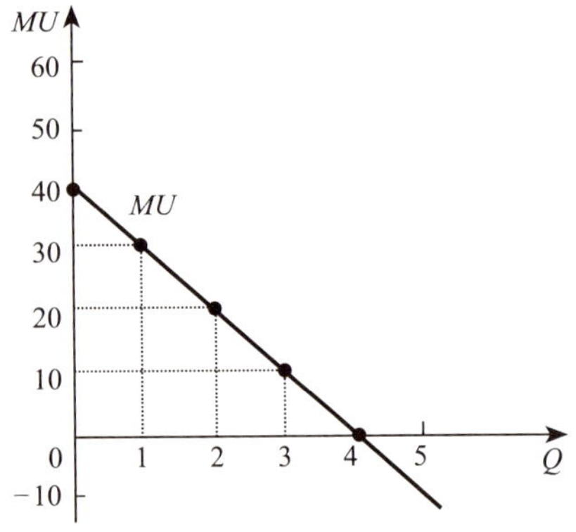

图 4-2　边际效用

二、边际效用递减规律

从表 4-1 和图 4-2 中还可以看出，边际效用是递减的。这种情况存在于一切物品的消费中，所以被称为边际效用递减规律。这一规律可以表述如下：**随着消费者对某种物品消费量的增加，其从该物品连续增加的消费单位中所得到的边际效用是递减的。这种现象普遍存在，被称为边际效用递减规律。**

边际效用递减规律可以用以下两个理由来解释。

1. 生理或心理的原因

消费一种物品的数量越多，即某种刺激的反复，使人生理上的满足或心理上的反应减少，从而满足程度减少。我们在消费同一种物品，如连续吃巧克力时，都会有这种感觉。

2. 物品本身用途的多样性

> 用你生活中的一个例子来说明边际效用递减规律。

每一种物品都有多种用途，这些用途的重要性不同。消费者总是先把物品用于最重要的用途，而后用于次要的用途。当他有若干这种物品时，把第一单位用于最重要的用途，其边际效用就大；把第二单位用于次重要的用途，其边际效用就小。以此顺序用下去，用途越来越不重要，边际效用就递减了。例如，某消费者有 3 块巧克力，他把第一块用于最重要的充饥（满足生理需要），把第二块用于赠送朋友（满足爱的需要），把第三块用于布施（满足自我实现中对善的追求）。这 3 块巧克力的重要性是不同的，从而其边际效用也就不同。由此看来，边际效用递减规律是符合实际情况的。

这里要强调的是，由于效用是一种心理感受，所以经济学家认为，边际效用递减规律来自“内省”。例如，把一个人的眼睛蒙住，请他伸出臂膀，然后向他手上加重物，开始他会感到重物的增加，当重物增加到一定程度时，尽管所加重物相同，但他的感觉是增加的（边际的）重物较小。韦伯—费克内边际影响递减规律也证明了声音、光线和其他感觉都存在这种递减现象。边际效用递减与这些现象类似。

三、消费者均衡

消费者均衡所研究的是消费者在收入既定的情况下，如何实现效用最大化的问题。

在研究消费者均衡时，我们假设：第一，消费者的偏好是既定的。这也就是说，消费者对各种物品效用与边际效用的评价是既定的，不会发生变动。第二，消费者的收入是既定的，每一单位货币的边际效用对消费者都是相同的。这就是说，由于货币收入是有限的，货币可以购买一切物品，所以货币的边际效用不存在递减问题。第三，物品的价格是既定的。消费者均衡正是要说明在这些假设条件之下，消费者如何把有限的收入分配于各种物品的购买与消费，以获得最大效用。

在运用边际效用分析法来说明消费者均衡时，**消费者均衡**的条件是：**消费者用全部收入所购买的各种物品所带来的边际效用，与为购买这些物品所支付的价格的比例相等，或者说每一单位货币所得到的边际效用都相等。**

由于货币可以购买不同物品，我们假设货币不存在边际效用递减现象。

假设消费者的收入为 M，消费者购买并消费 X 与 Y 两种物品，X 与 Y 的价格为 P_X 与 P_Y，所购买的 X 与 Y 的数量为 Q_X 与 Q_Y，X 与 Y 所带来的边际效用为 MU_X 与 MU_Y，每一单位货币的边际效用为 MU_m。这样，我们可以把消费者均衡的条件写为：

$$P_X \cdot Q_X + P_Y \cdot Q_Y = M \qquad (4-1)$$

$$\frac{MU_X}{P_X} = \frac{MU_Y}{P_Y} = MU_m \qquad (4-2)$$

上述式（4-1）是限制条件，说明收入是既定的，购买 X 与 Y 物品的支出不能超过收入，也不能低于收入。超过收入的购买是无法实现的，而低于收入的购买也达不到既定收入时的效用最大化。式（4-2）是消费者均衡的表述，即所购买的 X 与 Y 物品带来的边际效用与其价格之比相等，也就是说，每一单位货币不论是用于购买 X 商品，还是购买 Y 商品，所得到的边际效用都相等。

如果消费的不是两种物品，而是多种物品，设各种物品的价格为 P_1，P_2，P_3，…，P_n，购买量为 Q_1，Q_2，Q_3，…，Q_n，各种物品的边际效用为 MU_1，MU_2，MU_3，…，MU_n，则可以把消费者均衡的条件写为：

$$P_1 \cdot Q_1 + P_2 \cdot Q_2 + P_3 \cdot Q_3 + \cdots + P_n \cdot Q_n = M \qquad (4-3)$$

$$\frac{MU_1}{P_1} = \frac{MU_2}{P_2} = \frac{MU_3}{P_3} = \cdots = \frac{MU_n}{P_n} = MU_m \qquad (4-4)$$

这种消费者均衡的条件实际上也是对我们日常生活中经验的一种理论概括。例如，你有 900 元，可以买 3 件相同的衣服，也可以买 3 件式样、颜色不同的衣服。买 3 件同样的衣服所带给你的满足程度（效用）肯定不如买 3 件不同的衣服。一般人都会作出买 3 件不同的衣服的选择。其实决定这种选择的就是消费者均衡的条件。无论消费者是否了解这种理论，其实际都是自觉或不自觉地按这一理论决定消费行为的。

注意 3 件相同的衣服会出现边际效用递减，但 3 件不同的衣服不会有这种现象。所以，3 件相同衣服的总效用一定小于 3 件不同衣服的总效用。

我们可以用一个例子来说明消费者均衡的条件，尤其是第二个条件。

设 $M = 100$ 元，$P_X = 10$ 元，$P_Y = 20$ 元，X 物品与 Y 物品的边际效用见表 4-2，总效用见表 4-3。

表 4-2　*X* 物品与 *Y* 物品的边际效用

Q_X	MU_X	Q_Y	MU_Y
1	5	1	6
2	4	2	5
3	3	3	4
4	2	4	3
5	1	5	2
6	0		
7	−1		
8	−2		
9	−3		
10	−4		

我们根据表 4-2 与表 4-3 来说明为什么只有符合以上两个条件时，才能使效用达到最大化。

表 4-3　*X* 物品与 *Y* 物品的总效用

组合方式	$\frac{MU_X}{P_X}$与$\frac{MU_Y}{P_Y}$	总效用
Q_X=10，Q_Y=0	$\frac{-4}{10} \neq \frac{0}{20}$	5
Q_X=8，Q_Y=1	$\frac{-2}{10} \neq \frac{6}{20}$	18
Q_X=6，Q_Y=2	$\frac{0}{10} \neq \frac{5}{20}$	26
Q_X=4，Q_Y=3	$\frac{2}{10} = \frac{4}{20}$	29
Q_X=2，Q_Y=4	$\frac{4}{10} \neq \frac{3}{20}$	27
Q_X=0，Q_Y=5	$\frac{0}{10} \neq \frac{2}{20}$	20

从表 4-3 中可以看出各种组合都符合式（4-1），即各种组合都正好用完 100 元，但只有当 $Q_X = 4$、$Q_Y = 3$ 时，才能满足 $\frac{MU_X}{P_X} = \frac{MU_Y}{P_Y}$ 的条件，因此，也只有这种组合才实现了 *X* 与 *Y* 所带来的总效用最大 —— 29 效用单位，其他组合 *X* 与 *Y* 所带来的总效用都不是最大的。以 $Q_X = 8$、$Q_Y = 1$ 的组合为例，第八单位 *X* 物品带来的边际效用为−2，价格为 10 元，$\frac{MU_X}{P_X} = \frac{-2}{10}$，*X* 所带来的总效用为 12（第一单位到第八单位的边际效用之和为 12）；第一

单位 Y 物品带来的边际效用为 6，价格为 20 元，$\frac{MU_Y}{P_Y}=\frac{6}{20}$，$Y$ 所带来的总效用为 6。X 与 Y 带来的总效用为 18（12 + 6），因为：

$$\frac{MU_X}{P_X} \neq \frac{MU_Y}{P_Y} \left(\frac{-2}{10} \neq \frac{6}{20} \right)$$

所以，这种组合并不能带来最大效用。而对于 $Q_X=4$、$Q_Y=3$ 的组合，第四单位的 X 物品带来的边际效用为 2，价格为 10 元，$\frac{MU_X}{P_X}=\frac{2}{10}$，$X$ 所带来的总效用为 14；第三单位的 Y 物品带来的边际效用为 4，价格为 20 元，$\frac{MU_Y}{P_Y}=\frac{4}{20}$，$Y$ 所带来的总效用为 15。X 与 Y 带来的总效用为 29（14 +15），因为：

$$\frac{MU_X}{P_X} = \frac{MU_Y}{P_Y} \left(\frac{2}{10} = \frac{4}{20} \right)$$

所以，只有这种组合才能带来最大效用。

参考资料

消费者均衡的数学证明

经济学理论都可以用数学方法进行证明。这种证明是重要的，因为例子只是一种个别情况，只有数学证明才能说明这种理论的普遍适用性。许多数学证明并不难，所用的主要工具是微积分方法。

消费者均衡是实现在收入与物品价格既定时的效用最大化。用数学的语言来说，就是求解在某些限制条件之下的极大值。现在我们就介绍这个原理的数学证明。

消费者之所以要按这一原则来进行购买，是因为在收入既定的条件下，多购买 X 物品就要少购买 Y 物品。随着 X 物品数量的增加，它的边际效用递减，而随着 Y 物品数量的减少，它的边际效用递增。为了使所购买的 X 物品与 Y 物品的组合能带来最大的总效用，消费者就要调整其所购买的 X 物品与 Y 物品的数量。当其购买的最后一单位 X 物品带来的边际效用与价格之比等于购买的最后一单位 Y 物品带来的边际效用与价格之比时，总效用达到最大。这时，消费者不再调整购买 X 物品与 Y 物品的数量，从而实现了消费者均衡。

可以用数学方法证明上述原理。这就要把消费者均衡归结为在家庭预算限制条件下求解效用函数的极大值问题。

设效用函数和预算限制分别为：

$$TU=U(X,\ Y) \tag{4-5}$$

$$P_X\cdot Q_X+P_Y\cdot Q_Y=M \tag{4-6}$$

我们用拉格朗日乘数来求总效用 TU 的极大值。

将式（4−6）预算限制改写为：

$$M-P_X\cdot Q_X-P_Y\cdot Q_Y=0 \tag{4-7}$$

以不等于零的变量 λ（λ 为拉格朗日乘数）乘以式（4−7）得出：

$$\lambda(M-P_X\cdot Q_X-P_Y\cdot Q_Y)=0 \tag{4-8}$$

将式（4−8）与式（4−5）相加，就可以得出拉格朗日函数：

$$Z=U(X,\ Y)+\lambda(M-P_X\cdot Q_X-P_Y\cdot Q_Y) \tag{4-9}$$

由于 $M-P_X\cdot Q_X-P_Y\cdot Q_Y=0$，所以，$\lambda(M-P_X\cdot Q_X-P_Y\cdot Q_Y)$ 与原来的效用函数相加，不会引起原来的效用函数的任何变动，也就是说，$TU=U(X,\ Y)$ 之极大值与 Z 之极大值并无差异。

从拉格朗日函数可知，Z 是 X、Y 与 λ 的函数。Z 的极大值的必要条件是所有一阶偏导数等于零：

$$Z_X\equiv\frac{\partial Z}{\partial X}=U_X-\lambda P_X=0 \tag{4-10}$$

$$Z_Y\equiv\frac{\partial Z}{\partial Y}=U_Y-\lambda P_Y=0 \tag{4-11}$$

$$Z_\lambda\equiv\frac{\partial Z}{\partial \lambda}=M-P_X\cdot Q_X-P_Y\cdot Q_Y=0 \tag{4-12}$$

因为 $TU=U(X,\ Y)$ 的两个一阶偏导数分别代表 X 与 Y 的边际效用，即：

$$U_X\equiv\frac{\partial}{\partial X}U(X,\ Y)\equiv\frac{\partial TU}{\partial X}\equiv MU_X \tag{4-13}$$

$$U_Y\equiv\frac{\partial}{\partial Y}U(X,\ Y)\equiv\frac{\partial TU}{\partial Y}\equiv MU_Y \tag{4-14}$$

由式（4−6）和式（4−7）得：

$$\frac{U_X}{U_Y}=\frac{P_X}{P_Y}\ \text{或}\ \frac{U_X}{P_X}=\frac{U_Y}{P_Y} \tag{4-15}$$

即效用函数 $TU=U(X, Y)$ 的总效用达到极大值的必要条件是：

$$\frac{X\text{的边际效用 } U_X}{Y\text{的边际效用 } U_Y}=\frac{X\text{的价格 } P_X}{Y\text{的价格 } P_Y} \tag{4-16}$$

由 $U_X-\lambda P_X=0$ 和 $U_Y-\lambda P_Y=0$ 可得出：

$$\frac{U_X}{P_X}=\frac{U_Y}{P_Y}=\lambda \tag{4-17}$$

所以，我们可以把 λ 作为最优购买量（总效用达到极大值）条件下每单位货币的边际效用。

第三节　序数效用论：无差异曲线分析法

序数效用论用无差异曲线分析法来说明消费者均衡的实现。在这一节中，我们首先介绍这种分析所用的两个基本概念：无差异曲线与消费可能线。

一、无差异曲线

无差异曲线是用来表示两种商品的不同数量的组合给消费者所带来的效用完全相同的一条曲线。

> 无差异曲线也代表消费者的偏好。

假如，现在有 X 与 Y 两种商品，它们有 a、b、c、d、e、f 六种组合方式，这六种组合方式能给消费者带来同样的效用。这样我们可以作出表 4-4。

表 4-4　无差异曲线表

组合方式	X 商品	Y 商品
a	5	30
b	10	18
c	15	13
d	20	10
e	25	8
f	30	7

根据表 4-4 我们可以作出图 4-3。

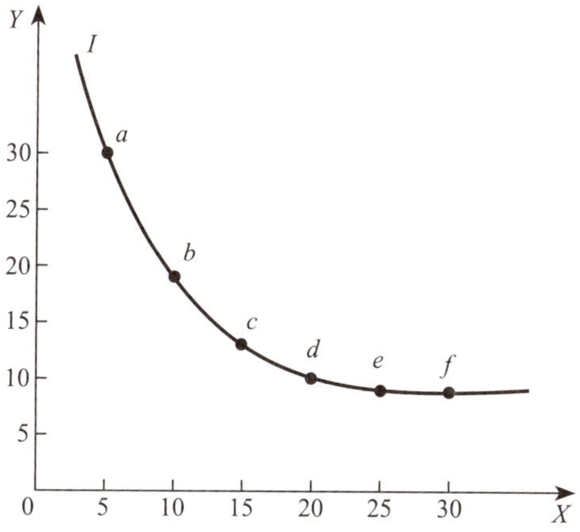

图 4-3　无差异曲线图

在图 4-3 中，横轴代表 X 商品的数量，纵轴代表 Y 商品的数量，I 为无差异曲线，线上任何一点（X 商品与 Y 商品不同数量的组合）给消费者所带来的效用都是相同的。

这里要注意的是，如前所述，序数效用论认为效用是不能计量的，从而也不能用基数来表示。因此，无差异曲线就是指 X 与 Y 商品的这些组合方式中的任何一种给消费者带来的满足程度是相同的，而不管这种组合所能带来的具体效用是多少。我们都可以用一个例子来说明无差异的含义。如 X 与 Y 商品有这样两种不同的组合：

> 在学习这一部分时再想一想序数效用论的观点。

组合一：3 单位 X 商品，5 单位 Y 商品；

组合二：2 单位 X 商品，7 单位 Y 商品。

如果消费者在进行选择时认为其对组合二的偏好大于组合一，即其认为组合二所带来的效用程度大于组合一，那么，组合一与组合二就不是无差异的，而是有差异的，即满足的程度与顺序不同。

如果 X 与 Y 商品的组合是：

组合一：5 单位 X 商品，30 单位 Y 商品；

组合二：10 单位 X 商品，18 单位 Y 商品。

如果消费者认为选择组合一或组合二所带来的满足程度都相同，对组合一与组合二的偏好相同，选择组合一还是组合二无所谓，那么，组合一与组合二就是无差异的，满足的程度与顺序相同。

二、无差异曲线的特征

无差异曲线具有四个重要特征。

第一，无差异曲线是一条向右下方倾斜的曲线，其斜率为负值。这就表明，在收入与价格既定的条件下，消费者为了得到相同的总效用，在增加一种商品的消费时，必须减少另一种商品的消费，两种商品的消费不能同时增加或同时减少。

第二，在同一平面图上可以有无数条无差异曲线。这些无差异曲线称为无差异曲线组。同一条无差异曲线代表相同的效用，不同的无差异曲线代表不同的效用。离原点越远的无差异曲线，所代表的效用越大；离原点越近的无差异曲线，所代表的效用越小。我们可以用图 4-4 来说明这一点。

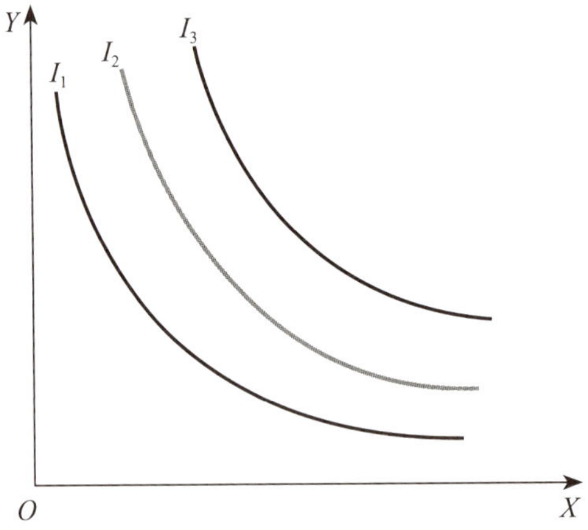

图 4-4　无差异曲线组

想一想有关消费者偏好的第三个假设就更容易理解这个特征了。

在图 4-4 中，I_1、I_2、I_3 是三条不同的无差异曲线，它们分别代表不同的效用，其顺序为：$I_1 < I_2 < I_3$。

第三，在同一平面图上，任意两条无差异曲线不能相交，因为在交点处两条无差异曲线代表了相同的效用，与第二个特征相矛盾。

第四，无差异曲线是一条凸向原点的线。这是由边际替代率递减所决定的。边际替代率是一个十分重要的概念，我们将在下面的参考资料中介绍。

参考资料

边际替代率与无差异曲线的形状

在无差异曲线分析中，以边际替代率代替了边际效用，以边际替代率递减规律代替了边际效用递减规律。

1. 边际替代率

边际替代率是消费者在保持相同的效用时，减少的一种商品的消费量与增加的另一种商品的消费量之比。

以 ΔX 代表 X 商品的增加量，ΔY 代表 Y 商品的减少量，MRS_{XY} 代表以 X 商品代替 Y 商品的边际替代率，则边际替代率的公式是：

$$MRS_{XY}=\frac{\Delta Y}{\Delta X}$$

例如，增加 2 单位 X 商品，减少 1 单位 Y 商品，则以 X 商品代替 Y 商品的边际替代率为 0.5。应该注意的是，在保持效用相同时，增加一种商品要减少另一种商品。因此，边际替代率应该是负值。无差异曲线的斜率就是边际替代率，无差异曲线向右下方倾斜就表明边际替代率为负值。但为了方便起见，我们一般用其绝对值。

2. 边际替代率递减规律

我们首先来计算表 4-4 中以 X 商品代替 Y 商品的边际替代率，得到表 4-5。

表 4-5 边际替代率

变动情况	ΔX	ΔY	MRS_{XY}
$a\rightarrow b$	5	12	2.4
$b\rightarrow c$	5	5	1
$c\rightarrow d$	5	3	0.6
$d\rightarrow e$	5	2	0.4
$e\rightarrow f$	5	1	0.2

在表 4-5 中，ΔX 是 X 商品的增加量，ΔY 是 Y 商品的减少量，MRS_{XY} 应该是负值。边际替代率递减是指边际替代率的绝对值在减少，从表 4-5 中可以看出，MRS_{XY} 从 2.4 一直下降到 0.2。这种情况存在于任何两种商品的替代中，称为边际替代率递减规律。

在基数效用论中，用边际替代率递减规律代表边际效用递减规律。在序数效用论中，这一规律用无差异曲线的形状来表示。

边际替代率递减的原因是，随着 X 商品的增加，它的边际效用在递减；随着 Y 商品的减少，它的边际效用在递增。这样，每增加一定数量的 X 商品，它所能替代的 Y 商品的数量就越来越少，即 X 商品以同样的数量增加时，所减少的 Y 商品越来越少，或者说，在 $MRS_{XY}=\frac{\Delta Y}{\Delta X}$ 这个公式中，当分母 ΔX 不变时，分子 ΔY 在不断减少，从而分数值就在减少。

边际替代率递减规律实际上是用无差异曲线的形式来表述边际效用递减规律。

因为从以上的解释可以看出，边际替代率递减正是由于随某商品量的增加，其边际效用减少。

3. 边际替代率与无差异曲线的形状

如上所述，在一般情况下，无差异曲线是一条向右下方倾斜且凸向原点的曲线。向右下方倾斜是因为边际替代率为负值，凸向原点则是因为边际替代率递减。边际替代率就是无差异曲线的斜率。边际替代率递减也就是无差异曲线的斜率在减小。这样，无差异曲线的左上段斜率较大，从而比较陡峭，而其右下段斜率较小，从而比较平坦。这样两部分曲线结合在一起，曲线自然就凸向原点了（在数学上可以证明斜率递减的曲线是凸向原点的）。

无差异曲线这种向原点凸出的弯曲程度则完全取决于两种物品替代性的大小。如果两种物品的替代性很大（如大米与面粉），那么，一种物品增加一单位，另一种物品的减少大概是一个相当固定的数额，而不会随前者的增加而减少很多。这样，这两种物品的边际替代率递减较为缓和，这时无差异曲线的弯曲程度就小。如果两种物品是完全可以互相替代的，则一种物品增加一单位，另一种物品减少同样的数量，边际替代率不变，从而无差异曲线就是一条直线，如图 4−5 所示。

反之，如果两种物品完全不能替代，而是完全互补的（如眼镜片与镜架），这时无差异曲线与原点成 90°，如图 4−6 所示。

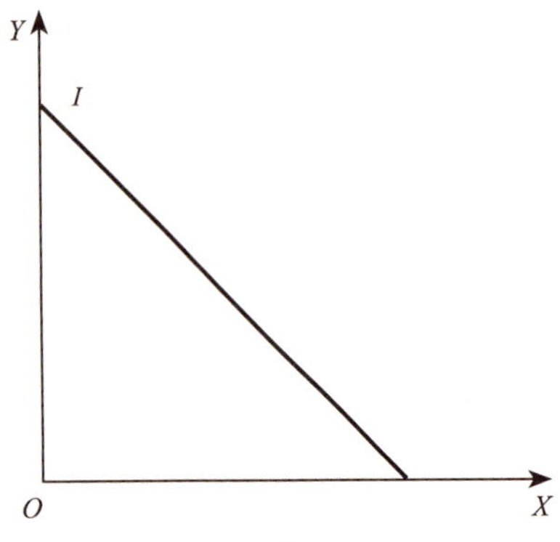

图 4−5　两种完全替代物品的无差异曲线

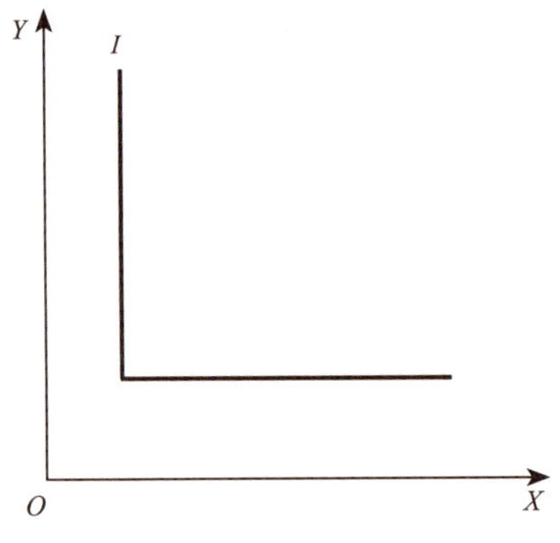

图 4−6　两种完全互补物品的无差异曲线

图 4−6 中的无差异曲线，左边一段是与横轴垂直的，表示无论 Y 商品如何增加，X 商品也不能减少，故以 Y 代替 X 的边际替代率 MRS_{XY} 为零；右边一段是与横轴平行的，表示无论 X 商品如何增加，Y 商品也不能减少，故以 X 代替 Y 的边际替代率 MRS_{XY} 为零。

总之，边际替代率作为无差异曲线的斜率就决定了无差异曲线的形状。

三、消费可能线

> 注意实际上消费可能线就是把边际效用分析中的限制条件用图形来表示。

消费可能线又称家庭预算线或等支出线，**它是一条表明在消费者收入与商品价格既定的条件下，消费者所能购买到的两种商品数量最大组合的线。**

消费可能线表明了消费者消费行为的限制条件。这种限制就是购买物品所花的钱不能大于收入，也不能小于收入。大于收入是在收入既定条件下无法实现的，小于收入则无法实现效用最大化。这种限制条件可以写为：

$$M = P_X \cdot Q_X + P_Y \cdot Q_Y \tag{4-18}$$

上式也可以写为：

$$Q_Y = \frac{M}{P_Y} - \frac{P_X}{P_Y} \cdot Q_X \tag{4-19}$$

这是一个直线方程式，其斜率为 $-\frac{P_X}{P_Y}$。

因为 M、P_X、P_Y 为既定的常数，所以，给出 Q_X 的值，就可以解出 Q_Y。当然，给出 Q_Y 的值，也可以解出 Q_X。

如果 $Q_X = 0$，则$Q_Y = \frac{M}{P_Y}$。

如果 $Q_Y = 0$，则$Q_X = \frac{M}{P_X}$。

设 M 为 60 元，P_X 为 20 元，P_Y 为 10 元，则有 $Q_X = 0$，$Q_Y = 6$；$Q_Y = 0$，$Q_X = 3$。这样我们可以作出图 4-7。

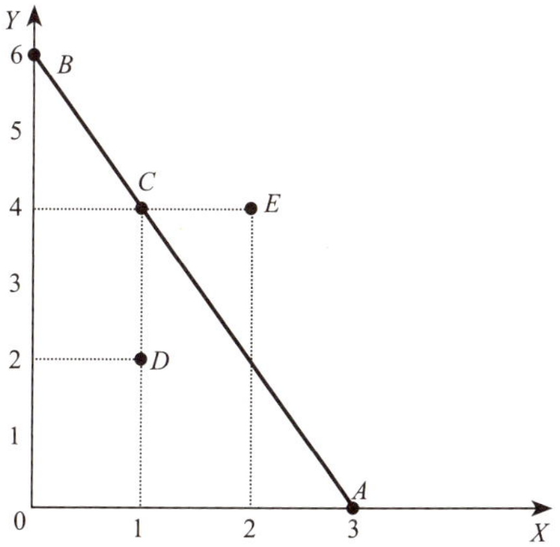

图 4-7 消费可能线

在图 4-7 中，连接 A 与 B 两点的直线就是消费可能线。该线上的任何一点都是在收入与价格既定的条件下，能购买到的 X 商品与 Y 商品的最大数量的组合。例如，在 C 点，购买 4 单位 Y 商品，1 单位 X 商品，正好用完 60（$10\times4+20\times1$）元。该线内的任何一点，所购买的 X 商品与 Y 商品的组合都是可以实现的，但这些并不是最大数量的组合，即没有用完收入。例如，在 D 点，购买 2 单位 Y 商品，1 单位 X 商品，只用了 40（$10\times2+20\times1$）元。在该线外的任何一点，所购买的 X 商品与 Y 商品的组合都是无法实现的，因为所需花的钱超过了既定的收入。例如，在 E 点，购买 4 单位 Y 商品，2 单位 X 商品，大于 C 点的 4 单位 Y 商品，1 单位 X 商品，这时要支出 80（$10\times4+20\times2$）元，超过了既定的收入 60 元，无法实现。

图 4-7 中的消费可能线是在消费者的收入和商品价格既定条件下作出的，如果消费者的收入和商品的价格改变了，则消费可能线就会变动。

如果商品价格不变而消费者的收入变动，则消费可能线会平行移动。收入增加，消费可能线向右上方平行移动；收入减少，消费可能线向左下方平行移动，如图 4-8 所示。

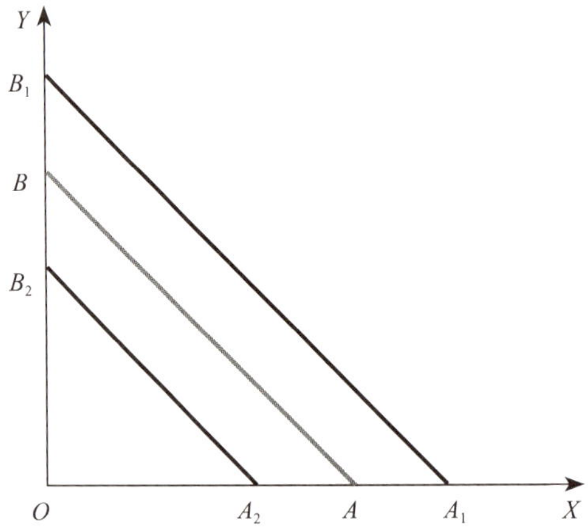

图 4-8 收入变动对消费可能线的影响

在图 4-8 中，AB 是原来的消费可能线。当收入增加时，消费可能线移动为 A_1B_1；当收入减少时，消费可能线移动为 A_2B_2。

> 自己试着作出 X 商品价格上升、Y 商品价格上升或下降时的消费可能线。

如果收入不变而两种商品的价格以同比例上升或下降，则其结果与收入变动相同。

如果收入不变而两种商品的价格变动不是同比例上升或下降，则消费可能线也要移动，但并不是平行移动的。假如 X 商品的价格下降，而 Y 商品的价格与消费者的收入不变，则消费可能线的变动如图 4-9 所示。

在图 4-9 中，消费者的收入与 Y 商品的价格不变，而 X 商品的价格下降，则消费可能线由 AB 移动为 A_1B。

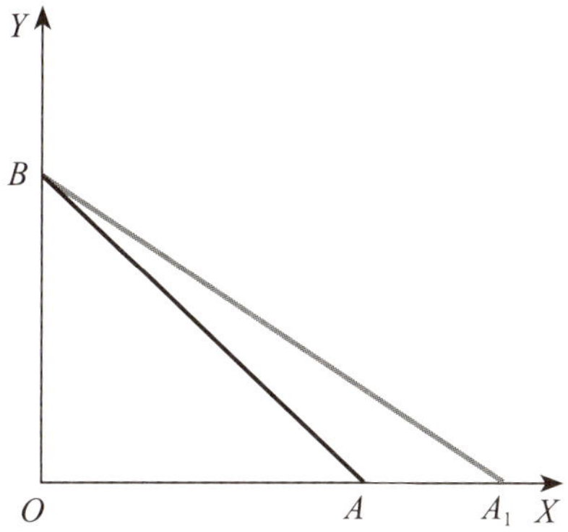

图 4-9 X 商品价格下降、Y 商品价格不变时的消费可能线

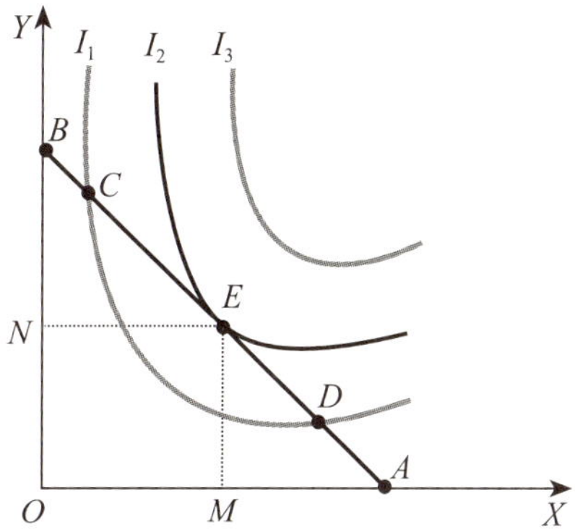

图 4-10 消费者均衡

Y 商品价格上升，以及 X 商品价格不变所引起的消费可能线的变动，这里就不详细分析了。

四、消费者均衡

现在我们把无差异曲线与消费可能线结合在一起来分析消费者均衡的实现。

> 这种分析方法在经济学中得到了广泛运用。

如果把无差异曲线与消费可能线合在一个图上，那么，消费可能线必定与无数条无差异曲线中的一条相切于一点，在这个切点上，就实现了消费者均衡。我们可以用图 4-10 来说明这一点。

在图 4-10 中，I_1、I_2、I_3 为三条无差异曲线，它们效用大小的顺序为 $I_1 < I_2 < I_3$。AB 为消费可能线。AB 线与 I_2 相切于 E 点，这时实现了消费者均衡。这就是说，在收入与价格既定的条件下，消费者购买 M 数量的 X 商品，N 数量的 Y 商品，就能获得最大的效用。

为什么只有在 E 点才能实现消费者均衡呢？从图 4-10 中可以看出，I_3 所代表的效用大于 I_2，但 I_3 与 AB 线既不相交又不相切，说明达到 I_3 效用水平的 X 商品与 Y 商品的数量组合在收入与价格既定的条件下是无法实现的。AB 线与 I_1 相交于 C 点和 D 点，在 C 点和 D 点所购买的 X 商品与 Y 商品的数量也是收入与价格既定条件下最大的组合，但 $I_1 < I_2$，在 C 点和 D 点时 X 商品与 Y 商品的组合并不能达到最大效用。此外，I_2 除 E 之外的其他各点也在 AB 线之外，即其所要求的 X 商品与 Y 商品数量的组合也是收入与价格既定条件下无法实现的。由此看来，只有在 E 点才能实现消费者均衡。

参考资料

无差异曲线分析法与边际效用分析法的比较

应该指出的是，运用无差异曲线分析法与边际效用分析法对消费者均衡条件的分析是完全相同的。

根据边际效用分析，消费者均衡的条件是：

$$\frac{MU_X}{P_X}=\frac{MU_Y}{P_Y} \tag{4-20}$$

式（4-20）也可以写为：

$$\frac{MU_X}{MU_Y}=\frac{P_X}{P_Y} \tag{4-21}$$

根据无差异曲线分析，消费者均衡是无差异曲线与消费可能线的相切之点，即在这一点消费可能线的斜率与无差异曲线的斜率相等。

从图 4-10 中可以看出，消费可能线 AB 的斜率是 OB 与 OA 之比。OB 是以全部收入 M 购买价格为 P_Y 的 Y 商品的数量，所以：

$$OB=\frac{M}{P_Y} \tag{4-22}$$

OA 是以全部收入 M 购买价格为 P_X 的 X 商品的数量，所以：

$$OA=\frac{M}{P_X} \tag{4-23}$$

这样，消费可能线 AB 的斜率就是：

$$\frac{OB}{OA}=\frac{\frac{M}{P_Y}}{\frac{M}{P_X}}=\frac{M}{P_Y}\cdot\frac{P_X}{M}=\frac{P_X}{P_Y} \tag{4-24}$$

无差异曲线的斜率就是以 X 商品代替 Y 商品时的边际替代率，即 MRS_{XY}。

所以，根据无差异曲线分析，消费者均衡的条件又可以写为：

$$MRS_{XY}=\frac{P_X}{P_Y} \tag{4-25}$$

> 无差异曲线分析法与边际效用分析法是用不同的方法说明相同的问题，得出相同的结论。理解这一点，就把两种消费者行为理论联系起来了。

$$MRS_{XY}=\frac{\Delta Y}{\Delta X}=\frac{MU_X}{MU_Y}\text{①} \tag{4-26}$$

于是可以得出，消费者均衡的条件是：

$$\frac{MU_X}{MU_Y}=\frac{P_X}{P_Y} \tag{4-27}$$

式（4-21）是使用边际效用分析法得出的消费者均衡的条件，式（4-27）是使用无差异曲线分析法得出的消费者均衡的条件，这两个条件是完全相同的。

第四节 消费者行为理论的运用

一、消费者剩余

消费者在市场上购买物品是为了获得满足或效用。该物品给其带来的效用的大小决定了其支付意愿，即其愿意为购买此物品支付的价格。该物品给其带来的效用越大，其愿支付的价格就越高。这就是说，消费者按其对物品效用的评价来决定其愿意支付的价格，但市场上的实际价格并不一定等于其愿意支付的价格。**消费者愿意对某物品所支付的价格与其实际支付的价格的差额就是消费者剩余。**消费者剩余这一概念是19世纪末20世纪初英国经济学家马歇尔所提出来的，他给这一概念所下的定义是：他宁愿付出而不愿得不到此物的价格，超过他实际付出的价格的部分，是这种剩余满足的经济衡量。这个部分可称为消费者剩余。

我们可以用表4-6来说明消费者剩余。

---

① 式（4-26）的推导如下：

设 TU 为总效用，MU_X 与 MU_Y 分别为 X 与 Y 的边际效用，则有：

$$MU_X=\frac{\Delta TU}{\Delta X},\ MU_Y=\frac{\Delta TU}{\Delta Y}$$

所以：

$$\Delta X=\frac{\Delta TU}{MU_X},\ \Delta Y=\frac{\Delta TU}{MU_Y}$$

将上述两式代入 $MRS_{XY}=\frac{\Delta Y}{\Delta X}$，则得出：

$$MRS_{XY}=\frac{\Delta Y}{\Delta X}=\frac{\frac{\Delta TU}{MU_Y}}{\frac{\Delta TU}{MU_X}}=\frac{\Delta TU}{MU_Y}\cdot\frac{MU_X}{\Delta TU}=\frac{MU_X}{MU_Y}$$

表 4-6 消费者剩余

消费者愿意支付的价格 / 元	某物品数量	市场价格 / 元	消费者剩余 / 元
5	1	1	4
4	2	1	3
3	3	1	2
2	4	1	1
1	5	1	0

对某个消费者来说，其愿意支付的价格取决于其对该物品效用的评价。边际效用递减决定了其所愿意付出的价格是随该物品数量的增加而递减的，在表 4-6 中，随着某物品数量从 1 单位增加到 5 单位，消费者愿意支付的价格从 5 元下降为 1 元。但市场价格是由整个市场的供求关系所决定的，不以某一消费者的意愿为转移。某一消费者对该物品的购买仅占市场上一个微不足道的比例，也无法影响价格。因此，市场价格是固定的。在表 4-6 中，由供求关系所决定的市场价格是 1 元。当该消费者购买一单位某物品时，其愿意支付的价格为 5 元，但实际付出的市场价格仅为 1 元，这样，消费者剩余就是 4 元。随着该消费者购买某物品数量的增加，其愿意付出的价格在下降，而市场价格始终不变。这样，随着某消费者购买物品的增加，其从每单位物品购买中所获得的消费者剩余在减少。

在以后的分析中会用到消费者剩余这个概念。

我们还可以用根据表 4-6 所作出的图 4-11 来进一步说明消费者剩余。

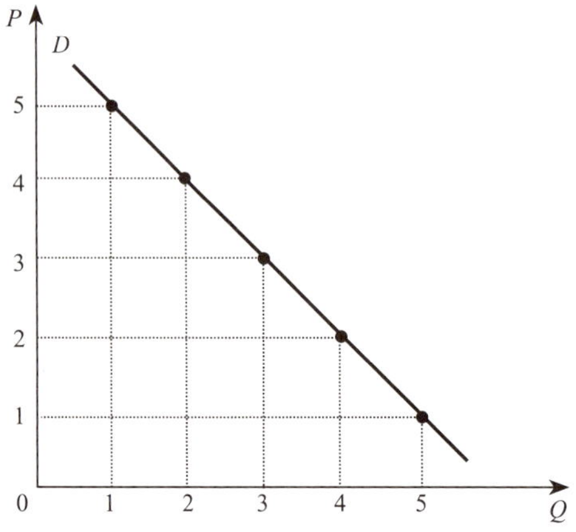

图 4-11 消费者剩余

在图 4-11 中，横轴代表某物品的数量 Q，纵轴代表价格 P，D 为某消费者的需求曲线（图中实线所示）。市场价格为 1 元，购买 1 单位某物品时，消费者剩余为 4（图中虚线的格，每格为 1 单位消费者剩余）；购买 2 单位某物品时，消费者剩余为 3。依此类推，购买 5 单位该物品时，消费者剩余为 0。

在理解这一概念时要注意两点：第一，消费者剩余并不是实际收入的增加，只是一种心理感觉。这一概念是分析某些问题时的重要工具。例如，在分析垄断存在所引起的社会福利损失时就运用了这个概念。第二，生活必需品的消费者剩余大。因为消费者对这类物品的效用评价高，愿意付出的价格也高，但这类物品的市场价格一般并不高。

在经济学中，消费者剩余是一个十分有用的概念，可以用来解释许多经济现象。同时，消费者剩余也是衡量消费者福利的指标。消费者从购买某种物品中得到的消费者剩余越大，说明生产与交易这种物品的活动给消费者带来的福利越大。在垄断的情况下，垄断者提高物品价格，这就减少了消费者剩余，即减少了消费者的福利。消费者剩余的增加就是消费者福利的增加。

二、消费者行为与需求定理

某种物品的需求量取决于价格，并与价格呈反方向变动。这是我们前面讲过的需求定理，那时，我们并没有解释决定需求定理的原因。学过消费者行为理论后，我们就可以用这一理论来解释需求定理。

> 经济理论是用来解释经济现象的。用消费者行为理论解释需求定理，已说明了这一点。

消费者购买各种物品是为了实现效用最大化，也可以说是为了实现消费者剩余最大化。当某种物品价格既定时，消费者从这种物品中所得到的效用越大，即消费者对这种物品评价越高，消费者剩余越大。当消费者对某种物品的评价既定时，消费者支付的价格越低，消费者剩余越大。因此，消费者愿意支付的价格取决于其以这种价格所获得的物品能带来的效用大小。这也就是说，消费者所愿意支付的货币表示其用货币所购买的物品的效用。例如，某消费者愿意以 10 元购买 1 本书或 1 千克苹果，这就说明 1 本书或 1 千克苹果给消费者所带来的效用是相同的。

在研究消费者行为时，有一个很重要的假设，就是货币的边际效用是不变的。只有货币的边际效用是不变的，才能用货币的边际效用去衡量其他物品的效用。同时，由于消费者的货币收入总是有限的，同样的货币可以购买不同的物品，所以，这个假设在一般情况下也是合理的。

消费者为购买一定量某物品愿意支付的货币价格取决于其从这一定量物品中所获得的效用：效用大，其愿意付出的价格高；效用小，其愿意支付的价格低。随着消费者购买的某物品数量的增加，该物品给消费者带来的边际效用是递减的，而货币的边际效用是不变的。这样，随着物品的增加，消费者愿意支付的价格也在下降。因此，需求量与价格必然呈反方向变动。我们可以用表 4-7 来说明这一点。

在表 4-7 中，当某物品数量为 1 时，边际效用为 20 效用单位，消费者愿为这 20 效用单位付 10 元。当某物品数量增加至 2 时，消费者从第二单位中所得到的边际效用为 10 效用单位，消费者只愿为 10 效用单位付 5 元。当某物品数量增加至 3 时，消费者从第三单位中所得到的边际效用为 5 效用单位，消费者只愿为 5 效用单位付 2.5 元。随着物品数量的增加，消费者愿付的价格越来越低。这是因为，随着物品数量的增加，每增加一单位物品所带来的边际效用减少，而货币的边际效用不变（每元货币的边际效用为 2 效用单位）。这样，为了使每单位货币的支出所获得的边际效用相同，消费者所愿意支付的价格就下降了。消费者对某物品的需求量与价格呈反方向变动就是因为边际效用递减。

表 4-7　消费者行为与需求定理

边际效用	某物品数量	价格 / 元
20	1	10
10	2	5
5	3	2.5
2	4	1
1	5	0.5

需求定理表现在图形上就是需求曲线向右下方倾斜，我们用无差异曲线分析来解释需求曲线，如图 4-12 所示。

回忆一种商品（Y）价格不变而另一种商品（X）价格下降时消费可能线的变动。

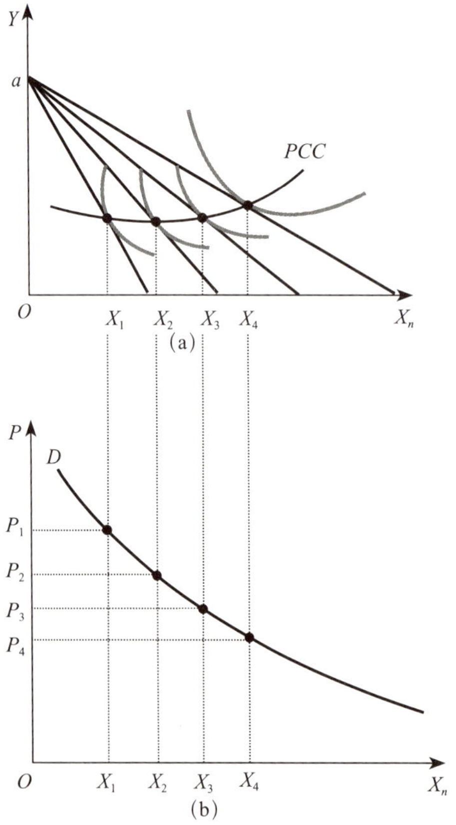

图 4-12　无差异曲线与需求曲线

图 4-12（a）是一个无差异曲线图。在这个图中，收入水平不变，一种商品（Y）的价格不变。当另一种商品（X）的价格下降时，消费可能线向右方移动，a 点不动，表示所购买的 Y 物品不变，X 物品增加。各条消费可能线分别与不同的无差异曲线相切，形成不同的消费者均衡点。把各个消费者均衡点连接起来得出一条价格消费曲线（PCC），从而在图 4-12（b）中得出需求曲线。

图 4-12（a）表示，在收入不变、Y 商品价格不变的情况下，当 X 商品的价格从 P_1 一直下降到 P_4 时，4 条消费可能线与 4 条无差异曲线相切之点所决定的 X 商品的购买量分别为 X_1、X_2、X_3、X_4。把 4 条消费可能线与 4 条无差异曲线相切之点连接起来的线 PCC 就是价格消费曲线。这条线表明了在收入与 Y 商品价格不变的情况下，X 商品价格下降时，消费者购买的 X 商品与 Y 商品不同数量的组合，所以，价格消费曲线并不是消费者对 X 商品的需求曲线。

把图 4-12（a）中与各个 X 商品的价格（P_1 至 P_4 这种价格隐含在各条消费可能线中）对应的消费者购买的 X 商品的数量（X_1 至 X_4）描绘在图 4-12（b）中，就可以推导出消费者对 X 商品的需求曲线 D。

由此可见，用无差异曲线分析法也可以推导出表明价格与需求量呈反方向变动的、向右下方倾斜的需求曲线。

本章的分析证明了需求定理是由消费者的行为决定的。

三、消费者行为对企业决策的启示

在市场经济中，消费者主权是指企业要根据消费者的需求进行生产。消费者行为理论告诉我们，消费者购买物品是为了效用最大化，而且，物品的效用越大，消费者愿意支付的价格越高。

> 生产者要按消费者的偏好生产，这就是“消费者是上帝”的含义。

根据消费者行为理论，企业在决定生产什么时首先要考虑商品能给消费者带来多大效用。我们知道，效用是一种心理感觉，取决于消费者的偏好。所以，企业要使自己生产出的产品能卖出去，而且能卖高价，就要分析消费者的心理，能满足消费者的偏好。我们也知道，消费者的偏好首先取决于消费时尚。不同时代有不同的消费时尚，在现代社会中，消费时尚的变化也是极快的。一个企业要成功，不仅要了解当前的消费时尚，还要善于发现未来的消费时尚，这样才能从消费时尚中了解消费者的偏好及变动，并及时开发出能满足这种偏好的产品。同时，消费时尚也受广告的影响。一种成功的广告会引领一种新的消费时尚，左右消费者的偏好。这正是企业要做广告的原因之一。

从社会角度来看，影响消费者偏好的是消费时尚与广告，但从个人角度来看，消费者的偏好受个人立场和伦理道德观的影响。不同的消费者收入与社会地位不同，属于不同的社会阶层，偏好也不相同。不可能有什么全社会所有人的共同偏好，也不能希望某一种产品能满足不同消费者群体的偏好。所以，企业在开发产品时要定位于某一消费者群体，根据特定群体的喜好来开发产品。这就是市场营销中所说的产品市场细分与市场定位。换言之，企业在开发一种新产品时一定要知道新产品为谁服务，这个服务对象的特定消费者偏好是什么。

消费者行为理论还告诉我们，一种产品的边际效用是递减的。如果一种产品仅仅是数量增加，它带给消费者的边际效用就在递减，消费者愿意支付的价格就会降低。因此，企业的产品要多样化，即使是同类产品，只要存在差异，就不会引起边际效用递减。例如，同类男装做成不同样式，就成为不同产品，就不会引起边际效用递减。如果是完全相同的男装，则会引起边际效用递减，消费者不会多购买。边际效用递减规律启示企业要进行创新，生产不同的产品。

案例研究

消费者的行为理性吗?

学完消费者行为理论，许多人会问，我们的消费真如理论上分析的一样理性吗？我们在消费时，真按理论分析的一般行事吗？

消费者行为理论是一种对消费者行为的总结，并提高到抽象理论层次的分析，尽管你可能根本不知道边际效用之类的概念，但是实际上大多数人的大多数消费是不自觉地按这一理论行事的。动物行为学家观察到，一只猎豹在追逐猎物时，跑了不久就会停下放弃追逐。这是因为它感觉到猎物太远或跑得太快，即使追上了吃掉，所消耗的体力也要大于吃掉猎物补充的能量。猎豹当然不懂这些消费者行为理论。但它从过去的经验中感觉到，追加的成本（继续追猎物消耗的体力）小于增加的收益（吃掉猎物增加的能量），不值得，因此就不追了。我们在购买物品时并不总按消费者行为理论行事，但你会觉得进行某项购买不值得。其实这就是说，你从过去的购买、消费经验中感觉到，购买这种东西所花的钱值不上这种物品所带来的效用。人总是自觉或不自觉地按消费者行为理论行事。当然大多数人是不自觉的。你不知道某种规律，但实际上总在自觉或不自觉地按这个规律行事。理论正是要把隐藏在人们行为背后的规律抽象、总结出来。

在现实中，人们当然有许多不理性的、与消费者行为理论不一致的消费行为。这是因为，理性人仅仅是一种理论上的假设，其实人出于各种原因，往往是不理性的。谁都知道，吸毒不好，会毁掉身体，为什么还有那么多人吸毒？这就是吸毒带来的一时欢快，让人失去理性，一旦吸毒成瘾，完全丧失理性，这种非理性行为就成为常态了。我们在购物时常常有一种购物冲动，这使我们买了许多自己并不需要，即边际效用为零甚至为负的物品，这也是非理性的。这些非理性行为都违背了消费者行为理论。这是因为人的购买、消费行为有时还受许多其他因素的影响。你与朋友外出，朋友盛赞某种物品，虽然你根本不需要这种东西，但也许在朋友的鼓励下也会买下。这种非理性行为就是受外部因素（朋友）影响的结果。在现实中人是非理性的。

尽管由于人的非理性存在并影响我们的购买与消费行为，但有两点使消费者行为理论可以成立。一是大多数人在大多数情况下是理性的，他们可能会非理性地购买边际效用为零甚至为负的物品，但大多数正常情况下他们不会这样做。而且从整个社会来看，大多数人还是正常的，非理性的人如吸毒者毕竟是少数。二是根据大数定理，不同人的非理性行为会相互抵消，从而作为一个整体看人们仍然根据消费者行为理论行事。

消费者行为理论作为一种概括消费者行为本质特点的理论仍然是成立的，也有助于我们分析消费者的行为。同时消费者行为理论为我们提供了边际分析法的一个实例，这种分析方法在经济分析中得到广泛运用，我们不仅要学这种理论，也要学这种理论运用的分析方法。

第五节 消费者的其他决策

消费者的收入来自其所提供的生产要素，其收入除了用于消费，还有一部分用于储蓄或投资。这些决策也与消费决策一样影响幸福与效用。因此，我们也对消费者的其他决策作一些介绍。

一、劳动供给决策

对绝大多数人来说，其能提供的生产要素主要是劳动。因此，我们首先分析劳动供给决策的原则。

家庭所拥有的时间是有限的。每个人每天最多有 24 小时。劳动供给决策就是考虑把其中的多少时间用于劳动。

每个人的时间可以分为两部分：工作—— 一切有酬劳动，以及闲暇—— 一切无酬劳动。一个人把多少时间用于工作、多少时间用于闲暇取决于工资，比如说，每小时工作工资是多少。

工资的变动通过替代效应和收入效应来影响劳动供给。闲暇是没有收入的，享受闲暇就必须放弃工作所能得到的工资——所放弃的工资就是闲暇的机会成本。替代效应指工资增加引起的工作对闲暇的替代。因此，随着工资的增加，替代效应使劳动供给增加。

另外，随着工资增加，人们的收入增加，收入增加引起人们对各种物品与劳务的需求增加。闲暇也是一种正常物品。因此，随着收入增加，人们对闲暇的需求也增加。增加闲暇必定减少劳动时间，这就是工资增加引起的收入效应，收入效应使劳动供给随工资增加而减少。

> 当企业支付高于正常工资的加班费时，你愿意多工作，这是什么效应？

工资增加引起的替代效应和收入效应对劳动供给起相反的作用。如果替代效应大于收入效应，则随着工资增加，劳动供给增加。如果收入效应大于替代效应，则随着工资增加，劳动供给减少。工资作为劳动的价格决定了劳动供给决策。

二、消费与储蓄决策

家庭在获得收入之后，要把收入分为消费和储蓄两部分。把多少收入用于消费，多少收入用于储蓄，取决于效用最大化的目标。

> 某国随着经济发展，工作时间从每周48小时减少为40小时，又减少为35小时，这是什么效应？

如果家庭把收入用于现在购买物品以获得效用，则是现期消费。如果家庭把收入用于储蓄，以便将来再消费，这就是未来消费。这种未来消费就是储蓄。未来消费是为了将来获得效用。所以，消费与储蓄决策取决于消费者一生的效用最大化。

> 当然，利率仅仅是决定消费与储蓄的因素之一。你想想影响自己这种决策的还有什么因素。

由于未来具有不确定性，所以，消费者认为同样消费一元钱，现在消费所带来的效用大于未来消费所带来的效用。这正是俗话所说的及时行乐。消费者愿意放弃现期消费而进行储蓄，就是使现在的一元钱大于未来的一元钱，这样，现在的一元钱在未来才能带来与现在相同的效用。这就是为消费者的储蓄支付利息。当利息高到一定程度，消费者认为现在储蓄一元钱加上利息在未来所带来的效用至少等于现在消费一元钱所带来的效用时，就会放弃现期消费来换取未来消费，即进行储蓄。因此，决定消费者储蓄决策的是利率。

三、投资决策

如果消费者把收入中消费之后剩下的钱存入银行，称为储蓄；如果用于购买股票或债券，则称为投资。其实储蓄也是一种间接投资，也可以作为一种投资形式。

家庭的投资可以采取多种形式，包括购买股票与债券等金融资产投资，购买房地产、艺术品等实物资产投资，以及用于教育等支出的人力资本投资。消费者决定以什么形式进行投资也是消费者的重要决策之一。

> 我们这里从家庭决策的角度谈投资，注意以后从企业和整个经济角度谈投资时，含义有所不同。

家庭进行投资的目的是实现未来的收入最大化，以及从这种收入中得到的效用最大化。但一笔投资要在未来才能收回，而未来是不确定的，所以，投资既有收益也有风险。一般规律是：一种投资的风险越大，收益也越大。在考虑到投资的风险时，家庭投资决策就取决于一项投资的未来收益率。分析未来收益率既要考虑到收益又要考虑到风险。例如，一项投资为 100 万元，预期收益为 10 万元的概率有 0.6，预期收益为 0 元（没赚钱）的概率有 0.4，这时预期收益就是：

$$预期收益 = 10 \times 0.6 + 0 \times 0.4=6（万元）$$

投资为 100 万元，考虑到风险时的预期收益为 6 万元，所以，未来收益率就是 6%。

哪一种投资的未来收益率高，人们就会投资于哪一种项目。所以，决定人们采取什么投资形式的是每种投资形式的未来收益率。在现实中，由于风险的不确定性，人们不会只投资于某一种形式，即不把所有的鸡蛋放在一个篮子里。这就是说要对风险与收益不同的资产进行组合，以使投资的未来收益率最大。

家庭决策是整个社会决策的基础，这里分析的各项家庭决策也说明了整个经济的出发点。我们在学习以后的内容时，对这一部分会有更好的了解。

关键概念

欲望	偏好	效用	基数效用
序数效用	总效用	边际效用	边际效用递减规律
消费者均衡	无差异曲线	消费可能线	消费者剩余

内容提要

- 消费是为了满足欲望。消费者从自己的偏好出发消费物品、满足欲望而获得效用。效用是一种心理感觉，每个人偏好不同，消费同种物品的效用也不同。
- 认为效用可以计量并加总求和的是基数效用论，它用边际效用分析法分析消费者行为。认为效用无法计量与加总，只能排序的是序数效用论，它用无差异曲线分析法分析消费者行为。

- 总效用是从消费一定量的某种物品中所得到的总满足程度，边际效用是某种物品的消费量每增加一单位所增加的满足程度。消费者的目的是实现效用最大化。在收入与价格既定的情况下，消费者效用最大化的条件是消费者所消费的两种物品的边际效用与价格之比相等。
- 无差异曲线分析法用无差异曲线表示偏好，用消费可能线表示收入与价格既定的限制条件。当无差异曲线与消费可能线相切时，消费者消费的两种物品组合实现了效用最大化。
- 消费者愿意对某物品所支付的价格与其实际支付的价格的差额就是消费者剩余，它可以衡量消费者在市场交易中得到的福利。消费者剩余越大，消费者从交易中得到的福利越大。
- 需求曲线向右下方倾斜是因为随着某种物品数量增加，边际效用递减，消费者愿意支付的价格也在下降。
- 消费者还要决定提供多少劳动，把多少收入用于储蓄，以及采取什么方式进行投资。

思考题

1. 如果某消费者对苹果的偏好大于橘子，对橘子的偏好又大于西瓜，那么，该消费者对苹果的偏好是大于还是小于西瓜？为什么？

2. 经济学家认为，向低收入者发放实物津贴带给他们的效用小于发放相当于这些实物的货币津贴。这种看法正确吗？为什么？

3. 根据总效用与边际效用的定义填写表 4-8 中的空格部分。

表 4-8　某物品的效用

某物品消费量	总效用	边际效用
1	10	10
2	15	
3		3
4	20	
5		1

4. 在炎热的夏天，当你吃第一根冰棍时感觉最好，吃得越多感觉越不好，如果一次吃十几根就会痛苦。用边际效用递减规律解释这种现象。

5. 如果你有 100 元，苹果的价格为每千克 10 元，橘子为每千克 20 元。苹果与橘子的边际效用如表 4-9 所示。

表 4-9 苹果与橘子的边际效用

苹果 / 千克	苹果的边际效用	橘子 / 千克	橘子的边际效用
1	100	1	200
2	90	2	170
3	80	3	140
4	70	4	110
5	60	5	80
6	50		
7	40		
8	30		
9	20		
10	10		

消费者购买多少苹果与橘子可以实现消费者均衡？为什么？

6. 根据以下三组数字画出三条无差异曲线。注意：*a*、*b*、*c*、*d* 等各点后括号中前面的数字代表 *X* 商品的数量，后面的数字代表 *Y* 商品的数量，例如，*a*（5，30）表示 *X* 商品 5 单位，*Y* 商品 30 单位。第一组：*a*（1，5）；*b*（2，4）；*c*（3，2）；*d*（4，1）。第二组：*a*′（3，15）；*b*′（6，12）；*c*′（9，6）；*d*′（12，3）。第三组：*a*″（4，20）；*b*″（8，16）；*c*″（12，8）；*d*″（16，4）。然后说明这些无差异曲线的特征。

7. 假设某消费者收入为 120 元，*X* 物品价格为 10 元，*Y* 物品价格为 15 元，画出该消费者的消费可能线。

8. 用第 6 题与第 7 题的图形说明消费者均衡的实现。

9. 某消费者对一场电影的评价（其愿意支付的价格）是 20 元。当电影票的价格分别为 10 元、15 元和 25 元时，消费者剩余分别是多少？当价格高于多少元时，消费者不会看这场电影？为什么？

10. 某公司开发出了各种不同款式的手表，使手表销售量增加而价格并没有下降，用消费者行为理论解释该公司成功的原因。

11. 经济学家认为，劳动供给曲线是一条向后弯曲的曲线（见图 4-13，图中 *W* 代表工资率，*L* 代表劳动量，*LS* 代表劳动供给曲线）。试

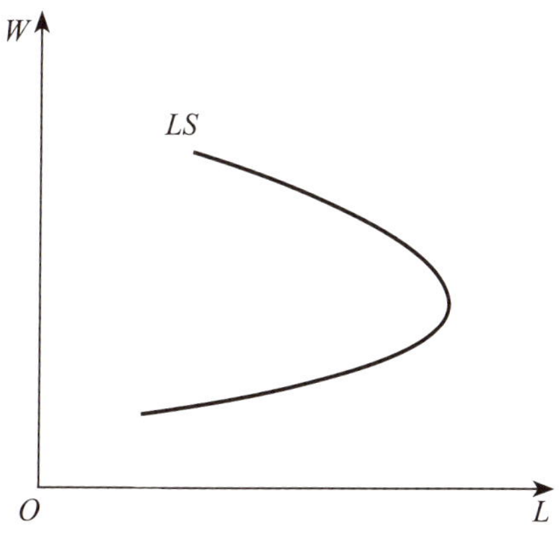

图 4-13 劳动供给曲线

解释其原因。

12. 降低利率可以刺激消费，提高利率可以刺激储蓄。根据决定消费者消费与储蓄的因素分析这句话的政策含义。

13. 经济学家常说“不要把鸡蛋放在一个篮子里”。根据消费者投资的收益与风险解释这句话。

第五章 CHAPTER 5

生产理论

决定供给的是生产，因此，我们在研究了决定需求的消费者行为理论以后，就研究决定供给的生产者行为理论，即生产理论。

物品与劳务是由生产者提供的。生产者一般指企业。企业是能够作出统一生产决策的单位。在研究生产者的行为时，我们同样假设生产者是具有完全理性的经济人，其生产的目的是实现利润最大化。正是生产者的这种利润最大化行为决定了供给量与价格呈同方向变动的供给定理。

生产者利润最大化的实现涉及技术效率和经济效率。

技术效率是投入的生产要素与产量的关系，即如何在生产要素既定时使产量最大，或者换句话说，如何在产量既定时使投入的生产要素最少。这就是如何使用各种生产要素的问题。

经济效率是成本与收益的关系。要使利润最大化，就要使扣除成本后的收益最大化。这就要进行成本一收益分析，并确定一个利润最大化的原则。

利润最大化要同时实现技术效率和经济效率。

重点掌握

◎ 边际产量递减规律

◎ 总产量、平均产量、边际产量的关系与一种生产要素的最适投入

◎ 规模经济与企业最适规模

一般掌握

◎ 技术效率与经济效率的含义与关系

◎ 边际分析与两种生产要素的最适组合

◎ 等产量线与两种生产要素的最适组合

一般了解

◎ 企业的委托—代理理论

◎ 不同形式企业的优缺点

◎ 法人治理结构与企业效率的关系

第一节 企业理论

企业是从事生产的基本单位。在传统经济学中，企业是一个内部组织无须解释的“黑匣子”，经济学家在分析生产时把它视为一种既定的存在。1937 年美国经济学家科斯发表了《企业的性质》一文，论述企业存在的原因与意义。20 世纪 60 年代之后这篇文章引起人们的重视，形成了当代经济学中极为重要的企业理论。企业理论的中心是分析企业内部组织与效率的关系，我们对生产理论的介绍就从企业理论开始。

生产理论包括第五章、第六章两章，本章分析技术效率，第六章分析经济效率。

一、企业的形式

在市场经济中，企业一般采取三种形式：单人业主制企业、合伙制企业和股份制公司。这三种企业形式各有优缺点。

单人业主制企业是由一个人所有并经营的企业。它的特点在于所有者和经营者是同一个人。这种企业形式产权明确，责、权、利统一在一个人身上，激励和制约都显而易见。从这个角度看，效率是高的。在美国，这种企业有几千万家，分布在农业、零售业、服务业，以及为大企业配套服务的行业。但这种企业有两个缺点：一是以一个人的财力和能力难以做大，这就无法实现规模经济，获得专业化分工等好处。二是在市场竞争中，这种企业寿命短，出现快，消失也快。在美国，这种企业平均寿命只有 1 年。这种企业在市场上竞争力差，利润低，处于苦苦挣扎之中。在绝大多数国家或地区，这种企业数量最多，但难以成为对经济状况有影响的实体。

单人业主制企业就是我国现实中的“个体户”或称“个体工商业者”。

合伙制企业是由若干人共同拥有、共同经营的企业。这种企业可以比单人业主制企业规模大，但致命的缺点是实行法律上的无限责任制，即作为合伙者，每一个人都要对企业承担全部责任。这种无限责任制使每一个合伙者都面临巨大风险，企业规模越大，每个合伙者面临的风险越大，这样，合伙制企业实际上也很难做大。此外，合伙制企业内部产权并不明确，责、权、利不清晰，合伙者容易在利益分配和决策方面产生分歧，从而影响企业的发展。所以，在市场经济国家，合伙制企业也并不是企业的主要形式，多为一些法律规定必须采用合伙制的企业，如律师事务所或会计师事务所。

有些家族企业实际上是一种合伙制企业。

现代市场经济中最重要的企业形式是股份制公司。这种公司是现代企业，它的数量并不多，但在经济中起到了至关重要的作用。**股份制公司是由投资者（股东）共同所有，并**

由职业经理人经营的企业。股东是公司的共同所有者。每个人拥有的产权表现为拥有股份的多少。拥有股份的多少决定了每个股东在公司中的责、权、利。在决定公司大事的股东大会上，股东实行一股一票制。股东也按股份多少分红。每个公司内部并不是每个股东股份相同，而是有大股东与小股东之分。一般而言，公司的股份是多元化的，但又相对集中，大股东个人或公司派代表组成董事会，实际控制公司。大股东用手投票，影响公司决策；小股东用脚投票，即可以转卖股份。

股份制公司的优点是：第一，公司是法人，不同于自然人。公司股份可以转手，股东可以改换，但公司可以无限存在。第二，公司实行有限责任制，每个股东仅仅对自己拥有的股份负责，即使公司失败，每个股东的损失也仅仅是自己的股份。这就减少了投资风险，可以使企业无限做大。第三，实行所有权与经营权分离，由职业经理人实行专业化、科学化管理，提高了公司的管理效率。

世界 500 强企业都是股份制企业，这就说明了这种企业形式的强大生命力。

股份制公司的一个缺点是双重纳税，即公司利润要缴纳企业所得税，而分红后股东又要将分红作为个人收入缴纳个人所得税，而单人业主与合伙者的利润只作为个人收入缴纳个人所得税。但股份制公司最重要的问题在于所有权与经营权分离后，所有者、经营者、职工之间的关系复杂，以及由此可能引起的管理效率下降。这正是现代企业理论所要解决的问题。

二、现代企业的实质：委托—代理关系

作为企业，公司的目标应该是利润最大化，但这并不是公司所有人的目标。一个公司由股东、职业经理人、职工等组成，他们各自有自己的目标，他们各自的目标与公司的总体目标并不一定总是完全一致的。这就会使公司管理效率下降。美国经济学家莱宾斯坦把这种不是由资源配置所引起的效率损失称为 X 非效率。要解决这一问题必须认识公司内各主体之间的关系。这就是委托—代理关系。委托—代理关系是所有者（委托人）与经营者（代理人）之间的关系。

在现代公司中，股东及董事会是所有者，拥有公司财产的所有权与支配权，有权把公司委托给其他人经营管理，称为委托人。包括总经理在内的职业经营者和职工接受董事会委托，代行经营管理权或从事具体工作，都是代理人。他们之间的关系称为委托—代理关系，这是现代公司中人与人关系的本质。现代公司就是一系列委托—代理关系的总和。

委托人是以利润最大化为目标的，但在所有权与经营权分离的情况下，这一目标要通过代理人的行为来实现。委托人不能事事亲为，没有代理人的努力，委托人的目标无法实现。但委托人的目标并不一定是代理人的目标。代理人作为经济人同样也有自己的目标。比如，总经理可能追求扩大企业规模，以便为自己的事业创造一个更大的平台，也可能追求自己的收入与声誉最大化。部门经理可能追求自己本部门职工利益的最大化。职工可能

追求工资收入最大化，或者工资既定时闲暇的最大化。

所有者（委托人）与经营者（代理人）之间的关系是用合约固定下来的。合约规定了委托人和代理人的责、权、利，是规范委托—代理关系的基础。但在信息不完全的情况下，合约不可能是完全合约，即不能对委托—代理关系作出完全有效的规定。在许多情况下，代理人的努力程度难以衡量，要在合约之外再实行有效的监督成本过大，也无法实现。这样，代理人就可以在不违背合约的情况下，以违背委托人的利益为代价来实现自己的利益。代理人的这种行为被称为机会主义行为。

这里所说的机会主义与我们过去听说过的政治上的机会主义完全不同，说得通俗一点，可称为投机取巧行为。

我们以董事会与总经理之间委托—代理关系下的机会主义行为来说明这一点。当董事会与总经理之间签订合约时，董事会不可能掌握有关总经理的一切信息，合约不可能规范总经理的一切行为。例如，董事会不会了解总经理的社交关系，所以合约中不可能规定总经理在什么情况下可以开宴会，或者规定宴会须经董事会批准。这样，喜欢广交朋友的总经理就可以以工作需要为借口用公司的钱举行各种宴会。这些宴会有些是公司业务所需，有些并不是，董事会无权规定总经理开宴会的次数。总经理这种以工作需要为借口开宴会的做法被称为“工作中消费”（以工作需要为借口的消费），并没有违背合约，但宴会费用由公司支付，增加了成本，减少了公司利润，损害了委托人的利益，这就是机会主义行为。

在缺乏有效监督的情况下，机会主义行为普遍存在于公司中。各部门之间的扯皮、推诿，职工的偷懒和消极怠工，都属于机会主义行为。如果公司内各代理人机会主义行为严重，必然导致企业效率低下。这就是 X 非效率。提高公司效率的关键是解决机会主义行为问题。

三、公司治理结构与企业效率

解决公司内部委托—代理关系所引起的机会主义不能靠道德说教，也不能靠监督，重要的是建立一套合理的制度——公司治理结构。

公司治理结构（corporate governance structure）也称为法人治理结构，从广义上说，指关于企业组织形式、控制机制、利益分配的所有法律、机构、文化和制度安排。公司治理结构涉及广泛的问题，可以比喻为企业有效运行的一套软件。在公司治理结构中，重要的是减少机会主义行为、提高 X 效率的激励机制。

激励机制是鼓励职工为企业目标努力工作的一套制度，它的中心是把代理人的业绩与其利益联系在一起，以使代理人自觉地减少机会主义行为，为企业目标努力工作。这就是说，它作为一种次优合约，目的是实现委托人与代理人的利益共享、风险共担。激励机制包括对总经理的激励和对职工的激励。这种机制的中心是设计一套合理的薪酬与奖励制度。

为了激励总经理，可以把总经理的薪酬分为三种形式：第一，固定工资（包括各种福利）。这部分薪酬由合约规定，在合约期内不变，它是总经理完成各种正常工作的报酬，与业绩变化并没有直接关系。在美国，这一部分收入占总经理收入的1/3以下。第二，分红。分红可以采用奖金的形式，也可以由总经理持有一定股份，按股份份额分红。这部分收入与企业的短期业绩相关，因为企业的利润直接取决于总经理经营管理和市场开拓等方面的业绩。在美国，这部分收入约为总收入的1/3。第三，股票期权。**股票期权是允许总经理在未来某一时期按规定的价格购买一定量股票的激励方式。**企业股票价格主要取决于企业的长期盈利能力，是反映企业长期中经营与创新状况的一个综合指标。正如一般期权交易那样，总经理购买股票期权也要支付一定的预付金（或者实行股票期权时实行低薪）。如果企业盈利能力提高，股票价格上升，总经理以低价购买高价股票就会获益；如果企业盈利能力下降，股票价格下降，总经理可以选择不购买，但会有损失。这就把委托人与代理人的风险和利益联系在了一起，有利于激励总经理长期努力工作，因而得到普遍采用。此外，公司还可以给予总经理一定股份或其他精神激励。

> 期权又称选择权，是在未来一定时期内按现在约定的价格购买某种商品的权利。获得这种权利要支付一定的预付金。有这种期权的人，在未来可选择购买或不购买这种商品，但不购买时要损失预付金。股票期权正是这种期权在企业激励机制中的运用。

对职工的激励方法也是多种多样的，主要包括：第一，对于易于衡量业绩的工作，采用计件工资或按销售额提成。第二，根据一套客观的考核标准支付奖金。第三，员工持股计划，让一些重要员工（如中层管理人员）持有公司股份。第四，分享制，即把全体员工的利益与企业利益联系在一起，按企业经营状况决定员工收入。第五，效率工资制。效率工资是高于市场均衡工资的工资，可以吸引更好的职工，提高职工的努力程度，并减少职工的流动性。第六，合理的晋升机制。

> 可以找一些媒体上有关我国企业激励机制的资料进行讨论，加深对这部分内容的理解。

应该说，激励机制是手段，为了达到一个目的，手段可以是多样的。公司在设计激励机制时应该从自身的实际情况出发，不能照搬别人成功的做法，应该把物质激励与精神激励结合起来；同时，激励的做法应该公开化、制度化，对每一个人都平等对待。现实中各公司情况千差万别，激励机制也不同，但目的是提高公司的X效率。记住这一点，才能设计出行之有效的激励机制。

案例研究

高科技时代的企业

书中所讲的是传统的企业理论。传统的企业理论研究的是工业化时代的企业，以制造业企业为主。在21世纪的高科技时代，这种企业仍然存在，并且在企业数量上和对经济的贡献上仍占主体地位。但在这个高科技时代出现了许多高科技企业，而且这些高科技企业对经济的引领作用越来越重要，成为经济发展的火车头。那么，这套传统的企业理论还适用于高科技企业吗？传统制造业企业与高科技企业有什么不同？传统企业理论应有哪些发展呢？

应该说，无论是传统制造业企业还是今天的高科技企业，都属于企业，有其共同的特点。例如书中讲到的企业的形式，内部的委托—代理关系，以及公司治理结构与激励机制，仍然是相同的。所以，传统的企业理论也适用于今天的高科技企业。这就是我们书中仍讲传统企业理论的原因。

但今天的高科技企业与传统制造业企业有许多不同之处。忽略这些不同之处，把传统企业理论照搬到今天的高科技企业，就会出现许多问题。因此，重点是了解这些不同之处，并发展新的企业理论。当然，高科技企业出现的时间并不长，我们还难总结出适用于高科技企业的企业理论。但从现在高科技企业的发展情况看，企业经济学中应该注意或修改的地方有不少。

第一，传统制造业企业的核心是用传统工艺进行制造生产。当然在这种生产过程中也有创新，但创新以传统生产工艺为基础，如产品质量与形式的改变、新工艺的采用等，企业的重点仍在于效率的提高。但今天的高科技企业的核心目标就是创新。在这些企业中创新的地位比传统制造业企业中高得多，且不是基于传统产品或工艺的创新，完全是基于基础科学的创新，创造出与传统制造业产品完全不同的产品。这就是说，对高科技企业而言，创新是第一位的，企业运行就要围绕创新进行。

第二，传统制造业企业进行常规化生产，它的效率提高依靠全体管理人员与员工。但在高科技企业中，创新依靠的是“创意精英”，即少数有创新意识与能力的精英人士。这些人不仅懂技术，而且懂市场；不仅有冒险精神，而且有能力。这样的人在企业中是少数，但正是这些少数人决定企业的成败。这些人才是企业的核心竞争力。

第三，传统的制造业企业为适应提高效率的要求建立了企业内的层级结构，上层做出决策，下层执行。企业内部也有企业文化，激励仍以各种形式的物质激励为主。但高科技企业中“创意精英”成为主导，因此，企业结构就是要为激励这些精英服务，为他们充分发挥自己的创新才能创造一个良好的环境。围绕这一核心，公司治理结构就会有一些相应的变化。这包括：首先，改变企业的层级结构，采取扁平化结构，在决策中更多发挥“创意精英”的作用。他们不再仅仅是企业的技术人员，按企业领导的决策行事，而是参与决策，在决策中起更重要的作用，企业领导不能“命令他们做什么”，而是以平等的身份与他们共同决策。其次，企业文化更为重要，这种文化就是为“创意精英”创造一个有利于创新的环境，与物质激励相比，这种文化更重要。因为这些“创意精英”追求的不只是钱，对他们而言，赚钱是一件容易的事，他们最大的愿望是自己的能力得以发挥，他们的创意能变成现实。因此，有一个有利于他们创新的文化比金钱更重要。最后，不能用传统企业的那一套纪律来约束他们，要给他们更多的自由，也不能用传统的短期效益标准来衡量他们的成绩，要允许他们失败。

第四，围绕“创意精英”，在人员的招聘、培养等方面都会有一系列改变。所有改变都围绕一个目的：找到“创意精英”，并创造一个有利于他们创新的环境。

高科技企业方兴未艾，会在未来经济发展中作出越来越大的贡献。我们要注意那些高科技企业的成功经验和失败教训，从中总结出新时代的企业理论。经济现实在变，理论也在变，不断推陈出新正是包括企业理论在内的经济学的本质特点。

第二节　生产要素的最适投入

在分析企业技术效率时，要区分短期与长期。短期是企业不能全部调整所有生产要素投入的时期。这就是说，短期中，企业的生产要素投入分为固定投入与可变投入。固定投入如厂房、设备、管理人员，短期中不能改变；企业所能改变的只是可变投入，如原料、燃料、工人。长期中，企业可以调整一切生产要素投入，即长期是一切生产要素可以调整的时期。所以长期中就没有可变投入与固定投入之分。我们现在分别分析短期与长期中技术效率的实现。

> 特别要注意区分短期与长期的标准不是时间长短（1年或3年），而是全部要素能否调整。

一、生产函数

生产是对各种生产要素进行组合以制成产品的行为。在生产中要投入各种生产要素并生产出产品，所以，生产也就是把投入变为产出的过程。

生产要素是指生产中所使用的各种资源。这些资源可以分为劳动、资本、土地与企业家才能。劳动是指劳动力所提供的服务，可以分为脑力劳动与体力劳动。劳动力是劳动者的能力，由劳动者提供。资本是指生产中所使用的资金。它采取了两种形式：无形的人力资本与有形的物质资本。前者指体现在劳动者身上的身体、文化、技术状态，后者指厂房、设备、原料等资本品。在生产理论中，我们指的是后一种物质资本。土地是泛指生产中所使用的各种自然资源，是在自然界所存在的，如土地、水，以及自然状态的矿藏、森林等。企业家才能指企业家对整个生产过程的组织与管理工作。经济学家特别强调企业家才能，认为把劳动、土地、资本组织起来，使之演出有声有色的生产“戏剧”的关键正是企业家才能。生产是这四种生产要素合作的过程，产品则是这四种生产要素共同努力的结果。

经济学家把企业家才能作为一种生产要素是为了强调它在生产中至关重要的作用。

生产要素的数量与组合与它所能生产出来的产品的产量之间存在一定的依存关系。**生产函数正是表明一定技术水平之下，生产要素的数量与某种组合和它所能生产出来的最大产量之间依存关系的函数。**

以 Q 代表总产量，L、K、N、E 分别代表劳动、资本、土地、企业家才能这四种生产要素，则生产函数的一般形式为：

$$Q=f(L,\ K,\ N,\ E)$$

在分析生产要素与产量的关系时，一般把土地作为固定要素，企业家才能则难以估算。因此，生产函数又可以写为：

$$Q=f(L,\ K)$$

这一函数式表明，在一定技术水平下，产量为 Q 需要一定数量劳动与资本的组合。同样，生产函数也表明，在劳动与资本的数量与组合为已知时，也可以推算出最大产量。

在 20 世纪 30 年代初，美国经济学家柯布与道格拉斯根据美国 1899—1922 年的工业生产统计资料，得出了这一时期美国的生产函数：

$$Q=AL^{\alpha}K^{1-\alpha}$$

这就是经济学中著名的柯布—道格拉斯生产函数。在这个生产函数中，A 与 α 为常数，其中，$1>\alpha>0$。

在这一生产函数中，当劳动量与资本量增加 λ 倍时，产量也增加 λ 倍，则为：

$$A(\lambda L)^{\alpha}\cdot(\lambda K)^{1-\alpha}=\lambda AL^{\alpha}K^{1-\alpha}=\lambda Q$$

所以，柯布—道格拉斯生产函数为线性齐次生产函数。

柯布与道格拉斯计算出 A 为 1.01、α 为 0.75，所以，柯布—道格拉斯生产函数可以具体化为：

$$Q=1.01L^{0.75}K^{0.25}$$

这说明在生产中，劳动所作出的贡献为全部产量的 3/4，资本所作出的贡献为全部产量的 1/4。根据统计资料进行验证，这个估算是符合实际情况的。

二、短期中的技术效率：一种生产要素的最适投入

注意：边际产量递减规律只适用于短期，而不适用于长期。

短期中，当固定投入不能改变，只有可变投入能改变时，产量的变动服从边际产量递减规律。这是我们分析短期中一种生产要素的最适投

入时的出发点。

边际产量递减规律的基本内容是：**短期中，在生产技术不变和其他生产要素不变的情况下，随着一种生产要素的增加，增加的总产量首先递增，然后递减，最后绝对减少。**

在理解这一规律时，要注意这样几点。

（1）这一规律发挥作用的前提是技术水平不变。技术水平不变是指生产中所使用的技术没有发生重大变革。现在，技术进步的速度很快，但并不是每时每刻都有重大的技术突破，技术进步总是间歇式的，只有经过一定时期的准备以后，才会有重大的进展。短期中，无论是在农业还是在工业中，一种技术水平一旦形成，总会有一个相对稳定的时期，这一状态就可以称为技术水平不变。

（2）这一规律所指的是生产中使用的生产要素，分为可变生产要素与不变生产要素两类。边际产量递减规律研究的是把不断增加的一种可变生产要素，投入其他不变生产要素中时对总产量所产生的影响。这种情况也是普遍存在的。在农业中，当土地等生产要素不变时，增加施肥量；或者在工业中，当厂房、设备等生产要素不变时，增加劳动力，都属于这种情况。

（3）在其他生产要素不变时，一种生产要素增加所引起的总产量或收益的变动可以分为三个阶段。第一阶段：总产量递增，即这种可变生产要素的增加使总产量增加。这是因为，在开始时不变生产要素没有得到充分利用，这时增加可变生产要素，可以使不变生产要素得到充分利用，从而使总产量递增。第二阶段：边际产量递减，即这种可变生产要素的增加仍可使总产量增加，但增加的比率，即增加的每一单位生产要素的边际产量是递减的。这是因为，在这一阶段，不变生产要素已接近于充分利用，可变生产要素的增加已不能像第一阶段那样使总产量迅速增加。第三阶段：总产量绝对减少，即这种可变生产要素的增加使总产量减少。这是因为，这时不变生产要素已经得到充分利用，再增加可变生产要素只会降低生产效率，减少总产量。

> 想一想为什么密植引起减产是边际产量递减规律的作用。（在这一问题中，什么是固定要素？什么是可变要素？）

边际产量递减规律是从科学实验和生产实践中得出来的，其在农业中的作用最明显。早在1771年，英国农学家杨格就用在若干相同的地块上施以不同量肥料的实验，证明了肥料施用量与产量增加之间存在这种边际产量递减的关系。之后，国内外学者又以大量事实证明了这一规律。在我国1958—1960年，有些地方在有限的土地上盲目密植，造成减产的事实也证明了这一规律。这一规律同样存在于其他部门。工业部门中劳动力增加过多，会使生产率下降。行政部门中机构过多、人员过多也会降低行政办事效率，造成官僚主义。我国俗话所说的“一个和尚挑水吃，两个和尚抬水吃，三个和尚没水吃”，正是对边际产量递减规律的形象表述。

> 注意“边际”的概念。在边际产量中，什么是自变量？什么是因变量？

边际产量递减规律是我们研究一种生产要素合理投入的出发点。

为了说明一种要素如何投入，我们要根据边际产量递减规律分析一种生产要素投入变动时对总产量、平均产量和边际产量的影响。

总产量指一定量的某种生产要素所生产出来的全部产量，平均产量指平均每单位某种生产要素所生产出来的产量，边际产量指某种生产要素增加一单位所增加的产量。

以 Q 代表某种生产要素的量，ΔQ 代表某种生产要素的增加量，TP 代表总产量，AP 代表平均产量，MP 代表边际产量，则这三种产量可以分别写为：

$$TP = AP \cdot Q$$

$$AP = \frac{TP}{Q}$$

$$MP = \frac{\Delta TP}{\Delta Q}$$

假定生产某种产品时所用的生产要素是资本与劳动，其中资本是固定的，劳动是可变的。我们可以根据上述关系作出表 5-1。

表 5-1 劳动投入与总产量、平均产量和边际产量之间的关系

资本量（K）	劳动量（L）	劳动增量（ΔL）	总产量（TP）	平均产量（AP）	边际产量（MP）
10	0	0	0	0	0
10	1	1	6	6	6
10	2	1	13.5	6.75	7.5
10	3	1	21	7	7.5
10	4	1	28	7	7
10	5	1	34	6.8	6
10	6	1	38	6.8	4
10	7	1	38	5.4	0
10	8	1	37	4.6	−1

我们可以根据表 5-1 作出图 5-1。

在图 5-1 中，横轴代表劳动量，纵轴代表总产量、平均产量与边际产量。TP 为总产量曲线，AP 为平均产量曲线，MP 为边际产量曲线，分别表示总产量、平均产量与边际产量随劳动量变动而变动的趋势。根据这个图，我们可以看出总产量、平均产量和边际产量之间的关系有这样几个特点。

第一，在资本量不变的情况下，随着劳动量的增加，最初总产量、平均产量和边际产量都是递增的，但各自增加到一定程度后就分别递减。所以，总产量曲线、平均产量曲线和边际产量曲线都是先上升而后下降。这反映了边际产量递减规律。

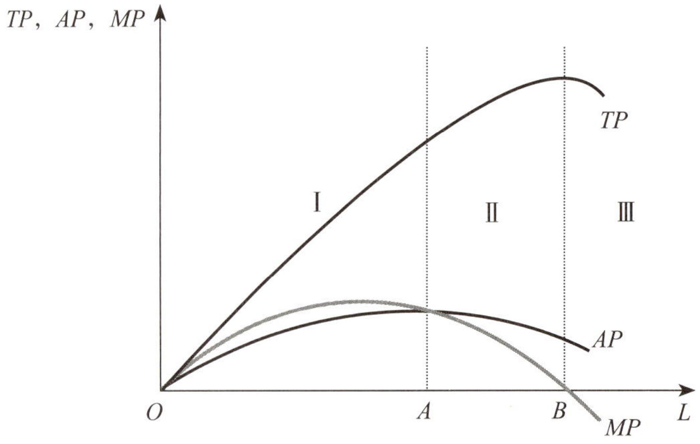

图 5-1　总产量曲线、平均产量曲线和边际产量曲线

第二，边际产量曲线与平均产量曲线相交于平均产量曲线的最高点。在相交前，平均产量是递增的，边际产量大于平均产量（$MP > AP$）；在相交后，平均产量是递减的，边际产量小于平均产量（$MP < AP$）；在相交时，平均产量达到最大，边际产量等于平均产量（$MP = AP$）。

第三，当边际产量为零时，总产量达到最大。此后，当边际产量为负数时，总产量就会绝对减少。

> 平均产量最大就是劳动生产率最大。

在确定一种生产要素的合理投入时，我们根据总产量、平均产量与边际产量的关系，把图 5-1 分为三个区域。Ⅰ区域是劳动量从零增加到 *A* 这一阶段，这时平均产量一直在增加，边际产量大于平均产量。这说明，在这一阶段，相对于不变的资本量而言，劳动量不足，所以劳动量的增加可以使资本得到充分利用，从而使总产量递增。由此看来，劳动量最少要增加到 *A* 点为止，否则资本无法得到充分利用。Ⅱ区域是劳动量从 *A* 增加到 *B* 这一阶段，这时平均产量开始下降，边际产量递减，即增加劳动量仍可使总产量增加，但增加的比率是递减的。由于边际产量仍然大于零，总产量仍在增加。在劳动量增加到 *B* 时，总产量达到最大。Ⅲ区域是劳动量增加到 *B* 点以后，这时边际产量为负数，总产量绝对减少。由此看来，劳动量超过 *B* 是不利的。

> 注意规模经济指的是产量变动的比率与企业规模扩大的比率之间的关系，而不是产量变动的绝对量与企业规模扩大的绝对量之间的关系。

从以上的分析可以看出，劳动量的增加应在Ⅱ区域（*A* ~ *B*）为宜。但应在Ⅱ区域的哪一个点上呢？这还要考虑其他因素。首先，要考虑企业的目标，如果企业的目标是使平均产量达到最大，那么，劳动量增加到 *A* 点就可以了；如果企业的目标是使总产量达到最大，那么，劳动量就可以增加到 *B* 点。其次，如果企业以利润最大化为目标，那就要考虑成本、产品价格等因素。因为平均产量最大时，利润并不一定最大；总产量最大时，利润也不一定最大。劳动量增加到哪一点所达到的产量能实现利润最大化，还必须结合成本与产品价格来分析。

三、长期中的技术效率：规模经济

长期中，企业可以调整所有生产要素，投入的所有生产要素的变动，也就是企业生产规模的变动。因此，我们必须了解企业规模变动对产量的影响。这就是规模经济问题。

当企业生产规模扩大时，产量的增加会大于、小于或等于生产规模的变动。如果产量增加的比率大于生产规模扩大的比率，这就是规模收益递增；如果产量增加的比率小于生产规模扩大的比率，这就是规模收益递减；如果产量增加的比率与生产规模扩大的比率相同，这就是规模收益不变。

生产规模的扩大之所以会引起产量的不同变动，可以用内在经济与内在不经济来解释。

内在经济是指一个企业在生产规模扩大时由自身内部所引起的产量增加。引起内在经济的原因主要有：

第一，可以使用更加先进的机器设备。机器设备这类生产要素有其不可分割性。当生产规模小时，企业无法购置先进的大型设备，即使购置了也无法使其充分发挥效用。只有在大规模生产中，大型的先进设备才能充分发挥其作用，使产量更大幅度地增加。

第二，可以实行专业化生产。在大规模的生产中，专业可以分得更细，分工也会更细，这样就会提高工人的技术水平，提高生产效率。

第三，可以提高管理效率。各种规模的生产都需配备必要的管理人员，当生产规模小时，这些管理人员无法得到充分利用，而生产规模扩大，可以在不增加管理人员的情况下增加生产，从而提高管理效率。

> 企业规模扩大的好处说明"大的是美好的"。

第四，可以对副产品进行综合利用。在小规模生产中，许多副产品往往被作为废物处理，而在大规模生产中，企业就可以对这些副产品进行再加工，做到"变废为宝"。

第五，在生产要素的购买与产品的销售方面也会更加有利。大规模生产所需的各种生产要素多，产品也多，这样企业就会在生产要素与产品销售市场上具有垄断地位，从而可以压低生产要素收购价格或提高产品销售价格，从中获得好处。

第六，技术创新能力的提高。大企业有雄厚的人力与财力，也能承担更大的风险，所以其技术创新能力更强。技术创新是提高企业生产率的关键。

大规模生产所带来的这些好处，在经济学上也称为"大规模生产的经济"，或称"规模经济"，即扩大企业生产规模所带来的好处。

但是，生产规模也并不是越大越好。如果一个企业由于本身生产规模过大而引起产量或收益减少，就是内在不经济。引起内在不经济的原因主要是：

第一，管理效率的降低。生产规模过大会使管理机构由于庞大而不灵活，管理上也会出现各种漏洞，从而使产量和收益减少。

> 企业规模并非越大越好，有时"小的也是美好的"。

第二，生产要素价格上升，销售费用增加。生产要素的供给并不是无限的，生产规模过大必然大幅度增加对生产要素的需求，而使生产要素的价格上升。同时，生产规模过大，产品大量增加，也增加了销售的困难，需要增设更多的销售机构与岗位，增加销售费用。因此，生产规模并不是越大越好。

由以上分析可以看出，企业规模的扩大既会带来好处，也会造成不利的影响。长期中，企业调整各种生产要素时，要实现适度规模。

适度规模就是两种生产要素的增加，即生产规模的扩大正好使收益递增达到最大。当收益递增达到最大时，就不再增加生产要素，并使这一生产规模维持下去。

对于不同行业的企业来说，适度规模的大小是不同的，并没有一个统一的标准。企业在确定适度规模时应该考虑的因素主要是：

第一，本行业的技术特点。一般来说，需要的投资越多，所用的设备越复杂、越先进的行业，适度规模也越大。如冶金、机械、汽车制造、造船、化工等重工业企业，生产规模越大，经济效益越高。相反，需要投资少、所用的设备比较简单的行业，适度规模也小。如服装、服务这类行业，生产规模小能更灵活地适应市场需求的变动，对生产更有利，所以适度规模也小。

想一想为什么钢铁厂总是很大，而餐饮业中的中小企业有自己的优势。

第二，市场条件。一般来说，生产市场需求量大、标准化程度高的产品的企业，适度规模应该大些，这也是重工业行业适度规模大的原因。相反，生产市场需求量小、标准化程度低的产品的企业，适度规模应该小些。所以，服装行业的企业适度规模就要小一些。

当然，在确定适度规模时要考虑的因素还有很多。例如，在确定某一采矿企业的规模时，还要考虑矿藏量的大小。其他诸如交通条件、能源供给、原料供给、政府政策等，都是在确定适度规模时必须予以考虑的。

当然，在不同国家和地区，由于经济发展水平、资源、市场等条件的差异，即使同一行业，规模经济的大小也并不完全相同。一些重要行业有国际通行的规模经济标准。例如，钢铁厂为年产 1 000 万吨钢，冰箱厂双班能力为年产 50 万～80 万台冰箱，当然，我国不一定套用这些标准。

应该注意的是，随着技术进步，规模经济的标准也在变化。例如，20 世纪 50 年代，汽车厂的规模经济为年产 30 万辆汽车，但到 1977 年已达年产 200 万辆汽车。重工业行业中普遍存在生产规模不断扩大的趋势。这是因为这些行业的设备日益大型化、复杂化和自动化，投资越来越大，从而只有在产量达到相当大数量时，才能实现规模经济。

企业规模的扩大除了增加同一种产品的生产，实现规模经济，还可以进行多元化经营，实现范围经济。范围经济就是扩大经营范围所带来的好处。

范围经济有四点好处：第一，可以使企业规模无限扩大。一种产品的增加总要受技术或市场条件的限制。生产多种产品就可以打破这种限制。第二，可以更有效地利用企业的人力与物力资源。第三，生产各种不同行业的产品可以分散风险，增强企业的抗风险能力。第四，有利于企业的产品结构调整，便于从以一个行业为主转向以另一个行业为主。正因为范围经济有这些好处，现在许多大型企业、跨国公司都进行跨行业经营。但正如规模经济有限度一样，范围经济也并不是跨的行业越多越好。企业盲目扩大经营范围，同时进军若干行业往往会面临灭顶之灾。

多元化经营可以实现范围经济，但现实中为什么有些企业死于多元化经营？找两个现实中的例子进行分析。

案例研究

“大的是美好的”还是“小的是美好的”

英籍德国经济学家舒马赫曾写过一本名为《小的是美好的》的书，主张企业不要过大。同时，现实中许多大企业成绩显赫，成为世界500强。我们到底应该把企业做大，还是做小呢？

其实正如我们所分析的，企业大有大的好处，小有小的优势，关键是具体情况具体分析。从客观条件来说，企业要分析本行业的生产技术特点和市场需求特点。一些行业的企业其规模越大越好，但有些行业的企业其规模小些则可以适应复杂的需求，有利于经营。企业要根据具体条件，分析自己的资金与人员实力。有些企业的确是规模越大越好，跨的行业越多越有利，但如果企业筹资能力有限或者管理能力不够，做得越大，风险越大。

在我国，有些企业该做大却没做大，该做小却没做小，这种错误没少犯。过去强调各地区的独立发展，许多地方不顾实际情况建钢铁厂、化工厂、汽车厂，结果规模都不大，效益差。一些该分散、灵活运作的企业，如商业服务业等反而做得很大。在市场经济的今天，仍然有一些人不顾条件限制想把企业做大，包括人为强迫企业合并或者盲目进行多元化经营。其实企业大小也是市场竞争的结果，人为干预只会违背经济规律。这是我们学习这部分内容的意义。

在高科技时代，仍然是大企业有大的优势，小企业也有小的优势。大企业资金雄厚、人才济济、有更强的创新能力。谷歌、微软等大企业正是创新成功的案例。但小企业灵活、善变，更能抓住机会，资金不足可以通过市场融资来实现，同样也能在创新中作出贡献。许多今天的大公司正是由这种小企业发展而来的，苹果就是一个案例。我们不仅要重视许多已成功的大企业，而且要关注与扶植那些有前途的小企业。这才是高科技时代正确的企业观。

第三节 生产要素的最适组合

在一般情况下，生产中各种要素的比例是可以变动的，即不同生产要素的组合可以实现相同的产量。例如，要实现生产小麦 100 吨的目标，既可以多投入劳动，少投入资本，用劳动密集型的方法；也可以少投入劳动，多投入资本，用资本密集型的方法。我们选择采用哪种方法的标准是哪一种方法能实现经济效率。当产量既定，价格既定，而总收益不变时，实现经济效率就是使成本最低。成本是生产要素数量与价格的乘积，所以在考虑生产要素的最适组合时，生产要素的价格非常重要。

> 比较生产要素最适组合与消费者均衡的相同与不同之处。

生产要素最适组合与消费者均衡是很相似的。消费者均衡研究消费者如何把既定的收入分配于两种产品的购买与消费，以达到效用最大化。生产要素最适组合研究生产者如何把既定的成本（生产资源）分配于两种生产要素的购买与生产，以达到利润最大化。因此，研究这两个问题所用的方式也基本相同，即边际分析法与等产量分析法。

一、生产要素最适组合的边际分析

企业为了实现生产要素的最适组合，一定要考虑购买各种生产要素所能获得的边际产量与所付出的价格。这样，生产要素最适组合的原则是：在成本与生产要素价格既定的条件下，应该使所购买的各种生产要素的边际产量与价格的比例相等，即要使每一单位货币无论购买哪种生产要素都能得到相等的边际产量。

假定所购买的生产要素是资本与劳动。我们用 K 代表资本，MP_K 代表资本的边际产量，P_K 代表资本的价格，Q_K 代表购买的资本量；用 L 代表劳动，MP_L 代表劳动的边际产量，P_L 代表劳动的价格，Q_L 代表购买的劳动量；M 代表成本，MP_m 代表货币的边际产量，则生产要素最适组合条件可写为：

> 这两个条件与消费者均衡的两个条件有什么相同之处？

$$P_K \cdot Q_K + P_L \cdot Q_L = M \tag{5-1}$$

$$\frac{MP_K}{P_K} = \frac{MP_L}{P_L} = MP_m \tag{5-2}$$

上述式（5－1）是限制性条件，说明企业所拥有的货币量是既定的，购买资本与劳动的支出不能超过这一货币量，也不能小于这一货币量。超过这一货币量的购买是无法实现的，而小于这一货币量的购买也达不到既定资源时的产量最大化。式（5－2）是生产要素最适组合的表述，即所购买的生产要素的边际产量与其价格之比相等，也就是说，每一单位货币无论是用于购买资本，还是购买劳动，所得到的边际产量都相等。生产要素的最适组合也可以称为生产者均衡。

二、生产要素最适组合的等产量线分析

在用等产量线分析生产要素的最适组合时，我们首先要了解两个基本概念：等产量线与等成本线。

比较这种分析与无差异曲线分析的相同之处。

等产量线类似于无差异曲线，不过等产量线表示的不是相同的满足程度，而是相等的产量。

等产量线是表示两种生产要素的不同数量的组合可以带来相等产量的一条曲线，或者说是表示某一固定数量的产品，可以用所需要的两种生产要素的不同数量的组合生产出来的一条曲线。

假如，现在用资本与劳动两种生产要素，它们有 *a*、*b*、*c*、*d* 四种组合方式，这四种组合方式都可以达到相等的产量。这样我们可以作出表 5-2。

表 5-2 四种组合方式的产量

组合方式	资本（*K*）	劳动（*L*）
a	6	1
b	3	2
c	2	3
d	1	6

根据表 5-2，我们可以作出图 5-2。

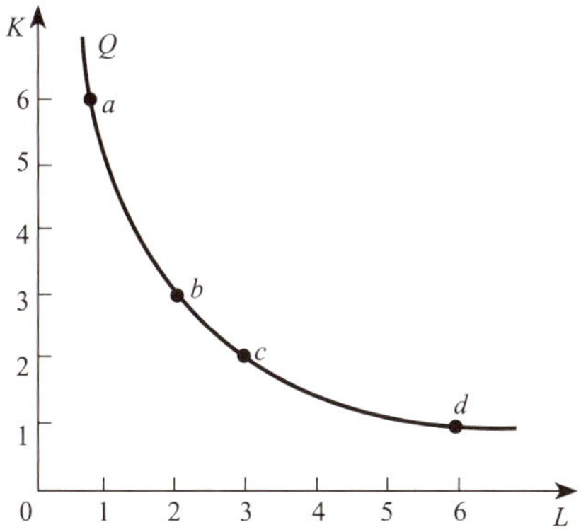

图 5-2 等产量曲线

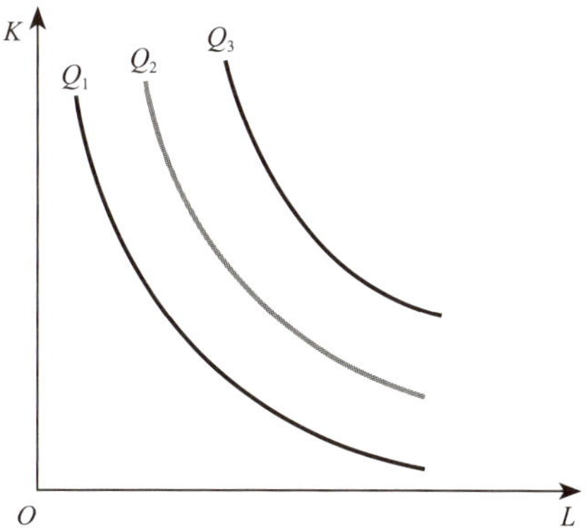

图 5-3 等产量曲线组

在图 5-2 中，横轴代表劳动量，纵轴代表资本量，Q 为等产量线，即线上任何一点所表示的资本与劳动不同数量的组合都能生产出相等的产量。

等产量线也与无差异曲线相似，其特征是：

第一，等产量线是一条向右下方倾斜的线，其斜率为负值。这就表明，在生产者的资源与生产要素价格既定的条件下，为了达到相同的产量，在增加一种生产要素时，必须减少另一种生产要素。两种生产要素同时增加，是资源既定时无法实现的；两种生产要素同时减少，不能保持相等的产量水平。

> 等产量线与无差异曲线是相似的，但无差异曲线说明无法衡量的效用，而等产量线说明可以具体衡量的产量。它们用的分析方法相似。注意这一点有利于对消费者行为和生产者行为的理解。

第二，在同一平面图上，可以有无数条等产量线。同一条等产量线代表相同的产量水平，不同的等产量线代表不同的产量水平。离原点越远的等产量线所代表的产量水平越高，离原点越近的等产量线所代表的产量水平越低。我们可用图 5-3 来说明这一点。

在图 5-3 中，Q_1、Q_2、Q_3 是三条不同的等产量线，它们分别代表不同的产量水平，其顺序为 $Q_1 < Q_2 < Q_3$。

第三，在同一平面图上，任意两条等产量线不能相交。因为在交点处两条等产量线代表了相同的产量水平，与第二个特征相矛盾。

第四，等产量线是一条凸向原点的线。这是由边际技术替代率递减所决定的。

参考资料

边际技术替代率与脊线

在说明无差异曲线的特征时，我们用无差异曲线的边际替代率递减来解释它的形状是凸向原点的。在这里我们用边际技术替代率解释等产量线凸向原点的特征。

边际技术替代率是在维持相同的产量水平时，减少一种生产要素的数量与增加的另一种生产要素的数量之比。以 ΔL 代表劳动的增加量，ΔK 代表资本的减少量，$MRTS_{LK}$ 代表以劳动代替资本的边际技术替代率，则有：

$$MRTS_{LK} = \frac{\Delta K}{\Delta L}$$

> 注意边际技术替代率与边际替代率的相同之处。

边际技术替代率应该是负值，因为一种生产要素增加，另一种生产要素就要减少。但为了方便起见，我们一般用其绝对值。

我们可用表 5-2 的数字来说明边际技术替代率的变动，并根据表 5-2 作出表 5-3。

从表 5-3 可以看出，边际技术替代率是递减的。这是因为，根据边际产量递

表 5-3 边际技术替代率

变动情况	ΔL	ΔK	$MRTS_{LK}$
$a \to b$	1	3	3
$b \to c$	1	1	1
$c \to d$	3	1	0.33

减规律，随着劳动量的增加，它的边际产量在递减。这样，每增加一定数量的劳动所能代替的资本越来越少，即 ΔL 不变时，ΔK 越来越小，边际技术替代率递减反映了边际产量递减规律。边际技术替代率也就是等产量线的斜率。等产量线的斜率递减决定了它是一条凸向原点的曲线。

虽然等产量线上各点的劳动与资本组合都可以生产出相同的产量，但生产者不会随意选择等产量线上的任何一种组合来进行生产。因为在有些点上，依据劳动与资本的组合所进行的生产是不经济的。我们用图 5-4 来说明这一点。

在图 5-4 中，c 点和 d 点的劳动与资本组合都可以生产同样的产量，但显而易见，d 点所用的劳动与资本量都多于 c 点，选择 d 点的组合就是不经济的。这样劳动与资本的组合就有一个范围。这个范围就用脊线来表示。

在图 5-4 中的三条等产量线 Q_1、Q_2、Q_3 上，在 aa'、bb'、cc' 点之内，等产量线的斜率是负值，从而增加一种生产要素可以减少另一种生产要素，替代是有效的。在 aa'、bb'、cc' 点之外，等产量线的斜率是正值，即为了维持相同的产量要同时增加两种生产要素。把 a、b、c 和 a'、b'、c' 与原点连接起来的两条线就是脊线。脊线说明了两种生产要素的有效替代范围，即在脊线之内，两种生产要素的替代是有效的；在脊线之外，替代是不可能的。

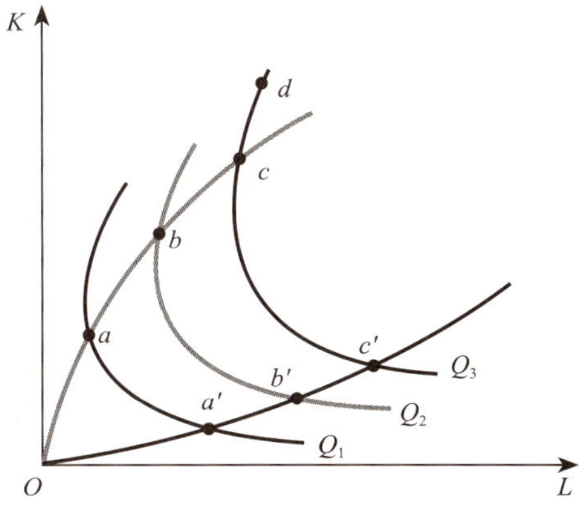

图 5-4 脊线图

等成本线类似于消费可能线，是企业决定生产要素组合的限制条件。

等成本线又称企业预算线，**它是一条表明在生产者的成本与生产要素价格既定的条件下，生产者所能购买到的两种生产要素数量的最大组合的线。**

等成本线表明了企业进行生产的限制条件，即它购买生产要素所花的钱不能大于或小于所拥有的货币成本，大于货币成本是无法实现的，小于货币成本又无法实现产量最大化。等成本线可以写为：

等成本线与消费可能线有什么共同之处呢？

$$M = P_L \cdot Q_L + P_K \cdot Q_K$$

式中，M 为货币成本，P_L、P_K、Q_L、Q_K 分别为劳动与资本的价格与购买量。

上式也可以写为：

$$Q_K = \frac{M}{P_K} - \frac{P_L}{P_K} \cdot Q_L$$

这是一个直线方程式，其斜率为$-\frac{P_L}{P_K}$。

因为 M、P_L、P_K 为既定的常数，所以，给出 Q_L 的值，就可以解出 Q_K。当然，给出 Q_K 的值，也可以解出 Q_L。

如果 $Q_L = 0$，则$Q_K = \frac{M}{P_K}$。

如果 $Q_K = 0$，则$Q_L = \frac{M}{P_L}$。

设 M 为 600 元，P_L 为 2 元，P_K 为 1 元，则有 $Q_L = 0$，$Q_K = 600$；$Q_K = 0$，$Q_L = 300$，这样，我们就可以作出图 5-5。

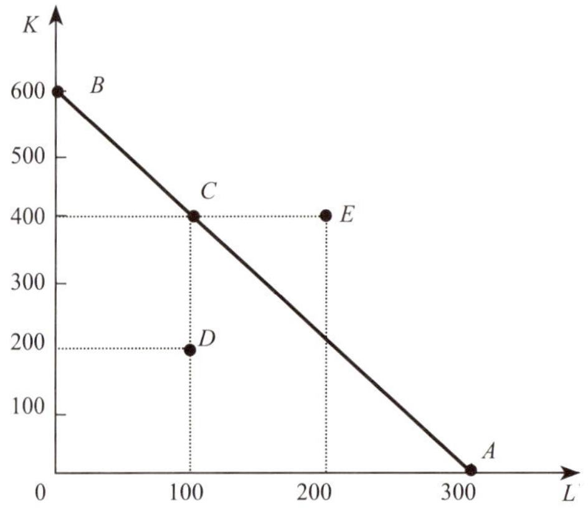

图 5-5　等成本线

在图 5-5 中，如用全部货币购买劳动，就可以购买 300 单位劳动（A 点）；如用全部货币购买资本，就可以购买 600 单位资本（B 点），连接 A 点和 B 点的线则为等成本线。该线上的任何一点，都是在货币成本与生产要素价格既定条件下，能购买到的劳动与资本的最大数量的组合。例如，在 *C* 点，购买 100 单位劳动、400 单位资本，正好用完 600（$2\times100+1\times400$）元。该线内的任何一点所购买的劳动与资本的组合，都是可以实现的，但并不是最大数量的组合，即没有用完货币成本。例如，在 *D* 点，购买 100 单位劳动、200 单位资本，只用了 400（$2\times100+1\times200$）元。该线外的任何一点均无法实现，因为所需要的货币超过了既定的成本。例如，在 *E* 点，购买 200 单位劳动、400 单位资本，分别大于 *C* 点的 100 单位劳动和 400 单位资本，但这时要支出 800（$2\times200+1\times400$）元，无法实现。

如果生产者的货币成本变动（或者生产要素价格变动），则等成本线会平行移动。货币成本增加，等成本线向右上方平行移动；货币成本减少，等成本线向左下方平行移动，如图 5-6 所示。

在图 5-6 中，*AB* 是原来的等成本线。当货币成本增加时，等成本线移动为 A_1B_1；当货币成本减少时，等成本线移动为 A_2B_2。

现在我们把等产量线与等成本线结合起来分析生产要素的最适组合。

如果把等产量线与等成本线合在一个图上，那么，等成本线必定与无数条等产量线中的一条相切于一点。在这个切点上，就实现了生产要素的最适组合。我们可以用图 5-7 来说明这一点。

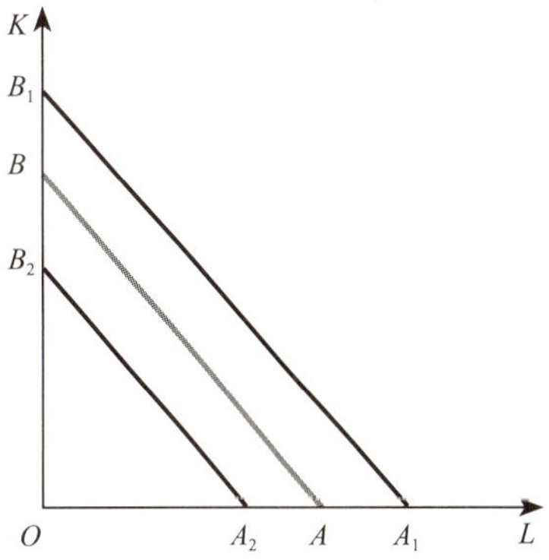

图 5-6 等成本线的移动

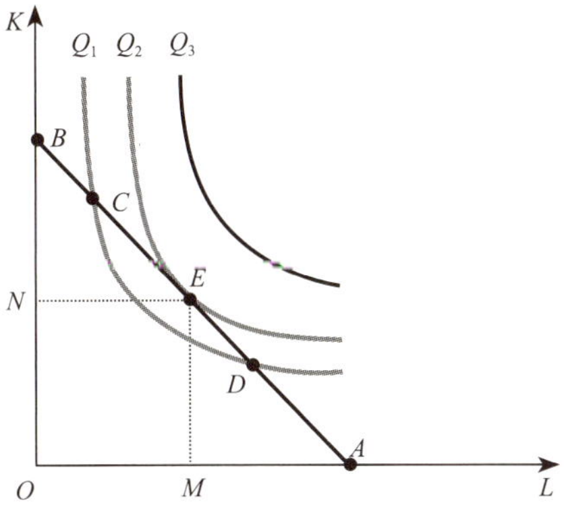

图 5-7 生产要素最适组合的实现

如果劳动或资本的价格变动，等成本线会如何变动？（想想消费可能线的变动）

在图 5-7 中，Q_1、Q_2、Q_3 为三条等产量线，其产量的大小顺序为 $Q_1 < Q_2 < Q_3$。*AB* 为等成本线。*AB* 线与 Q_2 相切于 *E* 点，这时实现了生产要素的最适组合。这就是说，在生产者的货币成本与生产要素价格既定的条件下，*M* 的劳动与 *N* 的资本结合，能实现利润最大化，即既定产量下成本最小或既定成本下产量最大。

为什么只有在 *E* 点才能实现生产要素的最适组合呢？从图 5-7 上看，*C*、*E*、*D* 点的成本相同，这时 C 点和 D 点在 Q_1 上，而 E 点在 Q_2 上，$Q_2 > Q_1$，所以 E 点的产量是既定成本下的最大产量。Q_2 上各点代表的产量是相同的，除 E 点外，其他两种生产要素组合的点都在 AB 线之外，成本大于 E 点，所以 E 点的成本是既定产量下的最小成本。

如果生产者的货币成本增加，则等成本线向右上方平行移动，不同的等成本线与不同的等产量线相切，形成不同的生产要素的最适组合点，将这些点连接在一起，就可得出生产扩展线。我们可以用图 5-8 来说明生产扩展线。

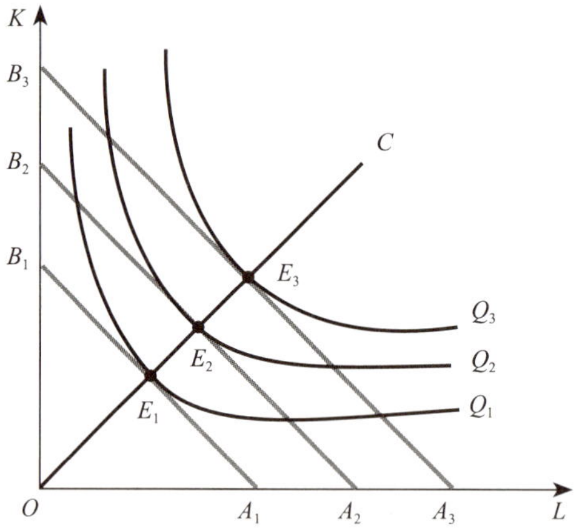

图 5-8 生产扩展线

在图 5-8 中，A_1B_1、A_2B_2、A_3B_3 是三条不同的等成本线，从 A_1B_1 到 A_3B_3，等成本线向右上方移动，说明生产者的货币成本在增加。A_1B_1、A_2B_2、A_3B_3 分别与等产量线 Q_1、Q_2、Q_3 相切于 E_1、E_2、E_3。把 E_1、E_2、E_3 与原点连接起来的 OC 就是生产扩展线。

生产扩展线的含义是，当生产者沿着这条线扩大生产时，可以始终实现生产要素的最适组合，从而使生产规模沿着最有利的方向扩大。

关键概念

技术效率	经济效率	单人业主制企业	合伙制企业
股份制公司	委托—代理关系	X 非效率	机会主义行为
公司治理结构	激励机制	股票期权	短期
长期	生产要素	生产函数	柯布—道格拉斯生产函数
边际产量递减规律	总产量	平均产量	边际产量
规模收益递增	规模收益递减	规模收益不变	内在经济
内在不经济	适度规模	规模经济	范围经济
等产量线	等成本线		

内容提要

- 市场经济中企业的主要形式是单人业主制企业、合伙制企业和股份制公司。单人业主制企业数量最多，但在经济中起至关重要作用的是股份制公司。
- 股份制公司实行股份制，股东及董事会是委托人，职业经营者和职工是代理人，他们之间形成委托—代理关系。由于委托人与代理人之间的目标并不完全一致，就会产生机会主义行为。这引起 X 非效率。
- 提高股份制公司 X 效率的方法是有一套合理的公司治理结构，其中的关键是把代理人利益与其努力程度联系在一起的激励机制。
- 生产函数表示生产要素的数量与某种组合和产量之间的关系。
- 短期中，当其他要素不变时，企业增加一种生产要素会引起边际产量递减。企业要根据总产量、平均产量和边际产量之间的关系来确定一种生产要素的合理投入。这种合理投入区间是一种生产要素的投入最少要达到平均产量最大，最多不超过总产量最大。
- 长期中，企业要确定生产规模的大小，以实现规模收益递增到最大时的适度规模。不同行业的企业其适度规模的大小是不同的。
- 运用边际分析法时，生产要素的最适组合是每种生产要素引起的边际产量与该生产要素价格之比相等。
- 运用等产量线分析法时，生产要素的最适组合是等产量线与等成本线的切点。

思考题

1. 市场经济中企业有哪些形式？我国的私人企业应向哪种形式发展？为什么？

2. 解释股份制公司中 X 非效率的原因。

3. 为什么仅仅签订委托人与代理人之间的合约不足以消除代理人的机会主义行为？

4. 企业应如何吸引人才，并使人才在企业中发挥更大的作用？

5. 本章介绍了美国企业激励总经理的三种主要方法，对我国企业有什么启发？我国企业能不能完全照搬？为什么？

6. 我国在 1958—1960 年曾提倡粮食密植，结果粮食减产。用边际产量递减规律解释这种现象。

7. 总产量与边际产量、平均产量之间存在什么关系？如何根据这种关系确定一种生产要素的合理投入区间？

8. 在分析企业时，1 年是否一定是短期？为什么？

9. 钢铁企业的适度规模应该在年产1 000万吨以上，但我国许多钢铁企业年产在500万吨以下。这种状况是否正常？为什么？应该怎么办？

10. 企业规模是不是越大越好？为什么？

11. 为什么有些企业在多元化经营的扩张中失败了？

12. 比较消费者均衡与生产者均衡的相同与不同之处。

13. 等产量线的特征是什么？

14. 设某企业有资金100万元，资本价格为每单位（如一台机器）10万元，劳动价格为每单位（每小时劳动）10元。画出该企业的等成本线。

15. 接第14题，企业资金增加到200万元，其他条件不变，画出新的等成本线。

16. 接第14题，资本价格下降为每单位5万元，其他条件不变，画出新的等成本线。

17. 接第14题，劳动价格上升为每单位30元，其他条件不变，画出新的等成本线。

18. 为什么只有在等产量线与等成本线相切时才能实现生产者均衡？

第六章 CHAPTER 6

成本与收益

生产理论分析了生产要素投入量与产量之间的关系，说明如何实现技术效率。但是，生产者为了实现利润最大化，不仅要考虑这种物质技术关系，而且要考虑成本与收益之间的经济关系，实现经济效率。这样，我们就必须分析成本与收益问题。

成本又称生产费用，是生产中所使用的各种生产要素的支出，等于生产要素的价格乘以数量。收益则是出售产品所得到的收入，等于产品价格乘以数量。我们的分析先从成本开始。

重点掌握

◎ 机会成本与会计成本的不同
◎ 经济利润与会计利润的不同
◎ 短期成本分类
◎ 各种短期成本变动的规律
◎ 短期中平均成本与边际成本的关系
◎ 长期平均成本的规律与形状
◎ 利润最大化原则

一般掌握

◎ 短期与长期的区别
◎ 长期总成本与短期总成本的区别
◎ 长期平均成本与长期边际成本的含义
◎ 总收益、平均收益与边际收益的关系

一般了解

◎ 机会成本在企业决策中的作用
◎ 短期成本与停止营业点的关系
◎ 规模经济与长期平均成本的关系

第一节 成本

企业进行生产与经营的各种支出称为成本。我们知道，当企业把这些资源用于生产某种产品时，就放弃了这些资源的其他用途。因此，我们可以从两个不同的角度来考察成本：企业生产的实际支出，以及为了这种生产所放弃的其他用途。前者我们称之为会计成本，后者称之为机会成本。这两种成本对企业决策都十分重要。

一、会计成本与机会成本

企业生产与经营中的各种实际支出称为会计成本，因为这些支出一笔一笔地记在会计账簿中，所以，我们称之为会计成本。同时，因为这些支出是过去的支出，我们也称之为历史成本。这种成本在企业中是显而易见的，也称为显性成本，如支付给员工的薪金，购买原材料、燃料等的支出，厂房设备的折旧费等。

> 机会成本也可以定义为：为了得到某种东西所放弃的其他东西。

但正如在第一章中所说明的，当我们把一种资源用于一种用途时，就放弃了其他用途。所放弃的用途获得的收益就是把资金用于一种用途的机会成本。这个概念在分析企业成本时同样适用。所以，我们首先应该对机会成本这个概念有所了解。

机会成本是作出一项决策时所放弃的其他可供选择的最好用途获得的收益。例如，某人有 10 万元资金，可供选择的用途及各种用途可能获得的收益是：开商店获利 2 万元，开饭店获利 3 万元，炒股票获利 3.5 万元，进行期货投机获利 4 万元。如果某人选择把 10 万元用于进行期货投机，则放弃的其他可供选择的用途是开商店、开饭店和炒股票。在所放弃的用途中，在不考虑风险偏好的情况下，最好的用途是炒股票（可获利 3.5 万元）。所以，在选择进行期货投机时，机会成本就是炒股票的获利。或者说，选择进行期货投机获利 4 万元的机会成本是所放弃的炒股票时可能获得的 3.5 万元。

> 机会成本所说的“放弃其他东西”，并不是实际支出，而是观念上的损失，因为用某种资源去得到什么，就不能去得到其他东西，所损失的只是另一种可能性，而不是实际结果。

在理解机会成本时应该注意这样几个问题。

第一，机会成本不同于实际成本，它不是作出某项选择时实际支付的费用或损失，而是一种观念上的成本或损失。在上面所举的例子中，某人作出期货投机选择时的机会成本是所放弃的炒股票时可能获得的 3.5 万元。但这绝不意味着为了获利 4 万元，就必须支出 3.5 万元，或实际损失了 3.5 万元。10 万元的资金只能在进行期货投机获利 4 万元与炒股票获利 3.5 万元中选择其一，这是因为资源是有限的。“鱼与熊掌不可兼得”，你选择了一个，就必须放弃另一个。在这种情况下，你作出一项选择时，机会成本并不是实际支出或损失，仅仅是观念上的损失或放弃的另一种可能性。

第二，机会成本是作出一种选择时所放弃的其他若干种可能选择中最好的一种获得的收益。例如，在上例运用 10 万元资金的选择中，当选择了期货投机时，所放弃的用途有开商店、开饭店和炒股票三种，其中最好的用途是炒股票(在这三种可能选择的用途中预期获利最多)。所以，运用 10 万元进行期货投机的机会成本是炒股票可能获得的收益，而不是其他。

第一章强调了机会成本的一般意义，这里强调机会成本在企业生产与决策中的意义。

第三，机会成本并不全是由个人选择所引起的，其他人的选择会给你带来机会成本，你的选择也会给其他人带来机会成本。例如，当你夜晚享受卡拉 OK 时，你所放弃的宁静就是这种享受的机会成本。这时，你还会使别人得不到宁静，别人放弃的宁静就是你的这种选择给别人带来的机会成本。当然，我们一般在从个人的角度作出某项投资或其他决策时，所考虑的主要是自己的机会成本。一般所说的机会成本也是这种含义。

我们在作出任何决策时都要使收益大于或至少等于机会成本。如果机会成本大于收益，则这项决策从经济的观点看就是不合理的。这就是说，在作出某项决策时，不能只考虑获利的情况，还要考虑机会成本，这样才能使投资最优化。例如，在决定修建一座特大型水电站时，不仅应该考虑这座水电站可以发多少电，带来多少其他收益，还应考虑用同样的资金可以建多少中小型水电站，这些中小型水电站能发多少电，带来多少其他收益。后者是前者的机会成本，只有前者的收益大于后者，即修建特大型水电站的机会成本小于收益，这项投资才有利。否则，如果后者的收益大于前者，即修建特大型水电站的机会成本大于收益，那么，这项投资的收益无论多大，从经济的角度看都是不合理的。

当然，在运用机会成本这一概念时要考虑这样两个条件：第一，有多种投资可能性；第二，投资到任何地方都不受限制。如果这两个条件不具备，机会成本这个概念也就没有用了。

会计成本一笔一笔记在会计账目上，是显而易见的，被称为显性成本；机会成本并不是实际支出，没有反映在会计账目上，被称为**隐性成本**。这是我们通常忽视机会成本的重要原因。

二、机会成本在企业决策中的作用

当考虑到会计成本和机会成本时，利润就分为会计利润和经济利润。

我们知道，企业的总收益减去总成本就是利润。但成本包括会计成本和机会成本，成本的含义不同，利润也就不同。**总收益减去会计成本就是会计利润；总收益减去会计成本再减去机会成本就是经济利润。会计成本与机会成本之和即经济成本，**所以，总收益减去经济成本即经济利润。

$$总收益-会计成本=会计利润$$

总收益－会计成本－机会成本＝经济利润

从以上公式可以看出，会计利润与经济利润并不相同。在正常情况下，机会成本大于零，所以，会计利润大于经济利润。企业的利润最大化不是会计利润最大化，而是经济利润最大化。

在经济学中，追求利润最大化或经济效率应该是指经济利润的最大化。

可以用一个例子来说明这一点。

我们假设一个企业每年总收益为 100 万元。每年用于生产的实际支出为：设备折旧 3 万元，厂房租金 3 万元，原材料支出 60 万元，电费 3 万元，工人工资 10 万元，贷款利息 15 万元。会计成本为 94 万元。总收益 100 万元减去会计成本 94 万元，会计利润为 6 万元。

这个企业与其他企业一样也有机会成本。例如，这个企业是单人业主制企业，所有者兼经营者并不向自己支付工资，会计账目上也没有这一项。但经营者在企业中工作也是有机会成本的，这就是其放弃的在其他地方工作能得到的工资。如果其不经营这家企业而去找一份工作，可以得到每年 2 万元的工资，那么，其经营这家企业的机会成本就是 2 万元。

再如，这家企业经营所需资金有两个来源：一是银行贷款，二是自有资金。银行贷款要支付利息，这是企业的实际支出，记在会计账目上，称为会计成本，如在本例中为 15 万元。自有资金并不实际支付利息，不计入会计成本。但把这笔资金用于企业经营就放弃了这笔资金能带来的其他收入。最简单的就是放弃了存入银行可以得到的利息。所以，企业放弃的自有资金的利息是机会成本，如在本例中为 5 万元。

这两项机会成本合计为 7 万元。会计成本为 94 万元，机会成本为 7 万元，经济成本为 101 万元，总收益减去经济成本 101 万元，经济利润为－1 万元，即亏损 1 万元。可见在不考虑机会成本时，这个企业是盈利的；但在考虑机会成本时，这个企业实际上是亏损的。企业经营的目的是实现经济利润的最大化。如果经济利润为负，尽管会计利润为正，这个企业也不值得经营下去。这说明在企业决策中机会成本这个概念是十分重要的。

三、短期成本与长期成本

在分析技术效率时，我们说明了短期与长期的区别。短期中，企业不能根据自己所要达到的产量来调整其全部生产要素，这就是说它只能调整可变生产要素（劳动力、原材料等），而不能调整固定生产要素（厂房、设备等）。短期成本就是用于这些可变生产要素的支出。

长期中，企业可以根据自己要达到的产量来调整全部生产要素。长期中企业没有可变投入与固定投入之分，一切投入的生产要素都是可变的。所以，长期成本就是企业用于投入生产要素支出的所有费用。

从短期与长期的含义来理解短期成本与长期成本的含义。

短期成本与长期成本有不同的变动规律，在企业决策中有不同的意义。我们下面分别分析短期成本与长期成本。

案例研究

上大学的代价是什么

上大学是要花钱的，这就是上大学的成本。从目前来看，每位大学生在上学期间（以4年计）的学费、书费等各种支出约为4万元。这种钱要实实在在地支出，称为会计成本。

但上大学的代价绝不仅仅是这种会计成本。为了上大学，学生要放弃工作的机会，因放弃工作而不得不放弃的工资收入就是上大学的机会成本。例如，如果一个人不上大学而去工作，每年可以得到1万元，这4年的机会成本就是4万元。上大学的代价应该包括会计成本4万元与机会成本4万元，共计8万元。

对一般人来说，上大学会提高工作能力，有更好的机会，以后收入会更多。例如，如果一个没上过大学的人，一生中每年收入1万元，从18岁开始工作到60岁退休，42年共计收入42万元。如果一个上过大学的人，一生中每年收入为1.5万元，从22岁开始工作，到60岁退休，38年共计收入57万元。上过大学的人比没上过大学的人的总收入高出15万元。上大学的会计成本与机会成本之和为8万元。15万元减去8万元为7万元。这就是上大学的经济利润。所以，上大学是合适的。

> 如果你有乔丹一样的篮球天赋，高中毕业后，你会上大学吗？想想为什么，就可以理解机会成本的重要性了。

但对一些特殊的人，情况就不是这样了。比如，一个有篮球天赋的美国青年，如果在高中毕业后去打篮球，每年可收入200万美元。这样，他上大学的机会成本就是800万美元。这远远高于一个大学生一生的收入。因此，有这种天赋的青年，即使学校提供全额奖学金也不会去上大学。这就是把机会成本作为上大学的代价。不上大学的决策从经济上来讲是合理的。同样，有些具备模特气质与条件的姑娘，放弃上大学也是因为当模特收入高，上大学机会成本太大。当你了解了机会成本后就知道有些年轻人不上大学的原因了。但是任何的选择都存在风险，比如打篮球半年后受伤导致篮球职业生涯结束，当模特吃青春饭只能维持10年的高收入。同时，是否上过大学也影响了一个人的眼界、决策方法、知识技能等，这些都对一个人的工作和生活产生很大的影响。可见机会成本这个概念在我们日常生活的决策中也是十分重要的。

第二节 短期成本分析

短期成本是指企业短期中进行生产的支出。分析短期成本对企业的短期决策至关重要。

一、短期成本的分类

1. 短期总成本

短期总成本是短期中生产一定量产品所需要的成本总和。短期总成本分为固定成本与可变成本。

> 这些要素投入是短期中不能改变的。

固定成本是指企业短期中必须支付的不能调整的生产要素的费用。这种成本不随产量的变动而变动，是固定不变的，其中主要包括厂房和设备的折旧，以及管理人员的工资。

可变成本是指企业短期中必须支付的可以调整的生产要素的费用。这种成本随产量的变动而变动，是可变的，其中主要包括原材料、燃料的支出以及生产工人的工资。

> 这些要素投入是短期中可以改变的。

如果以 STC 代表短期总成本，FC 代表固定成本，VC 代表可变成本，则有：

$$STC = FC + VC$$

2. 短期平均成本

短期平均成本是短期中生产每一单位产品平均所需要的成本。短期平均成本分为平均固定成本与平均可变成本。

平均固定成本是平均每单位产品所消耗的固定成本。

平均可变成本是平均每单位产品所消耗的可变成本。

如果以 Q 代表产量，则有：

$$\frac{STC}{Q} = \frac{FC}{Q} + \frac{VC}{Q}$$

如果以 SAC 代表短期平均成本，AFC 代表平均固定成本，AVC 代表平均可变成本，则可把上式写为：

$$SAC = AFC + AVC$$

3. 短期边际成本

短期边际成本是短期中企业每增加一单位产量所增加的总成本量。

如果以 SMC 代表短期边际成本，ΔQ 代表增加的产量，则有：

$$SMC=\frac{\Delta STC}{\Delta Q}$$

这里要注意的是，短期中固定成本并不随产量的变动而变动，所以，短期边际成本实际是就可变成本而言的。

再回忆边际的含义。在边际成本中，什么是自变量？什么是因变量？

二、各类短期成本的变动规律及其关系

为了分析各类短期成本的变动规律及其关系，我们先列出表 6-1。

表 6-1 各类短期成本

产量 Q (1)	固定成本 FC (2)	可变成本 VC (3)	总成本 STC (4)=(2)+(3)	边际成本 SMC (5)	平均固定成本 AFC (6)=(2)÷(1)	平均可变成本 AVC (7)=(3)÷(1)	平均成本 SAC (8)=(6)+(7)
0	120	0	120	—	∞	0	∞
1	120	34	154	34	120	34	154
2	120	63	183	29	60	31.5	91.5
3	120	90	210	27	40	30	70
4	120	116	236	26	30	29	59
5	120	145	265	29	24	29	53
6	120	180	300	35	20	30	50
7	120	230	350	50	17.14	32.86	50
8	120	304	424	74	15	38	53
9	120	420	540	116	13.33	46.67	60

1. 短期总成本、固定成本、可变成本

固定成本短期中是固定不变的，不随产量的变动而变动，即使产量为零，也存在固定成本。

可变成本要随产量的变动而变动。这种变动的规律是：最初在产量开始增加时由于固定生产要素与可变生产要素的效率未得到充分发挥，因此，可变成本的增加率要大于产量的增加率。以后随着产量的增加，固定生产要素与可变生产要素的效率得到充分发挥，可变成本的增加率小于产量的增加率。最后由于边际产量递减规律，可变成本的增加率又大于产量的增加率。

总成本是固定成本与可变成本之和。固定成本不会等于零，因此，总成本必然大于零。而且，因为总成本中包括可变成本，所以，总成本的变动规律与可变成本相同。我们可用图 6-1 来说明这三种成本的关系。

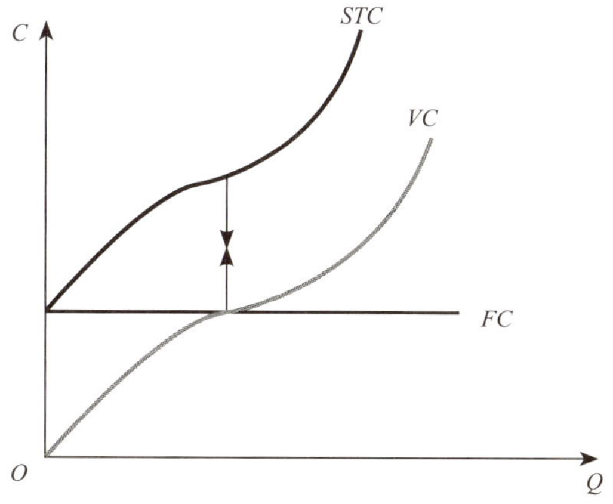

图 6-1　短期总成本、固定成本与可变成本的关系

在图 6-1 中，横轴代表产量，纵轴代表成本，*FC* 为固定成本曲线，它与横轴平行，表示不随产量的变动而变动，是一定值。*VC* 为可变成本曲线，它从原点出发，表示没有产量时就没有可变成本。该曲线向右上方倾斜，表示随产量的变动而同方向变动。特别应该注意的是，它最初比较陡峭，表示这时可变成本的增加率大于产量的增加率；然后较为平坦，表示可变成本的增加率小于产量的增加率；最后又比较陡峭，表示可变成本的增加率又大于产量的增加率。*STC* 为短期总成本曲线，它不从原点出发，而从固定成本出发，表示即使没有产量也不为零，总成本最小值等于固定成本。*STC* 向右上方倾斜，也表明总成本随产量的增加而增加，其形状与 *VC* 相同，说明总成本与可变成本变动规律相同。*STC* 与 *VC* 之间的距离也可以表示固定成本。

2. 短期平均成本、平均固定成本、平均可变成本

平均固定成本随着产量的增加而减少，这是因为固定成本总量不变，产量增加，分摊到每一单位上的固定成本就减少了。它的变动规律是：起初减少的幅度很大，以后减少的幅度越来越小。

平均可变成本的变动规律是：起初随着产量的增加，生产要素的效率逐渐得到发挥，因此平均可变成本减少；但产量增加到一定程度后，平均可变成本由于边际产量递减规律而增加。

短期平均成本的变动规律是由平均固定成本与平均可变成本的变动规律决定的。当产量增加时，平均固定成本迅速下降，加之平均可变成本也在下降，因此短期平均成本迅速下降。以后，随着平均固定成本越来越小，它在短期平均成本中也越来越不重要，这时短期平均成本随平均可变成本的变动而变动，即随产量的增加而下降；产量增加到一定程度之后，又随产量的增加而增加。

短期平均成本、平均固定成本与平均可变成本的关系，可以用图 6-2 来说明。

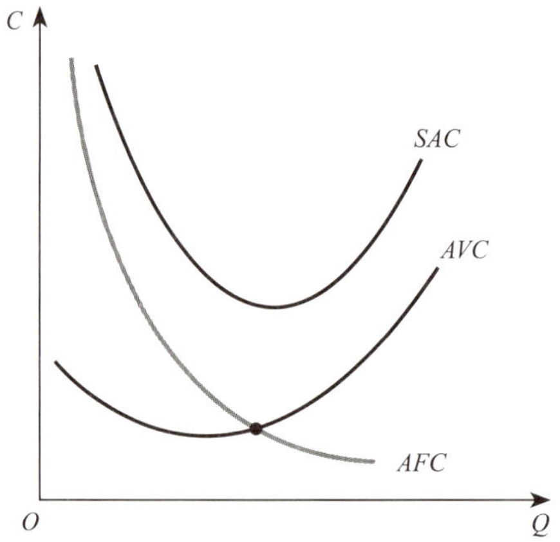

图 6-2 短期平均成本、平均固定成本与平均可变成本的关系

在图 6-2 中，*AFC* 为平均固定成本曲线，它起先比较陡峭，说明在产量开始增加时，它下降的幅度很大，以后越来越平坦，说明随着产量的增加，它下降的幅度越来越小。*AVC* 为平均可变成本曲线，它先下降而后上升，呈 U 形，表明随着产量增加先下降而后上升的变动规律。*SAC* 为短期平均成本曲线，它也是先下降而后上升的 U 形曲线，表明随着产量增加先下降而后上升的变动规律。但它开始时比平均可变成本曲线陡峭，说明下降的幅度比平均可变成本大，以后的形状与平均可变成本曲线基本相同，说明变动规律类似平均可变成本。

3. 短期边际成本与短期平均成本、平均可变成本的关系

短期边际成本，即增加一单位产品所增加的成本。短期边际成本的变动取决于可变成本，因为所增加的成本只是可变成本。短期边际成本的变动规律是：开始时，短期边际成本随产量的增加而减少，当产量增加到一定程度时，就随产量的增加而增加，因此，如图 6-3 所示，短期边际成本曲线 *SMC* 是一条先下降而后上升的 U 形曲线。

我们可以用图 6-3 来说明短期平均成本、平均可变成本与短期边际成本的关系。

先来看短期边际成本与短期平均成本的关系。从图 6-3 中可以看出，短期边际成本曲线 *SMC* 与短期平均成本曲线 *SAC* 相交于 *SAC* 的最低点 *N*。在 *N* 点，*SMC* = *SAC*，即短期边际成本等于短期平均成本。在 *N* 点之左，*SAC* 在 *SMC* 之上，*SAC* 一直递减，*SAC* > *SMC*，即短期边际成本小于短期平均成本。在 *N* 点之右，*SAC* 在 *SMC* 之下，*SAC* 一直递增，*SAC* < *SMC*，即短期边际成本大于短期平均成本。

SMC 与 *SAC* 相交的 *N* 点称为收支相抵点。这时价格为短期平均成本，短期平均成本等于短期边际成本，即 *P*=*SMC*=*SAC*，生产者的成本（包括正常利润在内）与收益相等。

短期边际成本与平均可变成本的关系及其与短期平均成本的关系相同。这就是说，*SMC* 与 *AVC* 相交于 *AVC* 的最低点 *M*。在 *M* 点，*SMC*=*AVC*，即短期边际成本等于平均可变成本。在 *M* 点之左，*AVC* 在 *SMC* 之上，*AVC* 一直递减，*AVC* > *SMC*，即短期边际成本

小于平均可变成本。在 M 点之右，AVC 在 SMC 之下，AVC 一直递增，$AVC < SMC$，即短期边际成本大于平均可变成本。M 点称为停止营业点，即在这一点，价格只能弥补平均可变成本，这时所损失的是不生产也要支付的平均固定成本。如果低于这一点，价格不能弥补平均可变成本，则生产者无论如何也不生产了。

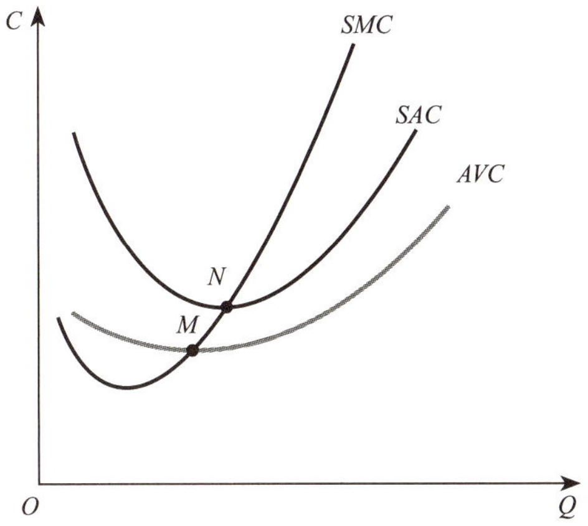

图 6-3 短期平均成本、平均可变成本与短期边际成本的关系

参考资料

平均成本与边际成本关系的数学证明

我们可以用数学方法证明平均成本与边际成本之间的关系。

SAC 曲线最低点的必要条件为：

$$\frac{\mathrm{d}(SAC)}{\mathrm{d}Q}=\frac{\mathrm{d}\left(\frac{STC}{Q}\right)}{\mathrm{d}Q}=\frac{1}{Q^2}\left[Q\cdot\frac{\mathrm{d}(STC)}{\mathrm{d}Q}-STC\cdot\frac{\mathrm{d}Q}{\mathrm{d}Q}\right]=0$$

由于 $Q\neq 0$，所以

$$Q\cdot\frac{\mathrm{d}(STC)}{\mathrm{d}Q}-STC=0$$

这就是说

$$\frac{\mathrm{d}(STC)}{\mathrm{d}Q}=\frac{STC}{Q}$$

或者

$$SMC=SAC$$

SAC 曲线最低点的充分条件是：

当 Q 小于对应于 SAC 最低点的 Q 时，

$$\frac{d(SAC)}{dQ} < 0$$

所以

$$SMC - SAC < 0$$

或者

$$SMC < SAC$$

当 Q 大于对应于 SAC 最低点的 Q 时，

$$\frac{d(SAC)}{dQ} > 0$$

所以

$$SMC - SAC > 0$$

或者

$$SMC > SAC$$

充分条件的含义是，SMC 必须从下面和 SAC 相交于 SAC 的最低点，然后处于 SAC 之上。

案例研究

门庭冷落的保龄球馆为什么不停业

在现实中，我们经常会看到一些保龄球馆门庭冷落，但仍然在营业。这时打保龄球的价格相当低，甚至低于成本价，球馆为什么这样做呢？对企业短期成本的分析有助于解释这一现象，同时也可以说明短期成本分析对企业短期经营决策的意义。

短期中，保龄球馆经营的成本包括固定成本与可变成本。保龄球馆的场地、设备、管理人员是短期中无法改变的固定投入，用于场地租金、设备折旧和管理人员工资的支出是固定成本。固定成本已经支出，无法收回，称为沉没成本。保龄球馆营业所支出的各种费用是可变成本，如电费、服务员的工资等。

> 在这里“沉没”的含义是已支出、不可收回。如果固定成本仍可改作他用，固定成本就不是沉没成本。所以，固定成本与沉没成本并不是在任何条件下都相等的。

如果不营业，这种成本就不存在；营业量增加，这种成本增加。由于固定成本已经支出且无法收回，所以，保龄球馆在决定短期是否营业时，考虑的是可变成本。

假设每场保龄球的平均成本为 20 元，其中固定成本为 15 元，可变成本为 5 元。当每场保龄球价格为 20 元以上时，收益大于平均成本，经营当然有利。当价格为 20 元时，收益等于成本，此点称为收支相抵点，球馆仍然可以营业。当价格低于 20 元时，收益小于成本。乍一看，保龄球馆应该停止营业。但当我们知道短期中的成本有不可收回的固定成本和可变成本时，决策就不同了。

假设现在每场保龄球价格为 10 元，球场是否应该营业呢？可变成本为 5 元，当价格为 10 元时，在弥补可变成本 5 元之后，仍可剩下 5 元，这 5 元可用于弥补固定成本。固定成本 15 元是无论经营与否都要支出的，能弥补 5 元，当然比一点也弥补不了好。因此，这时球馆仍然要坚持营业。这时企业考虑的不是利润最大化，而是损失最小化——能弥补多少固定成本。

当价格下降到与可变成本相等的 5 元时，保龄球馆经营与不经营是一样的。经营正好弥补可变成本，不经营这笔可变成本不用支出。价格等于平均可变成本之点称为停止营业点。意思是在这一点时，经营与不经营是一样的。在这一点之上，只要价格高于平均可变成本，球馆就会营业；在这一点之下，价格低于平均可变成本，球场无论如何不能营业。

门庭冷落的保龄球馆仍在营业，说明这时价格仍高于平均可变成本，这就是保龄球馆不停业的原因。

有许多行业是固定成本高而可变成本低的，如旅游业、餐饮业等。所以，在现实中这些行业的价格可以降得相当低，但这种低价格实际上仍然高于平均可变成本。因此，营业仍然比不营业有利——至少可以弥补部分固定成本，实现损失最小化。

第三节 长期成本分析

长期中，一切投入都是可变的，所以，没有固定成本与可变成本之分。现在我们分析长期总成本、长期平均成本与长期边际成本。

一、长期总成本

长期总成本是长期中生产一定量产品所需要的成本总和。长期总成本随产量的变动而变动。没有产量时就没有总成本。随着产量的增加，总成本增加。在开始生产时，企业要投入大量生产要素，而产量少时，这些生产要素无法得到充分利用，因此，成本增加的比率大于产量增加的比率。当产量增加到一定程度后，生产要素开始得到充分利用，这时成本增加的比率小于产量增加的比率，这也是规模经济的效益。最后，由于规模收益递减，成本增加的比率又大于产量增加的比率。我们可用图 6-4 来说明长期总成本的变动规律。

在图 6-4 中，*LTC* 为长期总成本曲线，该曲线从原点出发，向右上方倾斜，表示长期总成本随产量的增加而增加。产量在 $O \sim Q_1$ 时，长期总成本曲线比较陡峭，说明成本增加的比率大于产量增加的比率；产量在 $Q_1 \sim Q_2$ 时，长期总成本曲线比较平坦，说明成本增加的比率小于产量增加的比率；产量在 Q_2 以后，长期总成本曲线比较陡峭，说明成本增加的比率又大于产量增加的比率。

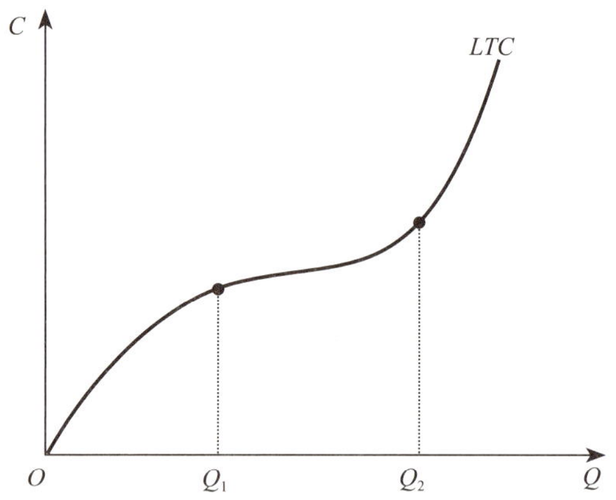

图 6-4　长期总成本曲线

二、长期平均成本

长期平均成本是长期中平均每单位产品的成本。

（一）长期平均成本曲线的构成

长期中，企业可以根据短期平均成本来调整长期平均成本。因此我们就可以用短期平均成本曲线来推导长期平均成本曲线。我们可用图 6-5 来说明。

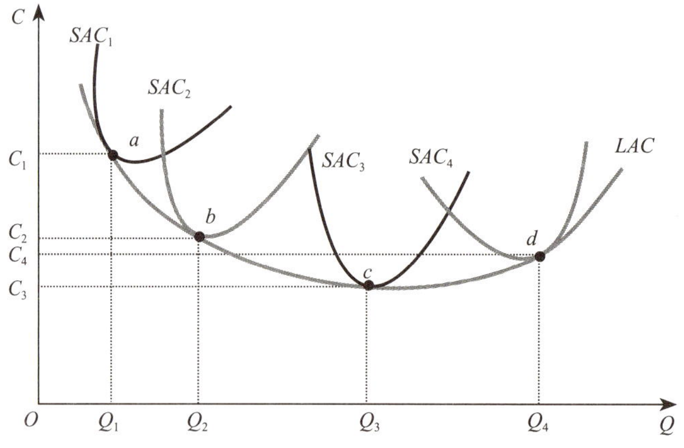

图 6-5　长期平均成本曲线

假设某生产者短期中有四种不同的生产规模可供选择。这四种规模的短期平均成本曲线是图 6-5 中的 SAC_1、SAC_2、SAC_3、SAC_4。

长期平均成本曲线把各条短期平均成本曲线包在其中，因此，长期平均成本曲线又称包络曲线。各条短期平均成本曲线与长期平均成本曲线都各有一个切点。在长期平均成本曲线与短期平均成本曲线 SAC_3 相切于点 c。在此之左，SAC_1、SAC_2 于最低点左边的一点（a 和 b）与长期平均成本曲线相切。在此之右，SAC_4 于最低点右边的一点（d）与长期平均成本曲线相切。长期中，生产者按这条曲线制订生产计划，确定生产规模。因此，这条长期平均成本曲线又称为计划曲线。

注意不能是各短期平均成本都与长期平均成本曲线于最低点相切。在长期平均成本曲线最低点之左，各条短期平均成本曲线于最低点左边的某一点与长期平均成本曲线相切。在长期平均成本曲线最低点之右，各条短期平均成本曲线于最低点右边的某一点与长期平均成本曲线相切。只有在长期平均成本曲线的最低点，短期平均成本曲线才会与其相切于最低点。

（二）长期平均成本曲线的特征

从图 6-5 中可以看出，长期平均成本曲线 LAC 也是一条先下降而后上升的 U 形曲线。这就说明，长期平均成本变动的规律也是随着产量增加先减少而后增加的。这也是由于随着产量的增加，规模收益递增，平均成本减少；之后，随着产量的增加，规模收益递减，平均成本增加。这与短期平均成本相同。

但长期平均成本曲线与短期平均成本曲线也有区别，这就在于长期平均成本曲线无论是在下降还是在上升时都比较平坦，说明长期中平均成本无论减少还是增加变动都较慢。这是由于长期中全部生产要素可以随时调整，从规模收益递增到规模收益递减有一个较长的规模收益不变阶段。而短期中，规模收益不变阶段很短，甚至没有。

（三）不同行业的长期平均成本

以上对长期平均成本的讨论都假设生产要素的价格是不变的。如果考虑到生产要素价格的变动，则各行业长期平均成本变动的特点又有所不同。我们一般可以根据长期平均成本的变动情况把不同的行业分为三种情况：成本不变的行业、成本递增的行业、成本递减的行业。

1. 成本不变的行业

这种行业中各个企业的长期平均成本不受整个行业产量变化的影响，无论产量如何变化，长期平均成本都是基本不变的。这种行业就是成本不变的行业。

这种行业称为规模经济不变行业。

这种行业成本不变的原因主要有两个：第一，这一行业在国民经济中所占的比重很小，也就是说，与其他行业相比，它的规模是非常小的。这样，它所需要的生产要素在全部生产要素中所占比例也很小，从而它的产量变化不会对生产要素的价格产生影响。因此，这一行业中各企业的长期平均成本也就不会由于这一行业产量的变动而变动了。第二，这一行业所使用的生产要素的种类与数量与其他行业呈反方向变动。例如，其他行业都在增加对资本的使用，减少对劳动的使用，而某一行业却反其道而行之，减少对资本的使用，增加对劳动的使用。这样，它的产量变动也就不会引起生产要素价格的变动，从而保持长期平均成本不变。具有成本不变特点的行业并不多见，一般是一些小商品生产行业或特殊行业。

2. 成本递增的行业

这种行业中各个企业的长期平均成本随整个行业产量的增加而增加。这种情况在经济中属于普遍的情况。

这种行业成本递增的原因是：生产要素是有限的，所以整个行业产量的增加就会使生产要素价格上升，从而引起各企业长期平均成本的增加。这也就是前面所说的，由于外部因素，一个行业产量的扩大给一个企业所带来的外在不经济。这种情况在以自然资源为主要生产要素的行业，如农业、渔业、矿业中更为突出。

> 这种行业称为规模收益递减行业。

3. 成本递减的行业

这种行业中各个企业的长期平均成本随整个行业产量的增加而减少。这也就是前面所说的规模经济中的外在经济。

这种行业成本递减的原因在于：外在经济对这种行业特别重要。例如，在同一地区建立若干汽车制造厂，各企业就会由于在交通、辅助服务等方面的节约而产生成本递减。但特别应该指出的是，这种成本递减的现象只是在一定时期内存在。长期中，外在经济必然会变为外在不经济。因此，一个行业内的成本递减无法长期维持下去。

> 这种行业称为规模收益递增行业。
> 注意成本递减与收益递增、成本递增与收益递减实际上是同一类事情的不同说法。

三、长期边际成本

长期边际成本是长期中增加一单位产品所增加的成本。长期边际成本也是随着产量的增加先减少而后增加的。因此，长期边际成本曲线也是一条先下降而后上升的 U 形曲线，但它也比短期边际成本曲线平坦。

长期边际成本与长期平均成本的关系和短期边际成本与短期平均成本的关系一样，即在长期平均成本下降时，长期边际成本小于长期平均成本；在长期平均成本上升时，长期边际成本大于长期平均成本；在长期平均成本的最低点，长期边际成本等于长期平均成本。这一点可用图 6-6 来说明。

在图 6-6 中，*LMC* 为长期边际成本曲线，与长期平均成本曲线 *LAC* 相交于 *LAC* 的最低点。两条曲线相交之前，*LAC* 在 *LMC* 之上，说明长期边际成本小于长期平均成本；两条曲线相交之后，*LAC* 在 *LMC* 之下，说明长期边际成本大于长期平均成本。

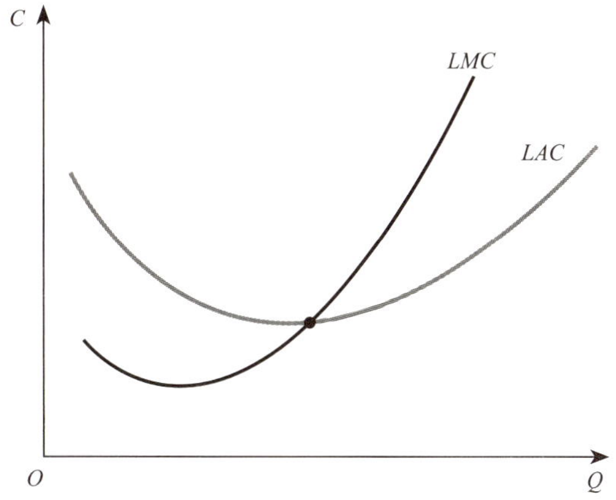

图 6-6 长期边际成本与长期平均成本的关系

案例研究

王永庆与台塑的成功

长期平均成本曲线表明了长期中平均成本随产量变动的规律。从这条 U 形曲线我们可以看出，只有产量增加到一定量时才能实现平均成本最低。平均成本最低才能使企业实现经济效率。因此，企业平均成本最低时的产量就是企业的适度规模。企业只有根据这一原则确定产量才能成功。著名企业家王永庆经营台塑的经验证明了这一点。

台塑是王永庆成功经营的第一个大企业，这个企业生产聚氯乙烯（PVC）塑胶粉。开始时，该企业月产量规模仅为 100 吨，尽管产量低，但仍供大于求，我国台湾地区的需求仅为每月 20 吨。产量低，平均成本无法实现最低，价格降不下来，台湾地区仅有的 20 吨市场需求也被日本产品占领。如果扩大产量，产品销路又成问题。王永庆处于两难处境。这时台塑的股东纷纷要求退股，王永庆毅然卖掉自己的大部分企业，买断了台塑的产权，独自经营台塑。

王永庆知道，企业困难的关键在于产量上不去，平均成本降不下来。如果只考虑需求，减少产量，平均成本更高，产品更缺乏市场竞争力。因此，扩大产量使平均成本降到最低是反败为胜的关键。于是，他决定把产量扩大到月产 1 200 吨。这时平均成本最低，而且，由于台湾地区是当时世界烧碱的主要生产基地之一，烧碱生产中被弃之不用的氯气可用于生产PVC。这样，在实现了最低成本时，其货币成本还低于世界其他国家和地区的水平。有了这种优势，台塑的产品就可以打入世界市场。结果王永庆成功了。

王永庆的成功，说明在确定企业规模时一定要达到平均成本最低的产量，即实现规模经济。其实，我国一些行业的产品之所以价格高就在于企业规模小，没有实现平均成本最低时的产量。

第四节 收益与利润最大化

经济效率是成本与收益之间的关系。因此，我们在分析了成本之后，就要分析收益，并在此基础上确定利润最大化原则。

一、总收益、平均收益与边际收益

收益是指企业卖出产品得到的全部收入，即价格与销售量的乘积。收益中既包括成本，又包括利润。

收益可以分为总收益、平均收益和边际收益。**总收益是企业销售一定量产品所得到的全部收入。平均收益是企业销售每一单位产品平均所得到的收入。边际收益是指企业每增加销售一单位产品所增加的收入。**

以 TR 代表总收益，AR 代表平均收益，MR 代表边际收益，Q 代表销售量，ΔQ 代表增加的销售量，则总收益、平均收益和边际收益的关系为：

$$TR = AR \cdot Q$$

$$AR = \frac{TR}{Q}$$

$$MR = \frac{\Delta TR}{\Delta Q}$$

> 请回忆第五章中关于总产量、边际产量、平均产量关系的分析。

在理解收益的概念时要注意这样几个问题。

第一，正如我们再三强调的，收益并不等于利润，不是出售产品所赚到的钱，而是出售产品所得到的钱。所得到的钱中，既有用于购买各种生产要素等而支出的成本，也有除去成本后所余下的利润。还要强调的是，用于企业家才能的成本是正常利润。按经济学家的分析，正常利润是成本的一种。

第二，收益与产量的关系。收益是产量与价格的乘积。所以，如果不考虑价格因素，收益就是产量。

以 P 代表价格，则总收益（TR）与总产量（TP）、平均收益（AR）与平均产量（AP）、边际收益（MR）与边际产量（MP）之间的关系应该是：

$$TP \cdot P = TR$$

$$AP \cdot P = AR$$

$$MP \cdot P = MR$$

如果不考虑价格因素，收益与产量是相等的。因此，总收益、平均收益、边际收益的变动规律与曲线形状和第五章中所介绍的总产量、平均产量、边际产量的变动规律与曲线形状是相同的。

第三，在不同的市场结构中，收益变动的规律并不完全相同，边际收益曲线与平均收益曲线的形状也并不相同。这一点下一章中还要涉及。

二、利润最大化原则

在经济分析中，利润最大化原则是边际收益等于边际成本。

为什么边际收益等于边际成本时能实现利润最大化呢？

如果边际收益大于边际成本，表明企业每多生产一单位产品所增加的收益大于生产这一单位产品所增加的成本。这时，对企业来说，还有潜在的利润没有得到，企业增加生产是有利的，也就是说没有达到利润最大化。

如果边际收益小于边际成本，表明企业每多生产一单位产品所增加的收益小于生产这一单位产品所增加的成本。这对企业来说就会造成亏损，更谈不上利润最大化了，因此企业必然要减少产量。

无论是边际收益大于边际成本还是小于边际成本，企业都要调整其产量，说明这两种情况下都没有实现利润最大化。只有边际收益等于边际成本时，企业才不会调整产量，表明已赚到了该赚的利润，即实现了利润最大化。企业对于利润的追求要受到市场条件的限制，不可能实现无限大的利润。这样，利润最大化的条件就是边际收益等于边际成本。企业要根据这一原则来确定自己的产量。

参考资料

利润最大化原则的数学证明

经济学原理可以用数学工具来证明。这里我们用高等数学来证明利润最大化原则。

设企业利润 π 是产量 Q 的函数，而且，利润是总收益与总成本的差额。总收益函数为 $R(Q)$，总成本函数为 $C(Q)$，则有：

$$\pi = R(Q) - C(Q) \tag{6-1}$$

企业获得最大利润的必要条件是：

$$\frac{\mathrm{d}\pi}{\mathrm{d}Q} = 0 \tag{6-2}$$

即

$$\frac{\mathrm{d}R}{\mathrm{d}Q} = \frac{\mathrm{d}C}{\mathrm{d}Q} \tag{6-3}$$

$\frac{\mathrm{d}R}{\mathrm{d}Q}$为边际收益，$\frac{\mathrm{d}C}{\mathrm{d}Q}$为边际成本，所以上式亦可写为：

$$MR = MC$$

企业获得最大利润的充分条件为：

$$\frac{\mathrm{d}^2\pi}{\mathrm{d}Q^2} < 0$$

即

$$\frac{\mathrm{d}^2R}{\mathrm{d}Q^2} < \frac{\mathrm{d}^2C}{\mathrm{d}Q^2}$$

或者

$$\frac{\mathrm{d}MR}{\mathrm{d}Q} < \frac{\mathrm{d}MC}{\mathrm{d}Q}$$

由式（6-3）决定的产量 Q_E 称为企业的均衡产量。将 Q_E 代入企业的需求函数，可以得出企业的均衡价格为：

$$P_E = P(Q_E)$$

关键概念

会计成本	经济成本	会计利润	经济利润
短期成本	长期成本	短期总成本	固定成本
可变成本	短期平均成本	平均固定成本	平均可变成本
短期边际成本	停止营业点	长期总成本	长期平均成本

包络曲线	成本不变的行业	成本递增的行业	成本递减的行业
长期边际成本	总收益	平均收益	边际收益

内容提要

- 经济效率涉及成本与收益的关系。当成本既定，收益最大时，或收益既定，成本最小时，就实现了经济效率。
- 成本分为会计成本与机会成本，会计成本与机会成本之和称为经济成本。总收益减会计成本是会计利润。总收益减经济成本是经济利润。利润最大化是指经济利润最大化。
- 短期成本包括固定成本和可变成本。总成本为固定成本和可变成本之和。平均成本为平均固定成本与平均可变成本之和。
- 短期中平均成本与边际成本之间的关系是：当平均成本大于边际成本时，平均成本递减；当平均成本小于边际成本时，平均成本递增；当平均成本等于边际成本时，平均成本最低。
- 短期中企业的停止营业点是平均可变成本与价格相等之点。在这一点之上，只要平均可变成本低于价格，企业就可以经营。在这一点之下，只要平均可变成本高于价格，企业就停业。
- 长期中，一切成本都是可变的。成本分为总成本、平均成本和边际成本。
- 长期中，平均成本先随产量增加而递减，当平均成本达到最低后又随产量增加而递增。平均成本最低时的产量是企业的适度规模。
- 收益包括总收益、平均收益与边际收益。当企业的产量实现了边际收益等于边际成本时，企业就实现了利润最大化。

思考题

1. 下面是一个企业的成本，请指出哪些项是会计成本，哪些项是机会成本，并说明为什么。

（1）企业支付的原材料费用共 10 万元。

（2）企业使用自己拥有的厂房，如这个厂房出租可获租金 20 万元。

（3）企业投资 100 万元，其中向银行借贷 50 万元，自筹资金 50 万元，利率为 5%。

（4）企业自主开发一项新技术。企业为这项技术开发支出 50 万元。如果委托科研机构开发需支付 100 万元。

（5）企业支付税金 10 万元。

（6）企业所有者兼总经理不给自己开工资。如果他把企业交给别人管理，自己外出工作，每年可获工资 10 万元。

2. "从事某项活动的机会成本是指从事这项活动实际支出的成本与得到的收益之间的差额。"这个说法对吗？为什么？

3. 某企业投资 100 万元建了一条新生产线。如果不建这条生产线，这 100 万元有三种用途，分别有三种不同收益。说明该企业建这条生产线的机会成本是多少。

（1）用于建职工宿舍，每年可收房租 5 万元。

（2）把这笔资金借给一家企业，每年可获利息 10 万元。

（3）用于建立一个销售网，每年可以增加收益 15 万元。

4. 用图形说明平均成本与边际成本的关系。

5. 某地饭店业竞争激烈，三星级饭店的标间价格曾降至每天 80 元。这种降价合理吗？为什么？政府应不应该规定价格下限，以防止恶性竞争？

6. 用长期平均成本曲线解释规模经济的原因。

7. 表 6–2 是某企业的产量、边际成本、边际收益的情况。

表 6–2　某企业产品情况

边际成本 / 元	产量 / 个	边际收益 / 元
2	2	10
4	4	8
6	6	6
8	8	4
10	10	2

这个企业实现利润最大化的产量是多少？为什么？

8. "企业的产量越大，利润越大，越能实现利润最大化。"这句话对吗？为什么？

第七章 CHAPTER 7

厂商均衡理论

一个小农场和一个大汽车制造厂所面临的市场是不同的。在农产品市场上，一个小农场面临和其他无数小农场的激烈竞争；而一个大汽车制造厂则面临和它相似的几个汽车制造厂的竞争。每个企业都面临不同的市场，不同市场上的企业都要决定应该如何确定自己的产量与价格，以便实现利润最大化。这就是企业的竞争策略。厂商就是企业，厂商均衡理论则是要解决这一问题。

重点掌握

◎ 四种市场结构的特征

◎ 完全竞争市场上的短期均衡与长期均衡

◎ 垄断市场上的歧视价格

◎ 垄断竞争市场上的产品差别竞争

一般掌握

◎ 划分市场结构的标准

◎ 寡头市场的特征

◎ 垄断市场上的单一定价

◎ 各种市场结构价格与产量决定的比较

一般了解

◎ 市场结构与企业行为的关系

◎ 围绕垄断的争论

第一节　市场结构

在分析市场结构时，市场就是指行业，一个行业就是一个市场。例如，汽车行业就是汽车市场，餐饮行业就是餐饮市场。市场结构是指市场的垄断与竞争程度。不同的企业处于不同的市场，其竞争目标与手段都不同。所以，市场结构对企业竞争战略影响重大。要了解市场结构，首先应该了解划分市场结构的标准。

在管理经济学中这一部分也可以被称为“市场结构与企业行为”。

一、划分市场结构的标准

各个市场的竞争与垄断程度不同，形成了不同的市场结构。我们可以根据三个标准来划分市场结构。

1. 行业的市场集中程度

市场集中程度指大企业在市场上的控制程度，用市场占有份额来表示。一个行业，企业规模越大，企业的数量越少，大企业的市场占有份额越大，这些企业对市场的控制程度越高，即市场集中程度越高，这个市场的垄断程度就越高；反之，一个行业，企业规模越小，企业的数量越多，即使找出几个较大的企业，市场占有份额也不大，这些企业对市场的控制程度低，即市场集中程度低，这个市场的竞争程度就高。

我们一般用两种标准来判断一个市场的集中程度。

一是四家集中率，即某一市场中最大的四家企业在整个市场销售额中所占的比例。如果用 R 代表四家集中率，T 代表整个市场的销售额，A_1、A_2、A_3、A_4 分别代表这个市场上销售额占比在前四位的企业的销售额，则四家集中率的计算公式可写为：

$$R=\frac{A_1+A_2+A_3+A_4}{T}$$

亦可以计算三家集中率、五家集中率或其他若干家集中率，但最常用的是四家集中率。其他集中率的计算方法可以依此类推。

假设 T 为 1 000 亿元，A_1 为 200 亿元，A_2 为 160 亿元，A_3 为 140 亿元，A_4 为 100 亿元，则这个行业的四家集中率就是：

$$R=\frac{200+160+140+100}{1\ 000}=60\%$$

这就是说，这个市场的四家集中率为 60%。

二是赫芬达尔—赫希曼指数（*HHI*）。这个指数是计算某一市场上 50 家最大企业（如果少于 50 家企业就是所有企业）每家企业市场占有份额（取百分数的数字）的平方之和。如果用 S_i 表示第 i 家企业的市场占有份额，则这一指数的计算公式是：

$$HHI = \sum_{i=1,2,\cdots,50} S_i^2 = S_1^2 + S_2^2 + \cdots + S_{50}^2$$

假设某个市场上 $S_1 = 10$，$S_2 = 9$，$S_3 = 8.5$，…，$S_{50} = 0.1$，则有：

$$HHI = 10^2 + 9^2 + 8.5^2 + \cdots + 0.1^2$$

显然，赫芬达尔—赫希曼指数越大，表示市场集中程度越高，垄断程度就越高。

2. 行业的进入限制

一个行业的进入门槛越低，即进入限制越低，企业越容易进入，从而竞争程度越高；反之，一个行业的进入门槛越高，即进入限制越高，企业进入越困难，从而垄断程度越高。

进入限制来自自然原因和立法原因。自然原因指资源控制与规模经济。如果某个企业控制了某个行业的关键资源，其他企业得不到这种资源，就无法进入该行业。例如，南非德比尔斯公司控制了全世界钻石资源的 80%，其他企业就很难进入钻石行业。在一些行业，规模经济特别重要，只有产量极大，平均成本才能最低。这些行业的企业规模很大，只要有几个这样的企业就可以满足整个市场的需求。其他企业要进入这个行业很不容易，从而进入限制高。例如，自来水行业只有一家企业时，平均成本才能最低，其他企业就无法进入。再如汽车行业，只要有几家大企业就可以满足市场需求，其他企业难以进入并与之竞争。

> 进入限制是指企业进入或退出一个行业的难易程度。进入与退出的难易是对称的（难进入，也难退出；易进入，也易退出），所以一般讲进入限制。

立法原因是指法律限制进入某些行业。这种立法限制主要采取三种形式：一是特许经营。政府通过立法把某个行业的经营权交给某个企业，其他企业不得从事这个行业的经营。例如，一些国家的邮政由国家邮政局独家特许经营；20 世纪 80 年代前美国电话电报公司独家经营美国电信业。二是许可证制度。有一些行业由政府发放许可证，没有许可证不得进入，这就增加了进入的难度。例如，在一些城市，开出租车要有许可证；在许多国家，当医生要有行医执照，这些都使进入行业存在一定的难度。三是专利制。专利是给予某种产品在一定时期内的排他性垄断权，其他企业不得从事这种产品的生产，因而无法进入该行业。

3. 产品差别

产品差别是同一种产品在质量、品牌、形式、包装等方面的差别。一种产品不仅要满足人们的实际需要，还要满足人们的心理需要。每个人由于收入水平、社会地位、受教育程度、宗教信仰、历史传统不同，偏好也不同。人们对同一种产品的细微差别都有一定要求。例如，同样是西装，收入高的人要求穿名牌西装，以显示自己的社会身份，他们愿意为此付出较高的价格。产品差别正是为了满足消费者的不同偏好。每种有差别的产品都以自己的某些特色吸引消费者。这样，有特色的产品就在喜爱这一特色的消费者中形成了自己的垄断地位。正是在这个意义上，经济学家认为，产品差别引起垄断，产品差别越大，垄断程度越高。

产品差别引起垄断，所以，产品差别越大的市场，垄断程度越高；产品差别越小的市场，竞争程度越高。这正是产品差别对划分市场结构的意义。

我们综合这三个标准来判断一个市场的垄断与竞争程度，从而确定其市场结构。

二、市场结构类型

根据上述标准，我们可以把市场结构分为四种类型。我们用表 7-1 来概括市场结构的类型。

表 7-1　市场结构类型

市场结构类型	市场集中程度	进入限制	产品差别	举例
完全竞争市场	零	无	无	农产品
垄断竞争市场	零	无	有	餐饮
寡头市场	高（四家集中率在 60% 以上，赫芬达尔—赫希曼指数在 1 800 以上）	高	有	汽车
			无	钢铁
垄断市场	最高（一家集中率达 100%，赫芬达尔—赫希曼指数为 1 万）	不可能进入	特殊产品	自来水

完全竞争市场是一种竞争不受任何阻碍和干扰的市场结构，这种市场结构没有垄断。形成这种市场结构的条件是企业数量多，而且每家企业规模都小（这种行业的特点是小规模为适度规模），从而市场集中率低，没有什么大企业能控制市场。价格由整个市场的供求决定，每家企业都不能通过改变自己的产量而影响市场价格。进入无限制和产品无差别使这种市场上不会出现垄断。因为进入有限制，原有企业就可以形成垄断，产品差别是产生垄断的重要条件之一。在现实中，农产品市场与这些条件相近，是完全竞争市场的典型。

垄断竞争市场是既有垄断又有竞争，垄断与竞争相结合的市场结构。这种市场结构与完全竞争市场的相同之处是市场集中程度低，而且进入无限制。但关键差别是完全竞争产品无差别，而垄断竞争产品有差别。产品有差别就会引起垄断，即有差别的产品会在喜爱这种差别的消费者

> 垄断竞争市场形成的关键是产品差别的存在。

中形成自己的垄断地位。但各种有差别的产品又是同一种产品，相互之间有相当强的替代性，从而仍存在竞争。企业规模小和进入无限制也保证了这个市场上竞争的存在。现实中垄断竞争这种市场结构广泛存在，餐饮业市场就是一个例子。

寡头市场形成的关键是规模经济。

寡头市场是只有几家大企业的市场结构。这种市场结构的行业特点是规模大才能实现最低成本。换言之，形成这种市场结构的关键是规模经济。由于要实现规模经济，每家企业的规模都很大，大企业在市场上集中程度高，对市场控制力强，可以通过变动产量影响价格。而且，由于这种市场上每家企业的规模都很大，其他企业就难以进入。已进入这个市场的几家企业形成几个寡头。在这种市场上，垄断程度高，但由于不是一家垄断，所以，在几个寡头之间仍存在激烈竞争。产品差别这一特征对形成寡头并不重要。有些寡头市场，如汽车、电视机等行业，产品是有差别的。有些寡头市场，如钢铁、石油等行业，产品是无差别的。无论产品是否有差别，只要规模经济占据重要位置，就会形成寡头市场。

垄断市场形成的关键是进入限制。

垄断市场是只有一家企业控制整个市场供给的市场结构。形成垄断的关键条件是进入限制，即任何其他企业无法进入这个市场。这种限制可以来自自然原因。例如，在这个行业只有一家企业才能实现平均成本最低，或者说该企业垄断了这个行业的关键资源。这种垄断称为自然垄断。进入限制也可以来自立法原因。例如，特许专营或者专利权就会形成进入限制。这种垄断称为立法垄断。形成垄断的另一个条件是没有相近的替代品，如果有替代品，则有替代品与之竞争。例如，当铁路、民航和汽车长途运输之间有替代性时，这些部门就难以真正形成垄断。

这四种市场结构类型是基本类型，还有些介于两种市场结构之间。因此，我们要根据划分市场结构的三条标准和具体情况来确定不同企业所处的市场结构类型。

三、市场结构与企业行为的关系

企业行为是指企业以利润最大化为目标来确定自己的价格与产量。处于不同市场结构的企业，在确定自己的价格、产量以及竞争目标时，会制定不同的具体目标，并采用不同的手段。

不同的市场结构类型决定着企业的不同竞争目标。我们说过，企业目标是利润最大化，但在不同市场上，利润最大化的形式并不相同。在完全竞争市场，竞争的最终结果是价格等于平均成本。单个企业由于规模太小，不能通过改变自己的产量来影响市场价格，而且，由于企业数量多，也不可能形成勾结，所以，企业只能在市场价格既定的条件下决定产量和进入或退出。从全行业来看，利润最大化时经济利润为零。价格与平均成本相等时，平均成本是整个行业的平均成本。如果一家企业效率高，成本低于行业平均成本，则市场价格等于行业平均成本时，该企业就可以获得利润。因此，实现利润最大化就在于提高企业的内部效率，降低成本。

在垄断竞争市场上，企业可以通过自己的产品差别形成垄断地位，从而确定高价格，实现利润最大化。在寡头市场上，如果产品无差别，寡头之间激烈的竞争使整个行业的价格下降，这时这些行业成为微利行业，企业只能通过大量生产来实现利润最大化。而在垄断市场上，企业可以根据市场需求，通过高价少销实现利润最大化，也可以通过低价多销实现利润最大化。垄断企业是市场价格的决定者，可以在这两种目标中任选其一。

处于不同市场结构的企业所用的竞争手段也不同：在垄断竞争市场上，竞争的重要手段是创造产品差别，使自己的产品不同于其他同类产品；在寡头市场上，价格竞争十分重要；在垄断市场上，关键在于如何定价。企业在不同的市场结构中运用不同的手段才能获得成功。

厂商均衡理论分析了不同的市场结构，是企业进行成功的营销策划和确定竞争战略的理论基础。在经济学中，厂商均衡理论是相当复杂的，包括分析整个行业产量与价格决定的集体均衡，以及分析个别企业产量与价格决定的单个均衡。本章主要介绍单个均衡。

案例研究

德比尔斯公司为什么做广告

我们根据三条标准把市场结构分为四种类型。正如我们所指出的，这仅仅是基本市场结构类型。在现实中，有的市场介于两种市场结构之间，有的市场即使属于某种市场结构，也有相当大的差异。企业在根据市场结构决定自己的竞争战略时要特别注意这种特殊性。我们用德比尔斯公司的例子来说明这一点。

德比尔斯公司控制了全世界钻石资源的80%以上（其他不足20%，分散于斯里兰卡和俄罗斯，形不成规模）。凭借这种资源优势，该公司成为世界钻石市场的垄断者。我们知道，垄断者成功的关键在于寻找一种正确的定价原则。由于该市场上只有一家大企业，该企业不用做广告，即不用通过广告来介绍和创造自己的产品特色。但德比尔斯公司每年都要斥巨资在各国做广告，它的广告词“钻石恒久远，一颗永流传”已经家喻户晓。作为垄断者的德比尔斯公司为什么还要做广告呢？

我们说过，形成垄断的条件：一是进入限制，即其他企业无法进入该行业；二是没有相近替代品。如果没有第一个条件就不能形成垄断，但没有第二个条件，垄断只是一种无保障的垄断——垄断地位随时可以被替代品打破。钻石的替代品是其他类型的宝石，作为装饰品，钻石与其他类型的宝石有相当大的替代性。如果其他类型的宝石可以替代钻石，德比尔斯公司的垄断地位就会被打破。

那么，其他类型的宝石能否替代钻石呢？这就取决于消费者的偏好。如果消费者认为，钻石和其他类型的宝石作为装饰品是相同的，钻石和其他类型的宝石就可以相互替代。这时，德比尔斯公司的垄断地位就不存在了。在装饰品市场上，德比尔斯公司只是一个寡头，要与其他经营宝石的公司进行竞争。如果消费者认为，钻石和其他类型的宝石不能相互替代，德比尔斯公司就可以保持其垄断地位，无保障的垄断就能成为有保障的垄断。

影响消费者偏好的重要因素正是广告。消费者容易受广告的影响形成自己的偏好。无论广告说的是对还是不对，狂轰滥炸、持之以恒的广告还是能左右部分消费者的偏好的。德比尔斯公司做广告的目的正是让消费者认识到，其他类型的宝石不能替代钻石——因为只有钻石才有"永恒"的含义，人们追求婚姻的完满，始终认为只有送钻戒才吉祥。如果消费者接受了这种宣传，其他类型的宝石就不能替代钻石，德比尔斯公司的垄断地位就有保障了。

从现实情况来看，德比尔斯公司的这个广告是成功的，因为它在展销会上对自己的钻石实行一口价，不许讨价还价，这显然是垄断者的做派。

第二节 完全竞争市场上的厂商均衡

如前所述，完全竞争市场是一种竞争不受任何干扰与限制，没有一点垄断的市场结构。在这种市场上，企业很多，每家企业规模都很小，无法通过调整产量来影响市场价格。这是我们分析这个市场上一家企业的单个均衡时的出发点。

一、完全竞争市场上的价格、需求曲线、平均收益与边际收益

我们首先要认识到，一个行业与一家企业是不同的。在完全竞争市场上，整个行业和一家企业面临不同的需求曲线。

对整个行业来说，需求曲线是一条向右下方倾斜的曲线，供给曲线是一条向右上方倾斜的曲线。整个行业产品的价格就由这种需求与供给决定。

> 注意区分一个行业与行业中一家企业的不同。

但对个别企业来说情况就不同了。当市场价格确定之后，对个别企业来说，这一价格就是既定的，无论企业如何增加产量都不能影响市场价格。换句话说，在既定的价格之下，市场对个别企业产品的需求是无限的，即市场对一家企业产品的需求弹性是无限的。因此，市场对个别企业产品的需求曲线是一条由既定市场价格出发的水平线。我们可用图 7-1 来说明市场价格的决定与个别

企业的需求曲线。

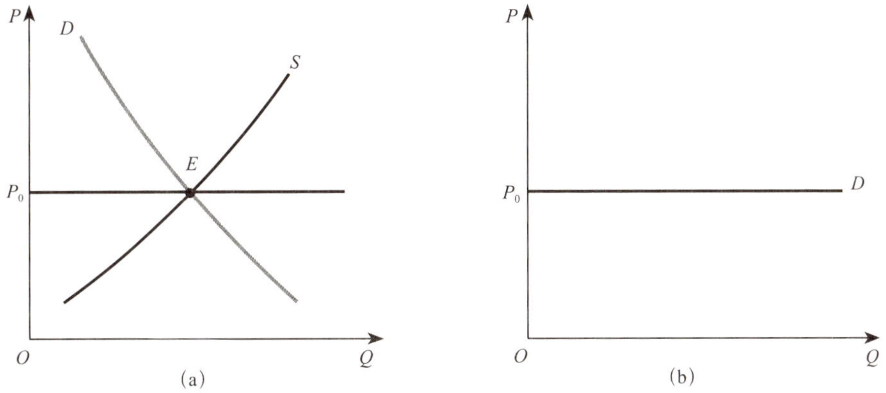

图 7-1　完全竞争市场的行业均衡与一家企业的需求曲线

图 7-1（a）说明了整个行业的供求如何决定价格，这时的价格水平为 P_0。图 7-1（b）为个别企业的情况，这时价格为市场的既定价格 P_0，在这种价格下，市场对个别企业的需求是无限的，因此，需求曲线为水平线 D。

企业按既定的市场价格出售产品，每单位产品的售价也就是每单位产品的平均收益。所以，价格等于平均收益。

在完全竞争条件下，个别企业销售量的变动，并不能影响市场价格。这就是说，企业每增加一单位产品的销售量，市场价格仍然不变，从而每增加一单位产品销售量的边际收益也不会变，所以，平均收益与边际收益相等。

设总收益为价格与产量（销售量）的乘积，即

$$TR = P \cdot Q$$

平均收益是总收益与销售量的商，即

$$AR = \frac{TR}{Q} = \frac{P \cdot Q}{Q} = P$$

上式说明，平均收益一定等于价格。

边际收益是增加一单位销售量所得到的收益，因为对一家企业来说，无论销售量增加多少，市场价格是不变的，所以：

$$MR = \frac{\mathrm{d}(TR)}{\mathrm{d}Q} = \frac{\mathrm{d}(P \cdot Q)}{\mathrm{d}Q} = P$$

因为

$$AR = P，\ MR = P$$

所以

$$MR=AR$$

必须注意的是，在各种类型的市场上，平均收益与价格都是相等的，因为每单位产品的售价就是其平均收益。但只有在完全竞争市场上，对个别企业来说，平均收益、边际收益与价格才相等。因为只有在这种情况下，个别企业销售量的增加才不会影响价格。

我们可以用表 7-2 来说明完全竞争市场上价格、总收益、平均收益与边际收益的关系。

表 7-2　完全竞争市场上价格、总收益、平均收益与边际收益的关系

销售量	价格	总收益	平均收益	边际收益
0	10	0	0	0
1	10	10	10	10
2	10	20	10	10
3	10	30	10	10
4	10	40	10	10
5	10	50	10	10
6	10	60	10	10

正因为价格、平均收益和边际收益都是相等的，所以，平均收益曲线、边际收益曲线与需求曲线是同一条线，即图 7-1（b）中的 D。这条需求曲线的需求价格弹性系数无限大，即在市场价格既定时，对个别企业产品的需求是无限的。

二、完全竞争市场上的短期均衡

短期中，企业不能根据市场需求来调整产量，因此，从整个行业来看，有可能出现供给小于需求或供给大于需求的情况。从整个行业的市场来看，如果供给小于需求，则价格高；如果供给大于需求，则价格低。短期均衡就是要分析在这两种情况下个别企业产量的决定与盈利状况。

> 注意短期的含义是一个企业生产规模不能变，所以，均衡的结果要取决于整个市场的供求关系。

我们先用图 7-2 来分析供给小于需求、价格水平高的情况。

在图 7-2 中，市场价格为 N，对个别企业来说，需求曲线 dd 是从 N 引出的一条平行线。这条需求曲线同时也是平均收益曲线 AR 与边际收益曲线 MR。SMC 为短期边际成本曲线，SAC 为短期平均成本曲线。

企业为了实现利润最大化就要使边际收益等于边际成本。因此，边际收益曲线与边际成本曲线的交点 E 就决定了产量为 M。这时，企业的总收益为平均收益乘以产量，即图中 $OMEN$ 的面积。总成本为平均成本乘以产量，当产量为 M 时，平均成本为 G，所以总成本为图中 $OMKG$ 的面积。从图上看，总收益大于总成本，即 $OMEN$ 的面积 $>$ $OMKG$ 的面

积，所以存在超额利润，超额利润就是图中 $GKEN$ 的面积。

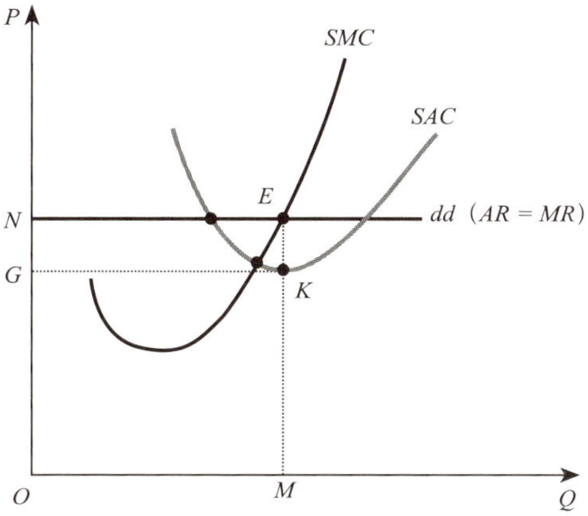

图 7-2　完全竞争市场上的短期均衡（供给 < 需求）

然后，我们用图 7-3 来分析供给大于需求、价格水平低的情况。

在图 7-3 中，价格水平低。这时产量仍由边际收益曲线与边际成本曲线的交点决定，即为 M。企业的总收益仍为平均收益乘以产量，即图中 $OMEN$ 的面积。总成本仍为平均成本乘以产量，即图中 $OMKG$ 的面积。从图上看，总收益小于总成本，即 $OMEN$ 的面积 $<$ $OMKG$ 的面积，所以存在亏损，亏损就是图中 $NEKG$ 的面积。

短期中，企业均衡的条件是边际收益等于边际成本，即

$$MR = MC$$

这就是说，个别企业是从自己利润最大化的角度来决定产量的，而在 $MR = MC$ 时就实现了这一原则。

那么，如果整个行业供大于求，市场价格低，个别企业处于亏损状态，企业还会生产吗？这就涉及上一章所讲的停止营业点的问题。我们用图 7-4 来说明这一点。

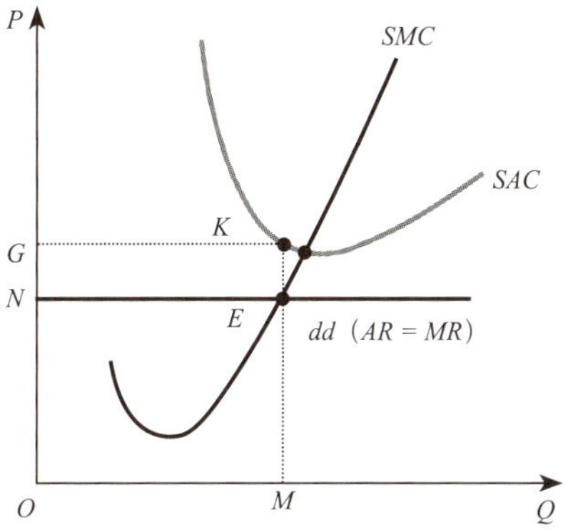

图 7-3　完全竞争市场上的短期均衡（供给 > 需求）

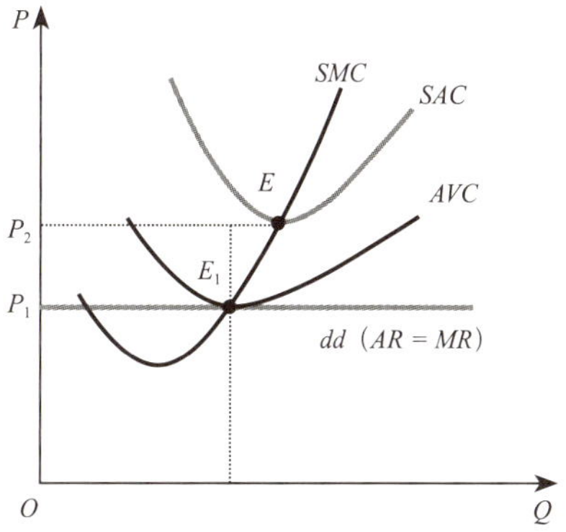

图 7-4　完全竞争市场上短期中一个企业的停止营业点和供给曲线

在图 7-4 中，市场价格 P_1 低于均衡价格 P_2，企业亏损。这时，企业是否生产取决于平均可变成本 *AVC* 的状况。价格 P_1 所决定的需求曲线 *dd* 与 *AVC* 相交于 E_1 点，E_1 点就是停止营业点。这就是说，当价格为 P_1 时，所得到的收益正好可以弥补平均可变成本。因为短期中固定成本是不变的，无论是否生产都要支出，所以，只要收益可以弥补平均可变成本，企业就要生产。但如果价格低于 P_1，企业连平均可变成本也无法弥补，它就无论如何不能生产了。这就是 E_1 为停止营业点的意义。停止营业点是由平均可变成本与价格水平决定的，在这一点上平均可变成本等于价格水平。

下面说说停止营业点与供给曲线。在停止营业点之下，企业停止生产；在停止营业点之上，企业随价格上升而增加产量，因此，停止营业点之上的短期边际成本曲线（E_1 以上的部分）就是完全竞争市场上一个企业的供给曲线。

三、完全竞争市场上的长期均衡

长期中，各个企业都可以根据市场价格来充分调整产量，也可以自由进入或退出该行业。企业长期中要作出两个决策：生产多少，以及进入还是退出这一行业。各个企业的这种决策会影响整个行业的供给，从而影响市场价格。具体来说，当供给小于需求、价格高时，各企业会扩大生产，其他企业也会涌入该行业，从而整个行业供给增加，价格水平下降；当供给大于需求、价格低时，各企业会减少生产，有些企业会退出该行业，从而整个行业供给减少，价格水平上升。最终价格水平会达到使各个企业既无超额利润又无亏损的状态。这时，整个行业供求均衡，各个企业的产量也不再调整，于是就实现了长期均衡。我们可用图 7-5 来说明这种长期均衡。

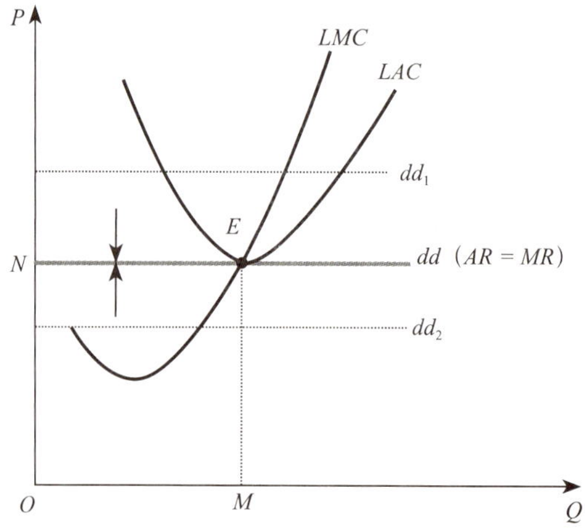

图 7-5 完全竞争市场上一个企业的长期均衡

注意在长期中一个企业的生产规模可以变动。

在图 7-5 中，*LMC* 是长期边际成本曲线，*LAC* 是长期平均成本曲线。虚线 dd_1 为整个行业供给小于需求时个别企业的需求曲线，虚线 dd_2 为整个行业供给大于需求时个别企业的需求曲线。如上所述，当整个行业供给小于需求时，价格高会引起整个行业供给增加，从而价格下降，个别企业的需求曲线 dd_1 向下移动。当整个行业供给大于需求时，价格低会引起整个行业供给减少，从而价格上升，个别企业的需求曲线 dd_2 向上移动。这种调整的结果是需求曲线最终移动到 *dd*。这时，长期边际成本曲线 *LMC* 与边际收益曲线 *MR*（*dd*）相交于 *E* 点，决定了产量为 *M*。这时总收益为平均收益乘以产量，即图中 *OMEN* 的面积；总成本为平均成本乘以产量，也是图中 *OMEN* 的面积。这样，总收益等于总成本，企业既无超额利润又无亏损，因此，也就不再调整产量，即实现了长期均衡。

由图 7-5 还可以看出，当实现了长期均衡时，长期边际成本曲线（*LMC*）、长期平均成本曲线（*LAC*）相交于 *E* 点。这就表明，长期均衡的条件是：

$$MR = AR = MC = AC$$

我们在理解长期均衡时要注意两点。

第一，长期均衡的 *E* 点就是上一章中所说的收支相抵点，这时成本与收益相等。企业只能获得会计利润。

第二，实现长期均衡时，平均成本与边际成本相等。我们知道，平均成本与边际成本相等，也就是两条曲线相交时，平均成本一定处于最低点。这就说明了，在完全竞争的条件下，企业可以实现成本最小化，也就是经济效率最高。这正是经济学家把完全竞争视为最优状态的理由。

四、对完全竞争市场的评论

经济学家根据对完全竞争市场企业均衡的分析提出，在这种完全竞争条件下，价格可以充分发挥其“看不见的手”的作用，调节整个经济的运行。这种调节实现了：第一，社会的供给与需求相等，从而资源得到了最优配置，生产者的成本不会有不足或过剩，消费者的需求也得到了满足。第二，在长期均衡时所达到的平均成本处于最低点，这说明通过完全竞争与资源的自由流动，生产要素的效率得到了最有效的发挥。第三，平均成本最低决定了产品价格也是最低的，这对消费者是有利的。从以上内容来看，完全竞争市场是最理想的。

> 想一想这样一句话：理想的往往是现实中所不存在的。

但是，有许多经济学家指出，完全竞争市场也有其缺点，这就在于：第一，产品无差别，这样，消费者的多种需求无法得到满足。第二，完全竞争市场上生产者的规模都很小，这样，他们就没有能力去实现重大的科学技术突破，从而不利于技术发展。第三，在实际中完全竞争的情况是很少的，而且，一般来说，竞争最终也会引起垄断。

对完全竞争市场的分析，为我们对其他市场的分析提供了理论基础。

案例研究

农业的规模化经营

在传统社会中，以自耕为主体的农业就接近于完全竞争市场。但这种小农经济的发展长期停滞。在江南的浙江，农民精耕细作，但从明代中期到清代中期，亩产量仅提高了30%左右。这在当时还是国内甚至世界上最发达的农业。此外，完全竞争的小农户长期处于贫穷和落后状态，无力抵御自然灾害。走出这种困境的唯一方法就是打破农业完全竞争，走向规模化经营。

美国的农业就经历了这样一个走出完全竞争实现规模化经营的过程。随着经济发展，对农产品的需求增加，同时大量农民进城成为工人，农业劳动力不足日益严重。于是，美国农业通过两条途径实现了规模化。一是原有的小农户进行兼并、扩张，成为大农场主；二是公司＋农户的模式，由大公司组织农民进行规模化经营。首先，规模化经营运用了机械化、自动化甚至数字化的现代经营方式，大大提高了生产率，以更少的土地生产出更多的农产品。其次，规模化经营运用了各种现代科技，提高了农产品质量，降低了生产成本。最后，大农场主在市场上有议价权，保证了农民收入的提高，增强了抵抗自然灾害的能力。如今美国的农民仅占该国人口的1%，但美国有世界上最发达的农业，农产品丰富，甚至存在供给过剩。

我国政府也多次提倡农业的规模化经营。如今许多大农场已代替了小农场，公司＋农户的模式正在形成与发展。所以，尽管农田在减少，农民大量进城务工，但农产品基本实现了自给自足，保证了经济的迅速发展。你在超市购买的许多食品就是这种大规模的农业提供的。当然，我们的农业规模化经营刚起步，未来要走的路还很长。

第三节　垄断市场上的厂商均衡

垄断市场是只有一家企业的市场，一家企业就是一个市场、一个行业。因此，垄断市场的行业均衡与单个企业均衡是相同的。

一、垄断市场的需求曲线、平均收益与边际收益

在垄断市场上，一家企业就是整个行业。因此，整个行业的需求曲线也就是一家企业的需求曲线。这时，需求曲线就是一条需求量与价格呈反方向变动的向右下方倾斜的曲线。

在垄断市场上，每一单位产品的价格也就是它的平均收益，因此，价格仍等于平均收益。

但是，在垄断市场上，当销售量增加时，产品的价格会下降，从而边际收益减少，这样，平均收益就不会等于边际收益，而是平均收益大于边际收益。如前所述，收益变动规律与产量变动规律相同。根据平均产量与边际产量的关系，当平均产量或平均收益下降时，边际产量或边际收益小于平均产量或平均收益。

> 注意垄断市场与完全竞争市场上平均收益与边际收益关系的差别，并想想为什么。

我们可以用表 7-3 来说明垄断市场上价格、总收益、平均收益与边际收益之间的关系。

表 7-3 垄断市场上价格、总收益、平均收益与边际收益的关系

销售量	价格	总收益	平均收益	边际收益
0	—	0	—	—
1	6	6	6	6
2	5	10	5	4
3	4	12	4	2
4	3	12	3	2
5	2	10	2	−2
6	1	6	1	−4

从表 7-3 中可以看出，价格随销售量增加而下降，价格与平均收益相等，但平均收益并不等于边际收益。平均收益是下降的，因此，边际收益小于平均收益。由表 7-3 中还可以看出，需求曲线与平均收益曲线仍然是重合的，是一条向右下方倾斜的线，而边际收益曲线则是平均收益曲线之下另一条向右下方倾斜的曲线，如图 7-6 所示。

在图 7-6 中，*dd*（*AR*）是需求曲线与平均收益曲线，*MR* 是边际收益曲线。

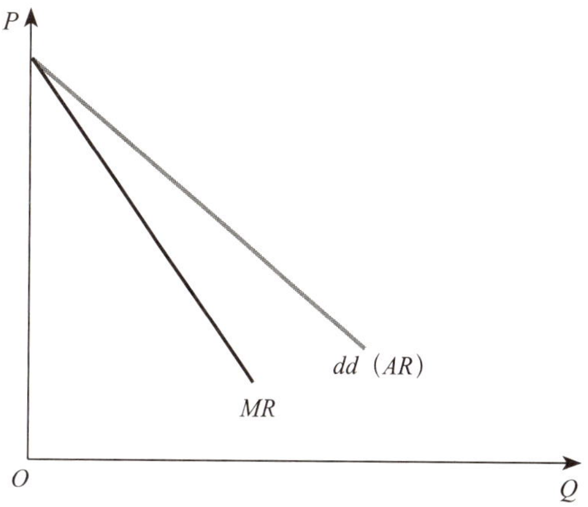

图 7-6 垄断市场上平均收益曲线与边际收益曲线

二、垄断市场上的短期均衡

在垄断市场上，企业可以通过对产量和价格的控制来实现利润最大化。但居于完全垄断地位的企业也不能为所欲为，要受市场需求状况的限制。如果价格太高，消费者会减少其需求或购买其他替代商品。短期内，企业对产量的调整也会受到限制，因为短期中，产量的调整同样要受到固定生产要素（如厂房、设备等）无法调整的限制。在垄断市场上，企业仍然需要根据边际收益与边际成本相等的原则来决定产量。决定产量后，短期中，企业难以随时调整产量以完全适应市场需求。这时也可能出现供大于求或供小于求的状况，当然也可能供求相等。在供大于求的情况下，企业会有亏损；在供小于求的情况下，企业会有超额利润；供求相等时，企业只有正常利润。

垄断市场上的短期均衡分析实际上是理论分析，现实中由于一家企业控制市场，其不会让自己的经营出现亏损。

我们用表 7-4 来说明完全垄断市场上企业的产量、价格、总收益、总成本、总利润、边际收益与边际成本的情况。

表 7-4　垄断市场上的短期均衡

产量 *Q* (1)	价格 *P* (2)	总收益 *TP* (3) = (1) × (2)	总成本 *TC* (4)	总利润 *TP* (5) = (3)-(4)	边际收益 *MR* (6)	边际成本 *MC* (7)
0	110	0	120	-120		
1	101	101	154	-53	101	34
2	92	184	183	1	83	29
3	83	249	210	39	65	27
4	74	296	236	60	47	26
5	65	325	265	60	29	29
6	56	336	300	36	11	35
7	47	329	350	-21	-7	50
8	38	304	424	-120	-25	74
9	29	261	540	-279	-43	116

从表 7-4 中可以看出：

第一，当产量为 5 单位时，边际收益等于边际成本，总利润最大。

第二，当产量大于等于 7 时，总利润为负数，即有亏损，这时是否生产仍取决于停止营业点，即总收益是否可以弥补总成本中的平均可变成本部分。

我们还可以用图 7-7 来说明有超额利润、收支相抵、亏损三种情况。

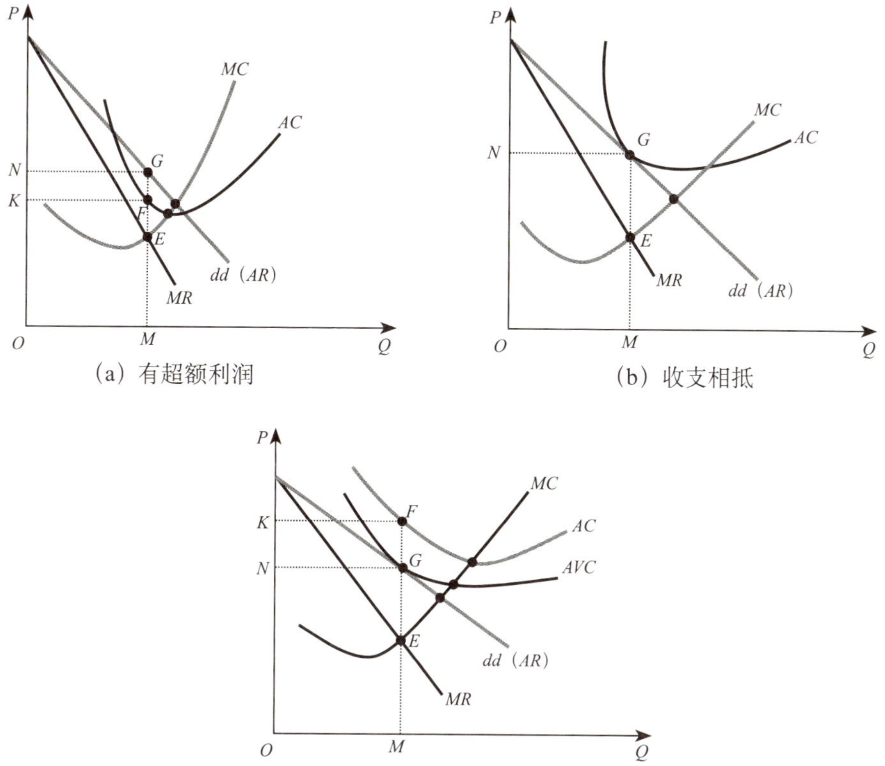

(a) 有超额利润　(b) 收支相抵　(c) 亏损

图 7-7　垄断市场上的短期均衡

在图 7-7（a）中，边际收益曲线 *MR* 与边际成本曲线 *MC* 的交点 *E* 决定了产量为 *M*，从 *M* 点向上的垂线就是产量为 *M* 时的供给曲线，它与需求曲线 *dd* 相交于 *G* 点，决定了价格水平为 *N*。这时总收益为平均收益（价格）与产量的乘积，即 *OMGN* 的面积；总成本为平均成本与产量的乘积，即 *OMFK* 的面积。总收益大于总成本，*KFGN* 的面积为超额利润。

在图 7-7（b）中，总收益与总成本相等，面积都为 *OMGN*，所以收支相抵，只有正常利润。

在图 7-7（c）中，总成本（*OMFK* 的面积）大于总收益（*OMGN* 的面积），亏损为 *NGFK* 的面积。这时，平均可变成本曲线 *AVC* 与需求曲线 *dd* 于 *G* 点相切，即总成本可以弥补平均可变成本，才可维持 *M* 产量。所以，*G* 点为停止营业点，如果价格再低，企业就无法再生产了。

所以，垄断市场上短期均衡的条件是：

$$MR=MC$$

三、垄断市场上的长期均衡

长期中，垄断企业可以通过调节产量与价格来实现利润最大化。这时企业均衡的条件是边际收益与长期边际成本和短期边际成本都相等，即

$$MR = LMC = SMC$$

我们可以用图 7-8 来说明这一点。

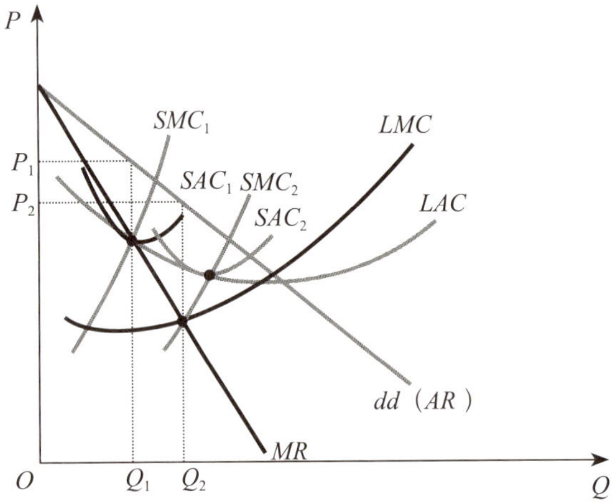

图 7-8　垄断市场上的长期均衡

在图 7-8 中，当短期平均成本曲线为 SAC_1 时，产量为 SMC_1 与 MR 相交所决定的 Q_1，价格为 P_1。在产量为 Q_1 时，$MR \neq LMC$，即边际收益不等于长期边际成本，所以，这只是短期均衡，而不是长期均衡。长期中，企业要通过调整产量实现 $MR = LMC$。假设企业把生产规模调整为短期平均成本曲线 SAC_2，这时短期边际成本曲线 SMC_2 与边际收益曲线 MR 的交点决定了产量为 Q_2，价格为 P_2，这时 $MR = LMC = SMC_2$，就实现了长期均衡。

这种图形分析所要说明的是，短期内垄断企业无法调整全部生产要素，因此不一定能实现利润最大化。但长期中，企业可以调整全部生产要素，因此可以实现利润最大化，这时就存在垄断利润。图 7-8 所说明的正是这种调节及其结果。

四、垄断企业的定价策略：单一定价与歧视定价

> 垄断企业以利润最大化为目标时，可以通过控制产量来控制价格，即先确定要达到的价格，然后根据这一价格确定产量。所以，中心是定价策略。

在我们以上所分析的情况中，**垄断企业对卖给不同消费者的同样的产品确定了相同的价格**，即卖出的每一单位产品的价格都是相同的。这种定价策略称为**单一定价**。

在垄断市场上，垄断企业实现利润最大化的关键是确定一个合理的

价格。我们知道，垄断企业控制了一个市场的全部供给，完全控制了市场，所以，可以通过改变产量来决定价格，既可以减少产量定高价，也可以增加产量定低价。但垄断者在定价时必须考虑市场需求，因为需求也是决定价格的重要因素之一。垄断者可以定高价，但消费者可以拒绝购买，这样垄断者也就无法实现利润最大化。在市场上，消费者用自己的货币“选票”影响价格的决定。在实行单一定价时，垄断企业可以采用高价少销，也可以采用低价多销。采用哪一种定价方式取决于利润最大化目标，并受需求与供给的制约。

一般来说，当某种产品的需求缺乏弹性时，垄断企业采用高价少销是有利的。这时尽管销售量少，但价格高，垄断企业可以通过高利润率实现利润最大化。因为产品需求缺乏弹性，价格上升幅度大而需求量减少幅度小，高价不会减少多少需求量，总收益增加，利润增加。例如，德比尔斯公司对钻石就采用高价少销的方法，主要原因就在于钻石需求缺乏弹性。以结婚钻戒为例，由于其需求缺乏弹性，即使价格很高，即将走进婚姻殿堂的消费者也会购买。

当某种产品的需求富有弹性时，垄断企业采用低价多销是有利的，这时可以实现薄利多销。例如，一些营养品，在有专利权时是垄断性的，但市场对这些营养品的潜在需求大，有其他替代品，需求富有弹性。企业如果降价则可以大大增加销售量，实现薄利多销。

> 垄断并非完全由垄断企业说了算，定价仍要受市场需求的制约。

在垄断市场上还有另一种定价策略——歧视定价。**歧视定价就是同样的商品向不同的消费者收取不同的价格**。例如，如果电力部门（自然垄断者）向所有用电户收取相同的价格就是单一定价。如果电力部门向工业用户收取高价，向居民用户收取低价，同样的一度电就有两种不同的价格，这就是歧视定价。

歧视定价可以实现更高的利润，其基本原则是对需求富有弹性的消费者收取低价，而对需求缺乏弹性的消费者收取高价。这样，需求富有弹性的消费者在低价时会增加需求量，总收益增加；需求缺乏弹性的消费者在高价时不会减少需求量，总收益也增加。例如，在电力的例子中，工业用户对电的需求极为缺乏弹性，价格高也无法减少用电量；但居民用户对电的需求富有弹性（可以用煤气等替代品），价格低可以增加用电量。这样，利润就更多了。

我们一般根据价格差别的程度把价格歧视分为以下三种类型。

第一种，一级价格歧视，又称完全价格歧视。这就是说，假设垄断企业了解每一个消费者为了能购进每一单位产品所愿付出的最高价格，并据此来确定每一单位产品的价格。完全价格歧视的每一单位产品都有不同的价格。例如，在美国一个医术高超的私人诊所医生对每个患者收取不同的医疗费就是这种情况。在这种情况下，消费者剩余就全部转变为垄断者获得的超额利润。

> 歧视定价在其他市场上也有运用。

第二种，二级价格歧视。这就是说，垄断企业了解消费者的需求曲线，把这种需求曲线分为不同的段，根据不同购买量确定不同的价格。

例如，电力部门对一定量的电力消费（如 1 ~ 100 度电）实行一种价格，对再增加的电力消费（如 101 ~ 200 度电）实行另一种价格，即设置阶梯价格。在这种情况下，垄断企业可以把部分消费者剩余转变为超额利润。

第三种，三级价格歧视。这就是说，垄断企业对不同市场的不同消费者实行不同的价格。例如，电力部门对工业用电与居民用电实行不同的价格。在这种情况下，垄断企业就可以在实行高价格的市场上获得超额利润，即把这个市场上的消费者剩余转变为超额利润。

现实中，一级价格歧视比较罕见，常见的是二级价格歧视与三级价格歧视。

与单一定价相比，歧视定价获得的利润更多，但为什么垄断者并不能普遍采用歧视定价呢？因为实行歧视定价必须有两个条件：第一，实行歧视定价的商品不能转售。如果商品可以转售，歧视定价就没有意义了，因为低价购买者可以把这种商品再转手卖出而获利，企业就得不到好处。第二，要能用一个客观标准把消费者分为需求缺乏弹性者和需求富有弹性者。不同消费者对同一种商品的需求弹性不同是客观存在的，问题在于如何用一种客观而具有可操作性的方法把这两类消费者分开。在阅读本章后面的案例研究“美国民航业的歧视定价”后，大家对这一点会有更深入的了解。

五、对垄断市场的评论

许多经济学家认为垄断对经济是不利的，这是因为：

第一，生产资源的浪费。这就表现为，与完全竞争相比，垄断企业产品的平均成本与价格高、产量低。我们可用图 7-9 来说明这一点。

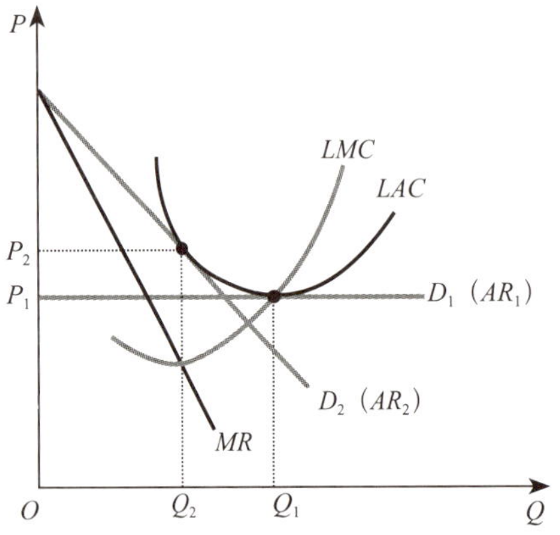

图 7-9　垄断市场与完全竞争市场的比较

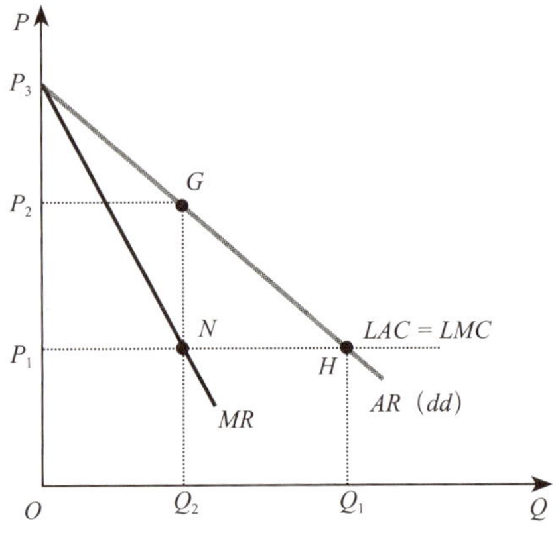

图 7-10　垄断市场上社会福利的损失

图 7-9 综合了完全竞争市场与垄断市场的长期均衡状况。通过图 7-9 对两个市场长期均衡的比较可以看出，在完全竞争市场上，产量为 Q_1，价格为 P_1，而且当产量为 Q_1 时，长期平均成本最低；在垄断市场上，产量为 Q_2，价格为 P_2，而且当产量为 Q_2 时，长期平均成本并不是最低的。$Q_1 > Q_2$，$P_1 < P_2$，说明在垄断市场上，产量低于完全竞争市场的

产量，价格高于完全竞争市场的价格，而且长期平均成本无法达到最低水平。所以，在垄断市场上，存在资源浪费，经济效率低于完全竞争市场的经济效率。

第二，社会福利的损失。垄断企业实行价格歧视，消费者所付出的价格高，就是消费者剩余少。这种减少则是社会福利的损失。我们可用图 7-10 来说明这一点。

在图 7-10 中，完全竞争市场上的价格为 P_1，产量为 Q_1，这时消费者得到的消费者剩余为 P_1HP_3 的面积。垄断市场上的价格为 P_2，产量为 Q_2，消费者剩余为 P_2GP_3 的面积。在 P_1HP_3 的面积中，P_1NGP_2 的面积所代表的消费者剩余转变为垄断企业的超额利润，而 NHG 的面积所代表的是由于垄断存在所引起的纯社会福利的损失。这一部分福利消费者没有得到，垄断企业也没有得到，是由于资源浪费而造成的纯社会福利的损失。

但是，任何事物都有两面性。许多经济学家认为，垄断也有其有利的一面。首先，在一些行业可以实现规模经济。例如，自来水行业只有在一家企业经营时才能实现平均成本最低。这种情况属于规模经济引起的自然垄断。其次，垄断企业可以凭借自己雄厚的资金与人才实力实现重大的技术突破，有利于技术进步。例如，美国电话电报公司曾长期垄断美国电信行业。这当然有效率损失，但其以自己的资金创办了贝尔实验室。这个实验室自成立以来一共取得了万余项专利，获得了 11 次诺贝尔奖、4 次计算机图灵奖、9 次美国国家科学奖章。它在半导体、通信、电视、超导等方面的突破性贡献深深影响着人们的生活。最后，尽管垄断企业在一国内是垄断的，有效率损失，但在国际上有竞争力，有利于一国国际竞争力的提升。美国政府批准波音公司与麦道公司合并正是出于这种考虑。这两家公司合并后，在美国商用大型客机市场上是垄断者，但这种合并有利于新的美国波音公司与欧洲空中客车公司的竞争。

> 想一想为什么美国政府支持一些大企业（例如波音公司与麦道公司）合并。

垄断的是是非非一直是经济学家争论的话题，现实中既有打破垄断的情况（20 世纪 80 年代美国电话电报公司的解体，以及美国电力由自然垄断走向竞争等），又有加强垄断的情况（波音公司与麦道公司的合并，以及其他大企业的合并）。由此看来，在哪个行业垄断利大于弊，在哪个行业垄断弊大于利，还要进行具体分析。

参考资料

平均收益曲线向右下方倾斜的数学证明

在垄断市场上，需求曲线向右下方倾斜，从而平均收益曲线向右下方倾斜，即平均收益下降，因此，边际收益就一定小于平均收益。这一点也可以用数学方法来证明。

需求函数为：

$$Q=f(P) \tag{7-1}$$

也可以写为：

$$P=f(Q) \tag{7-2}$$

当需求曲线向右下方倾斜时，其斜率为负值：

$$f'(Q)=\frac{dP}{dQ}<0 \tag{7-3}$$

总收益为：

$$TR=P\cdot Q=Q\cdot f(Q) \tag{7-4}$$

边际收益为：

$$MR=\frac{d(TR)}{dQ}=\frac{d(P\cdot Q)}{dQ}=f(Q)+Q\cdot f'(Q) \tag{7-5}$$

式（7−5）亦可写为：

$$MR=P\left[\frac{f(Q)+Q\cdot f'(Q)}{P}\right] \tag{7-6}$$

在式（7−6）中，$f'(Q)<0$，P 与 Q 一般为正数，所以：

$$\frac{Q\cdot f'(Q)}{P}<0 \tag{7-7}$$

而且，随着需求曲线向右下方倾斜，$\frac{Q\cdot f'(Q)}{P}$ 的绝对值越来越大，因此，MR 与 P 的差距会随着 Q 的增加而越来越大。这样边际收益就越来越小于平均收益。

案例研究

美国民航业的歧视定价

其实不仅垄断行业可以采用歧视定价，寡头行业甚至垄断竞争行业只要具备我们所说的两个条件也可以采用。美国民航业是寡头行业，但也广泛采用了歧视定价。

民航服务实行凭证件实名乘坐飞机，机票不可转让，这就符合实行歧视定价的一个条件。但是就民航业而言，这个条件并不重要，民航乘客对民航的需求弹性不同。商务乘客根据工作需要决定是否乘坐飞机，费用由公司承担，因此，他们很少考虑价格因素，或者说，需求缺乏弹性。私人乘客根据价格及其他因素，在民航、铁路、公路之间作出选择，而且自己承担费用，这样，需求富有弹性。民航乘客的需求弹性不同，使民航业实行歧视定价有了可能。

但关键是要找出一种办法客观地把具有不同需求弹性的乘客分开。民航公司采用了不同的方法：第一种方法是对两个城市之间的往返乘客，周六在对方城市过夜的实行折扣价，周六不在对方城市过夜的实行全价。因为民航公司发现，一般来说，商务乘客周六不在对方城市过夜，即使价格高他们也要在周末回家与家人团聚。但私人乘客在有折扣时愿意选择周六在对方城市过夜。第二种方法是根据订票时间确定不同的票价。一般来说，私人乘客出行有一个计划，可以提前订票，而商务乘客则是临时决定外出的居多。这样民航公司就可以根据订票时间不同而实行价格歧视了。如提前两周订票打 7 折或更多，临近登机时购票者是全价。第三种方法是对不同收入者实行歧视定价。机票价格在高收入者的支出中占的比例很低，需求缺乏弹性；而对低收入者来说，机票价格在支出中占的比例可能很高，需求富有弹性。因此，民航公司可根据不同的服务对象确定不同的票价。例如，高价票无任何限制，随时可以乘机，高收入者不在乎多花钱，注重的是方便。低价票有种种限制（周末不能乘机，至少提前两周订票，航班由航空公司指定等），低收入者也愿意接受。这些办法都有效地区分了具有不同需求弹性的乘客，民航公司可有效地实行歧视定价。

歧视定价原理告诉我们，价格竞争不只是提价或降价，还可以灵活地运用多种定价方式。歧视定价就是一种重要的定价方式。

第四节 垄断竞争市场上的厂商均衡

垄断竞争市场是现实中广为存在的一种市场结构。它与完全竞争市场的不同之处在于，每一家生产有差别产品的企业面临的不是水平的需求曲线，而是向右下方倾斜的需求曲线。这说明每个企业由于产品差别都有一定控制价格的能力，从而价格高、需求少，价格低、需求多。垄断竞争与垄断市场的不同之处在于，垄断竞争市场上企业数量众多，进入限制极低，从而竞争仍然激烈。我们从这个特点入手来分析垄断竞争市场的情况。

一、垄断竞争市场上的均衡

短期中，每一个垄断竞争企业都是一个垄断者。它以自己的产品差别在一部分消费者中形成垄断地位。而且，短期中，其他企业生产不出与之竞争的有差别产品。这样垄断竞争企业就可以像一个垄断者那样行事，高价少销，低价多销，或实行歧视定价以获得利润最大化。因此，短期中，企业短期均衡的条件与垄断市场一样，即

注意垄断竞争市场的均衡在短期中与垄断市场相同，但长期中不同于完全竞争市场。想一想为什么。

$$MR=MC$$

长期中，垄断竞争市场上也存在激烈的竞争。各个企业可以仿制别人有特色的产品，创造自己更有特色的产品，通过广告来创造消费者的需求，形成自己产品的垄断地位。当短期中有超额利润存在时，竞争的结果是各种存在替代性的有差别产品的价格下降。我们可以用图 7-11 来说明长期均衡的情况。

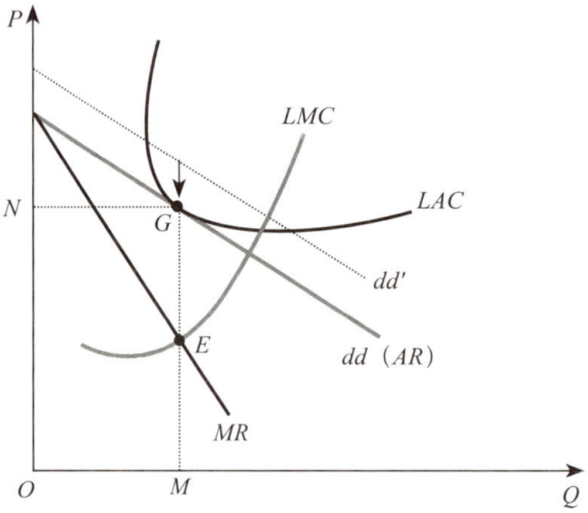

图 7-11　垄断竞争市场上的长期均衡

在图 7-11 中，虚线 dd' 是一家企业在不考虑其他企业价格变动时的需求曲线。长期中，由于各企业竞争激烈，这家企业的价格下降，从而需求曲线向下移动为 dd。这时，企业决定产量的原则仍然是边际成本等于边际收益，因此，长期边际成本曲线 LMC 与边际收益曲线 MR 的交点 E 决定了产量 M。由 M 作一条垂线，即产量为 M 时的供给曲线。这条供给曲线与需求曲线 dd 相交于 G 点，决定了价格水平为 N。这时，总收益为平均收益（价格）乘以产量，即图中的 $OMGN$ 的面积。总成本为平均成本乘以产量，平均成本在产量为 M 时也是 N，因此，总成本也是 $OMGN$ 的面积。总收益与总成本相等，实现了长期均衡。当实现了长期均衡时，边际收益等于边际成本，平均收益等于平均成本。所以，垄断竞争

市场上长期均衡的条件仍然是：

$$MR=MC，AR=AC$$

二、垄断竞争市场与完全竞争市场的比较

在经济学中，垄断竞争与完全竞争都属于有效竞争。认识这两种竞争之间的区别有助于我们评价垄断竞争市场。

我们先用图 7-12 来比较垄断竞争市场与完全竞争市场上的长期均衡。

在图 7-12 中，$dd_1(AR_1=MR_1)$ 是完全竞争市场上的需求曲线，E_1 为完全竞争市场上的长期均衡点，均衡价格为 P_1，产量为 Q_1。$dd_2(AR_2)$ 是垄断竞争市场上的需求曲线，MR_2 为这时的边际收益曲线，E_2 为垄断竞争市场上的长期均衡点，均衡价格为 P_2，产量为 Q_2。

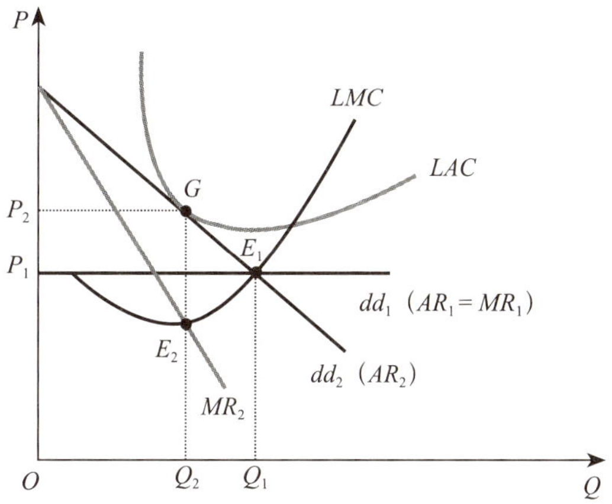

图 7-12 垄断竞争市场与完全竞争市场的比较

对比这两个市场上的长期均衡状态，我们可以看出以下四点差别。

第一，需求曲线、平均收益曲线、边际收益曲线不同。在完全竞争市场上，这三条曲线重合为一条与横轴平行的线（dd_1）。在垄断竞争市场上，需求曲线与平均收益曲线重合，但向右下方倾斜，边际收益曲线则为平均收益曲线下向右下方倾斜的一条线。这反映了收益变动情况不同，在完全竞争市场上，$AR=MR$，这是 AR 的上限；在垄断竞争市场上，$AR>MR$，AR 是递减的。

第二，在长期均衡时，长期平均成本的状况不同。在完全竞争市场上实现了长期均衡时，产量决定的长期平均成本处于最低点（E_2），而在垄断竞争市场上实现了长期均衡时，产量决定的长期平均成本为 G，G 并不是最低点。这说明在垄断竞争市场上成本消耗更多，即存在资源浪费。

第三，价格不同。完全竞争市场上的价格 P_1 低于垄断竞争市场上的价格 P_2。

第四，产量不同。完全竞争市场上的产量 Q_1 大于垄断竞争市场上的产量 Q_2。

但我们并不能由以上的对比得出完全竞争市场优于垄断竞争市场的结论。因为尽管垄断竞争市场上的平均成本与价格高，资源有浪费，但消费者可以得到有差别的产品，从而满足不同的需求。而且，垄断竞争市场上的产量要高于完全垄断市场上的产量，价格却更低。

我们在分析垄断竞争市场的优缺点时，还要注意两点：第一，垄断竞争有利于鼓励创新。因为竞争的存在，短期超额利润的存在激发了企业进行创新的内在动力。企业通过生产出与众不同的产品可以在短期中获得垄断地位及超额利润，这就使各企业有进行创新的愿望。而在长期中，竞争又使这种创新的动力不竭。第二，垄断竞争之下会使销售成本，主要是广告成本增加。各企业要使自己的产品成为有特色的产品，必须进行广告宣传。这种广告对生产和消费有促进作用，但同时也增加了销售成本，增加了总成本和平均成本。许多经济学家认为，垄断竞争从总体上看是利大于弊的。在现实中，垄断竞争市场也是一种普遍存在的市场结构。

三、垄断竞争条件下的产品差别竞争

从以上的分析中可以看出，在垄断竞争市场上，长期竞争的结果是经济利润为零，但短期中企业可以凭借产品特色形成的垄断地位获得经济利润。因此，想实现利润最大化的企业就应该把长期变成一个个短期。这样做的关键则是创造产品差别，以不断变化的产品特色保持自己的垄断地位。这样，在垄断竞争市场上，企业的成功取决于产品差别竞争。

> 产品差别竞争就是我们平常说的产品差异化竞争。

有些产品差别是实际产品差别，消费者可以轻而易举地认知，如产品质量、外形、包装等。企业创造产品差别就要使产品的质量、外形、包装等不同于同类其他产品。同样的自行车，别的企业的质量差，你的企业的质量好，这就形成产品差别。同样的衣服，你的企业的样式与其他企业的样式不同，这也形成产品差别。在这方面的创新可以是无穷的。这些不同的有差别的产品满足了消费者的不同偏好，就可以在一部分消费者中形成垄断地位。

另一些产品差别是消费者不易识别的，甚至产品本身并没有什么实际差别，仅仅是消费者认为有差别。产品差别在许多情况下取决于消费者的认知，无论产品有多大差别，如果消费者不承认这种差别，差别就不存在。反之，尽管产品本身并无差别，但只要消费者认为它们有差别，它们就有差别。因此，创造产品差别还要使消费者承认这种差别。这就要靠企业通过广告等营销手段来创造产品差别。广告的作用正是要使消费者认识那些不易辨别的产品差别，甚至使消费者认为本无差别的产品有差别。这正是垄断竞争企业斥巨资

> 注意产品差别来自消费者的认知。一种产品是否有差别，取决于消费者的主观认识。

做广告的重要原因。

在产品差别中，品牌是一种重要的产品差别，它既有实际差别，又有消费者对它的认知。这就是说，名牌首先是做出来的，没有高质量、受消费者欢迎的产品，就没有名牌。但名牌还要靠广告宣传，让消费者认知。据美国的调查，70%以上的消费者有忠于品牌的习惯，即在购物时，习惯于购买自己熟悉并一向购买的品牌产品。也许这些产品本身并没有什么差别，但仅仅是一个品牌就使消费者认为它们有差别。例如在美国，各种阿司匹林在质量、外形、包装等方面毫无差别，但由于拜耳是生产这种药的品牌厂家，许多消费者宁愿多花钱也要购买拜耳牌阿司匹林，这就是品牌引起的产品差别。所以，在垄断竞争行业中，企业创造品牌是十分重要的。

产品差别是人为地创造出来的，企业只要努力就可以创造产品差别，获得成功。

案例研究

经济学教科书的特色化经营

在国外，大学用的经济学教科书多如牛毛，但每一种教科书都有自己的市场，这就在于每一种教科书都突出了自己的特色，即有自己的产品差别。

经济学教科书市场是一个垄断竞争市场。不同的教科书内容基本相同，但在作者、写作风格、内容侧重、表述方式，甚至装帧、印刷等方面又有自己的特色。产品特色使它们可以在一部分消费者中形成垄断地位，内容大同小异又使它们相互有替代性，形成竞争。这正是一个典型的垄断竞争市场。

在这个市场上，每一种有特色的教科书都可以获得成功。例如，萨缪尔森的《经济学》以长销和作者知名度高而占有一部分市场。萨缪尔森被称为20世纪经济学的“掌门人”，获得过诺贝尔经济学奖。作者的这种名声与学术地位本身就成为这本书的特色。而且，这本《经济学》是现代经济体系的第一本教科书，这又是其他同类教科书无法比拟的产品差别。斯蒂格里茨的《经济学》教科书的出版年限要短得多，但作者不仅理论造诣深，曾获得2001年诺贝尔经济学奖，而且曾担任克林顿总统在任期间的美国经济顾问委员会主席和世界银行副行长，对现实经济相当了解。理论与实际的结合就成为这本教科书的重要特色。曼昆是经济学界的后起之秀，名气还不如前两位，但他的《经济学原理》以通俗、生动、活泼的风格赢得了市场。帕金并不是知名经济学家，但他的《经济学》有一定理论深度，又通俗易懂，适于作为入门教科书，同样有自己的市场。每一种经济学教科书都以自己的特色占据一部分市场，它们之间的竞争又使此类教科书越写越好。没有特色的教科书就没有市场。

尽管现在的经济学教科书已经很多了，但仍然有新的教科书出现，每种新的教科书必然有与其他教科书的不同之处。在这个市场上，创造产品差别的活动是无限的。这正是教科书越写越好、市场也越发有活力的原因所在。

第五节 寡头市场上的厂商均衡

寡头市场是几家大企业控制的市场结构，这种市场结构形成的关键是规模经济的存在。这种市场在诸如钢铁、石油、汽车、家电、民航等规模经济至关重要的行业广泛存在，在经济中也是十分重要的。这种市场结构有与其他三种市场结构不同的特点，这一点对分析寡头市场十分重要。我们对寡头市场的分析就从寡头市场的特征开始。

一、寡头市场的特征

可以用我国电视机市场的例子来理解寡头市场。

寡头市场具有其他市场结构所没有的一个重要特征：几家寡头之间的相互依存性。在完全竞争市场与垄断竞争市场上，企业数量都相当多，各企业之间并没有什么密切的关系。垄断市场上只有一家企业，并不存在与其他企业的关系这一问题。在完全竞争市场和垄断竞争市场上，各企业都是独立地作出自己的决策，而不用考虑其他企业的决策或其他企业对自己决策的反应。在寡头市场上，企业数量很少，每家企业都占有举足轻重的地位，它们各自在价格或产量方面决策的变化都会影响整个市场和其他竞争者的行为。因此，寡头市场上各企业之间存在极为密切的关系。每家企业在作出价格与产量的决策时，不仅要考虑本身的成本与收益情况，而且要考虑这一决策对市场的影响，以及其他企业可能作出的反应。这就是寡头之间的相互依存性。

假设某行业有三家寡头，各自产品的价格为 P_1、P_2、P_3，销售量为 Q_1、Q_2、Q_3，则其各自的需求曲线为：

$$P_1 = f_1(Q_1，Q_2，Q_3)$$

$$P_2 = f_2(Q_1，Q_2，Q_3)$$

$$P_3 = f_3(Q_1，Q_2，Q_3)$$

这说明各寡头的价格要受三家寡头销售量的影响。

三家寡头各自的收益为 R_1、R_2、R_3，则有：

$$R_1 = R_1(Q_1, Q_2, Q_3)$$

$$R_2 = R_2(Q_1, Q_2, Q_3)$$

$$R_3 = R_3(Q_1, Q_2, Q_3)$$

这说明各寡头的收益要受三家寡头销售量（从而也受价格）的影响。

三家寡头各自的成本为 C_1、C_2、C_3，则有：

$$C_1 = C_1(Q_1)$$

$$C_2 = C_2(Q_2)$$

$$C_3 = C_3(Q_3)$$

三家寡头各自的利润为 π_1、π_2、π_3，则有：

$$\pi_1 = R_1(Q_1, Q_2, Q_3) - C_1(Q_1)$$

$$\pi_2 = R_2(Q_1, Q_2, Q_3) - C_2(Q_2)$$

$$\pi_3 = R_3(Q_1, Q_2, Q_3) - C_3(Q_3)$$

以上函数说明了各寡头企业在销售量、价格、收益、利润方面的相互依存关系。这种关系是寡头市场有别于其他三种市场的基本特征。

寡头之间的这种相互依存性对寡头市场的均衡有至关重要的影响。首先，在寡头市场上，企业很难对产量与价格问题得出像前三种市场上那样确切而肯定的答案。这是因为，各个寡头在作出价格和产量决策时，都要考虑竞争对手的反应，而竞争对手的反应可能是多种多样的。在各寡头都保守自己的“商业秘密”的情况下，这种反应很难琢磨。这就使价格与产量难以确定。其次，价格和产量一旦确定，就有其相对稳定性。这也就是说，各个寡头由于难以琢磨竞争对手的行为，一般不会轻易变动已确定的价格与产量水平。最后，各寡头之间的相互依存性，使它们之间更容易形成某种形式的勾结。但各寡头之间的利益又是矛盾的，这就决定了勾结并不能代替或取消竞争，寡头之间的竞争往往会更加激烈。这种竞争有价格竞争，也有非价格竞争，如通过广告进行竞争等。

二、传统寡头理论

对寡头的研究可以追溯到 19 世纪的法国经济学家古诺。在博弈论运用之前，对寡头市场的分析都属于传统寡头理论。传统寡头理论在假设竞争对手的反应为既定的情况下分析寡头企业产量与价格的决定。经济学家根据不同的竞争对手反应假设，得出了关于产量与价格决定的不同答案，给出不同的寡头模型。这里仅介绍古诺模型和拐折的需求曲线模型

（斯威齐模型）。

古诺模型是在一定假设条件下分析寡头企业产量决定的。

古诺模型的假设条件是：第一，只有两个寡头甲与乙，生产完全相同的产品。第二，为了简单起见，假设生产成本为零。第三，需求函数是线性的，即需求曲线是一条向右下方倾斜的直线，两个寡头分享市场。第四，各方都根据对方的行动作出反应。第五，每个寡头都通过调整产量来实现利润最大化。

我们可以用图 7-13 来说明古诺模型。

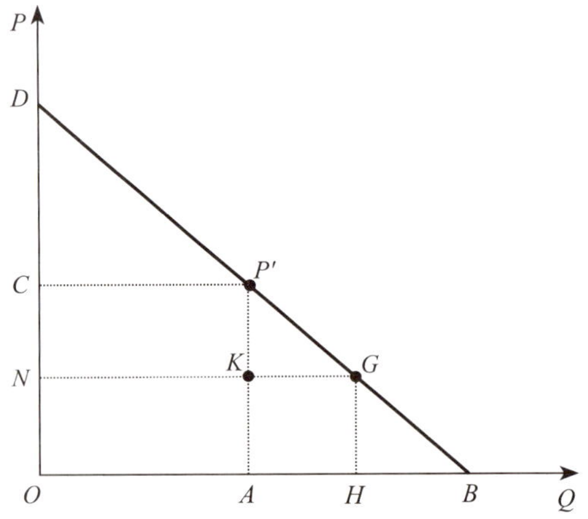

图 7-13　古诺模型

在图 7-13 中，*DB* 为两个寡头所面临的需求曲线。当不考虑生产成本时，总产量为 *OB*，价格为零。

在开始时，市场上只有甲寡头，其以价格 $AP'(OC)$ 供给产量 *OA*，$OA=\frac{1}{2}OB$。这就是说，在销售量为 *OA*、价格为 *OC* 时，其可以实现利润最大化。这时利润为 $OAP'C$ 的面积（四边形 $OAP'C$ 为直角三角形 *OBD* 的最大内接四边形）。

当乙寡头加入后，甲的销售量仍为 *OA*，市场剩余的需求量为 *AB*，乙寡头供给 *AB* 的一半，即 *AH*，可获得最大利润。当乙寡头供给 *AH* 时，总供给量增加到 *OH*，因此，价格下降为 *ON*(*HG*)。这时，甲寡头的收益减少为 *OAKN* 的面积。假定甲寡头认为乙寡头会保持销售量为 *AH*，甲寡头为了达到利润最大化，就要供给$\frac{1}{2}(OB-AH)$。$\frac{1}{2}OB>\frac{1}{2}(OB-AH)$，甲寡头的销售量减少了。这样，留下由乙寡头供给的数量就增加了，乙寡头的供给就要大于 *AH*，即乙寡头根据甲寡头减少销售量的行动作出的反应是增加自己的销售量。在双方对对方行动作出反应的过程中，甲寡头的产量逐渐减少，乙寡头的产量逐渐增加，直至两个寡头平分总供给量。这时，寡头的总销售量为$\frac{2}{3}OB$，每人各为$\frac{1}{3}OB$。

由此可以推出，当有三个寡头时，总销售量为 $\frac{3}{4}OB$，各个寡头的销售量为 $\frac{1}{4}OB$。所以，从双头理论的古诺模型所推导出的是：当有 n 个寡头时，假定总供给量为 1，n 个寡头的总供给量为$\frac{n}{n+1}$，每个寡头的供给量是$\frac{1}{n+1}$。

寡头垄断市场上的价格具有刚性，即当成本有一定量的改变时价格却保持不变。这就是说，在这种市场上，一旦价格确定，就有一定的相对稳定性，这种情况在钢铁、汽车等寡头市场中存在。美国经济学家斯威齐在 1939 年提出了拐折的需求曲线来解释这种现象。

拐折的需求曲线假设：当一家寡头提高价格时，它的竞争对手为了增加销售量并不提高价格；当一家寡头降低价格时，它的竞争对手为了不减少销售量，也降低价格。我们可以用图 7-14 来说明拐折的需求曲线。

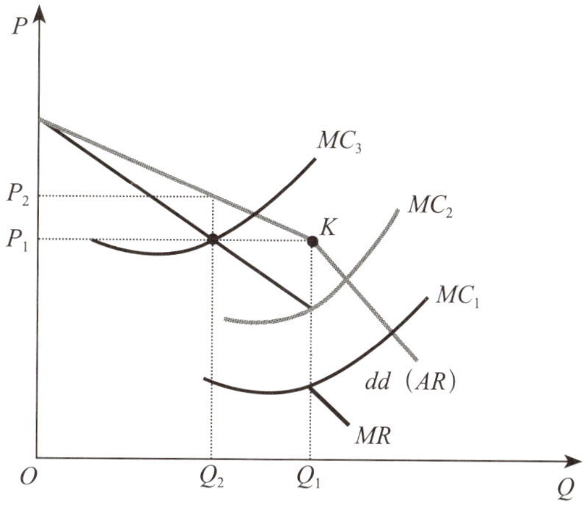

图 7-14 拐折的需求曲线

在图 7-14 中，dd（AR）就是拐折的需求曲线，该曲线在 K 点拐折，将需求曲线分为两段。MR 是边际收益曲线，在平均收益曲线（需求曲线）下方，所以也从 K 点分为两段。在需求曲线 dd 出现拐折的同时，边际收益曲线出现间断点。边际成本曲线 MC_1 与 MC_2 和边际收益曲线 MR 相交决定了产量为 Q_1、价格为 P_1。边际收益曲线 MR 中那段垂直的虚线表明，寡头企业的产量和价格具有稳定性，在边际成本 MC_1 与 MC_2 之间，尽管成本变了，价格并不变。只有在边际成本变动大，从 MC_2 增加到 MC_3 时，才会引起产量减少为 Q_2，价格上升为 P_2。

拐折的需求曲线解释了寡头市场上价格具有刚性的原因，但并没有说明寡头市场上的价格是如何决定的。因此，我们还要进一步分析寡头市场上价格的决定。

> 在20世纪90年代，长虹是不是我国彩电市场的价格领袖？为什么？

传统寡头理论对价格决定的分析认为，寡头市场上的价格决定采用了三种形式：**价格领先制、成本加成法与勾结定价**。

价格领先制又称价格领袖制，指一个行业的价格通常由某一寡头率

先制定，其余寡头追随其后确定各自的价格。如果产品是无差别的，价格变动可能相同，即价格变动幅度相同。如果产品是有差别的，价格变动可能相同，也可能有差别。

成本加成法是寡头市场上一种最常用的方法，即在估算平均成本的基础上加一个固定百分率利润的方法。例如，某产品的平均成本为 100 元，利润率确定为 10%，这样，这种产品的价格就可以定为 110 元。平均成本可以根据长期中成本变动的情况确定，而所加的利润率则要参照全行业的利润率确定。这种定价方法可以避免各寡头之间的价格竞争，使价格相对稳定，从而避免各寡头在降价竞争中两败俱伤。从长期来看，这种方法能接近于实现最大利润，是有利的。

> 注意寡头在什么条件下采用价格领先制，在什么条件下采用成本加成法。

勾结定价是指各寡头勾结起来共同协商定价，各寡头之间进行公开的勾结，组成卡特尔。卡特尔是寡头的价格联盟，各寡头共同协商确定价格。例如，石油输出国组织就是这样一个国际石油卡特尔。卡特尔共同制定统一的价格，为了维持这一价格还必须对产量实行限制。但是，由于卡特尔各成员之间的矛盾，有时达成的协议也很难兑现，或引起卡特尔解体。在不存在公开勾结的情况下，各寡头还能通过暗中的勾结（又称默契）来确定价格。

三、现代寡头理论：博弈论的运用

博弈论是数学的一个分支，研究多个行为主体在各自作出决策而且行为的结果直接相互作用时的决策与结果。20 世纪 40 年代美国数学家诺伊曼和经济学家摩根斯坦合作写了一本《博弈论与经济行为》，开创了把博弈论运用于分析经济问题的新时代。现在博弈论在经济分析中已得到广泛应用。

如前所述，寡头市场的特点之一是各个寡头之间的相互依存性。这就是说，各个寡头各自独立决策，相互之间并不了解对方的决策，但一个寡头的决策会影响其他寡头。每个寡头都要根据对方可能的决策来作出自己的决策，各个寡头的决策相互作用，最后形成市场均衡。因此，现代寡头理论就是运用博弈论来研究寡头行为的。

我们先通过一个经典例子来说明博弈论的基本思想。完整的博弈过程包括参与者、规则、各自的决策（称为策略）以及最后结果。我们用“囚徒困境”这个经典例子来说明这一点。

> 这个例子中，A、B 不能互通信息，各自决策，即非合作博弈。

囚徒困境是说 A、B 两人由于合伙偷一辆汽车而被捕。警方怀疑他们还抢劫过银行，于是将他们分别关押，并告诉每一个人：如果他们两人都坦白抢劫银行的事，各判 3 年；如果一方交代另一方不交代，交代者判 1 年，不交代者判 10 年。当然，他们都知道，如果谁都不交代，就会由于偷车而被判 2 年。他们每个人可以选择的行为有两种：交代或不交代。他们无法勾结（不能合作），各自选择的结果要取决于对方的选择。他们两人共有 4

种可能的决策，也有 4 种可能的结果。最后哪一种结果的可能性最大呢？博弈论正是分析各方决策与结果的方法。

我们可以用图 7-15 来说明 4 种可能的战略与 4 种结果。

> 注意分析参与者是谁，规则是什么，各自有哪些策略，以及博弈的最后结果，这有利于理解博弈论的含义。

A

B	策略（战略）	交　代	不交代
	交　代	3 / 3	10 / 1
	不交代	1 / 10	2 / 2

图 7-15　矩形图（一）

从图形看，4 种可能的战略与结果是：

（1）A、B 都交代，各判 3 年。

（2）A、B 都不交代，各判 2 年。

（3）A 不交代，B 交代，A 判 10 年，B 判 1 年。

（4）A 交代，B 不交代，A 判 1 年，B 判 10 年。

最后的结果会是什么呢？各方都从个人利益最大化出发，选择自己的优势战略（对自己最有利的决策）。这样，A 的选择就是：

如果 B 不交代，A 有 2 种选择和 2 种结果：A 选择不交代，判 2 年；A 选择交代，判 1 年。两者相比，在 B 选择不交代时，A 选择交代有利。

如果 B 交代，A 也有 2 种选择和 2 种结果：A 选择不交代，判 10 年；A 选择交代，判 3 年。两者相比，在 B 选择交代时，A 选择交代有利。

结论是：无论 B 选择交代还是不交代，A 选择交代都是对自己最有利的优势战略。

B 的推理过程与此相同，结论也是：无论 A 选择交代还是不交代，B 选择交代都是对自己最有利的优势战略。

结果，A、B 两人都选择了交代，各判 3 年。这就说明，即使两人合作是有利的（各判 2 年），但这种合作是困难的。

我们可以运用这种博弈论的方法分析寡头市场上的价格勾结行为。我们对最简单的寡头市场——双头市场进行分析。

假设石油市场上只有两个寡头 A 和 B。它们的石油产量最高可达到各生产 3 000 万桶，共生产 6 000 万桶。这时，生产成本为每桶 6 美元，市场价格也为 6 美元，没有利润。

如果它们勾结起来，把产量限定为各生产 2 000 万桶，共生产 4 000 万桶。这时，生产成本为每桶 8 美元，市场价格为每桶 9 美元，各得利润 2 000 万美元。

如果一方违约生产 3 000 万桶，另一方守约生产 2 000 万桶，共生产 5 000 万桶，市场价格为每桶 7.5 美元。违约一方生产成本为 6 美元，共获利 4 500（1.5 × 3 000）万美元，守约一方生产成本为 8 美元，亏损 1 000 万美元。

它们各有两种策略：违约与守约，共有 4 种可能的结果，见图 7-16。

A

B

策　略	守　约	违　约
守　约	2 000 万美元 2 000 万美元	4 500 万美元 −1 000 万美元
违　约	−1 000 万美元 4 500 万美元	0 0

图 7-16　矩形图（二）

双头共有 4 种策略、4 种结果：

（1）A、B 都守约，各获 2 000 万美元利润。

（2）A、B 都不守约，各方利润为零。

（3）A 守约，亏损 1 000 万美元；B 违约，获利 4 500 万美元。

（4）A 违约，获利 4 500 万美元；B 守约，亏损 1 000 万美元。

A 的选择是：

如果 B 守约，A 选择守约，利润为 2 000 万美元；A 选择违约，获利 4 500 万美元。两者相比，在 B 守约时，A 选择违约是优势战略。

> 在非合作博弈情况下，能否合作的关键在于对违约者能否作出有效惩罚。

如果 B 违约，A 选择守约，亏损 1 000 万美元；A 选择违约，没有亏损也没有利润。两者相比，在 B 违约时，A 选择违约也是优势战略。

结论是：无论 B 选择守约还是违约，A 选择违约都是优势战略。

B 的推理过程与此相同，结论也是：无论 A 选择守约还是违约，B 选择违约都是优势战略。

这样，A、B 两个寡头都选择了违约，两方都无利润。这也说明，虽然两个寡头合作（勾结）是有利的，但这种合作是困难的。

这里分析的是最简单的寡头市场情况。在这种情况下，如果博弈多次进行，各方采取“一报还一报”的策略，即如果一方这次合作，另一方下次也合作；如果一方这次不合作，另一方下次也不合作，最终仍可实现合作。但如果博弈者不是双头而是多头，合作不能多次进行，不可能对违约者作出有效的惩罚，合作仍然是困难的。

在现实的寡头市场上，寡头是多个，而且每次博弈并不相同，要对违约者进行惩罚并不容易，所以，寡头市场上就存在激烈的价格竞争。本章案例研究“空调行业价格战的意义”中对空调市场价格战的分析说明了这一点。

参考资料

垄断竞争理论的形成与意义

在20世纪30年代之前，新古典经济学在分析市场时假设市场是完全竞争的。但这并不完全符合现实。经济中存在垄断是英国经济学家斯密早就认识到的。19世纪法国经济学家古诺分析了寡头市场，主要是最简单的双头市场。英国经济学家马歇尔也注意到了19世纪末和20世纪初在经济中出现的垄断现象。

但放弃完全竞争假说，不把垄断作为经济生活中的一种特殊情况，而作为一种市场结构的观点，最早是由英国经济学家斯拉法提出来的。1926年，斯拉法在《经济学杂志》上发表了《竞争条件下的报酬规律》一文，这被认为是垄断竞争理论的开端。1929年美国经济学家霍特林发表了《竞争中的稳定性》一文，提出“现实情况存在于完全竞争理论和完全垄断理论之间”的观点，他主要分析少数企业竞争的寡头理论。1930年英国经济学家佐申出版了《垄断问题与经济战》一书，研究介于竞争与垄断之间的市场状况。1933年英国经济学家罗宾逊出版了《不完全竞争经济学》一书。同年，美国经济学家张伯伦出版了《垄断竞争理论》一书。这两本书，尤其是后一本书的出版被认为是垄断竞争理论建立的标志。

垄断竞争理论就是我们这一章所分析的厂商均衡理论。这种理论并没有把完全竞争视为普遍状况，并且把垄断视为特例，而是把市场视为竞争与垄断不同程度的结合。在现实中，完全竞争和垄断都是特例，这两种状态的结合才是正常状态。该理论根据垄断与竞争程度的不同把市场分为四种结构。尤其是张伯伦提出了产品差别的概念，把产品差别认定为引起垄断的原因之一，用产品差别来解释垄断竞争市场，是一个重要的贡献。

在传统新古典经济学中，分析的前提是完全竞争，当经济分析适用于各种市场结构时，对企业决策的分析才算完善。因此，厂商均衡理论的建立标志着微观经济学体系的最终完成。这种理论的建立也使微观经济学更能运用于实际。现代市场营销理论、市场竞争理论、企业竞争战略等实用经济学分支都是在此基础之上形成的。正因为如此，垄断竞争理论的建立是20世纪经济学的重大突破之一。

案例研究

空调行业价格战的意义

空调行业中规模经济十分重要，应该是一个寡头市场。在这种市场上，无论企业的主观愿望如何，价格战，即激烈的价格竞争，既是不可避免的，也是有积极意义的。

寡头市场是规模经济至关重要的市场，只有当这个市场仅有几家大企业，每家企业的规模都十分大时，整个行业才有效率。但这种寡头并不是一开始就形成的，而是在竞争中形成的。这个行业的特点是早期存在暴利，暴利吸引了企业进入，大大小小的企业在这个行业中都可以生存下来。但由于企业大量进入，供给增加，企业之间必然爆发价格战，用降价来占领市场。谁的规模大、成本低，谁就能在价格战中生存下来。在这种价格战中，规模不够大，从而成本降不下来的中小企业被淘汰或被兼并，最后生存下来的企业只能是大企业。这是一个行业结构优化的过程，最后的结果是形成几家控制市场的大企业，成为寡头市场。

我国的空调行业经历了这一过程。随着空调的普及，在开始时，由于需求迅速增加，空调行业利润高。据报道，21 世纪初期空调行业平均毛利润率至少有 25%，高的甚至达到 50%。这种高利润吸引了众多企业进入空调市场。众多企业的出现使空调的供给大幅度增加，而需求的增加并没有这么快。许多企业争夺有限的市场，价格战就是不可避免的。这也是“树欲静而风不止”的原因所在。这种竞争的结果当然是大量空调企业破产或被兼并，全国形成几家大空调企业。

在寡头市场上，每家企业都要尽量扩大自己的产量，以增强实力、降低成本，这样，从整个市场来看就会形成供给大于需求的格局。因此，价格战就成为必然结果。这种价格战的结局是寡头市场成为一个微利市场。空调的价格下降，空调普及正是必然结果。

当然，价格战并不是空调市场上唯一的竞争手段，各个空调企业生产有差别的产品，进行广告宣传，进行非价格竞争也是重要的。但价格竞争可以促进企业提高效率、降低成本，又可以使消费者使用更好、更便宜的空调，并不是一件坏事。

案例研究

应该拆分“微软”吗?

21 世纪初，美国司法部起诉微软，称其占据美国软件市场 80% 的市场份额，已形成垄断，提出拆分微软。这一次起诉引起了社会的极大关注。有几百名经济学家签名反对拆分微软。官司打了很长时间，最后以罚款而不是拆分结束。

根据美国的反垄断法，一家企业占有市场的 80% 的确已成为垄断竞争。但经济学家为什么反对拆分微软？他们认为，第一，微软垄断地位的形成是市场竞争的结果。它以自己的技术优势在市场上形成这种地位。拆分微软是对竞争成功者的打击，并不公正。第二，像微软这样的高科技企业，需要不断进行创新。高科技创新的投资，既需要大量资金，又有高风险，只有像微软这样有实力的大企业才有能力进行创新。拆分微软会削弱它的创新能力，不利于科技发展。美国正是靠微软这样的大企业才能在世界科技发展中处于领先地位。拆分微软会削弱美国创新的能力，对美国不利。第三，尽管微软在市场上占有垄断地位，但其他企业也可以以自己的创新分享市场，谷歌、甲骨文等公司成功的事实说明了这一点。第四，高科技行业是一个不断创新的行业，微软如果满足于文化的垄断，就必然被其他更有创新能力的企业打败。这就是说，微软的垄断地位并不是永恒的，并没有其他非经济因素保证，其他企业会努力打破微软的垄断地位，这种竞争推动了美国科技的不断创新，微软要保持这种地位必须不断创新，因此这种垄断并没有扼制竞争。高科技行业仍然是一个竞争十分激烈的行业，并不会由于个别企业的暂时垄断而消除竞争。第五，从美国国内来看，微软是垄断的，但在世界范围内，各国在自己的国家仍有可以与微软抗衡的企业。软件这样的高科技行业完全是国际化的。微软强大的创新能力和市场竞争能力有利于美国保持在这一行业的领先地位，保持了美国作为一个国家的竞争能力。拆分微软有损于美国的经济实力和全球地位。

每个国家都有大小不同的企业，各个企业在竞争中能生存下来一定有自己的优势。不能轻视中小企业，从美国来看 GDP 的一半左右是它们创造的。但支撑一个国家的还是这种有创新能力的大企业。它们的创新能力强、成本低、效率高。从美国的福特、通用这样的制造业大企业到沃尔玛这样超大规模的连锁商业企业，再到微软、谷歌这样的高科技企业，都对美国经济的发展起到无法替代的作用。如果企业一做大，就以垄断为名拆分，一国怎能形成强大的竞争能力？如何能在激烈的世界竞争中立足？美国的反垄断法基本是在20世纪30年代之前形成的，与当今世界竞争的格局以及高科技发展已不相适应。以过时的立法来解决当今高科技时代的问题显然会适得其反。

当然，微软这样的恐龙级企业也可能会利用自己的垄断地位损害消费者的利益或打击竞争者，对于这些可能会出现的问题仍要通过政府的立法与监管来解决，不能一拆了之。

关键概念

四家集中率	赫芬达尔—赫希曼指数	产品差别	完全竞争
垄断	垄断竞争	寡头	单一定价
歧视定价	博弈论		

内容提要

- 各种市场竞争与垄断程度的不同决定了市场结构。划分市场结构的标准是行业的市场集中程度、行业的进入限制与产品差别。
- 根据三个标准，市场结构可以分为完全竞争市场、垄断竞争市场、寡头市场和垄断市场四种类型。
- 完全竞争市场上的企业短期中可能有经济利润，也可能亏损，长期中竞争的结果是经济利润为零。
- 垄断市场上只有一家企业，长期中其可以凭借垄断地位而获得经济利润。
- 垄断企业可以运用单一定价和歧视定价实现利润最大化。
- 垄断竞争市场上的企业短期中可以凭借自己的产品差别形成垄断地位，获得经济利润，但长期中竞争的结果仍然是经济利润为零。垄断竞争企业实现经济利润的方法是不断创造产品差别。
- 寡头市场的特殊性在于几家寡头之间的相互依存性。现代经济学家用博弈论分析了寡头的行为。

思考题

1. 假设在某个行业中，最大的企业市场占有份额为10%，第二家为9%，第三家为

8.5%，第四家为 7.5%，第五家为 7%，第六家为 6%，第七家为 5%，第八家为 4.5%，第九家为 3.5%，第十家为 1%。计算：

（1）四家集中率。

（2）赫芬达尔—赫希曼指数（*HHI*）。

2. 说明以下各行业存在哪种进入限制。

（1）某公司拥有某风景区的独家经营权。

（2）某公司获得某市报刊发行特许经营权。

（3）电力公司只有一家时，电网成本才最低。

（4）某药厂获得某种药物的专利权。

（5）在某市开出租车要有政府核发的许可证。

3. 下列哪一种情况是产品差别？为什么？

（1）老张养鸡场的鸡蛋和老王养鸡场的鸡蛋。

（2）在一家高档商店和一家低档商店出售同样的永久牌自行车。

（3）河南产的小麦和河北产的小麦。

（4）戴尔牌电脑和联想牌电脑（用同样的部件装配线，功能完全相同）。

（5）内容相同的精装书与平装书。

4. 某些完全竞争市场上的企业能否进入垄断竞争市场？举例说明应该如何做。

5. 养鸡场和服装厂都是小企业，为什么养鸡场是完全竞争的，服装厂是垄断竞争的？

6. 完全竞争市场上的一个行业与一个企业的需求曲线与价格有什么相同点和不同点？用图形说明这一点。

7. 短期中，当出现禽流感时，养鸡场的短期均衡状况是什么？当医生声称吃鸡蛋会引起胆固醇升高时，又会发生什么变化？长期中，这两种情况对鸡蛋市场有什么影响？

8. 钻石业是垄断市场，在实行单一定价时，是应该高价少销还是低价多销？为什么？能否采用歧视定价？为什么？

9. 俱乐部价格由固定价格与可变价格组成。俱乐部会员的会费是固定价格，每消费一次支付的费用是可变价格。请说明俱乐部价格为什么是歧视定价的一种形式。

10. 如果讲座的门票实行实名制，这种门票能否实行歧视定价？为什么？

11. 社会上存在两种对立的观点：微软公司是垄断者，应被拆分；微软公司是垄断者，不应被拆分。收集有关资料，说明这两种观点分歧何在，并谈谈你的看法。

12. 垄断竞争企业短期中与垄断者一样，也可以获得经济利润，长期中没有经济利润，与完全竞争企业一样吗？为什么？

13. 假设你是一个服装企业老板，你应该如何创造自己的产品差别？你能永远立于不败之地吗？你应该如何做？

14. 寡头市场与其他三种市场有什么不同？

15. A、B 两家寡头共同占有一个市场。如果 A、B 都做广告，各获得利润 30 亿元；如果 A、B 都不做广告，各获得利润 40 亿元；如果一家做广告，另一家不做广告，做广告者得到 50 亿元利润，不做广告者得到 20 亿元利润。用博弈论矩形图分析这两家寡头的广告行为。最后会是什么结果？

16. 电视机行业是一个寡头市场，为什么必然会发生价格战？从长远看，这种价格战对社会有利还是不利？政府是否应该限制价格战？为什么？

第八章 CHAPTER 8

分配理论

分配理论要解决“为谁生产”的问题，即生产出来的产品按什么原则分配给社会各阶层。分配问题之所以重要还在于它涉及经济学中一个最基本的问题——效率与公平。

在市场经济中，分配的原则是按贡献分配，即每种生产要素在生产中作出了多大贡献，就得到多少报酬。各种生产要素的报酬取决于生产要素的数量与价格。所以，分配理论首先要解决生产要素的价格决定问题。生产要素的价格与产品的价格一样，是由供求关系决定的。这就是说，生产要素的需求与供给决定了生产要素的价格。因此，分配理论是价格理论在分配问题上的应用，分配是由价格决定的。本章从生产要素的需求与供给入手，然后介绍工资、利息、地租和利润理论，最后从社会的角度研究分配问题及收入分配平等化的有关政策。

重点掌握

- ◎ 洛伦兹曲线与基尼系数
- ◎ 收入分配目标：公平与效率
- ◎ 收入分配政策
- ◎ 工资的决定

一般掌握

- ◎ 收入分配不平等的个人原因
- ◎ 收入分配不平等的制度原因

一般了解

- ◎ 生产要素的需求决定
- ◎ 生产要素的供给决定
- ◎ 利息、地租、利润的决定
- ◎ 围绕收入分配政策的争论

第一节 收入分配的原理

按贡献分配不同于按劳分配，也不同于按资分配，想一想它们之间的区别是什么。

为了说明生产要素价格的决定，我们首先要了解生产要素需求与供给的决定。

一、生产要素的需求

生产要素的需求是一种派生的需求，也就是说，是由于对产品的需求而引起了对生产要素的需求。企业之所以需要生产要素是为了用它生产出各种产品，实现利润最大化。

生产要素的需求也是一种联合的需求或相互依存的需求。这就是说，任何生产行为所需要的都不是一种生产要素，而是多种生产要素，这样各种生产要素之间就是互补的。如果只增加一种生产要素而不增加另一种生产要素，就会出现边际收益递减现象，而且，在一定的范围内，各种生产要素也可以互相替代。生产要素之间的这种关系说明其需求是相关的。

由以上生产要素需求的性质可以看出，影响生产要素需求的主要有这样一些因素。

第一，市场对产品的需求及产品的价格。这两个因素影响产品的生产与企业的利润，从而影响生产要素的需求。一般而言，市场对某种产品的需求越大，该产品的价格越高，则市场对生产这种产品所用的各种生产要素的需求也就越大；反之则反。

第二，生产技术状况。生产技术决定了对某种生产要素需求的大小。如果技术是资本密集型的，则对资本的需求大；如果技术是劳动密集型的，则对劳动的需求大。

第三，生产要素的价格。各种生产要素之间有一定程度的替代性，如何替代在一定范围内取决于各种生产要素本身的价格。企业一般要用价格低的生产要素替代价格高的生产要素，从而生产要素的价格本身对其需求就有重要的影响。

生产要素需求的联合性与派生性，决定了它的需求比产品的需求要复杂得多。我们在分析生产要素需求时要注意这样一些问题。

第一，产品市场结构的类型是完全竞争市场还是不完全竞争市场。

第二，一家企业对生产要素的需求与整个行业对生产要素的需求的联系与区别。

第三，只有一种生产要素变动与多种生产要素变动的不同情况。

第四，生产要素本身的市场结构是完全竞争市场还是不完全竞争市场。

我们首先说明当生产要素市场为完全竞争市场时一家企业对一种生产要素的需求。

企业购买生产要素是为了实现利润最大化。这样，它就必须使购买最后一单位生产要素所支出的边际成本与其所带来的边际收益相等。在完全竞争市场上，边际收益等于平均

收益，即等于价格。因此，企业对生产要素的需求就是要实现边际收益、边际成本与价格相等，即

$$MR = MC = P$$

在完全竞争市场上，对一家企业来说，价格是不变的。由此可见，企业对生产要素的需求取决于生产要素的边际收益。

生产要素的边际收益取决于该要素的边际生产力。**在其他条件不变的情况下，增加一单位某种生产要素所增加的产量**（或者这种产量所带来的收益）**就是该生产要素的边际生产力。如果以实物表示生产要素的边际生产力，则称为边际物质产品；如果以货币表示生产要素的边际生产力，则称为边际收益产品，或边际产品价值。**

比较生产要素的需求与产品的需求。

根据边际收益递减规律，在其他条件不变的情况下，生产要素的边际生产力是递减的。因此，生产要素的边际收益曲线是一条向右下方倾斜的线。这条曲线也是生产要素的需求曲线，如图 8-1 所示。

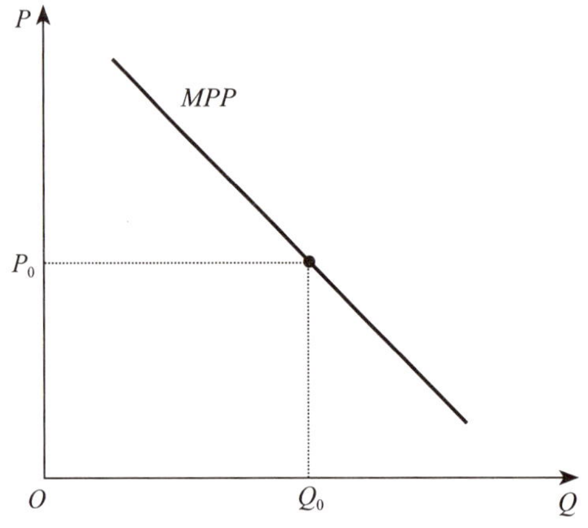

图 8-1　生产要素的需求曲线

在图 8-1 中，横轴代表生产要素需求量 Q，纵轴代表生产要素价格 P，MPP 为边际物质产品曲线，即向右下方倾斜的边际生产力曲线，也就是生产要素的需求曲线。当生产要素的价格为 P_0 时，生产要素的需求量为 Q_0。这时使用的生产要素量可以实现 $MR = MC$。如果生产要素价格高，就是 $MR < MC$，从而生产要素的需求减少；如果生产要素价格低，就是 $MR > MC$，从而生产要素的需求增加。

整个行业的生产要素的需求是各个企业生产要素的需求之和，也是一条向右下方倾斜的线。

在不完全竞争（垄断竞争、垄断、寡头）市场上，对一个企业来说，价格也并不是不变的。因此，边际收益不等于价格。边际收益取决于生产要素的边际生产力与价格水平。

这时，生产要素的需求仍取决于 $MR = MC$，因此，生产要素的需求曲线仍然是一条向右下方倾斜的线。完全竞争市场和不完全竞争市场的差别在于生产要素需求曲线的斜率不同，从而在同一生产要素价格下，对生产要素的需求量不同。一般而言，同一生产要素价格下完全竞争市场上生产要素的需求量大于不完全竞争市场上生产要素的需求量。

二、生产要素的供给

> 比较生产要素的供给与产品的供给。

生产要素种类繁多，不同种类的生产要素各有特点。一般来说，我们可以把生产要素分为三类：第一类是自然资源。在经济分析中假定这类资源的供给是固定的。第二类是资本品。资本品是利用其他资源生产出来的，也是和其他产品一样的产品。在经济生活中，这一行业的产品往往就是另一行业的生产要素。因此，这种生产要素的供给与一般产品的供给一样，与价格同方向变动，供给曲线向右上方倾斜。第三类是劳动。正如我们在分析劳动供给决策时所说的，劳动供给取决于工资变动所引起的替代效应和收入效应。随着工资增加，由于替代效应的作用，人们用工作代替闲暇，从而劳动供给增加。同时，随着工资增加，由于收入效应的作用，人们需要更多闲暇，从而劳动供给减少。当替代效应大于收入效应时，劳动供给随工资增加而增加；当收入效应大于替代效应时，劳动供给随工资增加而减少。一般规律是：当工资较低时，替代效应大于收入效应；当工资达到某个较高水平时，收入效应大于替代效应。因此，劳动供给曲线是一条向后弯曲的线。**向后弯曲的劳动供给曲线指劳动供给先随工资上升而增加，当工资上升到一定程度之后，劳动供给随工资上升而减少的劳动供给曲线，**如图 8-2 所示。

> 回想一下第四章中关于劳动供给决策的分析。

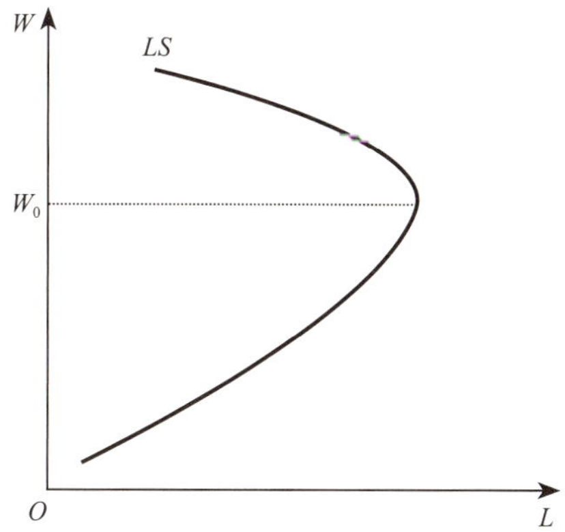

图 8-2 劳动供给曲线

在图 8-2 中，横轴代表劳动供给量 L，纵轴代表工资率（每小时劳动的工资）W，LS 为劳动供给曲线。当工资水平低于 W_0 时，替代效应大于收入效应，劳动供给随工资增加而增加，劳动供给曲线向右上方倾斜。当工资水平高于 W_0 时，收入效应大于替代效应，劳动供给随工资增加而减少，劳动供给曲线向左上方倾斜。*LS* 是一条向后弯曲的线。

三、生产要素价格的决定

生产要素的价格与物品的价格一样，在完全竞争市场上是由生产要素的供求决定的。根据以上对生产要素供求的分析，一般而言，生产要素的需求曲线向右下方倾斜，供给曲线向右上方倾斜，这样，我们就可以用图 8-3 说明生产要素价格的决定。

> 比较生产要素价格的决定与产品价格的决定。

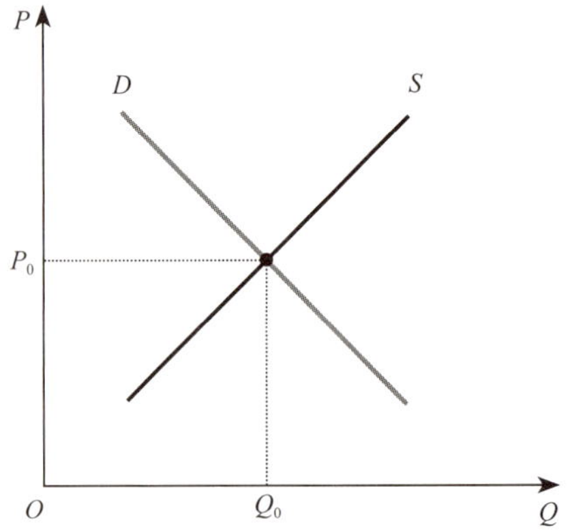

图 8-3　生产要素价格的决定

在图 8-3 中，生产要素的需求曲线 *D* 与供给曲线 *S* 相交，决定了生产要素的价格为 P_0、数量为 Q_0。这与物品价格和数量的决定完全一样。

但各种生产要素有不同的需求与供给特征，也有不同的市场结构。因此，各种生产要素价格与收入的决定亦有不同。以下介绍各种生产要素收入的决定。

四、工资理论、利息理论、地租理论、利润理论

（一）工资理论

工资是劳动力所提供的劳务的报酬，也是劳动这种生产要素的价格。劳动者提供了劳动，获得了作为收入的工资。

我们可以从不同的角度把工资分为不同的种类：从计算方式角度，可以分为按劳动时间计算的计时工资与按劳动成果计算的计件工资；从支付手段角度，可以分为以货币支付的货币工资和以实物支付的实物工资；从购买力角度，可以分为按货币单位衡量的名义工资（或称货币工资）和按实际购买力衡量的实际工资。

在工资理论中我们主要分析货币工资的决定与变动。

在完全竞争的劳动市场上，工资是由劳动的供求关系决定的。

企业对劳动的需求取决于多种因素，如市场对产品的需求、劳动的价格、劳动在生产中的重要性等。但劳动的需求主要还是取决于劳动的边际生产力。劳动的边际生产力是指在其他条件不变的情况下，增加一单位劳动所增加的产量。劳动的边际生产力是递减的。企业在购买劳动时要使劳动的边际成本（工资）等于劳动的边际产品。如果劳动的边际产品大于工资，劳动的需求就会增加；如果劳动的边际产品小于工资，劳动的需求就会减少。因此，劳动需求曲线是一条向右下方倾斜的线，表明劳动的需求量与工资呈反方向变动。

如前所述，劳动的供给取决于工资变动引起的替代效应和收入效应，劳动供给曲线是一条向后弯曲的线。

劳动的需求与供给共同决定了完全竞争市场上的工资水平。我们可用图 8－4 来说明这一点。

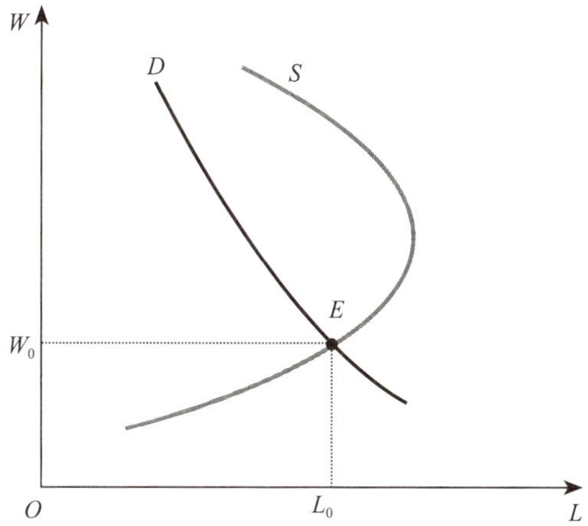

图 8－4　工资的决定

在图 8－4 中，劳动需求曲线 D 与劳动供给曲线 S 相交于 E 点，这就决定了工资水平为 W_0，这一工资水平等于劳动的边际生产力。这时劳动的需求量与供给量都是 L_0。20 世纪 30 年代前，西方经济学家一般认为，当劳动的需求大于供给时，工资会上升，从而增加劳动的供给，减少劳动的需求；当劳动的需求小于供给时，工资会下降，从而减少劳动的供给，增加劳动的需求。正如价格的调节使物品市场实现供求相等一样，工资的调节也使劳动市场实现供求相等，并保证充分就业。

劳动市场的不完全竞争是指劳动市场上存在不同程度的垄断。这种垄断有两种情况：一种是劳动者对劳动的垄断，即劳动者组成工会，垄断了劳动的供给；另一种是企业对劳动购买的垄断。当然，这两种情况的结合就是双边垄断，即双方都有一定的垄断。在不完全竞争市场上，工资可能高于或低于劳动的边际生产力。这里我们主要分析工会的存在（劳动市场上存在垄断）对工资决定的影响。

在西方国家，工会是工人自己的组织，是在与资方进行各种形式的经济谈判、争取更好的工作条件与更高的工资水平的斗争中成立发展起来的。工会一般是按行业组织的，如美国的汽车工人联合会；也有的是跨行业的组织，如美国劳工联合会—产业工会联合会。工会不受政府或政党操纵，是完全独立的。它也不是政党那样的政治组织，而只是维护工人权益的经济组织。在社会中，工会、政府、企业被认为是三个并列的组织。在工资决定中，工资水平一般是由工会与企业协商确定的，政府在其中只起协调作用。因为工会集结了入会的工人，而且工会的力量相当强大，所以，工会在经济学中被视为劳动供给的垄断者，并以这种垄断来影响工资的决定。

工会使工资增加的同时也会减少就业。

1. 工会影响工资的方式

工会影响工资的方式主要有三种。

（1）增加劳动需求。在劳动供给不变的条件下，通过增加劳动需求的方法来提高工资，不但会增加工资，而且可以增加就业。工会增加企业对劳动需求的方法最主要的是增加市场对产品的需求，因为劳动需求是由产品需求派生而来的。增加对产品的需求就是要通过议会或其他活动来增加出口，限制进口，实行保护贸易政策。在增加产品需求这一点上，工会与企业是一致的。在议会中代表这两个利益集团的议员往往会在要求保护贸易或扩大出口这类问题上站在同一立场。此外，机器对劳动的代替是劳动需求减少的一个重要原因，因此，工会也会从增加劳动需求这一目的出发，反对用机器代替工人。尤其在早期，这一方法被广泛使用。

（2）减少劳动供给。在劳动需求不变的条件下，减少劳动供给同样可以提高工资，但这种情况会使就业减少。工会减少劳动供给的方法主要有：限制非工会会员受雇，迫使政府通过强制退休、禁止使用童工、限制移民、减少工作时间的法律等。

（3）最低工资法。工会迫使政府通过立法规定最低工资。**最低工资法是规定企业支付给工人的工资不能低于某个水平（最低工资）的法律**。这样，在劳动供给大于劳动需求时，这一法律也可以使工资维持在一定的水平上。

2. 劳动需求影响工资的因素

工会对工资决定的影响是有一定限度的，从劳动需求来看工资要受到三种因素的影响。

（1）产品的需求弹性。劳动需求也是一种派生需求，取决于产品需求。如果产品需求弹性大，则工资增加引起产品价格上升，会使产品需求大幅度减少，从而工资无法增加。如果产品需求弹性小，则工资增加较容易。

（2）劳动在总成本中所占的比例。如果劳动在总成本中所占比例大，工资增加对总成本影响较大，则工资增加较难；如果劳动在总成本中所占比例小，工资增加对总成本影响不大，则工资增加较容易。

(3) 劳动的可替代性。如果劳动不易被其他生产要素代替，则提高工资容易；如果劳动可以较容易地被其他生产要素代替，则提高工资困难。

注意工会并不能决定工资，只是可以运用自己对劳动供给的垄断影响工资的决定。

3. 劳动供给影响工资的因素

从劳动的供给来看，工资要受到以下三种因素的影响。

(1) 工会所控制的工人的多少。如果工会所控制的工人多，工会力量强大，则工会易于增加工资。这就是说，工会的垄断程度越高，要求增加工资的力量越大。

(2) 工人的流动性大小。如果工人流动性大，某一行业或地区可以从其他来源得到工人，则工会难以增加工资；反之则反。

(3) 工会基金的多少。如果工会保证罢工期间工人生活的基金多，提高工资就较容易一些；反之则反。

工会提高工资的斗争能否成功在很大程度上还要取决于整个经济形势的好坏、劳资双方的力量对比、政府干预的程度与倾向性、工会的斗争方式与艺术、社会对工会的同情和支持程度等。工会只有善于利用各方面的有利条件，才能在争取提高工资的斗争中取得胜利。从西方国家的历史与现实来看，工会在维护工人权益方面还是起了重要作用的。

当然，在劳动市场上还有厂商的垄断因素。当企业的垄断程度高时，企业就会竭力把工资压低到劳动的边际生产力之下。这一点不详细论述了。

应该说，尽管劳动市场上的垄断因素对工资的决定有相当大的影响，但从长期来看，还是劳动的供求关系在起决定性作用。劳动的供求关系是决定工资的关键因素。

(二) 利息理论

利息是资本这种生产要素的价格。资本家提供了资本，得到了利息。利息与工资计算的方式不同，它不是用货币的绝对量来表示的，而是用利率来表示的。利率是利息在每一单位时间（如 1 年）内在货币资本中所占的比率。例如，货币资本为 10 000 元，利息为 1 年 1 000 元，则年利率为 10%，或称年息为 10%。这 10% 就是货币资本在 1 年内提供生产性服务的报酬，即这一定量货币资本的价格。

经济学家在解释利息时说明了为什么要给资本支付利息，以及为什么资本可以带来利息。

资本在生产中的作用决定了利息不是剥削收入。

为什么应该给资本支付利息呢？他们认为，人们具有一种时间偏好，即在未来消费与现期消费中，人们是偏好现期消费的。换句话说，现在多增加一单位消费所带来的边际效用大于将来多增加这一单位消费所带来的边际效用。之所以有这种情况，是因为未来是难以预期的，人们对物品未来效用的评价总要小于现在的效用。例如，人们对现在或 5 年后购买同一辆汽车所带来的效用评价就不同。也许人们认为自己不一定能活到 5 年之后，这样，现在购买这辆汽车能给自己带来效用，5 年之后则没有用了。也许人们现在更加需要汽车，5 年之后则不如现在这样需要了，因此，这辆汽车现在带来的效用比未来带来的效用大。也许人们会认为未来汽车不如现在这样稀缺，所以，汽车的未来效用不如现在的效用。总之，人们总是喜爱现期消费，因此，放弃现期消费把货币作为资本就应该得到利息作为报酬。

为什么资本也能带来利息呢？经济学家用迂回生产理论来解释这一点。**迂回生产就是先生产生产资料（或称资本品），然后用这些生产资料去生产消费品**。迂回生产提高了生产效率，而且迂回生产的过程越长，生产效率越高。例如，原始人直接去打猎是直接生产，当原始人先制造弓箭而后用弓箭去打猎，这就是迂回生产。用弓箭打猎比直接打猎的效率要高。如果延长迂回生产的过程，先采矿、炼铁、造机器，然后制造出猎枪，用猎枪打猎，那么，效率就会更高。现代生产的特点就在于迂回生产。但迂回生产如何实现呢？这就必须有资本。所以说，资本使迂回生产成为可能，从而提高了生产效率。这种由于资本而提高的生产效率就是资本的净生产力。资本的净生产力是资本能带来利息的根源。

利率取决于资本的需求与供给。资本的需求主要是企业投资的需求，因此，我们可以用投资来代表资本的需求。资本的供给主要是储蓄，因此，我们可以用储蓄来代表资本的供给。这样我们就可以用投资与储蓄来说明利率的决定。

企业借入资本进行投资是为了实现利润最大化，这样投资就取决于利润率与利率之间的差额。利润率与利率的差额越大，即利润率越是高于利率，纯利润就越大，企业也就越愿意投资；反之，利润率与利率的差额越小，即利润率越接近于利率，纯利润就越小，企业也就越不愿意投资。这样，在利润率既定时，利率就与投资呈反方向变动，从而资本的需求曲线是一条向右下方倾斜的线。

人们进行储蓄，放弃现期消费是为了获得利息。利率越高，人们越愿意增加储蓄；利率越低，人们越要减少储蓄。这样，利率与储蓄呈同方向变动，从而资本的供给曲线是一条向右上方倾斜的线。

利率是由资本的需求与供给共同决定的。我们可用图 8－5 来说明利率的决定。

在图 8－5 中，横轴代表资本量 K，纵轴代表利率 i，D 为资本的需求曲线，S 为资本的供给曲线，这两条曲线相交于 E 点，决定了利率水平为 i_0，资本量为 K_0。

我们还可以用可贷资金的需求与供给来说明利率的决定。可贷资金的需求包括企业的投资需求、个人的消费需求与政府支出的需求；可贷资金的供给包括个人与企业的储蓄，以及中央银行发行的货币。可贷资金的需求与利率呈反方向变动，可贷资金的供给与利率呈同方向变动。可贷资金的需求与供给决定利率的原理和投资与储蓄决定利率的原理相同。

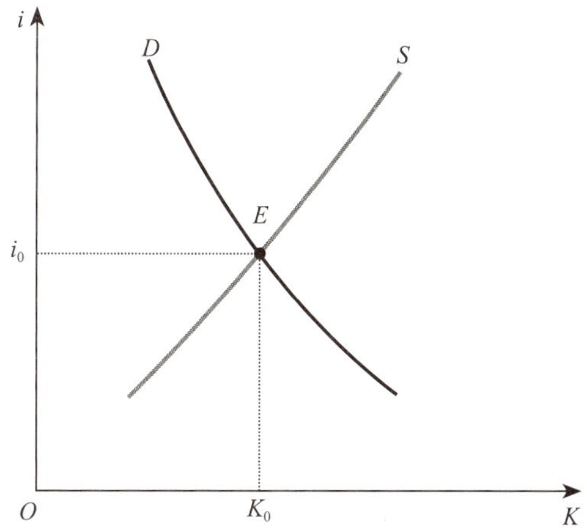

图 8-5 利率的决定

（三）地租理论

> 注意地租决定的特点（土地的供给是固定的）及地租的趋势。

地租是土地这种生产要素的价格，土地所有者提供了土地，得到了地租。如前所述，土地可以泛指生产中使用的自然资源，地租也可以理解为使用这些自然资源的租金。

地租的产生首先在于土地本身具有生产力，也就是说，地租是利用“土壤的原始的、不可摧毁的力量”的报酬。其次，土地作为一种自然资源，具有数量有限、位置不变，以及不能再生的特点。这些特点与资本和劳动不同，因此，地租的决定就有自己的特点。

地租的产生与归属是两个不同的问题。地租产生于以上两个原因，这就是说，无论在什么社会里，实际上都存在地租。但在不同社会里，地租的归属不同。在私有制社会里，地租归土地的所有者所有。在公有制社会里，地租归国家所有。在社会团体所有制的社会里，地租归某一拥有土地的社会团体所有。正因为土地有地租，所以，不能无偿使用土地。有偿使用土地正是地租存在的表现。

地租由土地的需求与供给决定。土地的需求取决于土地的边际生产力，土地的边际生产力也是递减的。所以，土地的需求曲线是一条向右下方倾斜的线。但土地的供给是固定的，因为在每个地区，可以利用的土地总有一定的限度。这样，土地的供给曲线就是一条与横轴垂直的线。地租的决定可以用图 8-6 来说明。

在图 8-6 中，横轴代表土地量 N，纵轴代表地租 R，垂线 S 为土地的供给曲线，表示土地的供给量固定为 N_0，D 为土地的需求曲线，D 与 S 相交于 E 点，决定了地租为 R_0。

随着经济的发展，对土地的需求不断增加，而土地的供给不能增加，这样，地租就有不断上升的趋势。这一点可用图 8-7 来说明。

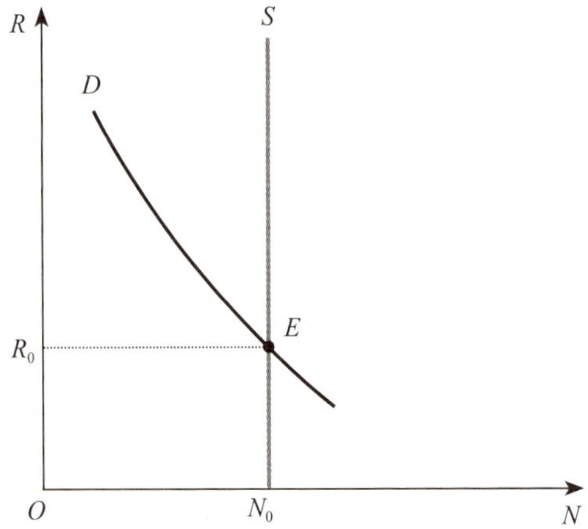

图 8-6 地租的决定

在历史上，许多经济学家主张土地国有，其理由之一正是地租存在上升的趋势。

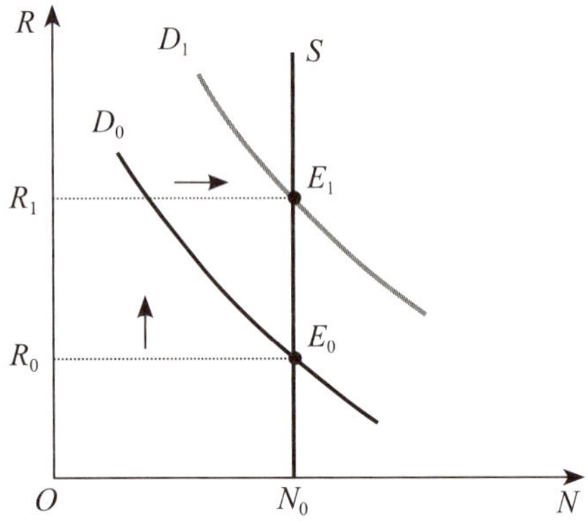

图 8-7 地租的趋势

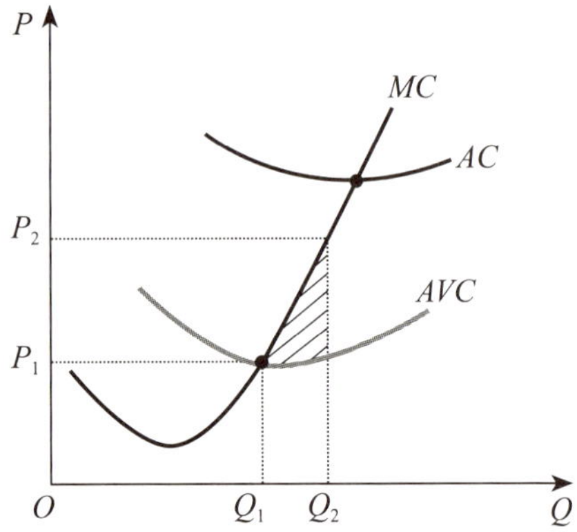

图 8-8 准地租

在图 8-7 中，土地的需求曲线由 D_0 移动到 D_1 就表明土地的需求增加了，但土地的供给曲线仍为 S，S 与 D_1 相交于 E_1 点，决定了地租为 R_1。R_1 高于原来的地租 R_0，说明由于土地的需求增加，地租上升了。

从对地租的分析中还引申出了两个重要的经济概念：准地租与经济租。

准地租又称准租金或准租，是英国经济学家马歇尔提出的一个概念。

准地租指固定资产在短期中所得到的收入，因其性质类似于地租，而被马歇尔称为准地租。在短期中，固定资产是不变的，与土地的供给相似。不论这种固定资产是否取得收入，都不会影响其供给。只要产品的销售价格能够补偿平均可变成本，企业就可以利用这些固定资产进行生产。在这种情况下，产品价格超过其平均可变成本的余额，代表固定资产的收入。这种收入是由于产品价格超过平均可变成本而产生的，其性质类似于地租。我们可用图 8-8 来说明准地租。

在图 8-8 中，如果价格为 P_1，产量为 Q_1，则收益只能弥补平均可变成本，这时不存在准地租。如果价格上升为 P_2，产量为 Q_2，这时，收益弥补平均可变成本后尚有剩余，剩余部分（图中阴影部分的面积）就是准地租。

这里要注意的是，准地租只在短期中存在。在长期中，固定资产也是可变的，固定资产的收入就是折旧费及其利息收入。这样，也就不存在准地租了。

如果生产要素的所有者所得到的实际收入高于他们所希望得到的收入，则超过的这部分收入就被称为经济租。这种经济租类似于消费者剩余，所以也被称为生产者剩余。

例如，劳动市场上有 A、B 两类工人各 100 人。A 类工人素质高，所要求的工资为 200 元；B 类工人素质低，所要求的工资为 150 元。如果某种工作 A、B 两类工人都可以胜任，那么，企业在雇用工人时，当然先雇用 B 类工人。但在 B 类工人不够时，企业也不得不雇用 A 类工人。假设某企业需要工人 200 人，其就必须雇用 A、B 两类工人。在这种情况下，企业必须按 A 类工人的要求支付 200 元的工资。这样，B 类工人所得到的收入就超过了他们的要求。B 类工人所得到的高于 150 元的 50 元收入就是经济租。其他生产要素所有者也可以得到这种经济租。我们可用图 8–9 来说明经济租。

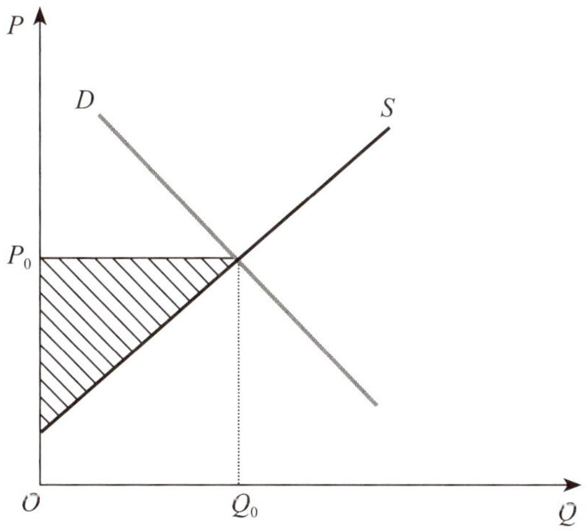

图 8–9 经济租

在图 8–9 中，供给曲线表示每增加一单位供给所要求的价格，市场价格为 P_0，在此以下的各单位生产要素都得到了经济租，经济租总额就是图中阴影部分的面积。

准地租与经济租是不一样的，准地租仅在短期中存在，而经济租在长期中也存在。

（四）利润理论

利润是企业家才能这种生产要素的报酬。企业家不仅从事企业生产经营中的管理工作，而且要进行创新和承担风险。一般利润可分为正常利润与超额利润。

正常利润是企业家才能的价格，也是企业家才能这种生产要素所得到的收入。它包含在成本之中，其性质与工资类似，也是由企业家才能的需求与供给所决定的。

如前所述，对企业家才能的需求是很大的，因为企业家才能是生产的关键。使劳动、资本与土地结合在一起生产出更多产品的决定性因素是企业家才能，而企业家才能的供给又是很少的。并不是每个人都具有企业家的天赋，并能受到良好的教育。通常那些有胆识、有能力，又受过良好教育的人具备企业家才能。所以，培养企业家才能所耗费的成本也是很高的。企业家才能的需求与供给的特点，决定了企业家才能的收入——正常利润——必然是很高的。可以说，正常利润是一种特殊的工资，其特殊性就在于其数额远远高于一般劳动所得到的工资。

超额利润是指超过正常利润的那部分利润，又称为纯粹利润或经济利润。在完全竞争的条件下，在静态社会里，不会有这种利润产生。只有在动态的社会中和不完全竞争条件下，才会产生这种利润。动态的社会涉及创新和风险。不完全竞争就是存在垄断。

创新是指企业家对生产要素实行新的组合。它包括五种情况：第一，引入一种新产品；第二，采用一种新的生产方法；第三，开辟一个新市场；第四，获得一种原材料的新来源；第五，采用一种新的企业组织形式。

这五种形式的创新都可以产生超额利润。引入一种新产品可以使这种产品的价格高于其成本，从而产生超额利润。采用一种新的生产方法和新的企业组织形式，都可以提高生产效率、降低成本。获得一种原材料的新来源也可以降低成本。这样，企业在按市场价格出售产品时，由于成本低于同类产品的成本，就获得了超额利润。开辟一个新市场同样可以通过提高价格而获得超额利润。

> 这五种创新形式中，前四种属于技术创新，第五种属于制度创新。

创新是社会进步的动力，因此，由创新所获得的超额利润是合理的，是社会进步必须付出的代价，也是社会对创新者的奖励。

风险是从事某项事业时失败的可能性。由于未来具有不确定性，人们对未来的预测有可能发生错误，风险的存在就是普遍的。在生产中，由于供求关系可能发生难以预料的变动，由于自然灾害、政治动乱，以及其他偶然事件的影响，也存在风险，而且并不是所有的风险都可以用购买保险的方法加以弥补。这样，从事具有风险的生产就应该以超额利润的形式得到补偿。

由垄断而产生的超额利润又被称为垄断利润。垄断的形式可以分为两种：卖方垄断与买方垄断。

卖方垄断也称垄断或专卖，指对某种产品出售权的垄断。垄断者可以抬高销售价格，通过损害消费者的利益获得超额利润。厂商理论中垄断竞争市场上的短期均衡、完全垄断市场上的短期均衡与长期均衡，以及寡头市场上的超额利润，就是这种情况。

买方垄断也称专买，指对某种产品或生产要素购买权的垄断。在这种情况下，垄断者可以压低收购价格，通过损害生产者或生产要素供给者的利益获得超额利润。

第二节 社会收入分配

在市场经济中，按生产要素在生产中所作出的贡献大小，由市场决定的收入分配是第一次分配或初始分配。由于每个人拥有的生产要素数量与质量不同，市场经济中的分配必然引起收入不平等，甚至两极分化。本节说明衡量社会收入分配平等状况的标准，以及造成收入分配不平等的原因。

一、衡量社会收入分配状态的标准：洛伦兹曲线与基尼系数

洛伦兹曲线是用来衡量社会收入分配（或财产分配）平均程度的曲线。

洛伦兹曲线还可以表示财产分配状况。

如果把社会上的人口分为五个等级，各占总人口的20%，按他们在国民收入中所占份额的大小，我们可以作出表8-1。

表8-1　社会收入分配占比

级别	占总人口的比例	合计	占总收入的比例	合计
1	20%	20%	6%	6%
2	20%	40%	12%	18%
3	20%	60%	17%	35%
4	20%	80%	24%	59%
5	20%	100%	41%	100%

根据表8-1我们可以作出图8-10。

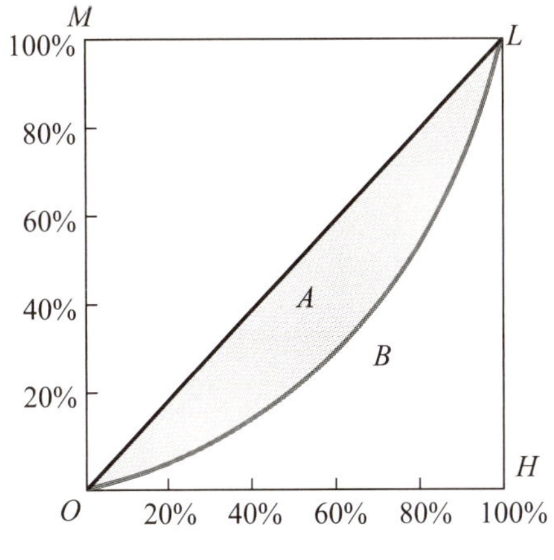

图8-10　洛伦兹曲线

在图 8-10 中，横轴代表人口百分比，纵轴代表收入百分比。*OL* 为 45° 线，在这条线上，每 20% 的人口得到 20% 的收入，表明收入分配绝对平等，*OL* 被称为绝对平等线。*OPL* 表示收入绝对不平等，是绝对不平等线。根据表 8-1 所作的反映实际收入分配状况的洛伦兹曲线介于这两条线之间。洛伦兹曲线与 *OL* 越接近，收入分配越平等。洛伦兹曲线与 *OPL* 越接近，收入分配越不平等。如果把收入改为财产，洛伦兹曲线反映的就是财产分配的平等程度。

根据洛伦兹曲线可以计算出反映收入分配平等程度的指标，这一指标被称为基尼系数。

如果图 8-10 中实际收入线与绝对平等线之间的面积用 *A* 来表示，实际收入线与绝对不平等线之间的面积用 *B* 来表示，则计算基尼系数的公式为：

$$\text{基尼系数} = \frac{A}{A+B}$$

当 $A=0$ 时，基尼系数等于 0，这时收入分配绝对平均。

当 $B=0$ 时，基尼系数等于 1，这时收入分配绝对不平均。

实际基尼系数总是大于 0 而小于 1。基尼系数越小，收入分配越平均；基尼系数越大，收入分配越不平均。

> 找找有关资料，看看对我国目前基尼系数的估算。

按国际上通用的标准，基尼系数小于 0.2 表示绝对平均，0.2 ~ 0.3 表示比较平均，0.3 ~ 0.4 表示基本合理，0.4 为临界点，0.4 ~ 0.5 表示差距较大，0.5 以上表示收入差距悬殊（存在两极分化）。改革开放后，我国的收入不平等程度加大。在 1978—1990 年，基尼系数从 0.185 提高到 0.23，后来，基尼系数曾升至 0.496。党中央已关注到这一问题，在党的十七届五中全会中提出富民的方针。目前这一方针得到落实，尤其是随着扶贫工作的加强和社会福利大幅度提高，收入差距正在逐渐缩小。

运用洛伦兹曲线与基尼系数可以对各国收入分配的平均程度进行对比，也可以对各种政策的收入效应进行比较。作为分析工具，洛伦兹曲线与基尼系数是很有用的。

在图 8-11 中有 *a*、*b*、*c* 三条洛伦兹曲线。

我们如果把 *a*、*b*、*c* 这三条洛伦兹曲线分别作为 A、B、C 三个国家的洛伦兹曲线，那就可以看出，A 国收入分配最平均，B 国收入分配平均程度次之，C 国收入分配最不平均。

如果我们把 *a*、*b* 这两条洛伦兹曲线分别作为实施一项政策前后的洛伦兹曲线，那就可以看出，在实施该项政策后，收入分配更不平均了。

同样，我们还可以根据洛伦兹曲线计算的基尼系数来进行比较。

除了洛伦兹曲线和基尼系数，衡量社会收入分配状况的指数还有库兹涅茨指数、阿鲁瓦利亚指数和收入不良指数。库兹涅茨指数是最富有的 20% 的人口在收入中所占的份额，这一指数最低值为 0.2，指数越大，收入差距越大。阿鲁瓦利亚指数是最穷的 40% 的人口在收入中所占的份额，这一指数最高值为 0.4，指数越低，收入差距越大。收入不良指数为最高收入的 20% 人口与最低收入的 20% 人口在收入分配中的份额之比，这一指数最低值为 1，指数越高，收入差距越大。这些指数衡量的方式与基尼系数是类似的。

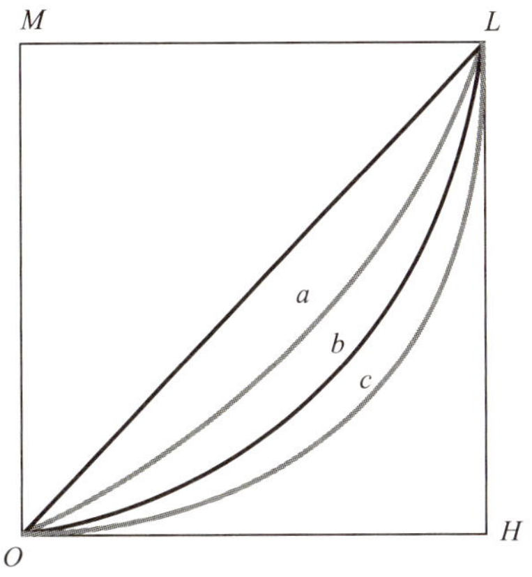

图 8-11　用洛伦兹曲线比较收入分配状况

二、引起收入分配不平等的原因

任何一个社会都存在不同程度的收入分配不平等，在市场经济国家这一问题更突出。各个社会引起收入分配不平等的原因既有共同之处，又有不同之处。研究引起收入分配不平等的原因，对解决这一问题是十分必要的。

首先，收入分配不平等的状况与一个社会的经济发展状况相关。根据美国经济学家库兹涅茨的研究，一个社会收入分配状况变动的规律是：在经济开始发展时，收入分配不平等随经济发展而加剧，只有发展到一定程度之后，收入分配才会随经济发展而较为平等。他根据一些国家的资料作出了反映这种收入分配变动规律的库兹涅茨曲线。**库兹涅茨曲线是表示随经济发展收入分配不平等程度加剧，但经济发展到一定程度时，随经济发展收入分配逐渐平等的一条曲线，**如图 8－12 所示。

在图 8-12 中，Y 代表经济发展状况；G 代表基尼系数，表示收入分配状况。在 Y 达到 Y_0 之前，基尼系数随 Y 增加而上升，表示随着经济发展，收入分配不平等加剧。在 Y 为 Y_0 时，基尼系数 G_0 最高，收入分配不平等最为严重。在 Y 超过 Y_0 之后，基尼系数随 Y 增加而下降，表示随着经济发展，收入分配趋于平等。图 8-12 中的 K 就是库兹涅茨曲线。因为这条曲线像一个倒过来的英文字母 U，所以，又被称为库兹涅茨倒 U 形曲线。

> 你认为我国目前收入差距扩大的主要原因是什么？

对于库兹涅茨曲线，学术界有不同看法。在发达国家，第二次世界大战之前收入分配不平等现象较为严重，但第二次世界大战后收入分配有趋于平等的态势，这与库兹涅茨曲线表示的趋势大体相同。在 20 世纪 80 年代以后，发达国家尽管经济发展较快，收入分配不平等却加剧了，这与库兹涅茨曲线并不一致。在发展中国家，随着经济发展，的确都呈现出收入分配不平等加剧的状况。但这种收入分配变化的状况是否完全是经济发展的结果，学者们仍有不同的看法。由此看来，经济发展程度的确与收入分配状况相关，但是否能成为收入分配平等或不平等的原因还要具体分析。不过在经济发展过程中，各国的确都出现过收入分配不平等加剧的现象。

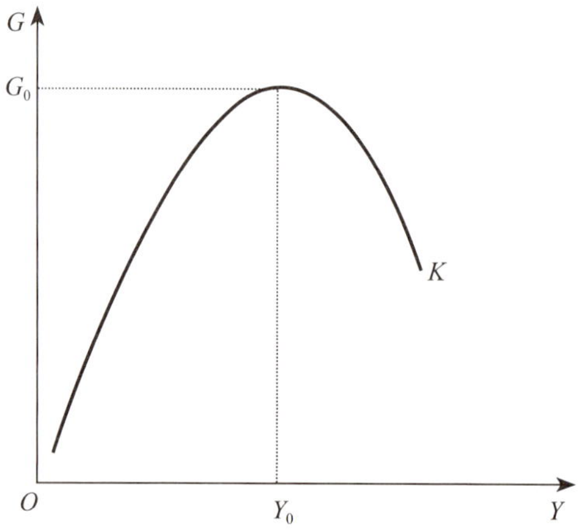

图 8-12　库兹涅茨曲线

还应该指出的是，当今在由计划经济转向市场经济的各国，无论经济发展状况如何，都出现了较为严重的收入分配不平等，甚至是两极分化。俄罗斯等国在转型过程中，经济发展并不快，曾出现过较长时期的停滞，甚至负增长，收入分配不平等极为严重。中国在转型过程中，经济发展相当迅速，与此同时也出现了收入分配不平等加剧的现象。学者们对这种现象有不同的解释：这其中有打破计划经济下平均主义分配的进步，对经济发展有促进作用；但也存在由于腐败引起的官员侵吞国有资产、以权牟私等问题，以及由于法律与制度不完善引起的问题。

其次，各国收入分配不平等也与制度上存在的问题相关，如一些国家存在的户籍制度、受教育权利相关制度的不平等。由于制度或社会习俗，一部分人对另一部分人也会存有歧视。例如，许多国家普遍存在对妇女的歧视，美国某些白人对黑人存有歧视，等等。在发达国家，工会制度的存在也是引起收入分配不平等的原因，工会会员受工会保护获得较高工资，而非工会会员则无力与雇主抗争，工资较低。在欧洲、加拿大这类传统上工会力量强大的国家和地区，工会在引起收入分配不平等中起的作用相当大。

最后，引起收入分配不平等的还有个人原因。这就是说，收入分配不平等与人的个体差异是相关的。每个人的能力、勤奋程度、机遇并不相同。就能力而言，既有先天的才能（天赋大小）不一样，也有后天受教育程度的不同。经济学家认为，人的受教育程度与个人收入之间有很强的相关性。受教育程度越高，能力越强，收入水平越高，这已是一个不争的事实。在现实中，有的人吃苦耐劳，愿意从事较为艰苦的工作，愿意从事加班较多的工作，收入自然也高。也有些人怕苦、怕累或在工作中较为懒惰，这也引起收入不同。此外，不可否认，有的人运气好，赶上了好机会，而另一些人没有发挥才能的机会，或者是有机会自己没抓住，这也引起收入差别。当一个经济体开始发展时，总有少数能力强、勤奋、善于抓住机会的人获得成功，成为富人。在市场竞争中，能力差、不勤奋、不善于抓住机会的人，会相对贫穷。这就是每一个社会在经济发展初期贫富差距较大的重要原因。案例研究“漂亮与收入”对个体差异引起收入分配不平等的现象进行了解释。

总之，收入分配差距拉大，既有社会原因，又有个人原因，我们对不同社会、不同阶层人的收入差别及原因要进行具体分析。

案例研究

漂亮与收入

美国经济学家哈莫米斯与比德尔在1994年第四期《美国经济评论》上发表了一份调查报告。根据这份调查报告，漂亮的人比长相一般的人收入高5%左右，长相一般的人又比丑陋一点的人收入高5%～10%。

为什么漂亮的人收入高呢？

经济学家认为，人的收入差别取决于人的个体差异，即能力、勤奋程度和机遇的不同。漂亮程度正是这种差别的表现。

个人能力包括先天的禀赋和后天培养的能力。长相与人在体育、文艺、科学方面的天赋一样是一种先天的禀赋。长相属于天生能力的一个方面，长相好的人可以从事其他长相普通的人难以从事的职业，如当演员或模特。长相好的人少，供给有限，自然市场价格高，收入高。

漂亮不仅仅指好脸蛋和好身材，还包括一个人的气质。在调查中，漂亮程度由调查者打分，实际是外形与内在气质的一种综合。这种气质是人内在修养与文化的表现。因此，漂亮程度得分高的人实际上往往是文化程度高、受教育程度高的人。两个长相接近的人，由于受教育程度不同，表现出来的漂亮程度就不同。所以，气质是反映人受教育水平的标志之一，而受教育是个人能力的来源。受教育多，文化高，收入水平高就是正常的。

漂亮是综合指标，既包括长相和气质，还可以反映人的勤奋和努力程度。一个工作勤奋、勇于上进的人，自然会打扮得体，举止文雅，有一种朝气。这些都会提高一个人的漂亮得分。漂亮在某种程度上反映了人的勤奋，与收入相关也就不奇怪了。

最后，漂亮的人机遇更多。有些工作，漂亮的人更易从事，漂亮往往是许多高收入工作的条件之一。就是在所有的人都能从事的工作中，漂亮的人也更有利。漂亮的人从事推销更易于被客户接受，当老师会更受学生喜爱，当医生会使患者觉得亲切。所以，在劳动市场上，漂亮的人机遇更多，雇主总爱优先雇用漂亮的人。有些人把漂亮的人机遇更多、更易于受雇称为一种歧视，这也不无道理。但有哪一条法律能禁止这种歧视？这是一种无法克服的社会习俗。

漂亮的人的收入高于一般人。两个各方面条件大致相同的人，由于漂亮程度不同而得到的收入不同。这种由漂亮引起的收入差别，即漂亮的人比长相一般的人多得到的收入称为“漂亮贴水”。

第三节 收入再分配

收入分配不平等是合理的，但有一定限度。收入分配差距过大，甚至出现贫富两极分化，既有损于社会公正，又成为社会动乱的根源。因此，各国都采用收入再分配政策纠正收入分配中较为严重的不平等问题。

一、过程公平论与结果公平论

实现公平是人类的理想，但对于什么是公平，人们却众说纷纭。在收入分配问题上有两种公平论。

> 什么是公平是一个价值判断问题，请回忆实证方法与规范方法的差别。

过程公平论根据分配的机制或手段来判断收入分配是否公平。换言之，无论结果如何，只要机制是公平的，就实现了公平。在收入分配问题上，这种观点强调的是决定收入的机制是否公平。这种观点的主要代表是美国哲学家诺齐克，其代表作是《无政府、国家与乌托邦》。这种观点认为，收入分配是否公平，关键在于决定分配的机制是否公平。在市场经济中，重要的是制度上的公平，而这种公平要以私有产权和自愿交易为基础。人们通过交易来实现私有财产的转移。只要交易是公平的，产生的结果就是公平的。在生产中，私有产权制度保证了每个人的要素由个人所拥有，他们各自交换自己的要素，这种交易的自愿性与平等性决定了分配的公平性。例如，一个歌手举行演唱会，每张门票 100 元，听众自愿购票，如果有 1 万个人购票，收益为 100 万元。这种收入固然很高，但只要没人强迫歌手唱歌和听众买票，歌手与听众的交易就是自愿的交易，歌手的高收入就没有什么不合理之处，歌手与其他人的收入差别就是公平的。根据这种观点，只要分配机制保证了私有权，保证了自愿交易，每个人都以平等的权利参与市场交易，无论分配的结果如何，分配都是公平的。

结果公平论根据分配的结果来判断收入分配是否公平。换言之，只有结果平等才实现了公平。这种观点的主要代表是美国哲学家罗尔斯，其代表作是《正义论》。这种观点认为，如果最穷的人可以通过从任何一个其他人那里得到收入而增加福利，那么，公平就是要求进行这种分配。按这个标准，最公平的分配应该是完全平等的分配。但实际上并非如此，因为这种分配会引起效率损失，使所有人的福利减少。所以，结果公平论并不是主张完全平等的分配，而是关注最穷的人的状况，通过收入再分配来增加他们的收入。

这两种观点反映了人们对收入分配的不同看法。在现实中，人们无论持什么观点，都认为需要某种形式的收入再分配政策来保证社会某种程度的公平与社会稳定。

二、收入再分配政策

如上所述，市场经济是按效率优先的市场原则进行个人收入分配的。但每个人在进入市场之前所拥有的生产要素的量不等，即每个人的能力与资产不等。在市场竞争中，每个人的机遇也不同。这样，收入差别很大，甚至贫富对立是不可避免的。这种分配状态，不合乎人们公认的伦理原则，也不利于社会安定。因此，政府要通过收入再分配政策（也叫收入政策）来缓和收入分配不公平的现象，以在一定程度上实现收入分配平等化。这里介绍一些主要的收入政策。

各国的收入再分配政策中最常用的是税收政策。市场经济国家出于各种目的而征收税收。其主要目的还是通过税收为政府各种支出筹资。在宏观经济政策中，政府运用税收来调节宏观经济。在收入分配中，政府也运用税收来实现收入分配的公平，主要手段是征收个人所得税，此外还有征收遗产税、财产税、赠与税等。

个人所得税是税收的一项重要内容，它通过累进所得税制来调节社会成员收入分配的不平等状况。

累进所得税制就是根据收入的高低确定不同的税率，对高收入者按高税率征税，对低收入者按低税率征税。以美国为例，个人所得税按收入的高低分为 7 个税率等级。最低税率为 10%，最高税率为 37%。当然，由于各党理念不同，在不同的党派执政时税率会有变动，如民主党提倡增加富人税收，共和党提倡减少富人税收，但累进所得税的基本框架始终不变。其他各国的所得税也是这种累进所得税制，只是具体的税率规定有所不同。

这种累进所得税制有利于纠正社会成员之间收入分配不平等的状况，从而有助于实现收入的平等化。但这种累进所得税制不利于有能力的人充分发挥自己的才干，对社会来说也是一种损失。

此外，个人所得税制度还区分了劳动收入税与非劳动收入税：对劳动收入按低税率征税，而对非劳动收入（如股息、利息等收入）按高税率征税。

调节收入再分配的税种，除了个人所得税，还有：遗产税和赠与税，即对财产的转移征税；财产税，即对不动产（如土地、房产等）征税；消费税，即对某些商品和劳务的消费征税。征收遗产税、赠与税以及财产税等，是为了纠正财产分配的不平等。财产分配的不平等，是收入分配不平等的重要根源，征收这些税也有利于收入分配的平等化。消费税，尤其是对奢侈性商品和劳务征收较高的税，也是通过税收实现收入分配平等化的一种方法。因为为消费奢侈性商品和劳务而纳税的仍然是富人。

如果说税收政策是要通过对富人征收重税来实现收入分配平等化，那么，社会福利政策则是要通过给穷人补助来实现收入分配平等化。因此，我们把社会福利政策作为收入分配平等化的一项重要内容。

你认为我国社会保障的重点应该是什么？

社会福利政策的历史很长，早在18世纪的英国，就有了“济贫法”。但它作为一项重要的经济政策，是在20世纪30年代才形成的。第二次世界大战后，社会福利政策有了迅速的发展，许多国家，尤其是北欧与西欧一些国家，实行了“从摇篮到坟墓”的社会保险福利制度。

从当前西方各国的情况看，社会福利政策主要有以下内容。

第一，各种形式的社会保障与社会保险。内容包括：失业救济金制度，即对失业工人按一定标准发放能使其维持生活的补助金；老年人年金制度，即对退休人员按一定标准发放年金；残疾人保险制度，即对失去工作能力的人按一定标准发放补助金；对有未成年子女家庭的补助；对收入低于一定标准（贫困线）的家庭与个人的补助。这些补助金主要是货币形式，也有发放食品券等实物形式的。其资金来源或者是个人或企业缴纳的保险金，或者是政府的税收。

第二，向穷人提供就业机会与培训。收入不平等的根源在于贡献的大小，而贡献的大小与个人的机遇和能力相关。这样，政府就可以通过改善穷人就业的能力与条件来实现收入分配平等化。在这方面，首先是实现机会均等，尤其是保证所有人享有平等的就业机会，并按同工同酬的原则支付报酬。其次是使穷人具有就业的能力，包括进行职业培训，实行文化教育计划（如扫盲运动），建立供青年交流工作经验的青年之家，实行半工半读计划，使穷人有条件读书，等等。这些都有助于提高穷人的文化技术水平，使他们能从事收入高的工作。

第三，医疗保险与医疗援助。医疗保险包括住院费用保险、医疗费用保险以及出院后部分护理费用的保险。这种保险主要由保险金支付。医疗援助则是政府出钱资助医疗卫生事业，使每个人都能得到良好的医疗服务。

第四，对教育事业的资助。内容包括：兴办公立学校，设立奖学金和大学生贷款制度，帮助学校改善教学条件，资助学校的科研工作等。从社会福利的角度来看，对教育事业的资助有助于提高公众的文化水平与素质，是有利于收入分配平等化的。

第五，各种保护劳动者的立法。内容包括：制定最低工资法和最高工时法，以及环境保护法、食品和医药卫生法等。这些都有利于增加劳动者的收入，改善他们的工作与生活条件，从而也降低了收入分配不平等的程度。

第六，改善住房条件。内容包括：以低房租向穷人出租政府兴建的住宅；对私人出租的房屋实行房租限制；资助无房者建房，如提供低利率的长期贷款，或低价出售政府建造的住宅；实行住房房租补贴等。这种政策改善了穷人的住房条件，也有利于实现收入分配平等化。

三、平等与效率：一个永恒的难题

收入分配要兼顾平等与效率。平等是指各社会成员收入分配平均；效率是指资源配置有效，并得到充分利用。

想一想平等与效率的关系。

经济学家认为，收入分配有三种标准：第一种是贡献标准，即按社会成员的贡献分配国民收入。这也就是我们在分配理论中介绍过的按生产要素的价格进行分配。这种分配标准能保证经济效率，但由于各成员能力、机遇的差别，又会引起收入分配的不平等。第二种是需要标准，即按社会成员对生活必需品的需要分配国民收入。第三种是平等标准，即按公平的准则分配国民收入。后两个标准有利于收入分配的平等化，但不利于经济效率的提高。有利于经济效率则会不利于平等，有利于平等则会有损于经济效率，这就是经济学中所说的平等与效率的矛盾。

收入分配要有利于经济效率的提高，就要按贡献来分配。这有利于鼓励每个社会成员充分发挥自己的能力，在竞争中取胜。这就是效率优先的分配原则。但这种分配方式使不平等加剧，甚至会出现严重的贫富两极分化。因此，在收入分配中，不仅要效率优先，而且要兼顾公平。效率优先、兼顾公平是许多国家收入分配的原则，但在现实中做起来颇为困难。以收入分配平等化政策为例，应该承认，各种收入平等化政策对于缩小贫富之间的差距，改善穷人的地位和生活条件，提高他们的实际收入水平，确实起到了相当大的作用，对于社会的安定和经济发展也是有利的。但是，这些政策有两个严重的后果：一是降低了社会生产效率。增加个人所得税和各种各样的社会保障使人们生产的积极性下降，社会生产效率下降。二是增加了政府的负担。从美国来看，1980 年福利支出在美国联邦政府支出中已占到 56.8%，超过了军费支出的比例，在国民生产总值中占了 18.7%。近年来，美国联邦政府和地方政府的福利支出仍在不断增加，这种巨大的福利支出成为各国财政赤字不断加剧的主要原因之一。再以最著名的福利国家瑞典为例，公共支出（包括公共投资在内，但主要是福利支出）1981 年已占国民生产总值的 66%，这种巨大的福利支出成为各国财政赤字的主要原因。

收入平等化政策的必要性，凸显出平等与效率的矛盾问题。如何解决这一问题，已成为经济学研究的重心之一。

案例研究

全球经济一体化与收入分配趋势

当前全球经济一体化成为一种不可阻挡的历史趋势，这将给各国经济带来重大的影响。从收入分配的角度看，长期中，全球经济一体化会带动各国经济的发展，有利于各国收入和福利的增加。韩国、新加坡和拉丁美洲国家等正是在全球经济一体化的过程中成长为新兴工业化国家的，实现了由穷变富。但应该看到，全球经济一体化也会给各国收入分配带来不利影响，在一定时期内使各国之间和一国内不同阶层之间的收入差距拉大。

从全球情况来看，在经济一体化过程中，一方面是一些原来相对落后的国家经济得到迅速发展，它们与发达国家之间的收入差距缩小了。另一方面，一些世界上十分落后的国家的经济发展和收入水平与发达国家差距更大了。这是马太效应在全世界范围内发挥作用的结果。因此，全球经济一体化引起各国之间收入差距的拉大。这正是一些人反对全球经济一体化的重要原因之一。

就一国内部而言，全球经济一体化也有拉大收入差距的作用。全球经济一体化对一国各经济部门的影响是不一样的。一些部门在全球化过程中发展迅速，从而这些部门的人的收入迅速提高。比如，出口部门或为出口服务的部门就是这种情况。另一些部门则受到进口的打击，处于衰落状态，成为夕阳产业，这些部门的人的收入会减少。这就加剧了国内的收入差距。进入21世纪之后，许多发达国家财富迅速增加，但低收入者的实际收入水平并未提高，甚至还略有下降。经济发展使高收入者的收入迅速增加，但低收入者的收入没有增加，收入差距显然扩大了。经济学家认为，这种收入差距的扩大与全球经济一体化相关。美国的高科技出口部门迅速增长，从而这些部门的人的收入增加，但纺织、钢铁之类传统产业因受国外竞争的影响而衰落，从而这些部门的人的收入减少。这种情况也出现在其他国家。

全球化过程中各国之间和一国内收入分配差距拉大是一个值得注意的现象，只有妥善地解决这一问题才能使全球经济一体化给人类带来更大的福利。

案例研究

仇富不是致富之路

随着世界范围内收入分配不平等加剧，仇富的思想与行为也越来越普遍、越激烈。尤其在发展中国家，经济开始起飞时，少数人迅速致富，多数人的贫穷状态尚未得到显著改变时，仇富更为突出。在国际上，部分针对西方发达国家的恐怖主义行为就是仇富的一种表现形式。可以设想，如果这些发动恐怖主义袭击的人生活富足、平安，可以享受生活，他们还会去做这种两败俱伤的事吗？在许多国家内，仇富的言论、对富人的非议充斥媒体。

仇富可以改变穷人的生存状态吗？那些发动恐怖袭击的组织或个人，并没有因此而富裕，对富人的咒骂、抨击也无助于改变穷人的状态。历史证明，采取均贫富的强制手段，没收富人的财产，甚至杀掉富人，并没有实现共同富裕，结果只是共同贫穷，富人穷了，而穷人未富。

我们应该承认，由于遗传基因、后天的生长环境与教育、个人的努力与机遇等因素人与人之间存在个体差异，有人能抓住机遇，加上自己聪明能干，成为了富人，而其他人则没有。自从人类社会进入农业社会起，这种情况就一直存在。邓小平同志在改革开放之初提出“让一部分人先富起来”，就是认识到了这一点。但这一部分人富的意义不仅在于自己富，而且更重要的在于带动其他人致富，实现共同富裕。比如，富人所办的企业，给其他人提供了就业机会，让那些原来没有工作的人富裕起来。同时富人纳税，也使国家和社会富起来。四十多年的改革，我们走的正是这条路。当初少数私人企业家富了，但更多的私人企业家出现，使我们国家繁荣起来，广大人民也富起来了。即使现在仍较穷的人，生活状态也比四十年前不知进步了多少！同样，微软这样的企业让盖茨致富，也给我们带来了很多通信的方便。少数人先富带动大家致富。所以，不该咒骂已富的少数人，应该鼓励他们带动更多人致富。

当然，仇富也是有深层原因的。一是普遍存在的均贫富理论，这就是传统的“不患寡而患不均”的思想。这是一种小农意识，在现代就是民粹主义。这种看似朴素的思想实际上阻碍了历史的进步。历史的进步总是少数人先推动的，不让这些少数人富，社会如何前进？我们也应该看到，在从传统社会向现代社会的转型时期，由于法制的不健全，少数富人通过违法犯罪致富，出现了“强盗富豪”，他们中的少数人，剥削民众，危害社会，做了一些为富不仁的事，这激起大家的仇富心态，这种仇富尚且有一定合理性。但在现代社会，这种靠犯罪致富的情况已经相当少了，像“周扒皮”“黄世仁”这种为富不仁者也大大减少了。许多富人关注社会，开展许多慈善和社会公益事业，把自己的财富取之于民，用之于民。在这种情况下，“仇富”就只有反动性而无进步的合理含义了。现代的仇富更多基于人心理中的缺陷——嫉妒。

无论仇富的原因是什么，仇富心理的存在是一种社会现象，只要不采取恐怖主义、绑票等非法行为，并非犯罪，社会上的各种思想，包括错误的思想存在是正常的，不足为奇，关键在于政府如何做。首先政府要根据法律，保护富人合法得到的财富，保证富人的人身安全。富人也是公民，应该与其他人一样得到同样的权利和法律保护。其次，政府要用政策来调节收入分配，缩小社会上的贫富差距，这包括对富人的累进所得税以及对穷人的社会保障，让每一个人的基本生活得到保障，我国实行的扶贫政策就有助于缩小收入差距，也有助于消除社会上的“仇富”心态。最后，要通过教育、培训提高穷人的能力，让他们在经济发展的过程中一同富起来。从这种意义上说，对教育、人力资本投资是最大的扶贫行为。

任何一个社会中贫富差距的存在都是客观的，只要富人取财有道，穷人生活得到保障，且有致富的机会，这个社会就是和谐的，盲目仇富是一种不正常的心态，只有消除这种心态，社会才能进步。

关键概念

要素的边际生产力	向后弯曲的劳动供给曲线	最低工资法	迂回生产
工资	利息	利润	准地租
经济租	正常利润	超额利润	创新
洛伦兹曲线	基尼系数	库兹涅茨曲线	过程公平论
结果公平论	累进所得税	平等	效率

内容提要

- 收入分配取决于每种生产要素的数量和价格。生产要素的价格与物品的价格一样，取决于生产要素的供求关系。

- 工资是劳动的报酬，取决于劳动量和劳动供求决定的价格。利息是资本的报酬，取决于资本量和资本供求关系决定的价格——利率。地租是土地的报酬，取决于土地量和地租率。土地的供给是固定的，地租主要取决于土地的需求。利润分为正常利润和超额利润。正常利润取决于企业家才能数量和供求决定的利润率。超额利润取决于企业家的创新、承担的风险和垄断。
- 衡量社会收入分配状态的主要是洛伦兹曲线和基尼系数。基尼系数越大，收入分配越不平等；基尼系数越小，收入分配越平等。
- 引起收入分配不平等的因素有经济发展程度、社会制度和习俗，以及个人在能力、努力程度和机遇方面的差别。
- 对于什么是收入公平，不同的人有不同的看法。过程公平论强调机制的平等，结果公平论强调分配结果的平等。
- 各国都通过个人所得税与社会保障和社会福利等来纠正收入分配中的不平等，但这样做也会引起平等与效率的矛盾。

思考题

1. 什么因素决定生产要素的需求？企业根据什么决定自己的生产要素需求？

2. 劳动的供给有什么特殊性？为什么？

3. 从劳动的供求关系角度解释部分体育、文艺明星收入特别高的原因。从经济学的角度看，这种高收入合理吗？

4. 在一些国家，工会往往与企业一起反对进口自己国家也能生产的物品。如美国汽车工人联合会与通用、福特这些汽车公司都反对进口日本汽车，钢铁工人联合会与钢铁公司向政府施加压力，要求提高进口钢铁的关税。应该如何解释这种现象？

5. 在美国历史上，排斥华工的主要势力是工会。工会为什么这样做？

6. 利息的收入为什么是合理的？

7. 在各国，企业家的收入都是最高的。这种现象合理吗？为什么？

8. 从有关著作和互联网上查找我国基尼系数变动的资料（不同资料中引用的基尼系数可能不同）。依据这些资料说明我国自改革开放以来收入分配状况发生了怎样的变动。这种变动发生的根本原因是什么？这种变动是否合理？为什么？

9. 近年来我国出现了一个收入水平低下的弱势群体。根据所学过的理论，分析这个低收入群体出现的原因。

10. 如何理解在收入分配中“效率优先，兼顾公平”这句话？

11. 在扶贫中，一种做法是输血式的，即对贫困者给予金钱或实物补助；另一种做法是培养造血机制式的，即让贫困者自己有脱贫的能力。哪一种扶贫的方法更好？为什么？

12. 西方发达国家建立了较为完善的社会保障与社会福利体系。这对实现平等是有积极意义的，但也引起社会效率下降等问题。根据西方发达国家的经验与教训，我国应该建立一种什么样的社会保障与社会福利体系？

第九章 CHAPTER 9

市场失灵与政府干预

在正常情况下，通过价格的自发调节可以实现供求平衡，从而达到资源的最优配置。从这种意义上说，市场机制是配置资源的一种良好方式。但在有些情况下，仅仅依靠市场调节并不能实现供求平衡，这种情况称为市场失灵。本章研究市场失灵产生的原因及解决方法。

重点掌握

- ◎ 公共物品与市场失灵
- ◎ 外部性与市场失灵
- ◎ 垄断与市场失灵
- ◎ 政府在解决市场失灵中的作用

一般掌握

- ◎ 信息不对称的含义
- ◎ 信息不对称下的市场行为

一般了解

- ◎ 政府失灵的产生
- ◎ 公共选择理论的含义

第一节 市场失灵

市场失灵指在有些情况下仅仅依靠价格调节并不能实现资源配置最优。市场失灵产生于公共物品、外部性与垄断。

一、公共物品

> 世界上没有任何一种制度是十全十美的，应从这个角度去理解市场失灵。

在现实经济中，大部分物品（与劳务）是私人物品。私人物品是由个人消费的物品。它的特征是消费的排他性和竞争性。排他性指一旦一个人拥有了某种物品，就可以很容易地不让别人消费。例如，你买了1千克苹果，你要不让别人吃你的苹果是很容易办到的。竞争性指一个人消费了一定量某种物品，就要减少别人的消费量。市场上的物品是有限的，一个人多消费了，另一些人就要少消费。例如，你多吃了1千克苹果，其他人一定要少吃1千克苹果。由谁消费，要由消费者竞争。

私人物品的排他性和竞争性决定了每个人只有通过购买才能消费某种物品，也就是消费者只有通过市场交易向生产者购买才能消费这种物品。有市场交易行为就有价格。当消费者和生产者对价格都满意时，交易才会发生。在这种价格下，消费者愿意购买，生产者愿意生产，价格调节使供求平衡。这就是市场机制配置资源的有效性。

经济中还有另一种物品——公共物品。公共物品是集体消费的物品。它的特征是消费的非排他性和非竞争性。非排他性指不能轻而易举地排斥某人消费某种物品。例如，你无法排除其他人利用路灯照亮。非竞争性指一个人消费某种物品不会减少其他人的消费，消费者之间并不存在竞争。例如，多一个人或少一个人利用路灯，并不会减少每个人从路灯中得到的好处。路灯、国防等都属于公共物品。

> 想一想一个社会为什么离不了公共物品。

公共物品的非排他性和非竞争性决定了人们不用购买仍然可以消费。这种不用购买就可以消费的行为称为“搭便车”。“搭便车”就是免费乘车，不花钱而进行享受。例如，你不必为使用路灯而花钱。这样，公共物品就没有交易，没有市场价格，因此生产者不愿意生产公共物品。

如果仅仅依靠市场调节，由于公共物品没有交易和相应的交易价格，就会产生没人生产或产量远远不足的问题。但公共物品是一个社会发展必不可少的，这样就无法通过市场调节提供足够的公共物品。公共物品的供小于求是资源配置失误。这种失误是由于仅仅依靠市场机制引起的，这就是市场失灵。

二、外部性

外部性又称外部效应，指某种经济活动给予与这项活动无关的主体带来的影响。这就是说，这些活动会产生一些不由生产者或消费者承担的成本（称为负外部性），或不由生产者或消费者获得的利益（称为正外部性）。

负外部性指一项经济活动给予与这项活动无关的主体带来的不利影响。例如，一个造纸厂的生产不但影响生产者和消费者，而且影响既不生产纸又不消费纸的第三方——造纸厂附近的居民。这就是说，生产者生产纸张实现了利润最大化，消费者购买并消费纸张实现了效用最大化。市场调节使他们双方都满意。但既不造纸又不用纸的居民受到造纸厂污染的影响。这种污染就是负外部性。

当有负外部性时，市场调节的供求平衡并不是社会利益的最大化。我们知道，在没有外部性的情况下，生产者与消费者通过市场交易行为实现自己的私人边际成本与私人边际收益相等。私人边际成本是个人生产或消费一单位物品增加的成本。私人边际收益是个人生产或消费一单位物品增加的好处。没有外部性时，生产者和消费者付出的私人边际成本之和也就是社会边际成本，生产者和消费者得到的私人边际收益也就是社会边际收益。这时：

私人边际成本（生产者边际成本＋消费者边际成本）＝社会边际成本

私人边际收益（生产者边际收益＋消费者边际收益）＝社会边际收益

当没有负外部性时：

私人边际成本＝社会边际成本

私人边际收益＝社会边际收益

所以，在市场机制调节之下，当私人边际成本等于私人边际收益时，就有：

社会边际成本＝社会边际收益

这就是说，当市场调节实现了生产者与消费者的供求平衡时，社会收益也实现了最大化。

但当有负外部性时，仍以造纸厂为例，社会边际成本中不仅包括私人边际成本，还包括污染的成本，即其他人承担的边际成本，这时社会边际成本大于私人边际成本。但私人边际收益与社会边际收益仍然相同，所以，当私人边际成本等于私人边际收益时：

社会边际成本＞社会边际收益

这时，从私人角度看，市场调节是有利的；但从社会角度看，资源配置并非最优。这就是外部性引起的市场失灵。

当某项经济活动给予与这项活动无关的主体带来好处时，这就产生了正外部性。例如，种花者美化了环境，使既不种花又不买花的第三方享受到更好的环境，这就是正外部性。

当有正外部性时，一项经济活动所带来的私人边际成本与社会边际成本相等，但社会边际收益（包括给第三方带来的好处）大于私人边际收益。同时，从私人角度看，资源配置最优；但从社会角度看，资源配置并非最优。这同样是市场失灵。

无论是正外部性还是负外部性，都会引起市场失灵。

试分析有正外部性时私人边际收益、私人边际成本、社会边际收益、社会边际成本之间的关系。

三、垄断

垄断是对市场的控制。如果是生产者垄断，即一般所说的垄断，就称为卖方垄断。如果是购买者垄断，就称为买方垄断。这两种垄断都会引起市场失灵。我们可以通过比较竞争与垄断情况下社会福利的损失来说明市场失灵。

在竞争情况下，价格由供求决定，当价格调节使供求相等时，用消费者剩余和生产者剩余之和表示的社会福利达到最大。消费者剩余是消费者愿意支付的价格与实际支付的价格之差，生产者剩余是生产者生产某种产品的成本与实际得到的价格之差。总剩余是消费者剩余与生产者剩余之和。在竞争条件下，当市场均衡时，消费者剩余与生产者剩余达到最大，即社会福利最大，表明价格调节实现了资源配置的最优化。我们可以用图 9–1 来说明这一点。

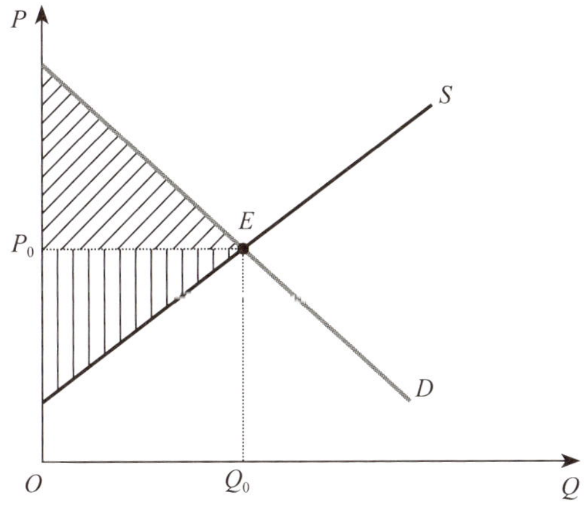

我们可以用总剩余衡量社会福利。当总剩余最大时，就实现了社会福利的最大化。

图 9–1　竞争条件下的消费者剩余、生产者剩余、总剩余

在图 9–1 中，当供求相等时，均衡价格为 P_0，均衡数量为 Q_0。这时，消费者剩余是价格线以上和需求曲线 D 以下的面积（图 9–1 中用斜条阴影表示），生产者剩余是价格线以下和供给曲线 S 以上的面积（图 9–1 中用竖条阴影表示）。这两块面积之和为社会福利，这时社会福利达到最大，表示资源配置实现了最优化。

当有垄断时，垄断者利用对市场的控制把价格提高到均衡价格 P_0 以上。这就引起消费者剩余和生产者剩余的损失，从而资源配置没有实现最优化。我们可以用图 9–2 说明

这一点。

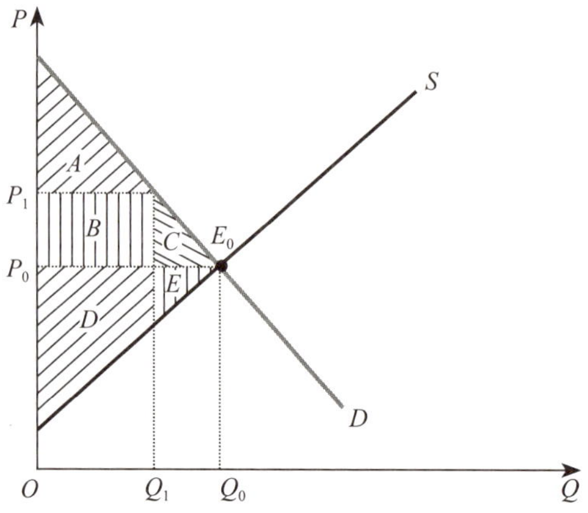

图 9-2　垄断条件下的消费者剩余、生产者剩余、总剩余

在图 9-2 中，垄断者把价格提高到 P_1，P_1 高于均衡价格 P_0。这时，消费者的需求减少，均衡数量减少为 Q_1。在图 9-2 中，当价格为 P_0，均衡数量为 Q_0 时，面积 A+ 面积 B+ 面积 C 是竞争条件下的消费者剩余，面积 D+ 面积 E 是竞争条件下的生产者剩余，面积 A+ 面积 B+ 面积 C+ 面积 D+ 面积 E 是社会总剩余，即社会福利。当价格为 P_1，均衡数量为 Q_1 时，消费者剩余为面积 A，生产者剩余为面积 B+ 面积 D，总剩余为面积 A+ 面积 B+ 面积 D。原来的消费者剩余中，面积 B 通过高价格转向生产者，但面积 C 是垄断引起的纯粹损失，称为无谓损失。原来的生产者剩余中面积 E 也是纯粹损失。面积 C+ 面积 E 称为垄断下的无谓损失，它是由于价格高、均衡数量低引起的。在垄断条件下，总剩余，即社会福利其损失为面积 C+ 面积 E。这就是垄断引起的资源配置没有实现最优化，即市场失灵。

在经济生活中，竞争会引起垄断，垄断引起资源配置失误，这是经常出现的现象。换言之，在存在垄断的情况下，经济体不能通过价格调节实现资源配置的最优化。

参考资料

纯公共物品与准公共物品

我们根据是否具有排他性与竞争性来区分私人物品与公共物品。公共物品又可按这一标准再划分为纯公共物品与准公共物品。

纯公共物品具有完全的非排他性与非竞争性，如国防。但是有一些物品只在一定范围内具有非排他性和非竞争性，而在一定条件下也可以变得具有排他性和竞争性，如公路。如果公路上不拥挤，多一辆车或少一辆车没什么关系，而且要用收费的办法来排斥别人使用又不容易（路口太多，车辆都可以上路，要实行收费代价太高），这时公路就是纯公共物品。但如果设置收费站容易（如在封闭的高速公路上设置公路），或者车辆过多造成拥堵，这时公路就成为准公共物品。

准公共物品的另一种形式是俱乐部。例如，一个高尔夫俱乐部，对俱乐部成员是非排他性的，但对非会员是排他性的。俱乐部会员有限，他们享受俱乐部的服务、使用设施时是没有竞争性的，但如果开放俱乐部，人太多就有竞争性。这种俱乐部就是准公共物品。

有些物品只具有一种特征，如共有的湖泊具有竞争性，即如果利用的人太多，湖泊中资源减少，别人多用一点，你就要少用一点，但它没有排他性，因为很难阻止其他人利用这种湖泊。

这种区分很重要。纯公共物品只能由政府来提供，但准公共物品则可以由私人物品根据市场调节来提供。例如，对公路实行收费，就可以由私人公司修公路，通过市场调节实现供求平衡。

第二节　政府干预的必要性

市场失灵的存在引出了政府干预的必要性。政府的作用并不是代替市场机制，而是弥补市场调节的不足，解决市场机制所解决不了的问题。

一、市场机制解决公共物品与外部性的局限

有些公共物品和外部性是可以通过市场调节来解决的，关键在于明晰产权。

就公共物品而言，有些公共物品在一定条件下可以成为准公共物品或私人物品，通过市场机制来提供。例如，灯塔是一种公共物品，它收费困难，而且不具有竞争性。但在历史上曾经有私人建立灯塔，就是因为灯塔的所有者与所在港口的所有者合作（或由港口所有者建立灯塔）。这时，凡进入这一港口的船只都要交纳灯塔使用费。一旦实现这种收费办法，私人灯塔就可以实现边际成本与边际收益相等，从而成为私人物品。再如，公路、桥梁等公共物品都可以运用这种方法解决供需失衡问题。

但并不是所有公共物品都可以变为私人物品。例如，国防就没法收费，也不能排除任何人“搭便车”。这时市场就无法解决这类纯公共物品问题，从而要求助于政府。

在产权明晰的情况下，有些外部性问题也可以通过市场机制来解决。例如，一个造纸厂

建在一条由私人钓鱼俱乐部拥有的小河边。造纸厂与小河都由私人拥有，产权明晰。这时，造纸厂给小河带来的污染问题（负外部性）就可以通过双方的谈判来解决。小河所有者的产权受到侵犯（无法钓鱼，产权的使用权与受益权被侵犯），小河所有者就可以提出赔偿要求。如果造纸厂的赔偿小于收益，则造纸厂愿意进行赔偿；如果钓鱼俱乐部得到的赔偿足以补偿污染带来的损失，则钓鱼俱乐部也愿意接受赔偿，负外部性就不存在。如果赔偿金额太高，造纸厂无法接受，其就要治理污染或关门，负外部性也消除了。在这种情况下，双方的交易可以解决污染的负外部性问题。

但并不是所有负外部性都可以用这种方法来解决。空气、河流一般是公有产权，无法实现私有。或者所有者人数太多，这些所有者需要自己先达成协议再与污染者谈判，交易成本太高，无法进行。这时就需要政府出面解决负外部性问题。

垄断是市场竞争中必然产生的，垄断也难以由市场本身解决，这也需要政府的干预。

当市场本身无法克服市场失灵时，政府的干预就是必要的。

二、政府的作用

> 公共交通是由政府提供好，还是由私人公司提供更好？

应该说，市场经济中应该尽量利用市场机制。这就是说，市场能做的尽量交给市场去做。例如，当市场可以通过明确产权解决外部性问题时，就交给市场解决。此外，如果政府能用市场方法解决市场失灵问题，就尽量采用市场方法解决。只有用市场方法无法解决或者不能用市场方法解决时，政府才用行政或立法方法来解决。

经济中的纯公共物品，如国防、基础教育、市政建设、社会保障等要由政府来提供。为此，政府向公民征税，作为提供这些公共物品的资金。这些公共物品为任何一个经济体所需要，但又不是私人或市场所能提供的。提供这些公共物品是政府在市场经济中的基本职能之一。政府为提供这些公共物品而征税的依据有支付能力论与受益论。支付能力论是根据收入多少不同纳税，收入高者多缴，收入低者少缴。受益论是根据从公共物品中得到好处的大小纳税，受益大者多缴，受益小者少缴。无论根据哪一种理论，收入高的人多缴税都是应该的。因为收入高的人不仅纳税能力强，而且从公共物品中受益也大。例如，国防给拥有 100 万元财产的人所带来的好处，远远多于给拥有 1 万元财产的人所带来的好处，因此从保护 100 万元中获得的好处当然大于从保护 1 万元中获得的好处。

有些公共物品可以变为私人物品，通过市场方式提供，这时政府就要把这种物品的供给交给市场。例如，许多人认为公共交通是公共物品，实际公共交通可以通过收费来实现排他性和竞争性。因此，公共交通可由私人企业提供，而且，由私人企业提供公共交通比政府提供效率高得多。美国纽约市的公共交通有一段时间由市政府经营，结果是价格高，运行成本高，要政府贴补，服务还不好。纽约市之后把公共交通交给私人企业经营，价格下降了，成本下降了，私人企业有盈利，政府减少了财政支出，服务也好了。在这些公共物品上，政府所做的事就是通过拍卖把这些事业的经营权转让给私人企业，让它们按市场规则去经营。

政府解决外部性可以使用立法或行政手段，也可以采用经济或市场手段。下面我们以保护环境为例进行说明。采用立法手段就是制定环境保护法这样的法律，指定某个政府部门作为执法机构，制定一定的保护标准，强制执行，对违规者进行从罚款到追究法律责任的处罚。例如，各国对汽车尾气的排放标准都有规定，超过尾气排放标准的汽车不让生产、销售和行驶。这种法规就是强制性的，要由政府来实施。

经济手段是征收污染税，这种税收最早由英国经济学家庇古提出，因此也被称为庇古税。庇古税就是对污染征收的税。这种税向生产者征收，这就把污染的社会成本变成了私人成本。由于成本增加，生产污染产品的企业会降低产量甚至停止生产，或者自己治理污染。政府也可以用这种税收来治理污染或保护环境。污染税由政府根据有关规定征收。当然，对有正外部性的物品进行补贴也与此类似。

运用以上方法都需要政府设立相应的机构，该机构的运行、执法、管理都需要支出成本，这就是保护环境的管理成本。如果这种机构官僚主义严重，还会产生管理不力、执法不严、低效率的问题。因此，经济学家也在寻找一种更经济高效的环境保护方法，这种方法就是可交易的排污证制度。

> 我国一些城市也运用了可交易的排污证制度，试把这种方法与行政手段进行比较。

可交易的排污证制度是由环保部门确定一个地区或城市的总体排污标准，然后向污染企业发放（或拍卖）的排污证。排污证可以在市场上进行交易。这种方法不仅降低了政府管理部门的排污成本，而且减少了企业治理污染的成本。例如，某城市确定可吸入颗粒物的排放总量为 20 吨，然后向一个排污的钢铁厂和化工厂各发放 10 吨排污证。这两个厂排污的成本不同，钢铁厂减少每吨污染需 2 万元，而化工厂需 1 万元。如果规定各自排污标准为 10 吨，那么钢铁厂支出成本 20 万元，化工厂 10 万元，总计为 30 万元。当允许它们交易排污证时，钢铁厂向化工厂购买排污证，假定它们以 1.5 万元一吨的价格成交。钢铁厂多排出 10 吨，花 15 万元，节约 5 万元排污费。化工厂治理污染支付治理污染费 10 万元，多得到 5 万元收入。排放总量没变，化工厂治理 20 吨污染需 20 万元，两个企业共节约排污费 10 万元，各得 5 万元。这种方法有效地治理了污染，已在美国以及我国的部分地区有成功的运用。

垄断可以分为自然垄断和立法垄断。政府对垄断的消除主要用以下三种方法。

1. 价格管制

价格管制是政府控制垄断者产品的价格。这种方法主要用于自然垄断行业，其原则有三：一是边际成本定价，即垄断企业按产品的边际成本确定价格。二是平均成本定价，即垄断企业按产品的平均成本定价。由于垄断企业的平均成本高于边际成本，当按边际成本定价时，总收益小于总成本，要使企业维持下去只有实行政府补贴。企业按平均成本定价才能收支相抵。三是确定一个合理的资本回报率，按成本加这种回报率定价。此外，政府为了防止企业定价过高，也可以采用价格上限的政策，即规定一个企业不能超过的最高价，在此之下由企业自行定价。

2. 实施反托拉斯法

各国都有名称不同的反对垄断、保护竞争的立法，在美国这种立法被称为反托拉斯法。这种立法在美国由司法部或联邦贸易委员会实施，对违法的垄断企业提起诉讼，进行行政惩罚或法律制裁。

3. 国有化

国有化，即对垄断性的企业实行国有化，由政府经营。

这些方法各有利弊，实行起来也不容易。例如，无论采用哪种原则，定价都取决于成本，管理部门难以准确确定成本，垄断者则可以运用瞒天过海的方式夸大成本。反垄断法的执行取决于法院裁决，法院的裁决结果取决于各种因素。国有化被证明是低效率的，因此，20 世纪 80 年代之后西方各国又对已国有化的企业进行了私有化。正因为反垄断困难，经济学界和政界在应不应该用政府的方式来反垄断，以及如何反垄断这些问题上始终存在分歧。

参考资料

科斯论产权与外部性

科斯是生于英国的美国经济学家。他的产权理论是现代经济学史上的一次革命性突破。在科斯之前，经济学家认为，外部性的存在是市场失灵的原因之一，因此，需要政府的干预来解决外部性问题。英国经济学家庇古正是沿着这一思路提出了征收庇古税的主张。

但科斯认为，在产权明晰的条件下，市场机制可以有效地解决外部性问题。这就是说，私人经济主体可以解决他们之间的外部性问题，无论初始的权利如何分配，有关各方总可以达成一种各方满意的协议，在达成这种协议时，各方的状况都可以变得更好，而且，结果是有效率的。这被称为科斯定理。我们在书中讲的造纸厂和钓鱼俱乐部的例子正好说明了这一点。

但是，科斯定理的应用也有一定条件。这就是产权的界定和交易成本的大小。有些资源无法确定明晰的产权，如空气、河流等。在这种情况下，各方就无法达成一致的协议。在其他产权，如集体产权的情况下，达成一致的代价太高，即交易成本高。这时市场也无法解决外部性问题。因此，我们尽量通过市场方法来解决外部性问题。在市场调节无效或交易成本太高的情况下，外部性问题仍需要政府用立法或行政手段解决。

第三节 风险、信息不对称与市场行为

我们在微观经济学中分析的主要是确定条件下和信息对称时的经济行为及其结果。但现实世界中充满不确定性，信息往往是不对称的。这对市场行为有什么影响？这正是本节讨论的内容。

一、不确定性与风险

我们生活在一个充满不确定性与风险的世界里。但人们对不确定性与风险并不了解。所以，我们先来介绍不确定性与风险的定义，以及它们之间的区别。

不确定性是指可能出现一种以上的情况，但我们并不知道会是哪一种情况的状态。例如，农民无法知道未来天气变化的情况，农业收成受天气影响很大，这就是农业中的不确定性。

为了说明不确定性，我们使用了概率和风险这两个概念。概率是 0 与 1 之间的某个数，它衡量某些可能发生的事件的机会是多少。概率为 0，表示事件不会发生。概率为 1，表示事件肯定会发生，即确定。概率为 0.5，表示事件发生的可能性有一半，如多次掷硬币，每一面出现的概率都是 0.5。

我们可以估算出每种可能结果出现的概率大小。在有些情况下，我们可以根据过去的资料来判断某一个事件发生的概率。例如，生双胞胎的概率、某一地区发生车祸的概率，我们都可以根据历史资料作出判断。但在有些情况下，则要在历史资料的基础上推断概率，例如，一种新产品推向市场成功的概率有多大，需要利用相关资料（如其他类似产品成功的情况及相关市场预测）来进行推测。

不确定性引起了风险。如果一个事件未来的可能结果无法用概率表示，就是不确定性。如果一个事件未来的可能结果可以用概率表示，就是风险。这是不确定性和风险的区别。经济学家更多的是研究风险条件下人们的市场行为。

在有风险的情况下，人们行为的目的是未来的预期收益最大化。未来的预期收益是考虑到风险时的收入，我们可以根据风险的概率来计算。例如，某人购买某只股票共支出100万元。获得20%红利的概率为0.4，获得10%红利的概率为0.4，无红利的概率为0.2。在这种情况下，购买这种股票的未来预期收益为：

$$\text{预期收益}=(100\times0.2)\times0.4+(100\times0.1)\times0.4+(100\times0)\times0.2$$
$$=8+4+0=12\text{（万元）}$$

不同的人对风险的态度不同，可以分为喜爱风险、厌恶风险与风险中性。经济学中假设人是厌恶风险的，即一般人都要尽量回避风险。保险业的产生正是为了回避风险。

保险业能存在首先源于人们厌恶风险的本性，保险业为人们回避风险服务，是有市场的。保险业之所以能存在，是因为风险有概率，可以通过保险来分摊风险。

以汽车保险为例。如果根据历史资料统计，每个人发生车祸的风险为0.1，没有车祸的风险为0.9。如果一个人的汽车价值10万元，在有车祸风险的情况下，这10万元财产的未来预期收益为：

$$\text{预期收益}=10\times0.9+0\times0.1=9\text{（万元）}$$

这时车主为了保证无风险，即使发生车祸也可以有10万元的财产，就愿意支付1万元保险费。保险公司按0.1的车祸概率，每100万元赔付10万元，这样有100个人购买保险，每人付1万元，共收保费100万元，为100个人中的10个人每人付10万元保险费，共100万元，保险公司就可以经营下去。在现实中，人们为了免受车祸引起的10万元损失，愿意出更高的保险费，保险公司就可以赚钱。人们愿意出的保险费更高是因为保险中还包括自己的人身安全保险。

在现实中人们回避风险的方式还很多，保险是其中的一种主要方式。

二、信息不对称下的道德风险与逆向选择

在现实生活中，信息是不对称的。例如，买者对卖者所出售商品的性能、质量并不完全了解。卖者拥有的信息多，买者拥有的信息少，这就是信息不对称。信息不对称就是双方拥有的信息数量与质量不相同。

经济学家把信息分为两种：一种是公开信息。这种信息人人都知道，人人都可以得到，如一种商品的外形或其他显而易见的特征。另一种是私人信息。这种信息为一方所有，其他人无法得到，或要花代价才能得到。例如，某种商品的内在品质，卖者知道，但买者不知道，买者只有在付出代价购买并使用之后才知道。在市场交易中，一方只有公开信息，另一方既有公开信息又有私人信息，后者比前者拥有的信息多，这就是信息不对称。

在信息不对称的情况下会发生道德风险。道德风险就是拥有信息多的一方以自己的信

息优势来侵犯拥有信息少的一方的利益，实现自己利益的可能性。例如，在市场上，卖方拥有商品内在品质的私人信息，而买方没有，卖方就有可能把自己的伪劣商品当作优质商品卖给买方。卖方的这种做法就是道德风险。

> 请试着用信息不对称理论解释“从南京到北京，买的不如卖的精”这句话。

信息不对称之下产生的另一个问题是逆向选择。逆向选择指在信息不对称情况下，拥有信息少的一方作出不利于另一方的选择。例如，在市场上，买方并不拥有商品内在品质的私人信息，但他们知道，拥有这种信息的卖方有利用信息欺骗他们的道德风险，因此，他们就会把所有卖方都视为骗子，把所有商品都视为伪劣商品。这时，市场上正直的卖方没法生存，优质商品也无法存在。这就是逆向选择。这种逆向选择不利于卖方，也不利于整个市场的交易活动。

在现实中，信息不对称是普遍存在的，这就引起广泛的道德风险与逆向选择，不利于市场交易。比如，在保险市场上，保险公司与投保人之间存在信息不对称。投保人拥有私人信息，如自己身体的真实状况，而保险公司并不了解。投保人会掩盖自己的疾病而欺骗保险公司，这就是道德风险。保险公司为防止被骗，就把所有来投保的人都看作有疾病的人，从而收取极高的保险费。这样，来投保的都是有病之人，健康者不来投保，保险市场就难以存在了。

在信贷市场上，银行与贷款人之间存在信息不对称。贷款人拥有的私人信息是自己的偿还能力，而银行并不了解。贷款人会掩盖自己的真实还贷能力，骗得贷款，这就是道德风险。银行为防止被骗，就把所有贷款者都看作无偿还能力来骗贷的人，从而收取极高的利率。这样，来贷款的人都是无偿还能力的人，有偿还能力的人不来贷款，形成逆向选择，信贷市场难以存在。

在劳动市场上，雇主与求职者之间存在信息不对称。雇主并不了解求职者的实际能力，求职者的实际能力也是其私人信息。这样，求职者的道德风险就是向雇主传递假信息（如假文凭或假获奖证书等），以便让雇主高薪雇用。雇主知道求职者的这种行为，就把所有来求职的人都看作假信息提供者，只愿为其付低薪。这时真正能干的求职者就不会来，引起逆向选择，劳动市场难以运行。

在现实中，这类信息不对称及相应产生的道德风险与逆向选择普遍存在。

三、信息不对称下的市场行为

信息不对称是普遍存在的，但信息不对称市场仍在正常运行。这表明市场机制本身可以解决信息不对称问题。

> 市场可以自发地找到解决信息不对称的方法。

解决这一问题的中心是如何得到私人信息。私人信息并不是无法得到，而是要付出代价才能得到。如果获得这种信息付出的成本大于由这种信息带来的收益，缺少信息的一方就不会去寻找私人信息；但如果获得这种信息付出的成本小于由这种信息带来的收益，缺少信息的一方就会去寻找私人信息。这时不对称信息市场上的交易行为就可以正常进行了。

在现实中有许多方法可以帮助人们从杂乱的虚假信息中找出真实信息。这就要求人们善于从反映信息的各种信号中，找出能反映真实私人信息的信号。例如，在劳动市场上，雇主不仅要看求职者的文字材料（公开信息），而且要进行面试，通过面试中的各种题目来了解求职者的真实情况（私人信息）。设计合理的面试题目就是要从求职者的回答中找出反映其实际能力的信号。

发现能反映真实私人信息的信号有时是一件专业性的工作，如果由非专业机构等去做，可能成本会相当高。这时就需要专门从事这种搜集信息、分析信号工作的机构。这些机构为许多人做相同的信息搜寻工作，实现了专业化和规模经济，使搜寻私人信息的成本大大下降。例如，银行要寻找每一个贷款者偿还能力的真实信息，成本是很高的。但社会上有中介机构专门从事个人信用等级评估工作，为不同的银行服务，这样就大大降低了寻找私人信息的成本。这种机构收集许多能反映个人信用程度的资料，并进行分析，根据设计好的一套评估标准进行评估。它们从这种工作中获益，因此不能弄虚作假。这种中介机构的存在使许多信息不对称市场仍在正常运作。在案例研究中我们用美国经济学家、2001 年诺贝尔经济学奖获得者之一阿克洛夫的二手车市场分析说明信息不对称市场的特征以及解决方法。

案例研究

二手车市场分析

二手车是指开过的汽车。不同的二手车差别很大，有的还相当好，有的早该报废了。买者从外表上很难判断二手车的内在质量。卖者对车况了如指掌，这是其拥有的私人信息。买者仅从表面上看不出二手车的内在质量。这就是二手车市场上的信息不对称。

在这种情况下，卖者总希望把自己快报废的二手车粉饰一新后，当作好的二手车卖出。这就是拥有私人信息一方的道德风险。

买者并不知道某一辆车的具体内在质量如何，但知道卖者会利用私人信息，力图把最差的车卖给他们。这样，买者就把市场上的所有二手车都看成最差的车，只愿意支付最低价格。这时，好的二手车的车主就不愿意把自己的车拿到二手车市场上出售，从而市场上的二手车都是最差的。这就是逆向选择。这时，谁也不愿买最差的车，而市场上只有最差的车，交易就无法进行了。

解决这一问题的机制是找到一种低成本地获取卖者旧车信息的办法。确定旧车的内在质量是专业性很强的工作，如果买者仅仅为了买一辆车而去学习鉴定旧车的技术，成本就太高了。这时市场上就在卖者与买者之间出现了中间商，中间商对旧车进行检验，并给不同质量的车做上记号，这时卖者与买者之间信息对称，旧车按质论价，交易就可以正常进行了。

中间商不是鉴定一辆车，而是以此为职业，鉴定许多辆车，他们学习鉴定旧车的专业知识，就能实现规模经济，获得每一辆车的私人信息的成本很低。同时，他们作为中间商要在市场上生存下去，必须取信于买卖双方，所提供的信息必须真实可靠。市场竞争迫使他们为维护自己的信誉而必须提供真实信息。当二手车市场上出现中间商时，买卖双方信息对称，交易就可以正常进行了。这说明，市场本身能够自发地产生克服信息不对称的方法，使市场在信息不对称的情况下也能正常运行。

第四节　政府失灵论

在市场失灵的情况下，政府进行干预就有其必要性。那么，是不是有了政府的这种干预，市场经济就完善了呢？美国经济学家布坎南提出的公共选择理论证明，政府干预也不一定能解决市场失灵问题，因为政府也会失灵。

一、公共选择理论

公共选择理论用经济学方法分析政治领域中的决策行为。这种理论把决定政策的政治领域看作和物品市场一样的市场。在这个市场上，政策的供给者是政府官员和政治家，需求者是选民，选民手中的选票相当于消费者的货币。一种政策的产生是政治市场均衡的结果。

政府官员作为政策的供给者，他们与物品市场上的企业一样，其目的也是实现个人利益最大化，并不像过去所认为的那样是为公众服务。官员的个人利益有收入、名望与权力。这些都与他们的职务相关，因此，他们的目的是自己职务的保持与提升。

在民主制度下，官员能否连选连任取决于选举。如果选民完全了解每一种政策对自己利益的影响，并以此为依据来进行投票，则官员只有按选民的意志来办事才能连选连任。这时，官员的个人利益与选民的社会利益一致，官员即使从自己的个人利益出发，所制定的每一项政策也是符合社会利益的，这时就不存在政府失灵问题。

但在现实中，这种情况并不存在。

首先，选民是理性无知的。这是因为，选民要能对政策作出判断，必须具有完备的信息，这种信息包括政策运行的理论、政策效应分析及其他相关信息。选民要获得这种信息必须付出极大的代价，比如学习各种专业理论，阅读各种报刊，收集并分析相关信息。但政策对选民自己的影响总是有限的。一项对自己有利的政策，不会只对自己有利，而是对许多人有利，自己分享到的好处极为有限。这样，选民作出正确选择，付出的代价高而收益小；只有不管政策如何，不为决策付出代价才是理性的。这就是选民的理性无知。

其次，政府与选民之间的信息是不对称的。政府官员拥有的信息多，选民拥有的信息少，官员就可以利用自己的信息优势，使政策有利于自己。

最后，还应该指出，现代社会的民主并不是选民直接表达自己意愿的直接民主，而是由议员代表选民表达选民意愿的间接民主。社会分为不同的利益集团，选民分属于不同利益集体，没有完全相同的利益。某种政策给一个利益集团带来好处，必然给另一个利益集团带来损失。例如，农业补贴会给农业集团带来好处，但政府支出更多用于农业，就减少了用于国防、教育或社会保障的支出，给这些集团带来损失。不同的议员代表不同的利益集团，无法作出有利于整个社会的决策。代议制民主所作出的决策往往是各个利益集团之间相互妥协的结果。这种结果不一定符合整个社会的利益。

因此，出于以上原因，政治过程得出的均衡，即作出的决策，并不一定符合整个社会利益。这时政府就会失灵。**政府失灵指用政府取代市场并不能保证消除市场失灵，实现资源配置最优化**。由于政府引起的资源配置失误就是政府失灵。

二、官僚主义行为模型

我们可以用一个官僚主义行为模型来说明政府失灵。

根据市场失灵理论，政府要提供公共物品，尤其是纯公共物品只能由政府提供。那么，由政府提供这种公共物品能不能实现资源配置的最优化呢？

根据市场经济原则，当一种物品的边际成本与边际收益相等时，就实现了资源配置的最优化。假设一个政府提供国防这种公共物品，再具体一些，为了保卫国家，提供反导弹系统。再假设，当这个社会提供 5 套反导弹系统时，边际成本与边际收益相等。所以，5 套反导弹系统能实现资源配置的最优化。但国防部官员从自己的利益出发，希望提供 6 套甚至更多的反导弹系统。因为反导弹系统越多，他们得到的国防拨款越多，可支配的钱越多，可支配的人越多，权力越大，符合他们的个人利益最大化。

他们的这种愿望能不能实现呢？这就要看作出这个决策的政治过程了。在这个决策过程中，选民是无足轻重的，因为他们对于国家需要多少反导弹系统根本不了解，也没有兴趣去了解，或者说也没有了解这件事所需要的信息与能力。

国防部官员提出的反导弹系统数量要经过议会批准。因此，他们增加反导弹系统的提案能否通过的关键在于议会议员的态度。议员是以多数原则（少数服从多数）来决定这一提案能否通过的。

在讨论这一提案时，国防部官员与议员之间的信息是不对称的。这就是说国防部官员知道实际需要多少反导弹系统，议员并不了解。国防部官员可以利用自己拥有的信息来让议员相信，5 套反导弹系统不够，起码要 6 套才行。比如，国防部官员极力夸大敌对国导弹力量之强大，本国没有 6 套以上反导弹系统不足以保卫国家安全。议员并没有这方面的信息，也易于被国防部官员说服。

同时，议员中有代表军工集团利益的，他们出于自己的利益，会坚决支持国防部的提案。尽管会有其他利益集团议员的反对，但军工集团的议员可以与这些议员进行交易，这次其他利益集团支持增加反导弹系统，下次他们支持其他利益集团。通过这种谈判过程，大多数议员会同意这个方案。

根据实际需要，有 5 套反导弹系统就实现了边际成本与边际收益相等，但政府决定了购买 6 套反导弹系统。这第六套反导弹系统的边际成本大于边际收益（由于有 5 套与 6 套反导弹系统，国家的安全程度相同，第六套反导弹系统的边际收益几乎为零）。这就是资源没有得到最优配置，产生了政府失灵。

市场会失灵，纠正市场失灵的政府干预也会失灵。市场经济正处于这种两难困境。在现实中，能由市场解决的尽量由市场解决，市场解决不了的只有求助于政府，这样做的目的无非是尽量减少政府失灵而已。

关键概念

市场失灵	公共物品	私人物品	外部性
正外部性	负外部性	总剩余	税收的支付能力论
税收的受益论	庇古税	可交易的排污证	价格管制
边际成本定价	平均成本定价	反托拉斯法	不确定性
风险	概率	信息不对称	私人信息
公开信息	道德风险	逆向选择	公共选择理论
政府失灵			

内容提要

- 公共物品、外部性与垄断的存在引起市场失灵，即在这些情况下，仅仅依靠市场调节无法实现资源配置的最优化。

- 公共物品具有消费的非排他性和非竞争性。公共物品引起“搭便车”问题，因此要由政府向公民征税来提供。
- 外部性是某种经济活动给予与这项活动无关的主体带来的影响。它使这项活动的社会边际收益大于或小于社会边际成本。从私人角度看，资源配置的最优化实现了；而从社会角度看，资源配置的最优化却没有实现。在产权明晰的情况下，有些外部性可以通过市场交易来解决。当市场交易无法解决时，需要政府用立法、行政或税收方法解决。即使由政府解决，政府也可以用市场方法，如可交易的排污证。
- 垄断引起社会福利损失，政府用价格管制、反垄断法或国有化来消除垄断。但对这些方法的有效性存在争论。
- 现实中存在不确定性与风险。风险可以用概率来衡量，可以通过保险等方法来规避。
- 市场上买卖双方的信息不对称引起道德风险与逆向选择，但市场本身可以解决这个问题。
- 由于官员的利己，选民的理性无知，以及代议制民主，政府干预经济有时也会引起资源配置失误，这称为政府失灵。

思考题

1. 判断以下物品哪些是私人物品，哪些是公共物品，并说明理由：环境保护、义务教育、基础科学研究、应用技术研究、电影、有线电视。

2. 以下活动哪些会带来负外部性，哪些会带来正外部性？为什么？

（1）大妈在居民小区跳广场舞。

（2）老式蒸汽机火车通过农田时，其释放的灰尘对农作物生长不利。

（3）私人开办以营利为目的的私立学校。

（4）私人购买汽车。

3. 某地冷饮市场原来处于竞争状态，每支冰棍价格为 2 元，销售量为 1 000 支。现在冷饮市场完全由某个公司垄断，其把价格提高到 3 元，销售量为 500 支，用图形说明消费者剩余、生产者剩余、总剩余各减少多少，无谓损失是多少。（说明方法与大约的数字就可以）

4. 比较私人经营公共交通与政府经营公共交通的优缺点。过去北京由一家政府的公交公司经营公共交通，现在由多家公司，包括股份制公司经营公共交通。这是进步还是退步？为什么？

5. 为什么空气污染这种负外部性不能由市场解决？当政府解决这一问题时，能不能运用市场方式？是政府直接管制好，还是运用市场方式好？为什么？

6. 政府对垄断企业的价格管制有什么利弊？你认为如何管制最有效？

7. 如果暑假你有两份工作可以选择：一份是当家教，每月保证有500元收入；另一份是当推销员，干得好每个月最多可赚3 000元，干不好一分钱也没有。根据别人的经验，赚3 000元的概率为0.1，赚2 000元的概率为0.4，赚1 000元的概率为0.4，一分钱赚不到的概率为0.1。

（1）这两份工作的预期收益各是多少？

（2）你会选择哪一份工作？为什么？（不考虑工作给你带来的精神享受和经验积累，只考虑收入）

8. 当你找工作时，你在劳动市场上是拥有私人信息的一方，还是不拥有私人信息的一方？为什么？

9. 如果你是一个公司的人事主管，要在市场上招聘2名营销人员。现在有10人应聘，你会用什么方法来得到应聘者的私人信息？（可以设计几道面试题，这些题要能反映对营销人员的要求，从而可以知道谁真的适合做这项工作）

10. 在婚姻中介市场上，信息如何不对称？如何产生道德风险和逆向选择？（把参与婚姻中介市场的人分为征婚者和应征者）

11. 银行为什么会有不良资产？提高利率能避免不良资产产生吗？应如何解决这一问题？（注意，这个题目假设不良资产产生的唯一原因是债权人不偿还债务）

12. 美国小布什政府曾经大幅度增加农业补贴。这项政策并不符合美国的整体利益，但在议会中也通过了。用公共选择理论解释为什么小布什要推出这项政策，以及为什么议会会通过这项政策。

下　篇

第十章 CHAPTER 10

宏观经济学概论

以上各章介绍了微观经济学的基本内容，从这一章起，我们就进入了宏观经济学。宏观经济学是研究整体经济状况的。在这一章，我们先对宏观经济学的一些重要指标和基本概况作出介绍。

重点掌握

◎ 国内生产总值的含义
◎ 国内生产总值的计算方法
◎ 通货膨胀率的计算
◎ 失业率的计算

一般掌握

◎ 宏观经济学研究的问题
◎ 失业的含义
◎ 失业与国内生产总值的关系
◎ 经济周期的含义
◎ 经济增长的含义

一般了解

◎ 宏观经济学中两个学派的争论
◎ 凯恩斯主义宏观经济学的形成与发展
◎ 新古典宏观经济学的形成与发展

第一节 国内生产总值及核算方法

一个国家的宏观经济状况可以用一些经济指标来说明，这组经济指标包括国内生产总值（gross domestic product，GDP）、通货膨胀率和失业率。其中最重要的是国内生产总值，因为这个指标可以衡量整体经济的状况。

一、国内生产总值的含义

国内生产总值是指一国 1 年内所生产的最终产品（包括产品与劳务）的市场价值的总和。

在理解这一定义时，我们要注意这样几个问题。

第一，国内生产总值指一国在本国领土内所生产的产品，既包括本国企业所生产的产品，也包括外国企业或合资企业在本国生产的产品。

第二，国内生产总值是指 1 年内生产出来的产品的总值，因此，在计算时不应包括以前所生产的产品的价值。例如，以前所生产而在该年所售出的存货，或以前所建成而在该年转手出售的房屋等都不应计入国内生产总值。

第三，国内生产总值是指最终产品的总值，因此，在计算时不应包括中间产品产值，以避免重复计算。

> 在 1993 年以前，各国用的是国民生产总值衡量宏观经济状况，1993 年以后改用国内生产总值。这种变化反映了全球经济一体化的加速。这两个概念的区别与关系，文中有说明。

最终产品是最后供人们使用的产品，中间产品是在以后的生产阶段中作为投入的产品。在实际中，许多产品既可以作为最终产品使用，又可以作为中间产品使用，要区分哪些是最终产品，哪些是中间产品是很困难的。例如，煤炭在用作冶金等行业的燃料或化工等行业的原材料时就是中间产品，而用作人们生活中的燃料时就是最终产品。这样，区分把哪一部分煤炭算作最终产品，哪一部分算作中间产品就不容易了。为了解决这一问题，我们在具体计算时采用了增值法，即只计算在生产各阶段所增加的价值。我们可以用一个例子来说明增值法，见表 10-1。

> 注意无论把哪个生产阶段的产品作为最终产品，其增值之和一定等于最终产品的产值。

表 10-1 增值法

生产阶段	产品价值	中间产品成本	增 值
棉 花	8	—	8
棉 纱	11	8	3

续表

生产阶段	产品价值	中间产品成本	增　值
棉　布	20	11	9
服　装	30	20	10
合　计	69	39	30

在上例中，服装是最终产品，其产值为30，用增值法计算也是30。如果不区分最终产品和中间产品，则会有重复计算，数值为39。只要用增值法，无论把上例中哪种产品作为最终产品，都不会造成重复计算。

第四，国内生产总值中的最终产品不仅包括有形的产品，而且包括无形的产品——劳务，即要把旅游、服务、卫生、教育等行业提供的劳务，按其所获得的报酬计入国内生产总值中。

第五，国内生产总值指的是最终产品市场价值的总和，这就要求按这些产品的现期价格来计算。这样就引出两个值得注意的问题：其一，不经过市场销售的最终产品（如自给性产品、自我服务性劳务等）没有价格，也就无法计入国内生产总值中；其二，价格是变动的，所以，国内生产总值不仅要受最终产品数量变动的影响，而且要受价格水平变动的影响。

二、国内生产总值的计算方法

在国民经济核算体系中有不同的计算国内生产总值的方法，其中主要有支出法、收入法，以及部门法。我们在这里简单介绍这三种计算国内生产总值的方法。

1. 支出法

> 可以从《中国统计年鉴》中找到我国计算国内生产总值的方法。

支出法又称产品流动法、产品支出法或最终产品法。这种方法从产品的使用出发，把1年内购买各项最终产品的支出加总，计算出该年内生产出的最终产品的市场价值，即把购买各种最终产品所支出的货币加在一起，得出社会最终产品的流动量的货币价值的总和。

如果用Q_1，Q_2，…，Q_n代表各种最终产品的数量，用P_1，P_2，…，P_n代表各种最终产品的价格，则支出法的公式是：

$$Q_1 \cdot P_1 + Q_2 \cdot P_2 + \cdots + Q_n \cdot P_n = \text{GDP}$$

各国在按支出法计算国内生产总值时，具体项目的分类不尽相同。在美国的国民收入统计中，按支出法计算包括这样一些项目：

个人消费支出（C）

　耐用品

　非耐用品

　住房租金

　其他劳务

私人国内总投资（I）

　厂房

　设备

　居民住房

企业存货净变动额（年末存货 − 年初存货）

政府购买支出（G）

　联邦政府支出

　州与地方政府支出

净出口

　出口（+）

　进口（−）

总计：国内生产总值

2. 收入法

收入法又称要素支付法，或称要素收入法。这种方法从收入的角度出发，把生产要素在生产中所得到的各种收入相加，即把劳动所得到的工资、土地所得到的地租、资本所得到的利息以及企业家才能所得到的利润相加，计算国内生产总值。

各国在按收入法计算国内生产总值时，具体项目的分类也不尽相同。在美国的国民收入统计中，按收入法计算包括这样一些项目：

工资和其他补助

净利息

租金收入

利润

公司利润

　红利

　未分配利润

非公司利润

　合营企业

　农民

企业税
　间接税
　公司税
资本折旧
误差调整

总计：国内生产总值

间接税是纳税人可以把全部或部分税收负担转移出去的税，如销售税等。

3. 部门法

部门法按提供物质产品与劳务的各个部门的产值来计算国内生产总值。这种计算方法反映了国内生产总值的来源，所以又称生产法。

在用这种方法计算国内生产总值时，各物质生产部门要把所使用的中间产品的产值扣除，仅计算本部门的增值。商业、服务等部门也按增值法计算。卫生、教育、行政等无法计算增值的部门则按该部门职工的工资收入来计算，以工资代表其所提供的劳务的价值。

各国对各部门的分类法不同。在美国的国民收入统计中，按部门法计算时可以分为这样一些部门和项目：

农林渔业
采掘业
建筑业
制造业
运输业
邮电和公用事业
电、煤气、水业
批发、零售商业
金融、保险、不动产业
服务业
政府服务和政府企业
统计误差

总计：国内生产总值

按以上三种方法计算所得出的结果，从理论上说应该是一致的，因为它们是从不同的角度来计算同一国内生产总值的。但实际上，这三种方法所得出的结果往往并不一致。国民经济核算体系以支出法为基本方法，即以支出法所计算出的国内生产总值为标准。如果按收入法与部门法计算出的结果与此不一致，统计部门就要通过误差调整项来进行调整，使之达到一致。

为什么支出法没有统计误差一项，而另两种方法有？

三、国民收入核算中的五个基本总量及其相互关系

在国民收入核算中，除了国内生产总值还有另外四个重要的总量：国内生产净值、国民收入、个人收入、个人可支配收入。这五个总量之间存在一定的关系。

国内生产净值（net domestic product，NDP）是指一个国家1年内新增加的产值，即在国内生产总值中扣除了折旧之后的产值。

国民收入（national income，NI）是指一个国家1年内用于生产的各种生产要素所得到的全部收入，即工资、利润、利息和地租的总和。

个人收入（personal income，PI）是指一个国家1年内个人所得到的全部收入。

个人可支配收入（personal disposable income，PDI）是指一个国家1年内个人可以支配的全部收入。

国民收入核算中这五个总量的关系是：

国内生产总值－折旧＝国内生产净值

国内生产净值－间接税＝国民收入

国民收入－公司未分配利润－企业所得税＋政府给居民户的转移支付＋政府向居民支付的利息＝个人收入

个人收入－个人所得税＝个人可支配收入＝消费＋储蓄

在以上五个总量中，国民收入可以分为广义的国民收入与狭义的国民收入。前面所讲的是狭义的国民收入，广义的国民收入泛指这五个总量。这种国民收入也可以指国内生产总值。国民收入决定理论中所讲的国民收入就是指国内生产总值。

四、实际国内生产总值与名义国内生产总值

如前所述，国内生产总值是最终产品市场价值的总和。因此，国内生产总值还要受价格水平的影响。同样的最终产品量按不同的价格计算会得出不同的国内生产总值。按当年价格计算的国内生产总值称为名义国内生产总值。按不变价格计算的某年度的国内生产总值，称为实际国内生产总值。不变价格是指统计时确定的某年度（称为基年）的价格。

名义国内生产总值与实际国内生产总值之比，称为国内生产总值平减指数。

> 国内生产总值平减指数过去也译为国内生产总值折算数。这里用现在的译法。

在进行经济分析时，要注意区分名义国内生产总值与实际国内生产总值。例如，在研究经济增长率时，要使用实际国内生产总值。这是因为名义国内生产总值既反映了实际产量的变动，又反映了价格的变动。实际国内生产总值只反映产量的变动。只有使用实际国

内生产总值，才能准确地反映国内经济的实际增长情况。

五、国民生产总值与国内生产总值

国民生产总值（gross national product，GNP）是指1年内本国常住居民所生产的最终产品的价值的总和。它以人口为统计标准。在美国的国民收入统计中，常住居民包括：居住在本国的本国公民、暂居外国的本国公民、常住本国但未入本国国籍的公民。美国的国民生产总值应该包括以上三类居民在国内外所生产的最终产品的价值的总和。

在经济全球化的今天，国内生产总值比国民生产总值更能反映一国的经济实力。

国内生产总值是指一国1年内所生产的最终产品（包括产品与劳务）的市场价值的总和。它以地理上的国境为统计标准。这也就是说，国内生产总值应包括本国公民与外国公民在本国所生产的最终产品的价值的总和。

这两者之间的关系为：

$$\text{国民生产总值} = \text{国内生产总值} + \text{本国公民在国外生产的最终产品的价值的总和} - \text{外国公民在本国生产的最终产品的价值的总和}$$

如果本国公民在国外生产的最终产品的价值的总和大于外国公民在本国生产的最终产品的价值的总和，则国民生产总值大于国内生产总值；反之，如果本国公民在国外生产的最终产品的价值的总和小于外国公民在本国生产的最终产品的价值的总和，则国民生产总值小于国内生产总值。在分析开放经济中的国民生产总值时，这两个概念是很重要的。

六、国内生产总值与人均国内生产总值

国内生产总值有助于了解一国的经济实力与市场规模，而人均国内生产总值则有助于了解一国的富裕程度与生活水平。这两个概念都是很重要的。

用当年度的国内生产总值，除以同一年度的人口数量，则可以得出当年的人均国内生产总值，即

$$\text{某年人均国内生产总值} = \frac{\text{某年国内生产总值}}{\text{某年人口数量}}$$

这里所用的人口数量是当年年初与年底的人口数量平均值，或者是年中（当年7月1日0时）的人口数量。

第二节　其他宏观经济指标

国内生产总值是反映整体经济状况的一个最重要的指标。但衡量整体经济状况还有其他指标。本节介绍衡量宏观经济状况的重要指标：物价指数、失业率、遗憾指数及其他。

一、物价指数

现代经济是货币经济，一切商品的价格都用货币表示。物价水平普遍而持续的上升称为通货膨胀，物价水平普遍而持续的下降称为通货紧缩。经济中的通货膨胀与通货紧缩用物价指数来表示。

物价指数是衡量物价总水平变动情况的指数。物价指数用一篮子固定物品（与劳务）不同年份的价格来表示物价总水平的变动。我们用一个例子来说明物价指数的计算原则。

> 物价总水平不同于个别物品的价格，所以，物价指数所反映的物价水平变动与老百姓平常对物价变化的感觉不完全一样。

假设一个经济体计算物价指数时所选的一篮子物品是5个面包和10瓶饮料。2018年每个面包价格为1元，每瓶饮料价格为2元。这两种物品的总支出是25（$1\times5+2\times10$）元。2019年，每个面包价格为2元，每瓶饮料价格仍为2元。这两种物品的总支出是30（$2\times5+2\times10$）元。把2018年作为基年，25元则为物价指数100，2019年的物价指数是120 $\left(\frac{30}{25}\times100\right)$。从2018年到2019年，物价指数上升了20（$120-100$）。表示通货膨胀率为20%。

各国经常采用的物价指数主要包括消费价格指数、生产价格指数和国内生产总值平减指数。

消费价格指数是用一篮子消费物品和劳务计算的物价指数。这种指数所选的一篮子物品是消费物品和劳务，价格是零售价格。

生产价格指数是用一篮子生产资料计算的物价指数。这种指数所选的一篮子物品是生产资料，价格是批发价格。所以，生产价格指数也称批发指数。

> 消费价格指数与生活费用指数关系最密切，但两者并不完全相等。

国内生产总值平减指数所选的一篮子固定物品包括经济中所有的物品与劳务，是某一年的名义国内生产总值与实际国内生产总值之比。其计算公式为：

$$国内生产总值平减指数=\frac{某年名义国内生产总值}{某年实际国内生产总值}\times100$$

例如，2019年的名义国内生产总值为5万亿元，实际国内生产总值为4万亿元，则国内生产总值平减指数为：

$$国内生产总值平减指数=\frac{5}{4}\times 100=125$$

这就是说，2019 年的物价水平比基年上升了 25%，即这些年间的通货膨胀率为 25%。

这三个指数都反映了物价水平变动的情况，所反映的物价水平变动趋势（上升或下降）是相同的。但一篮子物品中所包括的物品与劳务不同，而各种物品与劳务的价格变动又不同，所以，这三个指数计算出的物价指数并不同。进而，根据物价指数反映的通货膨胀率或通货紧缩率也不同。国内生产总值平减指数包括所有的物品和劳务，最全面地反映了经济中物价水平的变动。但居民消费价格指数与人们的生活费用指数变动关系最密切，为人们所关心，也是政府等根据物价水平变动调整工资、养老金、失业津贴、贫困补贴等的依据。所以，一般媒体所说的通货膨胀率是指居民消费价格指数的变动。

二、失业率

失业率是表示一国失业严重程度的指标，也是反映宏观经济状况的一个重要指标。

根据国际劳工组织的定义，失业者是指一定年龄范围内能够工作、愿意工作又正在寻找工作，但仍然没有工作的人。处于这种状态就是失业。各国根据本国情况对这一定义作出了具体规定。例如，美国规定，年龄在 16 ~ 65 岁者，符合下列三种情况之一即属于失业者：第一，第一次找工作或再次进入劳动市场，连续 4 周未找到工作者。第二，停止工作等待企业召回，连续 1 周未在企业获得工作者。第三，被企业解雇或自愿离职者。

> 注意并不是没有工作就是失业。

失业率的计算涉及人口划分的概念。我们用图 10 – 1 说明这一问题。

在总人口中，16 岁以下、65 岁以上的人属于非工作年龄人口，其余的人为工作年龄人口。在工作年龄人口中，有一些人不愿意从事有酬工作（如只从事家务劳动等），有一些人是正规全日制学校学生，还有一些是失去劳动能力者，这些人属于非劳动力，其他则是劳动力。劳动力包括失业者和就业者。劳动力与工作年龄人口之比称为劳动力参工率。

我们用一个例子来说明这一点。例如，一个国家总人口为 2 亿，16 岁以下未成年人为 1 500 万人，65 岁以上人口为 500 万人。该国工作年龄人口为 1.8 亿人。在这 1.8 亿人中，全日制学校学生 800 万人，无劳动能力者 100 万人，不愿参加工作者 100 万人，则劳动力为 1.7 亿人。在这个例子中劳动力参工率为 1.7 : 1.8 ≈ 0.94。再假设劳动力中就业人数为 1.5 亿人，失业人数为 0.2 亿人，我们可以计算失业率。

失业率是失业人口与劳动力的比例，则失业率为：

$$失业率=\frac{失业人口}{劳动力}=\frac{失业人数}{就业人数+失业人数}=\frac{0.2}{1.7}\approx 0.12$$

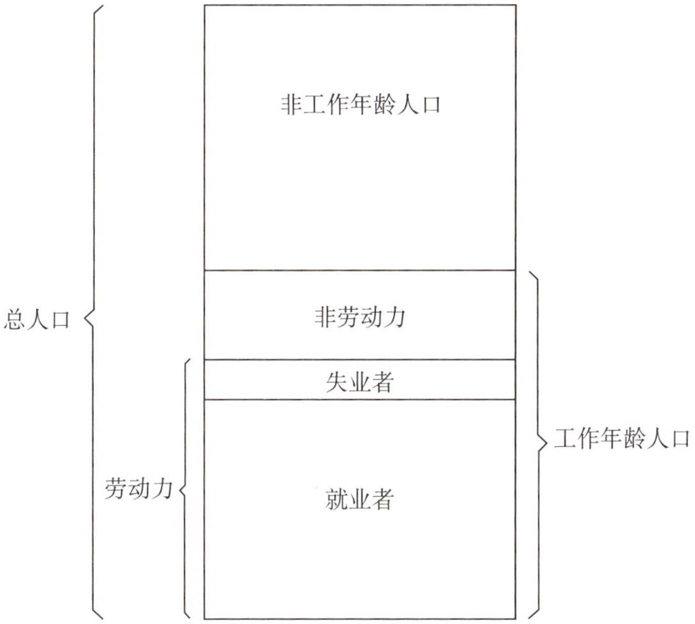

图 10-1 人口的分类

即这个经济体的失业率约为 12%。

在根据失业率分析宏观经济状况时要注意这样几个问题：第一，许多国家根据抽样调查结果来统计失业率。如美国根据对 6 万个左右家庭的抽样调查来确定失业率。这样失业率并不是一个十分准确的数字，只是近似地反映失业时间、失业情况。第二，各种失业者的情况差别很大，有的失业时间长，有的失业时间短，不同人群（白人与黑人或男性与女性等）失业率的差别也很大，因此，各国一般还要估算更为具体的各人群失业率。第三，失业率会低估实际失业状况。例如，部分时间工作者并没有计入失业者范围之内，但他们中的有些人还在寻找全职工作。

三、遗憾指数及其他

国内生产总值、物价指数和失业率是三个最重要的宏观经济指标。我们可以用这些指标再计算出其他反映宏观经济状况的指标。这里介绍遗憾指数、不受欢迎指数和稳定政策指数。

> 这些指数从不同角度反映了宏观经济状况。我们应该把这些指数结合起来观察宏观经济的状况及变动。

遗憾指数又称痛苦指数，是指通货膨胀率与失业率之和。例如，假设通货膨胀率为 5%，失业率为 5%，则遗憾指数为 10%。遗憾指数说明人们对宏观经济状况的感觉，这个指数越高，人们对宏观经济状况越不满。一般来说，各个社会有一个临界点，当遗憾指数低于这个临界点时，社会是安定的；当遗憾指数高于这个临界点时，则会引发各种社会问题。

不受欢迎指数，指人们对现政府不满意（或满意）的程度。人们是根据对宏观经济的感觉来确定对政府的态度的。美国耶鲁大学的一位教授分析了历届总统选举中选举连任与失业和通货膨胀状况的关系后，提出了这个指数。这个指数是通货膨胀率加6倍的失业率。在上例中，不受欢迎指数是35%（$5\% + 6 \times 5\%$）。在这一指数中，人们对失业的关切程度远远大于通货膨胀，而且根据调查得出结论：失业率在这一指数中的加权数为6，即重要程度是通货膨胀率的6倍。不受欢迎指数越高，政府受公众的信任程度越低，本届总统或其所在的政党连选连任的机会越少。

稳定政策指数，即名义国内生产总值指数。这就是把包括实际国内生产总值和物价指数变动的名义国内生产总值作为稳定经济的政策指标。这个指数是实际国内生产总值增长率加通货膨胀率。根据估算，实际国内生产总值每变动1个百分点影响失业率2个百分点。所以，把失业率的加权数定为2。这个指数是2乘以失业率加通货膨胀率，在上例中是15%（$2 \times 5\% + 5\%$）。

案例研究

GDP的不完善性

在衡量一国的经济状况时，我们常用的指标是GDP。但我们必须知道，GDP并不是一个准确且完备的指标。这种不完善性不是来自统计的技术原因，而是来自其他无法克服的客观原因。

首先，GDP应该是一国经济活动的全面总结，但实际上，GDP以市场价格衡量产品与劳务，而且这些产品与劳务应该是分开的，应向政府上报并纳税。但现实中各国都有一些隐蔽的地下经济。这些地下经济有些是非法的，如贩毒、军火走私、黄业、赌业等。这些活动是非法的，一旦公开要受到打击，因此在地下进行，而且在一些国家数量相当庞大。有些是合法的，但为了逃税而进行地下交易，如许多个人之间的现金交易。还有一些难以估算，如家庭妇女的家务劳动。如果这些活动由保姆来做，雇主要支付工资，就可以计入GDP中，但如果由女主人做，没有工资收入，也就无法计入了，但女主人的劳动也创造了劳务的价值。一国的经济是十分复杂的，这类无法计入GDP的活动还很多，这就会使统计的GDP小于实际上经济生产的产品与劳务。据经济学家估计，在西方发达国家，这类未计入GDP的经济活动占GDP的7%～25%。在发展中国家，由于非市场活动更多，如居民之间的互助建房等，未计入GDP的经济活动的比例也就更大，有的国家甚至高达 40%。出于这一原因 GDP 往往被低估了。

其次，GDP 并不能真实反映国民的生活水平。这就是说，GDP 高并不等于国民收入高、生活幸福。这是因为，第一，在 GDP 中有一些内容与国民生活水平并没有直接关系。比如国防支出，适当的国防支出对任何国家都是必要的，但有些国家的国防支出大大超出了这种必要水平，并不能使人民幸福。如苏联时期军备支出极大，GDP 也高，但人民收入低、生活水平低下。第二，GDP 只计算了产品与劳务，但没有计算这些产品与劳务所引起的污染等环境恶化问题。比如一个化工厂生产产品增加了 GDP，但它所引起的污染并未计算在 GDP 中。正因为如此，美国经济学家萨缪尔森、诺德豪斯提出了“净经济福利指标”（net economic welfare，NEW），在原有的 GDP 中加上对经济福利有贡献但未计入 GDP 的部分，如不进入市场的家务劳动、休闲活动等，减去已计入 GDP 但不利于经济福利的部分，如环境破坏等。应该说，这个概念对改进 GDP 统计方法极有意义，可惜在实际操作中困难重重，至今未得到普遍运用。正因为如此，我们不能仅根据 GDP 来判断一国国民经济福利水平的高低或生活水平的状况，还要参照其他指标。

最后是国际比较的困难。各国在计算 GDP 时都以本国货币为标准，但各国货币的购买力差别相当大。当然可以都折算为一种货币，如一些经济学家常用的国际元，但无论根据官方汇率还是购买力平价，都难以准确反映货币购买力的差别。这使得国际比较往往难以得出较为准确的结论。

对于 GDP 统计中的这些不完善性，经济学家和统计学家也在努力校正，但至今难以有令人满意的结果。世界上是没有十全十美的事情的，不过我们应该承认，GDP 还是可以基本真实地反映一国经济状况和人民生活水平的。因此我们仍然在普遍地使用 GDP 这一概念，并把它作为衡量一国宏观经济最重要的指标。

案例研究

胡佛总统与克林顿总统谁赚得多

1931 年，当时美国总统胡佛的年薪是 7.5 万美元。1995 年，克林顿作为美国总统年薪是 20 万美元。他们谁赚得多呢？

如果仅仅从货币量来看，美国总统的工资当然增加了。但我们知道，在比较收入时，重要的不是货币量的多少，而是这些货币能买到多少东西。货币量衡量的是名义工资，货币的实际购买力衡量的是实际工资。我们比较胡佛与克林顿的工资时，应该比较实际工资，而不是名义工资。

当名义工资既定时，实际工资是由物价水平决定的，即名义工资除以物价水平为实际工资。衡量物价水平的是物价指数。要比较胡佛和克林顿的工资，首先要知道这一时期物价水平的变动情况。

根据实际资料，以 1992 年为基年，设定这一年的消费价格指数为 100，则 1931 年的消费价格指数为 8.7，1995 年的消费价格指数为 107.6。换言之，在这一时期物价水平上升了约 11.4 倍。我们可以根据物价指数来分别计算以 1992 年为基年的胡佛与克林顿的工资。

$$1995\text{ 年胡佛的工资} = 1931\text{ 年的名义工资} \times \frac{1995\text{ 年消费价格指数}}{1931\text{ 年消费价格指数}}$$

$$= 7.5 \times \frac{107.6}{8.7} \approx 92.759\text{（万美元）}$$

同样我们也可以按 1931 年的美元购买力计算 1995 年时克林顿的工资：

$$1931\text{ 年克林顿的工资} = 1995\text{ 年的名义工资} \times \frac{1931\text{ 年消费价格指数}}{1995\text{ 年消费价格指数}}$$

$$= 20 \times \frac{8.7}{107.6} \approx 1.617\text{（万美元）}$$

这就是说，胡佛的实际工资约是克林顿的 4.6 倍，克林顿的工资仅仅约是胡佛的 22%。尽管小布什任总统时工资增加到了 40 万美元，但按实际工资计算也仍然不敌胡佛的工资。

由此可见，近七十年过去，美国总统的实际工资大大下降了。

第三节　宏观经济学的内容与流派

在宏观经济问题上经济学家经常争论。宏观经济学研究什么？经济学家对这些问题有什么争论？这是我们学习宏观经济学应该了解的。

一、宏观经济学研究的问题

宏观经济学研究整体经济运行的规律，以实现经济稳定和增长。它研究的基本问题包括失业、通货膨胀、经济周期和经济增长。

失业是一部分人没有工作的状态。失业影响整体经济的发展和社会安定。从经济学的角度看，失业是人力资源的浪费。经济学家把失业分为两种情况：一种是由于各种难以克服的原因引起的失业，这种失业称为自然失业；另一种是由于经济中总需求不足引起的失业，这种失业称为周期性失业。从长期来看，经济中存在的是自然失业；从短期来看，经济中存在的是周期性失业。宏观经济学要研究失业的原因、影响，并提出实现充分就业的政策建议。

通货膨胀是物价总水平普遍而持续的上升。现代经济是货币经济，物价水平的变动对经济有至关重要的影响。宏观经济学要研究通货膨胀的原因、影响，以及物价水平变动与经济之间的关系，并提出稳定物价的政策建议。

经济周期是经济中繁荣与衰退的交替。某个时期经济繁荣，但随着这种繁荣而来的往往是经济衰退。这种现象在经济生活中始终存在，称为经济周期。经济稳定是经济健康发展的条件，因此，宏观经济学要探讨引起经济周期的原因，并减少经济周期波动的程度。

经济增长是指国内生产总值长期持久的增加。经济周期是短期现象，经济增长是长期现象。任何一个经济体都希望实现增长。因此，宏观经济学也要探讨经济增长的原因，并努力实现稳定增长。

整个宏观经济学就是围绕这四个问题展开的。这四个问题实际都与国内生产总值相关。一个经济体的潜在能力称为潜在国内生产总值或充分就业国内生产总值。如果实际国内生产总值小于潜在国内生产总值就会出现失业和经济衰退，还可能伴以通货紧缩。如果实际国内生产总值大于潜在国内生产总值就会出现通货膨胀和经济繁荣。如果潜在国内生产总值增长并与实际国内生产总值相等就实现了稳定的经济增长。这正是我们把国内生产总值作为衡量宏观经济状况最基本指标的原因。宏观经济学正是围绕实际国内生产总值决定与变动来研究失业、通货膨胀、经济周期和经济增长问题的。

> 由这四个问题与国内生产总值的关系可以看出国内生产总值的重要性。

宏观经济学中的各个流派都研究这四个问题，但对这些问题的解释不同，提出的政策建议也不同。宏观经济学中两个最主要的流派是凯恩斯主义宏观经济学和新古典宏观经济学。

二、凯恩斯主义宏观经济学发展演变的历史

凯恩斯主义宏观经济学是在 20 世纪 30 年代形成的，其创始人是英国经济学家凯恩斯。其在以后的 70 多年中有许多重要发展，成为宏观经济学中影响最大的流派，对经济理论和经济政策产生过重要影响。凯恩斯主义宏观经济学是强调市场机制自发调节不能实现宏观经济稳定，因此需要政府运用经济政策调节的宏观经济学流派。

> 凯恩斯主义的核心是坚持国家干预经济。

凯恩斯主义宏观经济学自形成以来发生了许多变化，但其始终坚持认为，市场机制本

身是引起失业、通货膨胀和经济周期的原因。为了经济的稳定，政府需要用宏观经济政策调节经济。简言之，凯恩斯主义宏观经济学是主张国家干预经济的。

20 世纪 30 年代，西方国家爆发了大危机。凯恩斯对传统的古典经济学关于市场机制完善的观点产生了怀疑。他于 1936 年出版了《就业、利息和货币通论》，这本书被称为现代宏观经济学的“大宪章”。传统的古典经济学认为，在市场机制的调节之下，经济会正常运行，分析的重点是个人与企业的行为，我们称之为微观经济学。凯恩斯则创立了宏观经济学，分析整体经济运行的规律。

凯恩斯的基本观点是：第一，市场机制并不完善，如果仅仅依靠市场调节，就会出现繁荣与衰退的经济周期，甚至 20 世纪 30 年代这样的大危机。第二，短期中出现经济周期的原因在于总需求，引起大危机的原因正是有效需求不足。第三，要使经济稳定运行，政府必须用宏观经济政策，即财政政策与货币政策，尤其是财政政策对经济进行干预。这些观点成为以后凯恩斯主义宏观经济学的核心。

凯恩斯的这种理论后来被许多经济学家发展和解释，成为凯恩斯主义宏观经济学。在第二次世界大战后发展这种理论最重要的是以美国经济学家萨缪尔森和索洛等为代表的新古典综合派。这一学派把新古典学派的微观经济学与凯恩斯的宏观经济学结合为一个体系，我们称之为新古典综合派。这个学派继承了凯恩斯的基本观点，并在理论与政策方面实现了重要发展。在理论方面，这一流派用总需求—总供给模型解释凯恩斯主义，并发展出了消费函数、投资函数、利率理论和周期与增长理论。在政策方面，这一流派主张国家用财政政策与货币政策刺激经济，以实现充分就业。这种政策主张成为美国 20 世纪 60 年代的政策基调。

20 世纪 70 年代之后美国经济出现了失业与通货膨胀并存的滞胀，许多人把这一问题归咎于凯恩斯主义，他们批评凯恩斯主义没有把宏观经济学建立在微观经济学基础之上。凯恩斯主义经济学家力图解决这一问题。80 年代之后的新凯恩斯主义用信息不对称来解释工资、物价与利率调节的滞后性，用微观经济行为来解释宏观经济，坚持市场机制不完善论，主张国家干预经济。他们进一步发展了凯恩斯主义宏观经济学，并影响着 90 年代以后的美国经济政策。

凯恩斯主义宏观经济学经过了 80 多年的发展，在宏观经济理论和政策方面具有重大影响，也是我们这本教科书宏观经济学部分的主要内容。

三、新古典宏观经济学发展演变的历史

新古典宏观经济学是由新古典经济学发展而来的。新古典宏观经济学是强调市场机制的自发调节能实现宏观经济稳定，因此反对政府干预经济的宏观经济学流派。换言之，它继承了新古典经济学自由放任的传统。

> 新古典宏观经济学的核心是反对国家干预经济。

第二次世界大战后属于这一思想流派的首先是以美国经济学家弗里

德曼为首的货币主义。货币主义认为，经济中货币最重要，它在短期中既影响物价又影响实际国内生产总值。只要货币当局维持稳定的货币供给量增长率，经济就可以实现稳定运行。当货币供给稳定时，市场机制的调节会实现经济稳定。政府干预从短期来看也许会刺激经济繁荣，但从长期来看会破坏市场机制的调节作用，有百害而无一利。

在货币主义以后又有以美国经济学家卢卡斯为代表的理性预期学派。这一学派从理性预期和市场出清这两个新古典宏观经济学的假设出发，论述了市场机制的完善性。理性预期指经济主体（个人与企业）会作出理性的、正确的预期，从而作出正确的决策。这就是说，经济主体会对政府的政策变动提前作出预期，并采取相应的对策，使政府调节经济的政策无效。市场出清指市场调节可以自发地实现供求平衡。根据这种理论，他们证明了宏观经济政策的无效性。这就是说，如果政府的宏观经济政策是有规律的，公众可以作出理性预期，采取对策使之无效。如果政府的宏观经济政策是无规律的、随机性的，只能以欺骗公众来取得一时效果，但从长期看，公众不会总受骗，因而政府的宏观经济政策最终仍然无用。政府采用宏观经济政策时，破坏了市场机制的正常作用，只会加剧经济波动。因此，政府仍然应该实行自由放任的政策，对经济不加干预。

20 世纪 80 年代之后，实际经济周期理论学派成为新古典宏观经济学中的主力。这一学派解释了经济周期产生的原因，证明了市场机制的完善性，同样得出反对政府干预的结论。他们认为，经济中周期性波动是存在的，但引起这种波动的原因不是市场机制本身而是外部冲击，包括科技进步、石油危机这类世界经济中的突发事件等。这就是说，如果没有这些外部冲击，在市场机制的调节之下，经济本身一定是稳定的。而且，经济因外部冲击而出现波动之后也要靠市场机制的调节来恢复稳定。例如，一次重大的科技突破（如互联网的出现）刺激了投资，使经济繁荣，甚至引起过度繁荣，但当这种刺激作用不存在时，经济就会出现衰退。在衰退中物价、利率下降又刺激了经济，使之恢复正常。物价与利率正是使经济恢复正常运行的市场机制。根据这种理论，市场经济本身是稳定的，完全不用政府干预。政府干预不仅破坏了市场机制的正常作用，而且其本身也会作为一种外部冲击引起经济波动。

新古典宏观经济学经过几十年的发展形成了自己的理论体系，对经济理论有重大影响，而且对实际政策产生过重要影响。20 世纪 80 年代英国撒切尔夫人经济自由化的政策依据主要来自货币主义。在不同国家的不同时期，新古典宏观经济学也在制定政策时受到重视。

四、凯恩斯主义宏观经济学与新古典宏观经济学的分歧

应该说凯恩斯主义宏观经济学和新古典宏观经济学都是宏观经济学中的主流，它们在对长期经济的分析等方面有一致之处，它们的分歧主要存在于短期宏观经济分析方面。

从理论上说，凯恩斯主义认为市场机制是不完善的，经济中短期的周期性波动以及失

业和通货膨胀的存在正是由市场机制的这种不完善性引起的。所以，经济周期是市场经济中固有的问题，依靠市场机制并不能解决。尽管凯恩斯本人、新古典综合派和新凯恩斯主义对市场机制如何引起经济周期性波动的解释并不相同，但在认为市场机制不完善这一点上则是共同的、一脉相承的。新古典宏观经济学则认为市场机制是完善的。它也承认经济中周期性波动的存在，但不是用市场机制的缺陷，而是用其他因素来解释这一问题。新古典宏观经济学要证明市场机制的完善性。

> 我们讲的宏观经济学以凯恩斯主义经济学为主线。

由这种理论上的分歧出发，它们就得出了不同的政策结论。凯恩斯主义主张用国家干预弥补市场机制的不足，即通过宏观经济政策的调节实现经济稳定。新古典宏观经济学则反对国家干预，主张依靠市场机制本身实现经济稳定。

但我们要注意，这两派的共同点是都承认市场调节的基本作用。它们的争论是在这一前提之下展开的，中心是在承认市场经济制度的前提下国家应该是多干预一点，还是少干预一点。主张国家干预的不否认市场机制的基本作用，主张自由放任的也不完全反对国家干预。这两派并不是泾渭分明、截然对立的。在政策上，不同时期有不同的侧重，比如美国在 20 世纪五六十年代基本执行的是凯恩斯主义的政策，80 年代里根政府上台后，鉴于凯恩斯主义政策引起的 70 年代经济问题，就采用了新古典宏观经济学中货币主义的政策。总体上看美国共和党属于保守派，更信奉新古典宏观经济学；民主党属于自由派，更信奉凯恩斯主义经济学；但在实施政策时则根据经济形势的不同而采用有不同偏重的政策。

关键概念

国内生产总值	最终产品	中间产品	支出法
收入法	国内生产净值	国民收入	个人收入
个人可支配收入	实际国内生产总值	名义国内生产总值	国民生产总值
物价指数	通货膨胀	通货紧缩	消费价格指数
生产价格指数	国内生产总值平减指数	失业率	劳动力参工率
遗憾指数	不受欢迎指数	稳定政策指数	凯恩斯主义宏观经济学
新古典宏观经济学			

内容提要

- 衡量一国宏观经济状况的最重要的指标是国内生产总值。国内生产总值是一国 1 年内所生产的最终产品（包括产品与劳务）的市场价值的总和。

- 国内生产总值可以用支出法、收入法和部门法计算，其中最主要的是支出法。
- 物价指数是衡量物价总水平变动情况的指标。通货膨胀和通货紧缩都用物价指数的变动来衡量。物价指数包括消费价格指数、生产价格指数和国内生产总值平减指数。
- 失业率表示一国失业的严重程度，也是重要的宏观经济指标之一。它是失业人口与劳动力（失业人数与就业人数之和）之比。
- 宏观经济学研究失业、通货膨胀、经济周期与经济增长问题，并通过对这些问题的研究探索整体经济运行的规律。
- 宏观经济学中的两个主要流派是凯恩斯主义宏观经济学与新古典宏观经济学。它们在理论上的分歧是市场机制是否完善，在政策上的分歧是是否需要政府干预经济。
- 凯恩斯主义宏观经济学主要经历了凯恩斯本人的理论、新古典综合派和新凯恩斯主义三个发展阶段。这一流派的基本特征是认为市场机制的不完善性引起经济中的周期性波动，只有依靠政府运用宏观经济政策调节，经济才能实现稳定。
- 新古典宏观经济学包括货币主义、理性预期学派和实际经济周期理论。这一流派的基本特征是认为市场机制是完善的，经济中周期性波动是由市场机制以外的其他因素引起的，经济的稳定无须政府干预，只要让市场机制充分发挥作用就可以。

思考题

1. 在计算国内生产总值时，下列哪些项目应该计入，哪些项目不应该计入？为什么？

（1）饮料厂生产果汁所用的水果。

（2）居民买来自己食用的水果。

（3）去年建成但未销售出去的房子。

（4）在拍卖市场上成交的张大千的画。

（5）教师讲课的收入。

（6）政府公务员的工资收入。

2. 下面是一个经济体的有关资料，根据这些资料用支出法计算该经济体的国内生产总值。

（1）购买汽车、电视机等耐用消费品支出 1 000 亿元。

（2）购买食品、服装等非耐用消费品支出 2 000 亿元。

（3）雇用保姆和家庭教师支出 200 亿元。

（4）企业投资支出（包括厂房和设备）2 000 亿元。

（5）企业支付给工人的工资 3 000 亿元。

（6）企业支付的银行利息和向政府缴纳的税收共 500 亿元。

（7）年初存货为 1 500 亿元，年末存货为 1 000 亿元。

（8）各级政府为教育和社会保障支出 2 000 亿元。

（9）中央政府国防与外交支出 500 亿元。

（10）中央与地方政府税收收入 2 500 亿元。

（11）出口产品收入 1 500 亿元。

（12）进口产品支出 1 000 亿元。

3. 假设一个经济体消费三种物品：面包 1 000 个，饮料 500 瓶，水果 100 千克。各种物品的价格如表 10–2 所示。

表 10–2　三种物品的价格　　单位：元

消费品	2017 年	2018 年	2019 年
面包 / 个	1	0.9	0.8
饮料 / 瓶	1.2	1.3	1.2
水果 / 千克	1.1	1.2	1.3

计算 2017 年、2018 年和 2019 年的物价指数。这些年间发生了通货膨胀还是通货紧缩？通货膨胀率或通货紧缩率是多少？

4. 某个国家共有 1 亿人，16 岁以下有 2 000 万人，65 岁以上有 1 000 万人。全日制学校学生 1 400 万人，家庭妇女 500 万人，残疾人和其他没有劳动能力者 100 万人，失业者 500 万人，其余为就业者。这个经济体的劳动力参工率与失业率分别是多少？

5. 1950 年，教授的平均工资为 300 元；2000 年，教授的平均工资为 4 000 元。按 1950 年的物价指数为 100、2000 年的物价指数为 2 100 计算，教授的实际平均工资增加了还是减少了？

6. 宏观经济学研究什么问题？这些问题与国内生产总值的关系是什么？为什么说国内生产总值是最重要的宏观经济指标？

7. 凯恩斯主义宏观经济学与新古典宏观经济学的主要分歧是什么？

第十一章 CHAPTER 11

长期中的宏观经济

在研究宏观经济时，要区分长期与短期。长期指价格有完全伸缩性，从而市场调节可以实现均衡的时期。这就是说，只要时间足够长，市场调节就是充分有效的。短期指价格变动慢于供求变动，即价格有黏性，从而市场机制无法通过自发调节使经济恢复均衡的时期。这就是说，当时间短时，市场机制的调节作用是不够的。长期经济是短期经济的基础，经济学家对长期经济的看法基本是一致的。我们对宏观经济的分析从长期开始。长期中，我们分析经济增长、物价水平决定和自然失业这三个问题。

重点掌握

◎ 经济增长的含义与特征

◎ 影响经济增长的因素

◎ 哈罗德—多马模型

◎ 自然失业及其原因

一般掌握

◎ 货币数量论

一般了解

◎ 其他经济增长模型

第一节 经济增长理论

经济增长是最古老的经济学议题之一。人类要生存、发展，其前提就是物质产品的增加。可以说，自从有人类以来，经济增长就是学者们所关心的问题了。近代经济学的奠基人、英国古典经济学家斯密研究的中心实际就是经济增长问题。说经济增长是宏观经济学最古老的主题之一，的确并不过分。

微观经济学中也有短期与长期之分。微观经济学与宏观经济学中区分短期与长期的标准有什么不同?

经济增长是决定一个经济体长期状态最重要的基础。现代经济增长理论是在凯恩斯主义出现之后形成的，它研究国民收入的长期增长趋势。

一、经济增长的含义与特征

经济增长是国内生产总值或人均国内生产总值的增加。美国经济学家库兹涅茨曾给经济增长下了这样一个定义：一个国家的经济增长，可以定义为给居民提供种类日益繁多的经济产品的能力长期上升，这种不断增长的能力是建立在先进技术以及所需要的制度和思想意识之相应的调整基础上的。

这个定义包含三个含义。

第一，经济增长集中表现在经济实力的增长上，而这种经济实力的增长就是商品和劳务总量的增加，即国内生产总值的增加。如果考虑到人口的增加和价格的变动，经济增长也可以说是人均实际国内生产总值的增加。所以，经济增长最简单的定义就是国内生产总值的增加。

注意增长与发展的区别。在经济学中，增长是国内生产总值增加，发展是社会从落后状态进入先进状态。

第二，技术进步是实现经济增长的必要条件。这也就是说，只有依靠技术进步，经济增长才是可能的。在影响经济增长的各种因素之中，技术进步是第一位的。经济增长的历史就是技术进步的历史。

第三，经济增长的充分条件是制度与意识的相应调整。这也就是说，只有社会制度与意识形态适合于经济增长的需要，技术进步才能发挥作用，经济增长才是可能的。社会制度与意识形态的某种变革是经济增长的前提。

应该说，这个定义是对各国经济增长历史经验的高度概括，体现了经济增长的实质。因此，这一定义已被经济学家广泛接受，并作为研究经济增长问题的出发点。

从这一定义出发，库兹涅茨总结出了经济增长的六个基本特征。

第一，按人口计算的产量的高增长率和人口的高增长率。这一特征在经济增长过程中是十分明显的，可以用统计资料证明。

第二，生产率本身的增长也是迅速的。这包括所有投入生产要素的产出率是高的，如劳动生产率和其他要素生产率的迅速提高。这反映了由于技术进步所引起的生产效率的提高。这也是产量高增长率，以及在人口增长迅速情况下人均产量高增长率的原因。这一特征也可以用统计资料证明。

第三，经济结构的变革速度是快的。这包括：劳动力从农业转移到非农业，以及从工业转移到服务业；生产单位生产规模的变化；劳动力职业状况变化；消费结构变化；等等。

> 根据我国三十多年来经济增长所表现出的特征，想一想增长的特征。

第四，社会结构与意识形态的迅速改变。例如，城市化以及教育与宗教的分离就是整个社会现代化的一个组成部分，也是经济增长的必然结果。

第五，经济增长在世界范围内迅速扩大。这就是发达国家凭借其技术力量，尤其是运输和通信，通过和平或战争的形式向世界其他地方扩展，将整个世界卷入增长范围之内，成为一个统一体。

第六，世界经济增长的情况是不平衡的。从目前看，还有占世界人口3/4的国家是落后的，有些国家的经济成就远远低于现代技术的潜力可能达到的最低水平。在世界范围内，贫富的差距在拉大。

在这六个特征中，前两个数量特征属于总和的比率，中间两个属于结构的转变，后两个属于国际扩散。这六个特征是密切相关的。

二、决定经济增长的因素：制度、资源与技术

纵观历史，世界各国经济增长的差别很大。有的国家人均国内生产总值达数万美元，已进入后工业化时期；有的国家人均国内生产总值不足几百美元，仍处于前工业化时期。引起这种巨大差别的原因很多，但首先是制度因素。

制度是一种涉及社会、政治和经济行为的行为规则。如果把人类的所有活动都看作游戏，制度就是游戏规则。制度规范人们的行为，同时也提供激励。人的行为是对制度所作出的反应。制度决定人们的经济与其他行为，也决定一国的经济增长。美国经济学家诺斯强调“增长的路径依赖”，其含义就是增长取决于制度，适于经济发展的制度是实现增长的前提。人类社会出现过多种经济制度，但历史证明，最适于经济增长的是市场经济制度。只有选择这种制度，经济的迅速增长才是可能的。市场经济是一个制度体系，包括多种制度，如保护个人财产的产权制度、降低交易费用的货币制度、规范人们行为的合约制度、组织经济活动的公司制度等。这些制度的建立与完善是经济增长的前提。

经济增长是产量的增加，产量是用各种生产要素生产出来的。各种生产要素是资源，因此，经济增长的源泉是资源的增加。资源包括劳动与资本。

劳动增加指劳动力的增加。劳动力的增加又可以分为劳动力数量的增加与劳动力质量

的提高。这两个方面都对经济增长具有重要的作用。劳动力数量的增加可以有三个来源：一是人口的增加；二是人口中就业率的提高；三是劳动时间的增加。劳动力质量的提高则是劳动力文化技术水平和健康水平的提高。劳动力是数量与质量的统一。一个高质量的劳动力，可以等同于若干低质量的劳动力。劳动力数量的不足，可以由质量的提高来弥补。例如，第二次世界大战后美国劳动力数量的增加并不多，但美国发达的教育提高了劳动力的质量，从而使劳动对经济的增长作出了重大贡献。根据美国经济学家索洛的估算，在1909—1940 年，美国经济平均年增长率为 2.9%，其中由劳动引起的增长率为 1.09%，即劳动在经济增长中作出的贡献约占 38%。这与第二次世界大战后劳动力数量增长较高的西欧各国劳动对经济增长作出的贡献比例相当。还应该指出的是，在经济增长的初始阶段，人口增长率也高。因此，这时劳动的增加主要依靠劳动力数量的增加。而经济增长到一定阶段，人口增长率下降，劳动工时缩短，这时政府就要通过提高劳动力的质量来弥补劳动力数量的不足。这是一个普遍规律。

在高科技发展中，人力资本最重要。

资本分为物质资本与人力资本。物质资本又称有形资本，是指设备、厂房、存货等的存量。人力资本又称无形资本，是指体现在劳动者身上的投资，如劳动者的文化技术水平、健康状况等。这里所研究的是物质资本。经济增长中必然有资本的增加，英国古典经济学家斯密就曾把资本的增加作为国民财富增加的源泉。现代经济学家认为，在经济增长中，一般的规律是资本的增加要大于人口的增加，即人均资本量是增加的，从而每个劳动力所拥有的资本量（资本—劳动比率）是增加的。只有人均资本量增加，才有人均产量的提高。根据索洛的研究，在 1909—1940 年，美国经济平均年增长率为 2.9%，其中由于资本增加所引起的增长率为 0.32%，即资本在经济增长中作出的贡献约占 11%。应该指出，在经济增长的初始阶段，资本增加所作的贡献还要更大一些。因此，许多经济学家都把资本积累占国民收入的 10% ~ 15% 作为经济起飞的先决条件，把增加资本作为实现经济增长的首要任务。在以后的增长中，资本的相对作用下降了。但第二次世界大战后西方各国经济增长的事实，仍然说明了储蓄多从而资本增加多的国家，其经济增长率仍然是比较高的，如德国、日本等国都是如此。

技术进步在经济增长中的作用体现在生产率的提高上，即同样的生产要素投入量能提供更多的产品。技术进步在经济增长中起了最重要的作用。据索洛估算，1909—1940 年，美国 2.9% 的平均年增长率中由于技术进步引起的增长率为 1.49%，即技术进步在经济增长中作出的贡献约占 51%。而且，随着经济的发展，技术进步的作用越来越重要。技术进步主要包括资源配置的改善、规模经济和知识的发展。资源配置的改善主要指人力资源配置的改善，即劳动力从低生产率部门转移到高生产率部门，包括农业劳动力转移到工业中，以及独立经营者与小企业中的劳动力转移到大企业中。劳动力的这种转移提高了生产率。规模经济是指由于企业规模扩大所引起的成本下降与收益增加。企业能采用新技术与最先进的设备，采用新的生产方法而提高了生产率。尤其在一些工业部门（如汽车、机械、冶金行业），这种规模经济的效果特别明显。知识发展是技术进步中最重要的内容。据美国经济学家丹尼森估算，技术进步引起的生产率提高中约有 60% 要归功于知识发展。知识发展包括科学技术的发展及其在生产中的运用、新工艺的发明与采用等。特别应该强调的是，知识发展不仅应包括自然科学与技术科学的发展，而且应包括管理科学的发展。管理科学的发展，尤其是新的管理方法的应用，在经济增长中起了重要的作用。从这种意义上说，“科学技术是第一生产力”这句名言中，科学技术应该包括管理科学。

三、经济增长理论与模型

经济增长理论研究在制度既定的条件下，决定经济增长的资源和技术与增长相互之间的关系。经济增长模型是对这三种因素之间量的关系的分析，经济增长因素分析运用定量方法分析这些因素在增长中的具体作用，增长极限论分析这些因素对增长的制约。20 世纪 80 年代之后出现的新增长理论重点研究技术进步在经济增长中的作用。

经济增长模型旨在通过对决定经济增长因素之间量的关系的分析来解决这样三个问题：第一，长期中是否存在一种稳定状态的增长；第二，实现稳定均衡增长的条件是什么；第三，这种均衡增长是否有稳定性。总而言之，经济增长模型要寻求经济长期稳定增长的途径。

1. 哈罗德—多马模型

早期最有影响的经济增长模型是在 20 世纪 40 年代分别由英国经济学家哈罗德和美国经济学家多马提出来的。他们所提出的模型基本相似，故被称为哈罗德—多马模型。我们以哈罗德模型为主来介绍这一模型的基本内容。这一模型在假设技术不变的前提下研究资本增加与经济增长之间的关系。其基本公式是：

$$G = \frac{S}{C}$$

在上式中，G 代表国民收入增长率，即经济增长率；S 代表储蓄率，即储蓄量在国民收入中所占的比例；C 代表资本—产量比率，即生产一单位产量所需要的资本量。根据这一模型的假设，资本与劳动的配合比率是不变的，从而资本—产量比率也就是不变的。这样，经济增长率实际就取决于储蓄率。例如，假定资本—产量比率（C）为 3，如果储蓄率（S）为 15%，经济增长率（G）则为 5%。在资本—产量比率不变的条件下，储蓄率高，则经济增长率高（在上例中，如果储蓄率增加到 18%，则经济增长率为 6%）；储蓄率低，则经济增长率低（在上例中，如果储蓄率减少到 12%，则经济增长率为 4%）。可见这一模型强调的是资本增加对经济增长的作用，分析的是资本增加与经济增长之间的关系。

哈罗德模型还用实际增长率、有保证的增长率与自然增长率三个概念分析了经济长期稳定增长的条件与波动的原因。

实际增长率（G）是实际上所发生的增长率，它由实际储蓄率（S）和实际的资本—产量比率（C）决定，即

$$G=\frac{S}{C}$$

有保证的增长率（G_ω），又称合意增长率，是长期中理想的增长率，它由合意的储蓄率（S_d）和合意的资本—产量比率（C_r）决定，即

$$G_\omega=\frac{S_d}{C_r}$$

自然增长率（G_n）是长期中人口增长和技术进步所允许达到的最大增长率，它由最适宜的储蓄率（S_0）和合意的资本—产量比率（C_r）决定，即

$$G_n=\frac{S_0}{C_r}$$

哈罗德模型认为，长期中实现经济稳定增长的条件是实际增长率、有保证的增长率与自然增长率相一致，即

$$G=G_\omega=G_n$$

如果这三种增长率不一致，则会引起经济中的波动。具体来说，实际增长率与有保证的增长率背离，会引起经济中的短期波动。实际增长率大于有保证的增长率（$G>G_\omega$），会引起累积性的扩张，因为这时实际的资本—产量比率小于合意的资本—产量比率（$C<C_r$），资本家会增加投资，使这两者一致，从而刺激经济的扩张。相反，实际增长率小于有保证的增长率（$G<G_\omega$），会引起累积性的收缩，因为这时实际的资本—产量比率大于合意的资本—产量比率（$C>C_r$），资本家会减少投资，使这两者一致，从而引起经济收缩。长期中，有保证的增长率与自然增长率的背离也会引起经济波动。当有保证的增长率大于自然增长率（$G_\omega>G_n$）时，由于有保证的增长率超过了人口增长和技术进步所允许的程度，经济将会出现长期停滞；反之，当有保证的增长率小于自然增长率（$G_\omega<G_n$）时，由于有保证的增长率不会达到人口增长和技术进步所允许的程度，经济将会出现长期繁荣。所以，这三种增长率应达到一致。

2. 新古典增长模型

新古典增长模型是由美国经济学家索洛等提出来的。这一模型认为，哈罗德—多马模型指出的经济增长途径是很难实现的。这也就是说，在现实中，由于各种因素的影响，

实际增长率、有保证的增长率和自然增长率很难达到一致。因此，他们把哈罗德—多马模型指出的经济增长途径称为“刃锋”。他们的模型就是要通过改变资本—产量比率来解决这一“刃锋”问题，并且考虑技术进步对经济增长的作用。新古典增长模型的公式是：

$$G=a\left(\frac{\Delta K}{K}\right)+b\left(\frac{\Delta L}{L}\right)+\frac{\Delta A}{A}$$

在上式中，$\frac{\Delta K}{K}$代表资本增长率，$\frac{\Delta L}{L}$代表劳动增加率，a代表经济增长中资本所作的贡献比例，b代表经济增长中劳动所作的贡献比例（a与b之比即资本—劳动比率），$\frac{\Delta A}{A}$代表技术进步率。

这一模型的含义是：第一，决定经济增长的因素是资本的增加、劳动的增加和技术进步。第二，资本—劳动比率是可变的，从而资本—产量比率也是可变的。这是对哈罗德—多马模型的重要修正。第三，资本—劳动比率的改变是通过价格的调节来进行的。如果资本量大于劳动量，则资本的相对价格下降，劳动的相对价格上升，从而使生产更多地利用资本，更少地利用劳动，通过资本密集型技术来实现经济增长；反之，如果资本量小于劳动量，则资本的相对价格上升，劳动的相对价格下降，从而使生产更多地利用劳动，更少地利用资本，通过劳动密集型技术来实现经济增长。这样，价格的调节可使资本与劳动都得到充分利用，经济得以稳定增长。因为这一模型强调了价格对资本—劳动比率的调节作用，与新古典经济学的观点相似，故又被称为新古典增长模型。

新古典增长模型从资本—产量比率的角度探讨了经济长期稳定增长的条件。这一模型认为，长期中实现均衡的条件是储蓄全部转化为投资，即对凯恩斯储蓄等于投资这一短期均衡条件的长期化。在这种情况下，如果储蓄倾向不变，劳动增长率不变，则长期稳定增长的条件就是经济增长率$\frac{\Delta Y}{Y}$与资本增长率$\frac{\Delta K}{K}$必须相等，即

$$\frac{\Delta Y}{Y}=\frac{\Delta K}{K}$$

如果$\frac{\Delta Y}{Y}>\frac{\Delta K}{K}$，这就意味着收入的增长快于资本的增长，从而资本生产率提高。这就会刺激企业用资本代替劳动。使用的资本量的增加一方面使资本边际生产率下降，另一方面使资本价格提高，从而最终减少资本使用量，最后达到$\frac{\Delta Y}{Y}=\frac{\Delta K}{K}$。

可见，市场调节可使经济在长期中保持$\frac{\Delta Y}{Y}=\frac{\Delta K}{K}$，从而实现稳定增长。

3. 新剑桥增长模型

新剑桥增长模型是由英国经济学家罗宾逊、卡尔多等提出来的。这一模型着重分析收入分配的变动如何影响决定经济增长率的储蓄率，以及收入分配与经济增长之间的关系。新剑桥增长模型的公式为：

$$G=\frac{S}{C}=\frac{\frac{P}{Y}\cdot S_p+\frac{W}{Y}\cdot S_\omega}{C}$$

在上式中，C 仍然代表资本—产量比率，$\frac{P}{Y}$代表利润在国民收入中所占的比例，$\frac{W}{Y}$代表工资在国民收入中所占的比例。国民收入分为利润与工资两部分，所以 $\frac{P}{Y}+\frac{W}{Y}=1$。

S_p 代表利润收入者的储蓄倾向（储蓄在利润中所占的比例）。S_ω 代表工资收入者的储蓄倾向（储蓄在工资中所占的比例）。根据假设，利润收入者的储蓄倾向大于工资收入者的储蓄倾向，即 $S_p>S_\omega$，而且 S_p 与 S_ω 都是既定的。

从上式中可以看出，当 S_p 与 S_ω 既定时，储蓄率的大小取决于国民收入分配的状况，即利润与工资在国民收入分配中所占的比例。在 $S_p>S_\omega$ 的假定条件之下，利润在国民收入中所占的比例越大，则储蓄率越高；相反，工资在国民收入中所占的比例越大，则储蓄率越低。我们可以举例说明这一点。

假设 $S_p=30\%$，$S_\omega=10\%$，如果 $\frac{P}{Y}=40\%$，$\frac{W}{Y}=60\%$，则：

$$S=40\%\times30\%+60\%\times10\%=18\%$$

如果改变收入分配，使 $\frac{P}{Y}=60\%$，$\frac{W}{Y}=40\%$，则：

$$S=60\%\times30\%+40\%\times10\%=22\%$$

在资本—产量比率不变的情况下，经济增长率取决于储蓄率，储蓄率越高，则经济增长率越高，而要提高储蓄率，就要改变国民收入的分配，使利润在国民收入中占更大的比例。因此，经济增长是以加剧收入分配的不平等为前提的。经济增长的结果，也必然加剧收入分配的不平等。这是新剑桥增长模型的重要结论。

新剑桥增长模型从社会储蓄率的角度探讨了经济长期稳定增长的条件。

要使经济按一定的增长率增长下去就必须保持一定的储蓄率，社会储蓄率取决于利润收入者与工资收入者的储蓄倾向，以及他们的收入在国民收入中所占的比率。前者是不变的，因此，要保持一定的储蓄率就必须使国民收入中工资与利润保持一定水平。这个过程也是通过价格调节来实现的。如果利润在国民收入中的比率加大，则储蓄率提高，投资增加，结果最终工资增加，储蓄率下降。这是增长过快的结果。反之，如果利润在国民收入中的比率减少，则储蓄率下降，投资减少，结果最终工资减少，储蓄率上升。这是增长过慢的结果。

经济要稳定增长，利润和工资在国民收入中要保持一定比率，但这一比率并不是不变的，而是随着经济增长，在国民收入分配中，利润的比率在提高，工资的比率在下降。

新古典增长模型和新剑桥增长模型实际上都是从 $G=\frac{S}{C}$ 这个公式入手来分析经济长期增长的条件的。新古典增长模型分析 C 的变动，新剑桥增长模型分析 S 的变动。

4. 经济增长因素分析

20 世纪 60 年代，美国经济学家肯德里克和丹尼森对劳动、资本和技术进步对经济增长的影响进行了定量分析，以寻求提高经济增长率的途径。

肯德里克使用的是全要素生产率的概念。他认为，产量和某一种特定生产要素投入量的比率是部分生产率，如资本生产率或劳动生产率。产量和全部生产要素投入量的比率是全要素生产率。全要素生产率不会受要素投入量结构的变化等因素的影响，从而能反映出生产率提高在经济增长中的作用。

根据肯德里克的计算，1889—1957 年，美国国内私营经济全要素生产率平均每年增长 1.7%，同期的年增长率为 3.5%。这就是说，经济增长中来自要素投入量增加因素所占的比例和来自生产效率提高因素所占的比例大致为 1 : 1。他还计算出在 1958—1966 年，全要素生产率提高对经济增长的贡献已超过要素投入量的增加对经济增长的贡献。

丹尼森在此基础上作了进一步的定量分析。他把影响经济增长的因素分为 7 项：第一，就业人数及其年龄—性别构成；第二，包括非全日工作的工人在内的工时数；第三，就业人员的教育年限；第四，资本存量的大小；第五，资源配置，主要指低效率工作使用劳动力比重的减少；第六，规模经济，以市场的扩大来衡量；第七，知识发展。

这 7 项中，前 4 项属于要素投入量，后 3 项属于每一单位投入量的生产率。根据他的计算，劳动对经济增长的贡献为 39.3%，资本对经济增长的贡献为 15%，技术进步对经济增长的贡献为 45.5%（其余为非正常因素）。这种研究证明，由于技术进步引起的生产率提高（单位投入的产量增加）对经济增长的贡献约为一半，这与其他经济学家的研究成果相同。

丹尼森还对美国、西欧和日本等国各种增长因素在经济增长中所作出的贡献进行了比较，以西欧和美国 1950—1962 年的情况来说，要素投入量与要素生产率这两大类因素在经济增长中所起的作用是不同的。总的来说，西欧总增长率的 40% 由要素投入量提供，而 60% 由要素生产率提供，在美国，这个比例正好倒过来。这说明第二次世界大战后西欧各国要素生产率提高得较快。再从劳动投入量来看，西欧劳动人口多，劳动力数量的增长对经济增长所作出的贡献比较大；而美国劳动力受教育程度高，劳动力的教育水平的提高对经济增长所作出的贡献较大。从资本来看，美国投资增加对经济增长所作出的贡献大于西欧各国。日本经济学家金森久雄还把丹尼森的模型运用于日本，认为日本要素投入量增加与要素生产率提高对经济增长所作的贡献都大于美国与西欧。而在日本经济增长中作出最大贡献的是资本投入量增加与要素生产率提高。劳动力迅速由农业转向工业、引进外国技术和规模经济对经济增长也起了重要作用。丹尼森也得出了类似的结论。

5. 零增长理论

20 世纪五六十年代西方国家的高经济增长政策尽管获得了成功，但也引起了滞胀、环境污染、社会风气败坏等问题。这在经济学界引起了关于经济增长的争论。许多学者对经济增长提出了异议，这就是零增长理论的由来，这种理论或者认为增长是有极限的，或者认为即使经济可以无限增长，也是不可取的。

零增长理论认为，影响经济增长的五个因素是人口增长、粮食供应、资本投资、环境污染和能源消耗。这些因素的共同特点在于它们的增长都是指数增长，即按照一定的百分比递增。学者把这五种因素的相关数据代入公式运用计算机进行计算，得出的结果是：假定世界上自然的、经济的和社会的关系没有重大的变化，那么，由于世界粮食短缺、资源耗竭和环境污染，世界人口和工业生产能力将会发生非常突然和无法控制的崩溃。为了避免这种毁灭人类前途的情况出现，全球必须在 1975 年停止人口增长，在 1980 年停止工业投资的增长，以达到零增长的全球性均衡。这种观点被称为增长极限论。

> 零增长理论对绿色增长概念的推出有什么意义？

还有相关的观点认为，即使增长不存在极限，也并不可取，因为经济增长的结果并不一定是生活水平的提高，人们为经济增长所付出的社会与文化代价太高了。首先就在于持续的经济增长使人们放弃了许多美好的享受，如无忧无虑的闲暇、田园式的享受、清新的空气等。其次，经济增长所带来的仅仅是物质享受的增加，但是物质并不是唯一的幸福源泉。随着社会的发展，人们也并不把物质享受作为唯一的目标，有些物质产品的增加也许还会给人们带来负效用。最后，人们对幸福的理解取决于人们在社会上的相对地位，而经济增长尽管增加了收入的绝对量，但并不一定能提高人们在社会上的相对地位，这样也就并不一定能给人们带来幸福。总之，提出该种观点的英国经济学家米香认为，技术的进步、经济的增长仅仅是物质产品的增加而不是幸福的增加。在经济增长中，人们失去的幸福太多了，因此，即使经济增长是可能的，也是不可取的。他主张应该停止经济增长，恢复过去那种田园式的生活。

6. 新增长理论

20 世纪 80 年代之后，美国经济学家罗默等提出了新增长理论，这一理论是经济增长理论的重大突破。新古典增长模型考虑到了技术进步在经济增长中的重要作用，但技术进步被视为外生变量，对经济增长的贡献表示为扣除劳动和资本所作贡献之后的余量。在新增长理论中，技术进步被视为内生变量，从而揭示了劳动、资本、技术进步对增长的共同作用，以及这三者之间的相互关系。技术进步实际上是通过劳动和资本来体现的，体现在劳动中就是劳动者素质的提高，体现在资本中就是用更先进的设备替代了旧设备。在此基础上，这种理论解释了人力资本在经济增长中的重要性，说明了资本增加并不会引起资本边际收益递减，因为资本的质发生了变化。这种理论对解释知识经济等新问题有重大意义，对认识教育在经济增长中的重要性也有重大启示。同时，新增长理论解释了国际贸易的利益。这些使经济增长理论得到了深化，更有利于促进增长的政策判定。

参考资料

70 规律

我们在介绍零增长理论时，曾指出影响经济增长的五个因素（人口增长、粮食供应、资本投资、环境污染和能源消耗）都是按指数增长的。其实增长率也是按指数增长的。这种增长的特征是，随着时间推移，增长率的差距会越来越大。

指数增长是按一定的百分比递增的。如用 P 代表某增长因素基期的数量，r 代表每一期的增长率，A 代表第 n 年的数量，则指数增长的计算公式为：

$$A = P(1+r)^n$$

体现指数增长最好的形式是倍增时间，即某因素增长一倍所需要的时间。倍增时间的简便算法是以 70 除以年增长百分点所得到的数值。如年增长率为 2%，则倍增时间为 35 年。这种增长的特点是起先并不引人注意，但经过一定时间之后就会变得非常惊人。70 规律是指如果某个定量按每年 x 个百分点的比率增长，其倍增时间，即该变量翻一番的时间是 $\frac{70}{x}$。例如，年增长率为 1%，则倍增的时间是 70 年；年增长率为 2%，倍增时间是 35 年。这样，如果有两个国家，起初一个国家的增长率为 1%，另一个国家的年增长率为 2%，70 年后一个国家的增长总量就是另一个国家的 4 倍。例如，起初年增长 1% 的国家的国内生产总值为 2 万亿元，年增长 2% 的国家的国内生产总值为 1 万亿元，70 年后，前一个国家的国内生产总值为 4 万亿元，而后一个国家的国内生产总值也为 4 万亿元，即原来两国差距为 2 倍，70 年后相同了。这正是后进国家可以赶上先进国家的原因所在。

指数增长会带来这样惊人的结果，因此，爱因斯坦把这种以复利计算的 70 规律称为“有史以来最伟大的数学发现”。

案例研究

增长与环保

现在越来越多的人认识到经济增长是一把双刃剑。工业革命以来经济增长的巨大成绩，使人们的生活水平有了普遍的、极大的提高，但人类也为这种增长付出了极大的代价，其中最大的代价就是对环境的巨大破坏。

这种环境破坏表现在许多方面。第一，全球气候变暖引起的生态危机。经济增长的能源是以碳为基础的化石燃料，如煤、石油、天然气等。大量使用这类燃料引起空气中二氧化碳巨量增加。这种二氧化碳的增加大大超出了自然界吸收、转化的能力，从而引起全球气候变暖。一定程度的天气变暖固然给一些地区，如高寒的俄罗斯、加拿大，给一些行业，如农业、旅游等带来好处，但总体上弊大于利。南北极冰盖的融化，不仅引起海平面上升，危及许多沿海国家和城市，而且使一些野生动物濒临灭绝。如果这种趋势持续下去，甚至会危及人类本身的生存。

第二，资源的过度消耗，甚至浪费。增长，尤其是一些国家初期的粗放式增长，浪费了大量资源或者资源利用效率极低。同时增长带来的富裕又引发了消费主义热潮。许多消费并不是满足人们的正常欲望，而是炫耀性、挥霍性浪费。在美国时我深感到，许多美国人用空调简直是把冬天变成夏天，又把夏天变成冬天。这种超出正常保暖、降温需求的能源消耗，岂不是巨大的浪费吗？但这种浪费被认为是正常的。在我们的日常生活中，这种浪费处处皆有，饭店吃饭不能“光盘”，许多食物被浪费，长明灯处处皆有，过度包装比比皆是。昔日节约的好习惯被认为是“抠门”。地球上的许多资源是有限的、不能再生的，我们今天用了，子孙后代用什么？

第三，危及各个方面的环境污染。阴霾的天空，污染的水源，光秃秃的土地，海洋被酸化，自然灾难频繁发生……广阔的地球上都难找到一块干净的地方了。这些污染不仅危及动物的生存，造成生态的破坏，甚至危及人类本身的生存。肺癌患者的剧增及其他疾病的年轻化说明了这一点。我们生活在这样的环境中有幸福可言吗？我们的地球还能这样持续多久？当年美国生物学家蕾卡森在《寂静的春天》中呼吁保护环境，罗马俱乐部也对人类发出了警告，还有许多学者、政治家在呼吁，各国也采取了许多有力的措施，但人类生存环境恶化的状况并没有多少改善。这就引起我们关注增长与环境的关系。

应该如何在保持增长的同时保护环境呢？第一，不要追求高增长，应以适度增长为目标，适度增长要考虑资源限制与环境保护，在增长与环保中保持一种均衡。第二，要大力宣传环境保护，让每一个人对这一问题都有深刻的认识，从自己做起，珍惜每一滴水、每一度电，减少自身活动给环境带来的负面影响。第三，政府采取强有力的政策措施，保护环境，这种措施不应是文件上、口头上的，而应是切实有效的。第四，加强环境保护的国际合作。

如果我们这样做了，就能使增长与环保平衡，创造一个良好的生存环境。

第二节　长期中价格的决定

货币在经济中有重要作用。但货币在短期与长期中对经济的影响是不同的。短期中，货币既影响物价水平，又影响实际产量。长期中，货币只影响物价水平。本节论述长期中货币如何决定物价。

> 注意区分短期与长期对理解货币的意义。

一、货币的基本知识

要了解货币长期中如何决定物价水平，我们首先应该了解什么是货币以及货币在经济中的作用。

经济学家认为，货币是人们普遍接受的、充当交换媒介的东西。正如美国经济学家、货币主义领袖弗里德曼所说，货币是一个共同的、普遍接受的交换媒介。

货币的本质体现在货币的职能上。经济学家认为，货币的职能主要有三种：第一，交换媒介，即作为一种便于交换的工具，这是货币最基本的职能。这种职能包括在延期支付时作为支付手段的职能。第二，计价单位，即用它的单位来表示其他一切商品的价格。这是货币作为交换媒介的必要条件。第三，贮藏手段，即作为保存财富的一种方式，这是货币作为交换媒介的延伸。

> 未来还会有电子货币，如果电子货币出现，会改变货币的性质吗？

在人类社会中，货币有两种：一种是商品货币，即本身有内在价值的货币。这些商品货币即使不作为货币，仍具有其作为商品的价值。在历史上，贝壳、白银、黄金等都曾作为货币使用。金银这类贵金属由于有体积小、价值高、易于保存和分割、易于确定质量等优点长期被作为货币使用。另一种是法定货币，即由政府法令所确定的货币。这种货币本身并没有内在价值，它如果不作为货币就一文不值。它之所以作为货币是因为政府法律规定它有作为支持手段和偿还一切债务的职能。现在通用的纸币就是法定货币。

在各个国家，现在流行的货币主要有这样几类。

纸币，即由中央银行发行，由法律规定其地位的法偿货币。纸币的价值取决于它的购买力。

铸币，即小额币值的辅币，一般用金属铸造。

以上两种货币称为通货或现金。

此外，在许多国家，旅行支票也属于现金。

存款货币，又称银行货币或信用货币，是商业银行中的活期存款。活期存款可以以支票的形式在市场上流通，所以是一种可以作为交换媒介的货币。

近似货币，又称准货币，包括商业银行中的定期存款和其他储蓄机构的储蓄存款。这种存款在一定的条件下可以转为活期存款，以支票的形式流通，因此称为近似货币。

货币替代物，即在一定条件下可以暂时代替货币作为交换媒介的东西。如信用卡，它本身并不是货币，也不具有货币的职能，只是代替货币行使交换媒介的职能。

在经济学中，一般把货币分为 M_1 与 M_2：

$$M_1 = 通货 + 商业银行活期存款$$

$$M_2 = M_1 + 定期存款与储蓄存款$$

在高级宏观经济学和货币理论中，货币的分类更为详细。

M_1 被称为狭义的货币，M_2 被称为广义的货币。

一国流通中的货币量主要是由中央银行决定的，中央银行是国家唯一的货币发行者，但商业银行也可以通过其存贷款业务影响流通中的货币量，这一点以后将详细介绍。

二、货币数量论

说明长期中货币决定价格的理论是货币数量论。

货币数量论是一种历史悠久的货币理论。它是关于流通中货币量与一般价格水平之间关系的理论。其基本观点是，商品的价格水平和货币的价值是由流通中货币的数量决定的。在其他条件不变的情况下，商品价格水平与货币数量成正比例变化，货币价值与货币数量成反比例变化。所以，流通中的货币数量越多，商品价格水平越高，货币价值越小；反之则反。美国经济学家费雪曾提出一个方程式来表述货币数量论，这个方程式被称为费雪方程式或交易方程式。其公式是：

$$MV = P \cdot T$$

式中，M 代表流通中的货币量，V 代表货币流通速度，P 代表一般物价水平，T 代表商品与劳务的交易总额。

根据货币数量论的假设，在上述公式中，货币流通速度（V）由制度与交易习惯决定，在某一时期内是稳定的。T 就是实现了充分就业的实际国内生产总值，长期中也是稳定的。这样，物价水平（P）就取决于流通中的货币量（M）。物价水平与货币量成同比例变动，即流通中货币量越多，物价水平越高；货币量越少，物价水平越低。

由这个公式又可得出两个重要的推论：第一，货币的价值（货币的购买力）取决于物价水平和货币量。当物价水平既定时，货币的价值与货币量成反比例变动。这就是说，流通中货币量越多，货币的价值越低；流通中货币量越少，货币的价值越高。第二，物价水平的上升率，即通货膨胀率，由货币供给量增长率决定。货币供给量增加越多，通货膨胀率越高，货币供给量增长率与通货膨胀率同比例变动。

货币数量论强调了货币量在决定长期物价水平时的唯一重要性。根据这一理论，长期中通货膨胀发生的唯一原因是货币量增加，而且，通货膨胀率与货币供给量增长率是同比例变动的。因此，长期中抑制通货膨胀的唯一办法是控制货币供给量的增加。用一个形象的说法，消除通货膨胀的唯一方法是关闭货币水龙头。

三、货币中性论

与货币数量论相关的另一个理论是货币中性论。

经济学家把各种经济变量分为名义变量与实际变量。名义变量是用货币衡量的变量，如物品的价格、用货币表示的名义工资、以货币表示的名义利率等。实际变量是用实物单位衡量的变量，如用吨或千克衡量的小麦产量、用各种实物衡量的实际工资等。货币中性论是指货币的变动只影响名义变量而不影响实际变量。例如，货币量增加了一倍使小麦的价格上升了一倍，但实际的小麦数量并没有改变。

> 在这里“中性”也就是“中点”的意思。

货币中性论来自凯恩斯时期以前的古典经济学。古典经济学家认为，经济分为两个互不相关的部分——实际经济与货币，经济学也相应地分为经济理论和货币理论。经济理论的实际经济中产量的决定，即产量是由制度、资源、技术等实际因素决定的，与货币无关。货币理论说明物价水平的决定，即我们所公认的货币数量论。这种把经济分为两部分的做法称为古典二分法。

凯恩斯打破了这种二分法，他认为货币量的变动会影响利率，利率会影响实际产量，这样就把经济理论和货币理论结合成为一个整体，打破了古典二分法。

现代经济学家认为，凯恩斯的分析适用于短期。长期中，货币仍然保持不影响实际经济变量的中性。所以，货币数量论和货币中性论在长期中是成立的。

四、货币数量论的检验

在现实中，货币数量论在长期中是否成立呢？经济学家利用实际资料对这一理论进行了检验。

一些经济学家用美国 1888—1988 年这百年间的货币供给量增长率与通货膨胀率之间的资料证明了以下两点。

第一，货币供给量增长率的变动和相应的通货膨胀率的变动之间存在一致的趋势。这就是说，当货币供给量增长率高时，通货膨胀率上升（如 20 世纪 20 年代与六七十年代）；当货币供给量增长率低时，通货膨胀率下降（如 20 世纪 80 年代）；当货币供给量减少时，出现通货紧缩（如 20 世纪 30 年代经济大危机时期）。

第二，这两个变量之间的关系并不是完全同比例的，因为除了货币量，还有其他因素影响物价水平。

另一些经济学家用特殊时期——超速通货膨胀时期的资料也证明了货币数量论的正确性。在 20 世纪 20 年代，奥地利、匈牙利、德国和波兰都出现了每月通货膨胀率大于 50% 的超速通货膨胀，在同一时期，货币供给量增长率与通货膨胀率几乎是相同的。资料证明，引起超速通货膨胀的根本原因正是货币供给量急剧而大量的增长，这是证明货币数量论最有力的证据。

还有一些经济学家根据国际资料对货币数量论进行了检验。这些资料表明，在任何一个国家，高通货膨胀率总是与高货币供给量增长率相关的，稳定的物价则与稳定的货币供给量增长率相关。但这两者之间的关系并不是完全一对一的同比例关系。

资料证明货币数量论的结论是基本正确的，只不过货币供给量与物价水平之间的变化并不完全成比例。这说明决定物价水平的因素最主要的是货币供给量，但其他因素也存在一定作用，如产量的变动、货币流通速度的变动等。

第三节　自然失业

经济学家认为，长期中市场机制能充分发挥调节作用，因此，经济中可以实现充分就业。但充分就业并不是指人人都有工作，在充分就业时仍然有失业者。这种失业是由经济中一些难以克服的原因引起的，称为自然失业。经济学家研究长期中的失业实际上是在研究自然失业问题。

一、自然失业与自然失业率

经济学家经常用充分就业的概念，但值得注意的是，充分就业并不是指人人都有工作。当经济中的失业率等于或低于自然失业率时，我们就可以认为经济已实现了充分就业。

> 自然失业的“自然”二字有自然而然、难以克服的意思。所以，这也是一种正常的失业。

如前所述，**自然失业是指由经济中一些难以克服的原因引起的失业**。任何一个国家都是一个动态的社会，社会经济的变动会引起劳动供求的失衡，这样就难免有失业存在。**自然失业率是衡量自然失业状况的指数，**

可以用自然失业人数与劳动力总数之比来表示。其公式为：

$$自然失业率=\frac{自然失业人数}{劳动力}$$

劳动力是就业人数与失业人数之和。

自然失业率的高低取决于劳动市场的完善程度、经济状况等各种因素，也取决于社会对失业的承受程度。自然失业率由各国政府根据实际情况确定，各国在各个时期所确定的自然失业率都不同。从第二次世界大战后的情况看，自然失业率有不断上升的趋势。以美国为例，20 世纪五六十年代的自然失业率为 3.5% ~ 4.5%，即有 95.5% ~ 96.5% 的人就业就是实现了充分就业；20 世纪 70 年代的自然失业率为 4.5% ~ 5.5%，即有 94.5% ~ 95.5% 的人就业就是实现了充分就业；20 世纪 80 年代的自然失业率为 5.5% ~ 6.5%，即有 93.5% ~ 94.5% 的人就业就是实现了充分就业。20 世纪 90 年代，美国经济总体上发展迅速，自然失业率也下调到 4% 左右。

在估算自然失业率时，重要的依据是潜在国内生产总值。潜在国内生产总值也称为充分就业的国内生产总值。换言之，在达到这种国内生产总值时存在的失业就是自然失业。因此，估算自然失业首先要估计潜在国内生产总值是多少。潜在国内生产总值表明一个经济体的生产能力或潜力，要根据资源与技术进步等因素来估算。不同的经济学家对潜在国内生产总值的估算并不相同，因此，对自然失业率的估算也不同。

同时，各国的潜在国内生产总值、制度等因素不同，对失业的承受能力也不同，因此，各国的自然失业率也不同。从总体上看，欧洲各国和加拿大的自然失业率高于美国。

引起自然失业的原因多种多样，这是我们分析的重点。

二、摩擦性失业

摩擦性失业是经济中由于正常的劳动力流动而引起的失业，也称为工作转换中的失业，或称寻找工作性失业。在一个动态经济中，各行业、各部门与各地区间劳动需求的变动是经常发生的。这种变动必然导致劳动力的流动，在劳动力的流动过程中总有部分工人处于失业状态，这就形成了摩擦性失业。经济中劳动力的流动是正常的，所以，这种失业的存在也是正常的。

> 任何事物都有利有弊。失业的存在是劳动力最优配置付出的代价。可以从摩擦性失业来理解这一点。

这种失业的原因是所有的工作岗位并不是同质的，不同工作岗位有不同的技能和其他要求，求职者也不是同质的，不同求职者有不同的能力与要求。求职者要找到适合自己的工作需要一定时间，在这一段时期内，其就处于失业状态，这种失业就是摩擦性失业。这种失业的特点往往是失业与空位并存，即一方面有人无工作，另一方面有工作却没有人做。尤其在劳动市场信息不充分或扩散慢的情况下，这种失业也许还会加剧。

在一定合理的范围之内，摩擦性失业的存在对社会和个人是有利的。从整个社会来看，劳动力的最优配置是通过市场流动来实现的。摩擦性失业也是实现劳动力最优配置的代价。从个人来看，变换工作，用一定时间去找适合自己的工作，可以使自己的才能得到发挥，付出暂时失业的代价也是值得的。任何一个社会都无法消除这种失业。政府对减少这种失业所能做的是提供劳动市场信息，沟通劳动供求双方，以及提供必要的职业培训，提高求职者的能力。

但应该指出，还有些政府政策加剧了摩擦性失业。其中之一就是失业保障制度。许多国家的政府为了保护失业者，在一定时期之内向失业者提供失业津贴，这使一些失业者不急于找工作，从而加剧了摩擦性失业。

美国经济学家 1985 年在美国伊利诺伊州进行了一次实验。他们随机选择了一些工人，告诉工人如能在 11 周内找到工作，每人可得到 500 美元特殊津贴，然后把这些人与其他不被提供这种激励的人进行比较，结果发现有这种激励的失业者的平均失业时间缩短了。有这种激励的工人大多在 11 周内找到了工作，而没有这种激励的工人一般在 26 周（美国享受失业津贴的最长时间）内找到工作。这说明失业保障会使摩擦性失业加剧。

社会保障制度不可以没有，但又有副作用，关键是掌握一个适当的度。

三、结构性失业

这种失业是由于经济中一些制度上的原因引起的。这些制度上的原因主要包括最低工资法、效率工资制度和工会的存在。

在微观经济学中我们论述了最低工资法的概念。当存在这种立法时，劳动市场会出现供大于求的情况，从而有失业。我们可用图 11－1 来说明这一点。

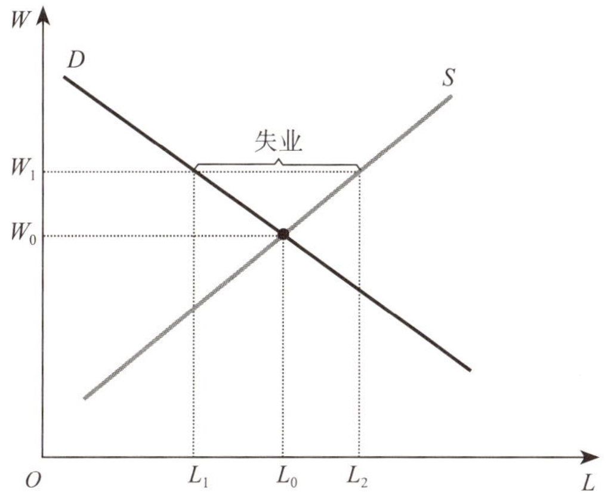

图 11－1　最低工资法与失业

在图 11－1 中，横轴代表劳动供给 L，纵轴代表工资 W。如果没有最低工资法，劳动市场的均衡工资为 W_0，这时雇用的劳动量为 L_0，不存在失业。政府规定最低工资为 W_1，这时劳动需求减少（例如，企业用机器替代工人更为有利），雇用的劳动量为 L_1，L_2-L_1 即为实行最低工资法时出现的失业。

实行最低工资法时失业的产生，一是因为这时劳动供给增加，从图 11-1 中看，劳动供给从 L_0 增加到 L_2，因为这时会有更多青少年认为辍学工作更有利，或者一些原本不想工作的人找到了工作，从而进入劳动市场；二是因为企业认为雇用工人不合适从而减少劳动需求。

根据美国的调查，最低工资法尤其增加了青少年的失业率，它对那些已有工作的人是有利的，但对找不到工作的人是一种伤害。

另一项引起失业的制度是企业采用的效率工资制度。**效率工资是企业支付给工人的高于市场均衡工资的工资**。在信息不对称的情况下，企业采用效率工资制度可以提高效率，节省的成本高于向工人支付的工资，对企业是有利的。效率工资制度引起效率提高是由于企业能招到最好的工人，工人会勤劳工作，并减少流动性。采用效率工资制度对企业是有利的，但企业会减少所雇用的工人数量，从而引起失业。效率工资制度对失业的影响与最低工资法相同。

回忆什么是信息不对称。

还有一项影响失业的制度是工会。工会代表工人与企业进行工资谈判，进而决定工资，这时工会就成为劳动供给的垄断者。企业迫于工会的压力不得不提高工资，从而减少雇用的工人，这也会引起失业。对于工会会员，工会又可保护他们的高工资，但这却引起非会员就业困难。

应该说，最低工资法和工会有助于保护工人的利益，是许多国家都采用的制度，效率工资制度是企业自己可以决定的工资制度。这些制度的存在有其合理性，因此，由此而引起的结构性失业也就是无法避免的。参考资料“各国自然失业率不同的原因”说明了这一点。

四、技术性失业

在现代社会中，由于技术飞速进步，技术性失业已成为最严重的失业问题。

技术性失业就是工人所具有的技术与劳动市场需要的不一致而引起的失业。例如，市场上寻找工作的工人是汽车司机，而劳动市场需要的是电脑程序员。开车的技术与电脑程序员完全不同，于是这些司机就会处于失业状态。当存在这种失业时，劳动市场上的需求量与失业工人的供给量在总体上是一致的，但由于技术形成“失业与空位并存”，即一方面有工人找不到工作处于失业状态，另一方面有些工作无人做，存在“空位”。在现代社会中，由于技术进步迅速，有些工种被淘汰了，社会不再需要。例如，自动驾驶汽车普及之后，司机这种职业就会被淘汰，但出现的许多新行业又有一定的技术要求，如电脑行业的发展需要更多的电脑程序员。原有的司机不会电脑技术，只能被淘汰了。在历史上随着不同行业的兴衰更迭，这种失业也出现过。但在今天新行业需要的新技术与旧行业需要的技术完全不同，而且让这些年龄已大的司机学习电脑技术又颇为困难。技术性失业就成为经济中难以解决的顽疾。

如何解决这种失业呢？从社会来看，就是要加大培训的力度，对由于技术性失业的工人进行再培训，让他们掌握新技术。这也是政府人力资本投资的重要部分。特别应该指出，这种再培训的工作不能由企业承担，只能由政府完成。

从个人来看，就是要不断学习新技术，以避免这种失业。这就要求个人看到未来的技术发展趋势，顺应这种趋势学习新技术。这种学习是个人对自己的人力资本投资。要有学习新技术的能力，还要提高自己的基础文化水平。一般而言，基础文化好的人学习新技术更容易一些。人要能适应时代的变化，必须不断学习。

参考资料

各国自然失业率不同的原因

欧盟各国、加拿大和美国的自然失业率差别相当大。当美国的自然失业率为4%左右时，欧洲、加拿大的自然失业率在6%左右。引起这种差异的主要原因是制度上的区别。

一般来说，欧盟国家和加拿大的各种社会保障和社会福利要高于美国。欧盟国家的人和加拿大人享受的失业津贴高于美国人，时间也比美国长，最低工资的标准也高于美国。此外，欧盟国家和加拿大的工会力量也比美国强大。欧盟国家和加拿大有3/4左右的工人是工会会员，工会所起的作用也大，但美国即使在工会极盛的20世纪四五十年代，加入工会的工人也仅有1/3，现在下降为16%左右。

正是这种制度上的原因使欧盟国家与加拿大的自然失业率高于美国。我们在研究各国的自然失业率时一定要注意这种制度因素。

案例研究

重视我国的失业问题

我国的目标是建立一个和谐社会并实现中国梦。实现这个目标的基础是人人有工作，人人有饭吃。因此，在我国，宏观经济政策的目标不应是国内生产总值增长率的提高而是就业率的提高。

就业目标在我国的重要性与我国的国情相关。

从世界的角度看，在两个时期失业严重：一个是转入市场经济时，即工业化时期，大量农村人口进入城市，引起失业严重。另一个是从计划经济转向市场经济的时期，这时由于国企改制，大量下岗工人出现，引起了失业严重。有的国家只有一个时期，没有两个时期，如西方各国只有第一个时期，没有第二个时期；或者两个时期不是同时出现的，如苏联和东欧各国在转型之前已经完成了城市化。在我国，这两个时期是同时出现的：一方面是由城市化（农村人口进入城市）引起的失业；另一方面是由国企改革中工人下岗引起的失业。这就使我国的就业问题极为严重。

我国就业问题还由于另外三个因素而加剧。

一是我国人口基数大。14 亿人口的就业压力是其他国家所没有的。二是由于教育落后，待就业人口的文化素质低，没有一技之长，使解决就业问题不易。三是 80 后、90 后农村人口与以前的 50 后、60 后农村人口的就业模式相比有了改变。50 后、60 后是“候鸟式就业”，即城市有工作，进城来打工，城市没有工作就回去种地。这就使就业问题不严重。但现在 80 后、90 后在农村外出的就业人口中占了 60% 以上，他们绝不当“候鸟”，一心要在城市定居下来，这就使解决这些人的就业问题成为当务之急。

还应该指出，各国就业问题的解决主要靠中小企业和服务业，而我国中小企业的发展受到各种限制，服务业严重落后。全球金融危机后，国家用 4 万亿元来刺激经济，重点也不在中小企业和服务业上。因此，当前尽管增长率不低，但就业形势仍然严峻。

正因为如此，与其想尽一切办法提高增长率，不如想尽一切办法提高就业率。

关键概念

经济增长	制度	货币	交换媒介
计价单位	贮藏手段	商品货币	法定货币
M_1	M_2	货币数量论	货币中性论
名义变量	实际变量	古典二分法	自然失业
自然失业率	摩擦性失业	结构性失业	效率工资

内容提要

- 经济增长是国内生产总值或人均国内生产总值的增加。
- 决定一国经济增长的因素是制度、资源和技术进步。制度是经济增长的前提，现代经济增长的核心是技术进步。
- 各种经济增长模型是为了分析经济增长与影响它的各种因素之间的关系。
- 货币是一种人们普遍接受的交换媒介，具有交换媒介、计价单位和贮藏手段的职能。在各国，货币包括狭义货币（M_1）和广义货币（M_2）。
- 货币数量论认为，在长期中物价水平由流通中的货币量决定，货币量变动影响经济中的名义变量而不影响实际变量。货币是中性的。
- 自然失业是由于经济中一些难以克服的原因所引起的。其中包括正常的劳动力流动和最低工资法、效率工资制度、工会这类制度因素。

思考题

1. 什么是经济增长？各国经济增长表现出什么基本特征？

2. 以中国改革开放前后经济的变化说明制度在经济增长中的重要性。

3. 用技术进步在经济增长中作用的理论解释“科学技术是第一生产力”这句话。

4. 假设一个经济体的储蓄率为12%，资本—产量比率为3，根据哈罗德—多马模型，经济增长率为多少？如果要使经济增长率达到6%，储蓄率应该是多少？

5. 假设在一个经济体中，$\Delta K=100$，$K=1\ 000$，$\Delta L=200$，$L=1\ 000$，$a=0.6$，$b=0.4$，$\frac{\Delta A}{A}=0.3$，用新古典增长模型计算该经济体的增长率。

6. 根据新剑桥增长模型解释为什么经济增长以收入分配不平等加剧为条件。

7. 判断下列各项目，哪些项目是货币，哪些不是，并解释原因。

（1）白银。

（2）银行券（私人银行发行的纸币）。

（3）信用卡。

8. 什么是货币数量论？什么是货币中性论？

9. 第二次世界大战后，德国发生了超速通货膨胀，这种现象是否证明了货币数量论成立？为什么？

10. 充分就业是不是指人人都有工作？为什么？

11. 经济学家对最低工资法存在争论，有支持者，也有反对者。他们为什么支持或反对最低工资法?

12. 每一种经济制度都有其利弊，试用失业保障制度来说明这一观点。

13. 欧洲实行高福利制度。这种制度的利弊是什么？我国现阶段是否应该实行这种制度？为什么?

第十二章 CHAPTER 12

总需求—总供给模型

经济学家在分析宏观经济状况时使用了总需求—总供给模型。这个模型从总需求与总供给两个方面来说明实际国内生产总值和物价水平的决定，并从总需求与总供给的变动解释失业、通货膨胀和经济周期等宏观经济问题。本章的中心就是介绍总需求—总供给模型。

重点掌握

◎ 总需求曲线的含义
◎ 总需求曲线向右下方倾斜的原因
◎ 总需求曲线的移动
◎ 总供给曲线的含义
◎ 不同的总供给曲线
◎ 短期总供给曲线向右上方倾斜的原因
◎ 总供给曲线的移动
◎ 总需求与总供给如何决定实际国内生产总值与物价水平
◎ 如何运用总需求—总供给模型分析宏观经济

一般掌握

◎ 长期总供给曲线的特征

第一节　总需求曲线

总需求曲线表示一个经济体中总需求与物价水平之间的关系，我们对总需求—总供给模型的介绍从总需求曲线开始。

一、总需求曲线的含义

> 模型是解释经济现象的工具。总需求—总供给模型就是用总需求和总供给这两种因素解释各种宏观经济现象的工具。

总需求指一个经济体中对物品与劳务的需求总量，包括消费需求、投资需求、政府需求与国外需求（用出口减进口得到的净出口表示）。所以，用 Y_D 代表总需求，C、I、G、NX 分别代表消费需求、投资需求、政府需求与国外需求，可以把总需求公式写为：

$$Y_D = C + I + G + NX$$

总需求的变动要受多种因素的影响，在这里我们先研究总需求与物价水平之间的关系。总需求曲线是反映总需求与物价水平之间关系的一条曲线。换言之，总需求曲线告诉我们在每一种物价水平下经济中的总需求量。图 12-1 中的 AD 表示总需求曲线。

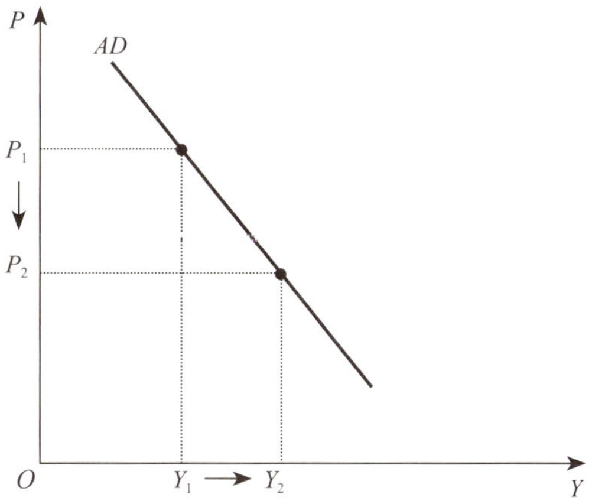

图 12-1　总需求曲线

在图 12-1 中，纵轴代表物价水平 P，横轴代表实际国内生产总值 Y，AD 为总需求曲线。从图中可以看出，总需求曲线向右下方倾斜，表示总需求与物价水平呈反方向变动。这就是说，当物价水平从 P_1 下降到 P_2 时，实际国内生产总值从 Y_1 增加到 Y_2。我们要研究为什么总需求与物价水平呈反方向变动。

在总需求中，政府需求由政府的政策决定，与物价水平无关。我们重点研究物价水平如何影响消费、投资和净出口。

二、总需求曲线与财产效应

> 财产效应、利率效应、汇率效应这三种效应影响总需求中不同的部分，从而共同影响总需求。

人们的消费需求取决于收入和财产：收入和财产增加，消费则增加。财产取决于物价水平。财产有实际财产与名义财产之分。名义财产是用货币衡量的财产，实际财产用货币的购买力来衡量。当名义财产不变时，实际财产取决于物价水平。物价水平下降，实际财产增加；物价水平上升，实际财产减少。例如，某人有 100 万元财产，当物价水平下降 50% 时，他的财产也增加 50%；当物价水平上升 50% 时，他的财产也减少 50%。

人们的消费不是取决于名义财产，而是取决于实际财产。因此，**财产效应就是物价水平通过对实际财产的影响而影响实际消费**。当物价水平上升时，实际财产减少，消费减少；当物价水平下降时，实际财产增加，消费增加。消费是总需求的一个组成部分，这样，物价水平就与总需求呈反方向变动，即物价水平下降，实际财产增加，消费增加，总需求增加；反之，亦反之。这种关系可以表示为：

物价水平（↑）→实际财产（↓）→消费（↓）→总需求（↓）

这种关系中“↑”表示上升或增加，“↓”表示下降或减少。

这种财产效应是英国经济学家庇古提出来的，故又称庇古效应，或称庇古财产效应。

三、总需求曲线与利率效应

影响投资需求的因素很多，其中一种重要的因素是利率，因为利率决定了投资的成本。无论是用自有资金投资还是贷款投资，利率都会影响投资。当企业为利润最大化投资时，假设利润率不变，利率上升，投资成本增加（要支付的利息增加），扣除成本后的净利润率减少，投资减少。相反，利率下降，投资成本减少，净利润率增加，投资增加，因此，投资与利率呈反方向变动。**利率效应就是物价水平通过对利率的影响而影响投资**。

决定利率的因素主要是货币供求。当货币需求稳定时，决定利率的主要是货币供给。货币供给增加，利率下降；货币供给减少，利率上升。货币供给即流通中的货币量。货币量有名义货币量与实际货币量之分，决定利率的是实际货币量。当名义货币量既定时，实际货币量取决于物价水平，即物价水平上升，实际货币量减少；物价水平下降，实际货币量增加。这两者的关系可用下面的公式表示：

$$\text{实际货币量} = \frac{\text{名义货币量}}{\text{物价水平}}$$

把这两种关系综合在一起就可以得出：当名义货币量不变时，物价水平上升，实际货币量减少；实际货币量减少，引起利率上升，利率上升引起投资减少。投资是总需求的一个重要组成部分，投资减少，总需求减少。这种关系可以总结为：

物价水平（↑）→实际货币量（↓）→利率（↑）→投资（↓）→总需求（↓）

这样，从投资的角度看，总需求与物价水平呈反方向变动。这种利率效应是英国经济学家凯恩斯提出来的，因此，又称凯恩斯效应，或称凯恩斯利率效应。

四、总需求与汇率效应

净出口受多种因素影响，但其中最重要的是汇率。一国汇率上升，即本国货币相对于外国货币更值钱，这时，如果外国产品价格不变，用本国货币表示的外国产品的价格下降，从而进口增加，但外国货币表示的本国产品的价格上升，从而出口减少。

这一点在学完开放经济的基本知识后，会有更好的理解。如果现在阅读有些困难，可以跳过去。

例如，A 国与 B 国原来的汇率是 2∶1，现在 A 国汇率上升，与 B 国汇率变为 1∶1。原来 B 国 1 元相当于 A 国 2 元，现在 A 国汇率上升，货币值钱了，B 国货币相对不值钱了，B 国 1 元只相当于 A 国 1 元。如果 B 国某种物品原本为 10 元，用 A 国货币表示为 20 元，当 A 国汇率上升时，用 A 国货币表示仅为 10 元，用 A 国货币表示的 B 国产品价格下降，A 国会增加进口，这就是汇率上升引起进口增加的原因。

如果 A 国某种产品为 100 元，在汇率为 2∶1 时，用 B 国货币表示为 50 元，当汇率上升为 1∶1 时，用 B 国货币表示为 100 元，这就使 B 国进口的这种产品减少，从而 A 国的出口减少。

汇率上升引起一国进口增加，出口减少，净出口减少；汇率下降引起一国出口增加，进口减少，净出口增加。所以，净出口受汇率变动的影响。汇率效应就是物价水平通过对汇率的影响而影响净出口。

影响一国汇率的重要因素之一是利率。在资本自由流动的情况下，资本从低利率地区流向高利率地区。当一国利率上升，高于世界利率水平时，资本流入，即国外资本向国内流动。国外资本向国内流动需要把外国货币换为本国货币，这样，在外汇市场上，对本国货币的需求增加，从而汇率上升。汇率上升使净出口减少。净出口是总需求的一部分，从而净出口减少，总需求减少。这种关系归纳起来就是：

物价水平（↑）→利率（↑）→汇率（↑）→净出口（↓）→总需求（↓）

汇率对总需求的这种影响是由美国经济学家弗莱明和加拿大经济学家芒德尔共同提

出来的，又称弗莱明—芒德尔效应或弗莱明—芒德尔汇率效应。

财产效应、利率效应和汇率效应分别说明了价格对消费、投资和净出口的影响，当物价上升时，财产效应使实际财产减少，消费减少；利率效应使投资减少；汇率效应使一国汇率上升，净出口减少。这样，物价水平上升就引起总需求减少。这正是总需求曲线所表明的关系。

还应该指出的是，在组成总需求的消费、投资和净出口中，通常消费是相当稳定的，净出口占的比例很小，因此，总需求的变动更多是由投资引起的。这样，在影响总需求的财产效应、利率效应和汇率效应中，利率效应最重要。

注意我们研究总需求与物价水平的关系时假设其他条件不变，如果其他条件变了，也许物价水平上升，总需求还增加。要习惯于经济学的这种分析方法。

五、总需求曲线的移动

以上研究的是物价水平变动对总需求的影响，这种影响可用同一条总需求曲线上点的上下移动来表示，即物价水平上升引起点沿同一条需求曲线向左上方移动，总需求减少；物价水平下降引起点沿同一条总需求曲线向右下方移动，总需求增加。

但影响总需求的还有其他因素。当物价水平不变而影响总需求的其他因素变动时，总需求曲线平行移动。我们用图 12-2 来说明这一点。

在图 12-2 中，除物价水平之外的其他因素引起总需求增加时，总需求曲线从 AD_0 向右移动到 AD_1，这时总需求从 Y_0 增加到 Y_1。相反，除物价水平之外的其他因素引起总需求减少时，总需求曲线从 AD_0 向左移动到 AD_2，这时总需求从 Y_0 减少为 Y_2。

由于消费习惯改变引起的消费增加，由于政府投资、税收优惠引起的投资增加，由于一国技术进步引起的净出口增加，都与物价水平无关，但都会影响总需求。这些因素引起的总需求变动就用总需求曲线的平行移动来表示。

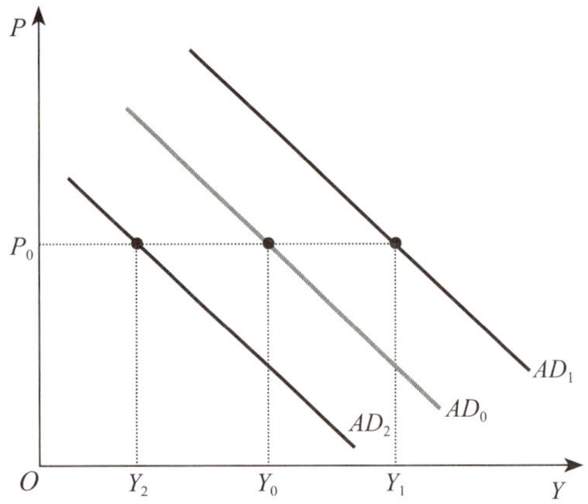

图 12-2　总需求曲线的移动

案例研究

住房需求是投资

在许多人的观念中购买住房是一种消费，与购买冰箱、电视机、汽车一样。在西方主流经济学家看来，购买住房实际上是一种投资行为，即投资于不动产。

为什么购买住房不是消费而是投资呢？我们先从这种购买行为的目的来看。消费是为了获得效用，如购买冰箱、电视机、汽车等都是为了使满足程度更大。但投资是为了获得利润，或称投资收益。在发达的市场经济中，人们购买房子不是为了住或享受（如果仅仅为了住可以租房子），而是作为一种投资得到收益。住房的收益有两个来源：一是租金收入（自己住时少交的房租也是自己的租金收入）；二是房产本身的增值。土地总是有限的，如果某地区人口逐渐增加，从总趋势来看，房产是升值的。正因为这样，许多人把购买住房作为一种不动产投资。

把住房作为消费还是投资在经济学家看来是十分重要的。因为决定消费与投资的因素不同。在决定消费的各种因素中最重要的是收入，但在决定投资的各种因素中最重要的是利率，因为利率影响净收益率。只有利率下降，收益率提高，人们才会投资；而且只要净收益率高，人们就愿意借钱（贷款）投资。因此，要刺激投资就要降低利率。西方主流经济学家认为，如果经济政策的目标是刺激人们购买住房，关键不是增加收入，而是降低利率。

第二节 总供给曲线

总供给曲线表示一个经济体中总供给与物价水平之间的关系。总需求曲线与总供给曲线有不同之处，我们分析总供给曲线时，一定要区分短期总供给曲线与长期总供给曲线。我们首先分析短期总供给曲线。

一、短期总供给曲线的含义

总供给是一个经济体中对物品与劳务的供给总量。短期中，总供给的大小取决于多种因素，在这里我们分析物价水平对短期总供给的影响。**短期总供给曲线是反映短期中总供给与物价水平之间关系的一条曲线**。换言之，短期总供给曲线告诉我们在每一种物价水平下经济中的总供给量。图 12-3 中的 *SAS* 表示短期总供给曲线。

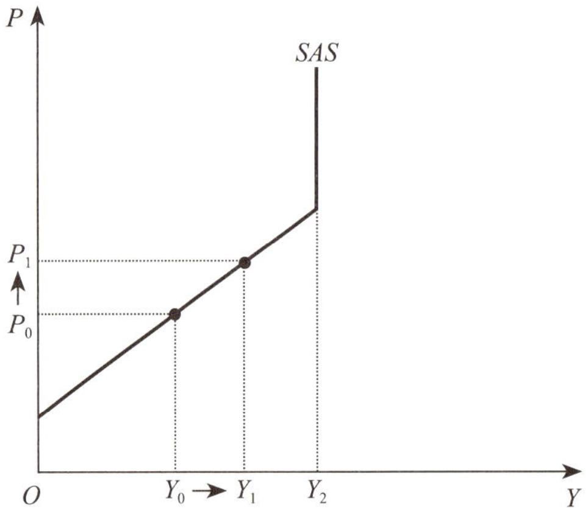

图 12-3　短期总供给曲线

在图 12-3 中，*SAS* 是短期总供给曲线。注意，*SAS* 曲线分为两部分：一部分向右上方倾斜，表示总供给随物价水平上升而增加。在图 12-3 中，当物价水平由 P_0 上升为 P_1 时，总供给（国内生产总值）由 Y_0 增加为 Y_1。另一部分短期总供给曲线是向上垂直的，这表示，总供给要受经济中资源和其他因素的制约，不可能随物价水平上升而无限增加。当总供给增加到 Y_2 时，无论物价水平如何上升，总供给都无法增加，因此成为一条垂线。这是其与总需求曲线的不同之处。

那么，短期中，为什么总供给与物价水平呈同方向变动，总供给曲线是一条向右上方倾斜的线呢？我们用黏性工资理论、黏性价格理论和错觉理论来解释这一点。

二、短期总供给曲线与黏性工资理论

黏性工资理论是指短期中名义工资的调整慢于劳动供求关系的变化。如果名义工资的变动与劳动供求的变动同步，工资就有伸缩性。但在现实中名义工资的变动总是慢于劳动供求的变动，这种名义工资变动的滞后性就是工资黏性。这就是说，当劳动供大于求时，工资不会立即下降，要过一段时间才能下降；同样，当劳动供小于求时，工资也不会立即上升，要过一段时间才能上升。

> 新凯恩斯主义者强调黏性工资与黏性价格理论。

黏性工资影响总供给。企业根据预期的物价水平决定工人的工资。如果以后实际的物价水平低于预期的水平，即发生了通货紧缩，那么，工人的名义工资仍然不变，但实际工资水平却上升了。工资的增加使企业实际成本增加，从而减少就业，减少生产，减少总供给。总供给与物价水平呈同方向变动。相反，如果以后实际的物价水平高于预期的水平，即发生了通货膨胀，那么，工人的名义工资仍然不变，但实际工资水平却下降了。工资的减少使企业利润增加，从而增加就业，增加生产，增加总供给。总供给与物价水平仍呈同方向变动。所以，引起总供给与物价水平呈同方向变动的原因之一就是名义工资是黏性的。

凯恩斯提出了黏性工资理论，以后的凯恩斯主义者进一步解释了黏性工资的原因。

1. 工资决定的机制

> 工资决定是微观经济学的内容，用工资决定来解释总供给就把宏观经济放在微观经济的基础之上。

在市场经济中，名义工资由企业和工会通过集体谈判确定。双方都希望在一定时期内把名义工资确定下来，不随劳动供求关系的变动而变动，这样做对双方都有利，同时双方都为了一定的好处而放弃了一些潜在的好处。从工人角度来说，在一定时期内名义工资稳定可以使生活稳定，即企业不在劳动供大于求时降低名义工资，从而保证工人收入与生活稳定，但为此工人也不得不放弃在劳动供小于求时增加名义工资的潜在好处。从企业角度来说，工资是成本的主要部分，工资稳定有利于成本稳定、利润稳定、生产稳定。在一定时期内名义工资稳定就是如果劳动供小于求工人也不能要求提高工资，但为了这种好处，企业必须放弃当劳动供大于求时降低名义工资的潜在好处。长期工资合约有利于双方，在合约期内，无论劳动供求关系如何变动，名义工资都不变，这就形成了工资黏性。

2. 效率工资

如前所述，许多企业为了提高效率，实行高于市场均衡工资的效率工资。效率工资是根据企业提高效率的需要确定的，一旦确定就不会随时变动。因为这种工资并不由劳动供求关系决定，所以，其并不能及时随劳动供求关系的变动而变动，这又形成名义工资黏性。

3. 局内人—局外人理论

局内人指已在企业就业的工人，局外人指想进入企业工作的工人。局内人不希望局外人进入，因为如果局外人以低工资进入，就会给局内人带来威胁，削弱局内人在工资谈判中的力量。为了阻止局外人进入，局内人就会在新工人的培训上不与企业合作。只有在局内人与局外人工资相同时，局内人才不把局外人视为降低工资的威胁。这样，企业为了争取局内人在培训新工人时的合作，就给局外人和局内人相同的工资，这种工资则不是根据劳动供求关系确定的。

总之，无论什么原因，名义工资黏性是客观存在的，这种工资黏性引起物价水平与短期总供给的同方向变动。

三、短期总供给曲线与黏性价格理论

黏性价格理论是指短期中价格的调整慢于物品市场上供求关系的变化。如果价格的变动与物品供求的变动同步，价格就是有伸缩性的。但现实中价格的变动总是慢于物品市场的供求变动。这种价格变动的滞后性就是价格黏性。这就是说，当物品供大于求时，企业不会立即降价，要过一段时间才会降价。同样，当物品供小于求时，企业也不会立即提价，要过一段时间才会提价。

价格黏性会影响总供给。因为在物价总水平上升时，一些企业不迅速提高自己产品的价格，从而它的相对价格（相对于物价水平的价格）下降，销售增加，生产增加，总供给增加。这就是物价总水平上升引起总供给增加。同样，在物价总水平下降时，一些企业不迅速降低自己产品的价格，从而它的相对价格上升，销售减少，生产减少，总供给减少。这就是物价总水平下降引起总供给减少。价格黏性引起物价水平与总供给同方向变动。

价格黏性的原因在于调整价格是需要付出代价的。经济学家用菜单成本理论来解释调整价格所需要付出的代价。**菜单成本**是指餐馆在改变饭菜价格时要重印菜单所需要的成本，它是餐馆调整价格的成本。所以，**菜单成本指企业调整价格所需付出的代价**。所有企业改变价格都会产生类似的菜单成本，如印新的价目表或寄发这些价目表所需要的费用。正因为有菜单成本的存在，企业并不是及时地根据供求变动调整自己产品的价格，而是使价格在一定时期内保持稳定，这就引起价格黏性。根据调查，许多企业在一两年内才调整一次价格，在此期间无论供求关系如何变动都不改变价格。

四、短期总供给曲线与错觉理论

错觉理论是指物价水平的变动会使企业短期中对其产品的市场状况变动作出错误判断，从而作出错误决策。

> 新古典宏观经济学中的理性预期学派强调错觉理论。

我们先假设物价水平下降。物价水平下降实际上是各种物品与劳务价格都下降，但企业会更关注自己的产品，没有看到其他产品的价格下降，而只觉得自己的产品价格下降了。企业由产品价格下降得出市场供大于求的悲观判断，从而减少生产，引起总供给减少。同样，当物价水平上升时，企业也可能看不到其他产品的价格上升，而误以为只有自己的产品价格上升了，从而作出市场供小于求的乐观判断，进而增加生产，引起总供给增加。

当物价水平变动时，企业产生的这些错觉会使物价水平与总供给呈同方向变动。产生这些错觉是因为企业家并不是完全理性的，并不总能拥有充分的信息，因而判断失误。长期中，他们当然会纠正这些失误；但短期中，这些失误是难免的。

这三种理论都解释了物价水平与总供给短期中呈同方向变动的原因。应该说，这三种理论分析的角度不同，可以互相补充，但它们得出的结论是相同的。

五、短期总供给曲线的移动

同一条短期总供给曲线说明物价水平与总供给之间呈同方向变动的关系，即物价水平上升，总供给增加，沿总供给曲线向上方移动；物价水平下降，总供给减少，沿总供给曲线向下方移动。当不考虑物价水平时，短期总供给曲线也会发生移动。

第一种情况是由于长期总供给曲线移动而引起短期总供给曲线向右或向左平行移动。这就是说，当投入的资源增加，技术进步使一个经济体的长期总供给曲线向右移动时，短期总供给曲线也会随之向右移动；反之，当一个经济体遇到自然灾害或其他不利冲击，长期总供给曲线向左移动时，短期总供给曲线也会随之向左移动。图 12-4 说明了这种情况。

在图 12-4 中，LAS_0 是原来的长期总供给曲线，这时相应的短期总供给曲线是 SAS_0。如果经济出现正增长，长期总供给曲线向右移动至 LAS_1，短期总供给曲线也相应地移动到 SAS_1。如果经济出现负增长，长期总供给曲线向左移动至 LAS_2，短期总供给曲线也相应地移动到 SAS_2。

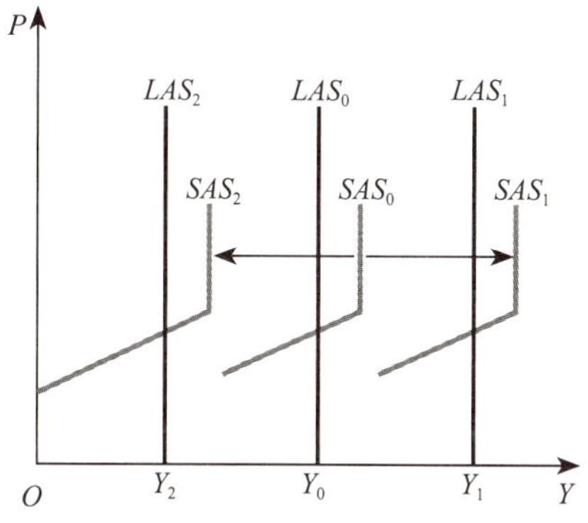

图 12-4 长期总供给曲线移动引起的短期总供给曲线移动

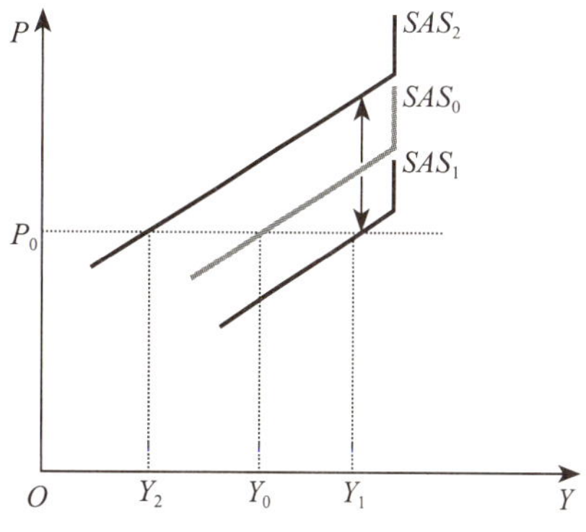

图 12-5 物价预期变动引起的短期总供给曲线移动

第二种情况是当物价水平不变时，短期总供给曲线向上或向下移动。我们知道，工人与企业都是根据对未来的物价水平的走势判断来确定工资水平的。这就是说，当工人和企业都预期未来物价水平高时，所确定的工资水平高；预期未来物价水平低时，所确定的工资水平也低。如果预期的物价水平高，工资水平高，在既定的实际物价水平下就会使产量减少，总供给减少，从而短期总供给曲线向上移动。当工人和企业都预期物价水平低时，所确定的工资水平也低，在既定的实际物价水平下就会使产量增加，总供给增加，从而短期总供给曲线向下移动。所以，决定短期总供给曲线向上还是向下移动的是预期的物价水平。我们可以用图 12-5 说明这种情况。

在图 12-5 中，物价水平始终为 P_0，当短期总供给曲线为 SAS_0 时，总供给为 Y_0。如果人们预期未来的物价水平上升，工资增加，则短期总供给曲线向上移动至 SAS_2，总供给减少为 Y_2；如果人们预期未来的物价水平下降，工资减少，则短期总供给曲线向下移动至 SAS_1，总供给增加为 Y_1。

预期是影响工资水平的重要因素之一，预期变动会引起工资水平变动和短期总供给曲线移动。同样，其他引起工资水平变动或其他引起成本变动的因素也会使短期总供给曲线移动，影响总供给。

六、长期总供给曲线

长期中引起短期总供给曲线向右上方倾斜的这些原因都不存在。这就是说，工资不再有黏性，会随劳动供求而变动；价格不再有黏性，会随物品供求而变动。长期中价格机制可以充分发挥其调节作用，实现市场均衡。同时，长期中企业也会消除短期中的错觉，作出理性决策。因此，长期中总供给曲线是一条垂线。**长期总供给曲线是一条表示总供给与物价水平之间不存在任何关系的垂线。**

> 长期总供给曲线向右移动代表经济增长。

这时重要的是确定长期总供给曲线的位置。长期总供给也就是充分就业的总供给，即充分就业时的国内生产总值或潜在的国内生产总值。潜在的国内生产总值取决于制度、资源与技术进步。因此，我们可以根据这些因素确定长期总供给曲线的位置。随着潜在的国内生产总值的变动，长期总供给曲线也会移动。在正常情况下，长期总供给曲线随经济增长而向右方平行移动；如果发生自然灾害或战争，一个经济体的生产能力被破坏，长期总供给曲线会向左移动。图 12-6 说明了这一点。

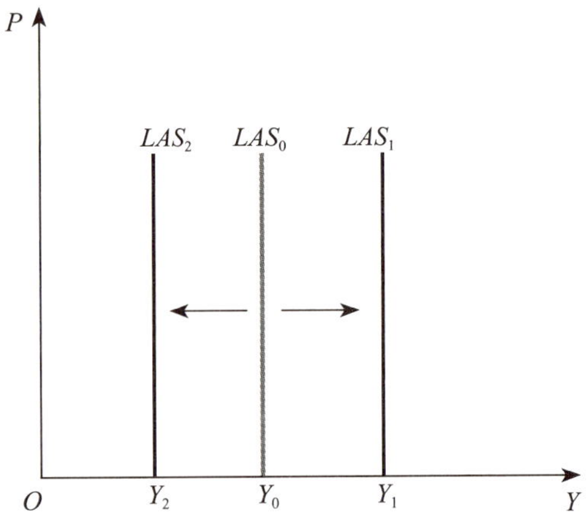

图 12-6 长期总供给曲线的移动

在图 12-6 中，横轴代表潜在的国内生产总值 Y，纵轴代表物价水平 P。由制度、资源和技术进步决定的潜在的国内生产总值为 Y_0，长期总供给曲线为 LAS_0。随着经济增长，长期总供给曲线向右移动至 LAS_1，潜在的国内生产总值增加为 Y_1。如果发生了不利于经济生产能力的冲击，则长期总供给曲线向左移动至 LAS_2，潜在的国内生产总值减少为 Y_2。

案例研究

总供给的结构

经济学中研究总供给总是偏重于量，即一个经济体的生产能力，而忽略了总供给的结构。在现实中，有时总供给的结构比总量还重要。

我国改革开放四十多年来，总供给即生产能力有了大幅度提升。这当然是伟大的成就。但在过去相当一段时间内“唯 GDP 论”的思维方式下，总供给的结构被忽视，引起了一些经济问题。

目前经济问题仍然是经济结构不平衡。这种总供给结构不平衡体现为：内需与外需不平衡；投资与消费不平衡；三大产业（制造业、服务业、农业）不平衡；制造业内数量与质量不平衡；经济发展与环境保护不平衡；地区与城乡发展不平衡。正是这些不平衡使我国经济增长率放缓，且存在许多难以解决的问题。

针对这种情况，党中央提出了供给侧结构性改革，调整经济结构。这一任务的完成能使我们顺利从高增长转变为经济发展新常态，即依靠技术进步实现较高质量的稳定增长。

这些年来，党中央采取了一系列有效的措施，供给侧结构性改革取得了一定成绩。不过我们要看到，总供给结构不合理不是一天造成的，“冰冻三尺非一日之寒”，所以也不可能在短期内彻底解决这一问题。但方向已经明确，成功也只待时日了。

第三节　总需求与总供给的平衡与变动

我们在了解总需求曲线与总供给曲线的基础上，就可以建立总需求—总供给模型。

一、均衡的国内生产总值与物价水平决定

总需求—总供给模型致力于说明均衡的国内生产总值与物价水平是如何决定的。把

总需求曲线与短期总供给曲线放在一个图上就可以得出总需求—总供给模型，如图 12-7 所示。

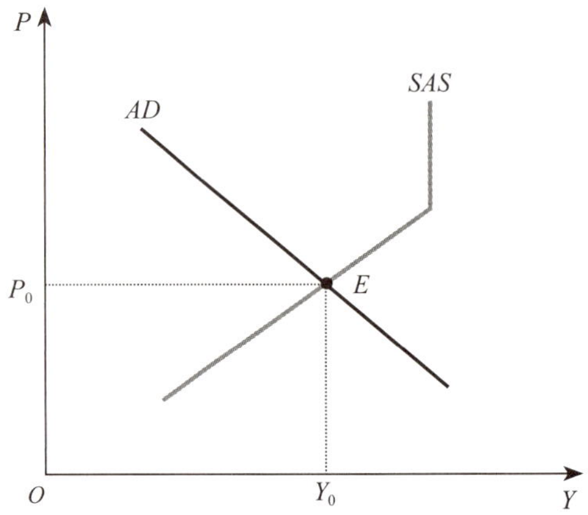

图 12-7 总需求—总供给模型

在图 12-7 中，横轴代表国内生产总值 Y，纵轴代表物价水平 P。总需求曲线 AD 与短期总供给曲线 SAS 相交于 E 点，决定了均衡的国内生产总值为 Y_0，均衡的物价水平为 P_0。这时总需求与总供给相等，实现了宏观经济的均衡。

注意总需求—总供给模型可以用文字、图形和数学公式表示。

如果用公式来表示，总需求—总供给模型就是：

$$AD = f(P) \tag{12-1}$$

$$SAS = f(P) \tag{12-2}$$

$$AD = SAS \tag{12-3}$$

式（12-1）是总需求函数，即总需求取决于物价水平 P。式（12-2）是短期总供给函数，即短期总供给取决于物价水平 P。式（12-3）是宏观经济均衡的条件，为总需求（AD）与短期总供给（SAS）相等。这时，总需求与总供给都为均衡的国内生产总值，式（12-1）与式（12-2）中的价格（P）也都相等，是使总需求与短期总供给相等的均衡价格。

二、均衡的国内生产总值与充分就业的国内生产总值

总需求—总供给模型决定的是均衡的国内生产总值，但要注意的是，均衡的国内生产总值并不一定等于充分就业的国内生产总值。总需求与短期总供给决定的均衡的国内生产总值可能大于、小于或等于充分就业的国内生产总值。到底会出现哪一种情况取决于不受物价水平影响的潜在总供给。因此，我们为了说明这一点，必须在总需求—总供给均衡的图形中引入长期总供给曲线，如图 12-8 所示。

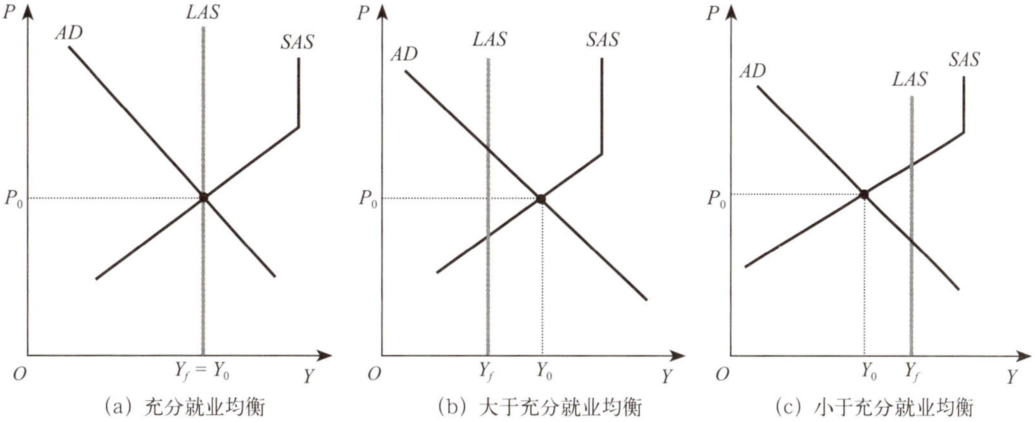

图 12-8 宏观经济均衡的不同状态

在图 12-8（a）中，总需求曲线（*AD*）与短期总供给曲线（*SAS*）以及长期总供给曲线（*LAS*）正好相交于一点。这时均衡的国内生产总值（Y_0）正好等于充分就业的国内生产总值（Y_f），经济中实现了充分就业均衡。这是最理想的宏观经济状况。

在图 12-8（b）中，总需求曲线（*AD*）与短期总供给曲线（*SAS*）相交时，长期总供给曲线（*LAS*）在交点的左边。这时均衡的国内生产总值（Y_0），大于充分就业的国内生产总值（Y_f），这种均衡称为大于充分就业均衡。这时，资源过度利用，资源短缺使资源价格上升，最终引起物价水平上升，因此，存在通货膨胀的压力，经济过热。

在图 12-8（c）中，总需求曲线（*AD*）与短期总供给曲线（*SAS*）相交时，长期总供给曲线（*LAS*）在交点的右边。这时均衡的国内生产总值（Y_0），小于充分就业的国内生产总值（Y_f），这种均衡称为小于充分就业均衡。这时，资源没有得到充分利用，经济中存在失业。

在以上三种均衡中，只有图 12-8（a）表示的充分就业均衡是理想的，其他两种均衡无论是通货膨胀还是失业都不理想。宏观经济学正是要从总需求和总供给的角度说明引起后两种均衡的原因，并力求实现第一种充分就业均衡。

三、总需求—总供给模型的运用

总需求—总供给模型是分析宏观经济状况的重要工具，我们可以用这个模型来分析各种宏观经济问题，说明总需求和总供给对宏观经济的影响及调节。

例一：国际金融危机对宏观经济的影响及调节方法。

2008 年美国金融危机引发国际金融危机，使中国的出口大幅度下降。目前中国经济的对外依赖率（进出口总额与国内生产总值之比）约为 30%。出口是总需求的一部分，出口减少引起总需求的减少。这对中国的宏观经济状况有什么影响呢？我们可以运用总需求—

总供给模型来分析这一问题，如图 12−9 所示。

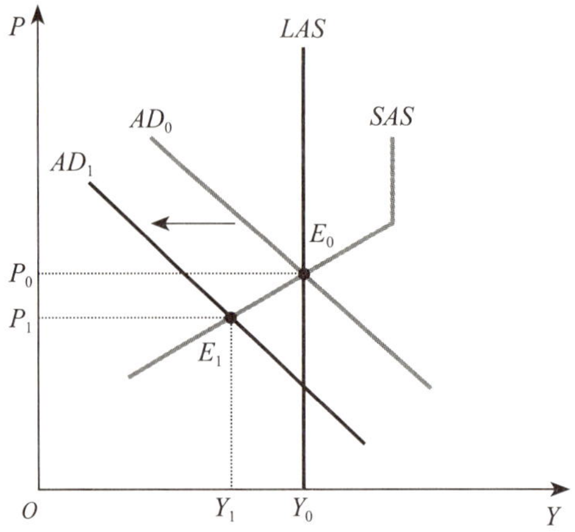

图 12−9　国际金融危机与宏观经济均衡

在图 12−9 中，中国原来的经济处于充分就业均衡状态，从图上看就是短期总供给曲线（SAS）、总需求曲线（AD_0）与长期总供给曲线（LAS）相交于 E_0。这时均衡的国内生产总值 Y_0 也是充分就业的国内生产总值，物价水平为 P_0。国际金融危机使中国出口减少，总需求减少，总需求曲线由 AD_0 向左移动至 AD_1。这时，总需求曲线 AD_1 与原来的短期总供给曲线 SAS 相交于 E_1，决定了均衡的国内生产总值为 Y_1，Y_1 小于充分就业的国内生产总值 Y_0，物价水平为 P_1，P_1 低于充分就业均衡时的物价水平 P_0。

这个例子说明总需求变动对宏观经济的影响。从这里可以归纳出：总需求增加，均衡的国内生产总值增加，物价水平上升；总需求减少，均衡的国内生产总值减少，物价水平下降。

当总需求减少引起均衡的国内生产总值减少（衰退）和物价水平下降（通货紧缩）时，只有增加总需求才能恢复充分就业均衡。

例二：铁矿价格和石油价格上升对中国经济的影响。

我国钢铁业所用的铁矿石中有八成依靠进口，我国所用的原油超过 70% 依靠进口。进口的铁矿和石油价格上升都会对我国经济造成一定影响。我们可以用总需求—总供给模型来分析滞胀的产生，如图 12−10 所示。

> 由这种分析你可以想一想，为什么中国关注铁矿与石油价格。

在图 12−10 中，总需求曲线（AD）、短期总供给曲线（SAS_0）与长期总供给曲线（LAS）相交于 E_0，决定了均衡的国内生产总值（Y_0）与充分就业的国内生产总值（Y_f）相等，物价水平为 P_0，经济处于充分就业均衡状态。

铁矿价格和石油价格上升使成本增加，短期总供给曲线从 SAS_0 向上移动至 SAS_1。这时铁矿价格和石油价格上升只影响短期总供给，并不影响总需求和长期总供给，这两条曲线没有移动。总需求曲线（AD）与新的短期总供给曲线（SAS_1）相交于 E_1，决定了均衡

的国内生产总值为 Y_1，Y_1 小于充分就业的国内生产总值 Y_f，存在失业。这时决定的物价水平为 P_1，P_1 高于 P_0，存在通货膨胀，这就可能出现滞胀。

这个例子告诉我们：短期中，短期总供给曲线的移动影响均衡的国内生产总值与物价水平。短期总供给曲线向上移动，均衡的国内生产总值减少，物价水平上升；短期总供给曲线向下移动，均衡的国内生产总值增加，物价水平下降。我们在这个例子中分析了铁矿和石油成本增加引起的短期总供给曲线向上移动，同样，工资成本增加以及预期的物价水平上升，都会使短期总供给曲线向上移动。

> 如前所述，长期总供给取决于制度、资源与技术，所以制度变革与资源增加也可以引起同样的结果。

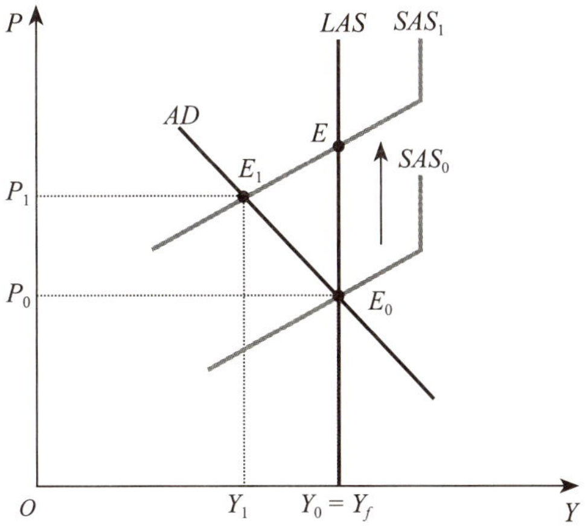

图 12-10　铁矿价格、石油价格与宏观经济均衡

例三：我们为什么强调增长方式的转变。

中国经济发展的重要任务是转变增长方式，即由投入型经济增长转向技术进步型经济增长。这是因为技术进步可以引起长期总供给曲线向右移动，即提高中国经济潜力。我们可以用图 12-11 来说明这一点。

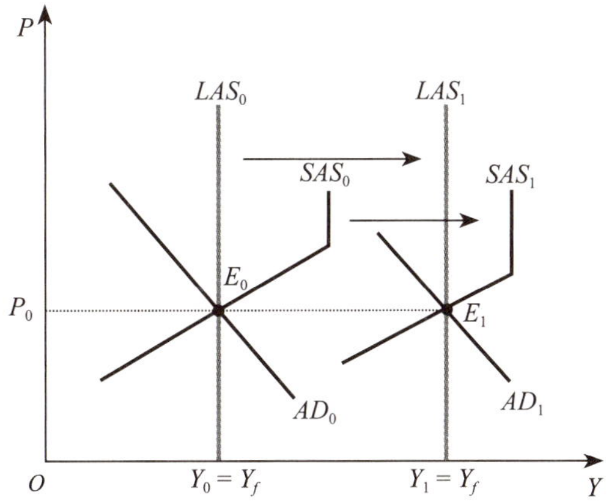

图 12-11　技术进步与宏观经济均衡

在图 12-11 中，如果没有技术进步，长期总供给曲线为 LAS_0，总需求曲线为 AD_0，短期总供给曲线为 SAS_0。这三条线相交于 E_0，决定了均衡的国内生产总值为 Y_0，它等于充分就业的国内生产总值 Y_f，物价水平为 P_0。经济实现了充分就业均衡。

如果实现了技术进步，中国经济潜力提高，这就体现为长期总供给曲线从 LAS_0 向右移动至 LAS_1。随着长期总供给曲线的移动，短期总供给曲线也向右移动，即从 SAS_0 移动至 SAS_1。在这一过程中技术进步引起投资增加、消费增加，总需求曲线移动至 AD_1。这三条曲线相交于 E_1，决定了均衡的国内生产总值为 Y_1，Y_1 与新的充分就业的国内生产总值 Y_f 相等，仍然是充分就业均衡，但水平大大提高了，而物价水平仍然是 P_0。

这个事例告诉我们：经济潜力提高，长期总供给曲线向右移动，可以实现更高水平的充分就业均衡而不引起通货膨胀。这说明从长期来看，提高经济潜力，使长期总供给曲线向右移动是至关重要的。

从这三个例子我们可以了解总需求变动、短期总供给变动和长期总供给变动对宏观经济的影响，这说明总需求—总供给模型是分析宏观经济最适用的工具。

关键概念

总需求	总需求曲线	财产效应	利率效应	汇率效应
短期总供给曲线	黏性工资理论	黏性价格理论	总供给	菜单成本
错觉理论	长期总供给曲线	总需求—总供给模型		

内容提要

- 总需求曲线表示一个经济体中总需求与物价水平之间的关系。
- 由于财产效应、利率效应和汇率效应，总需求曲线向右下方倾斜，即物价水平与总需求量之间呈反方向变动的关系。
- 除物价水平之外的其他因素变动可引起总需求曲线的移动。总需求曲线向右移动表示在既定物价水平下，总需求量增加；总需求曲线向左移动表示在既定物价水平下，总需求量减少。
- 短期总供给曲线表示短期中总供给与物价水平之间的关系。
- 工资和价格具有黏性，企业短期中会产生错觉，短期总供给曲线表示短期中物价水平与总供给量呈同方向变动。
- 预期等因素的变动会引起短期总供给曲线向上或向下移动。人们预期物价下降会使短期总供给曲线向下移动，预期物价上升会使短期总供给曲线向上移动。

- 长期总供给曲线是一条垂线，表示长期中物价水平与总供给量无关。长期总供给曲线的位置由经济的潜力决定，随着经济增长向右移动。
- 总需求—总供给模型致力于从总需求与总供给的角度分析均衡的国内生产总值和物价水平是如何决定的。在总需求—总供给模型中，总需求曲线与短期总供给曲线的交点决定了均衡的国内生产总值与物价水平。
- 均衡的国内生产总值可能大于、等于或小于充分就业的国内生产总值。如果均衡的国内生产总值等于充分就业的国内生产总值，经济实现了充分就业均衡。如果均衡的国内生产总值大于充分就业的国内生产总值，经济处于大于充分就业均衡状态，有通货膨胀。如果均衡的国内生产总值小于充分就业的国内生产总值，经济处于小于充分就业均衡状态，有失业。
- 总需求、短期总供给、长期总供给的变动都会改变宏观经济均衡。

思考题

1. 在一个经济体中，消费需求为 8 000 亿元，投资需求为 1 800 亿元，出口为 1 000 亿元，进口为 800 亿元，计算该经济的总需求，并计算各部分在总需求中所占的比例（注意要把进口与出口合计为净出口一项）。

2. 在一个经济体中，按货币计算的财产为 10 000 亿元，现在物价水平上升了 20%（物价指数原来为 100，现在为 120），实际财产会发生什么变动？这对总需求有什么影响？

3. 在一个经济体中，名义货币增加或物价水平下降，对实际货币量会有什么影响？这会引起利率如何变动？总需求如何变动？

4. 许多国家在国内经济衰退时往往采用汇率贬值（使汇率下降）的做法，这种做法有什么作用？为什么？

5. 我们在介绍总需求曲线时说明了物价水平与总需求量呈反方向变动，但在一些情况下，物价水平下降，总需求也在下降。你能解释这种现象吗？（提示：根据总需求曲线的移动进行分析）

6. 什么是黏性工资？工资为什么有黏性？工资黏性对短期总供给曲线有什么影响？

7. 什么是黏性价格？价格为什么有黏性？价格黏性对短期总供给曲线有什么影响？

8. 错觉理论所说的错觉是什么？这种错觉对短期总供给曲线有什么影响？

9. 物价水平预期变动为什么会引起短期总供给曲线的移动？

10. 为什么长期总供给与物价水平无关？长期总供给由什么决定？

11. 短期总供给曲线与长期总供给曲线之间有什么关系？

12. 用总需求—总供给模型说明经济中由于总需求不足引起的小于充分就业均衡。这种情况下如何实现充分就业均衡？用图形说明。

13. 一个经济体原来实现了充分就业均衡，现在人们广泛预期未来物价水平会上升，要求提高工资，企业也同意提高工资。在长期总供给与总需求不变的情况下，这对短期总供给会有什么影响？对宏观经济均衡有什么影响？用图形说明这种影响。

14. 用总需求—总供给模型说明技术进步的重要性。

第十三章 CHAPTER 13

短期中的宏观经济与总需求分析

现代宏观经济学是由凯恩斯创建的。凯恩斯主义宏观经济学分析的重点是短期中的宏观经济状况。而且，凯恩斯认为，短期中决定宏观经济状况的关键因素是总需求。总需求分析是凯恩斯主义宏观经济学的中心。本章以凯恩斯主义的总需求分析为中心进行讲述。

重点掌握

◎ 消费函数的含义

◎ 投资函数的含义

◎ 总需求如何决定均衡的国内生产总值

◎ 乘数理论

一般掌握

◎ 消费函数稳定的原因与意义

◎ 生命周期假说与持久收入假说

一般了解

◎ 投资波动性的原因

◎ 加速原理

◎ 总需求分析的局限性

第一节 消费函数理论

在总需求中，消费所占的比例约为2/3。所以，分析总需求先从消费入手。

注意长期分析与短期分析的差别。

一、消费函数的含义

消费受各种因素的影响，其中最主要的是收入水平。我们在分析消费与收入的关系时使用了消费函数。

消费函数是消费与收入之间的依存关系。在其他条件不变的情况下，消费与收入同方向变动，即收入增加，消费增加；收入减少，消费减少。如果以C代表消费，Y代表收入，则消费函数就是：

$$C=f(Y)$$

消费与收入之间的关系，可以用平均消费倾向和边际消费倾向来说明。平均消费倾向是指消费在收入中所占的比例。如果以APC代表平均消费倾向，则有：

$$APC=\frac{C}{Y}$$

边际消费倾向是指增加的消费在增加的收入中所占的比例。如果以MPC代表边际消费倾向，以ΔC代表增加的消费，ΔY代表增加的收入，则有：

这里所说的边际的含义与微观经济学中的一样。

$$MPC=\frac{\Delta C}{\Delta Y}$$

收入中除去用于消费的部分，剩下的则为储蓄，所以，与消费函数相关的就是储蓄函数。储蓄函数是储蓄与收入之间的依存关系。在其他条件不变的情况下，储蓄与收入同方向变动，即收入增加，储蓄增加；收入减少，储蓄减少。如果以S代表储蓄，则储蓄函数就是：

$$S=f(Y)$$

储蓄与收入之间的关系，可以用平均储蓄倾向和边际储蓄倾向来说明。平均储蓄倾向是指储蓄在收入中所占的比例。如果以APS代表平均储蓄倾向，则有：

$$APS=\frac{S}{Y}$$

边际储蓄倾向是指增加的储蓄在增加的收入中所占的比例。如果以 MPS 代表边际储蓄倾向，ΔS 代表增加的储蓄，则有：

$$MPS = \frac{\Delta S}{\Delta Y}$$

全部的收入分为消费与储蓄，所以：

$$APC + APS = 1$$

同样，全部增加的收入分为增加的消费与增加的储蓄，所以：

$$MPC + MPS = 1$$

经济学家认为，人们的全部消费实际上可以分为两部分：一部分是不取决于收入的自发消费；另一部分是随收入变动而变动的引致消费。自发消费是由人的基本需求决定的最必需的消费，如维持生存的衣、食、住、行等。无论收入多少，这部分消费都是必不可少的。在经济分析中，假设这部分消费不取决于收入，是一个固定的量。自发的含义就是它是由人的生存需要决定的，不随收入变动而变动。引致消费指由收入引起的消费，这部分消费的大小取决于收入与边际消费倾向。以 C_0 代表自发消费，c 代表边际消费倾向，则我们可以把消费函数写为：

$$C = C_0 + c \cdot Y$$

根据这个公式，我们可以作出消费函数的图形，如图 13－1 所示。

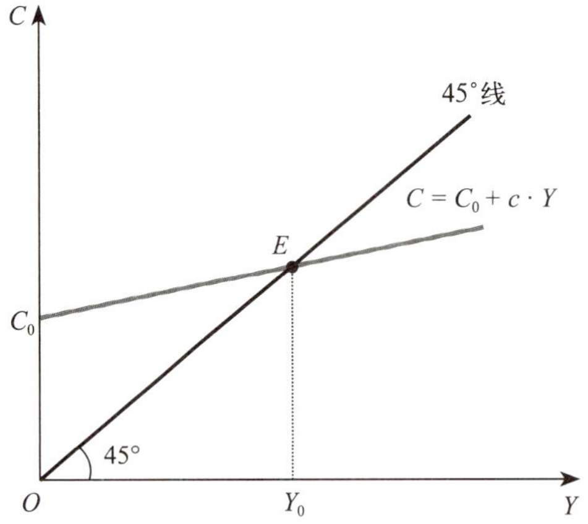

图 13-1　消费函数

在图 13－1 中，横轴代表收入 Y，纵轴代表消费 C，45°线表示这条线上任何一点的收入与消费相等。$C = C_0 + c \cdot Y$ 是消费函数曲线，其与纵轴的交点由自发消费 C_0 决定，斜率由边际消费倾向 c 决定。这条曲线向右上方倾斜，说明消费随收入增加而增加。在消费函数曲线与 45°线的交点 E 处，收入与消费相等。在 E 点之左，消费大于收入，有负储蓄；在 E 点之右，消费小于收入，有正储蓄。

二、消费函数的稳定性及原因

根据长期消费资料的分析，长期中消费函数是相当稳定的。这就是说，消费在收入中所占的比例是固定的，边际消费倾向与平均消费倾向相等，为一个不变的常数。例如，在美国，边际消费倾向长期稳定在0.676左右，只在20世纪90年代由于经济繁荣，才提高到0.68左右，也仅仅提高了0.004而已，或者说仅提高了4‰。

经济学家提出了许多理论来证明消费函数的稳定性。其中最有影响的是美国经济学家莫迪利亚尼提出的生命周期假说和弗里德曼提出的持久收入假说。

1. 生命周期假说

生命周期假说认为，一个人一生的收入决定其消费，长期中收入与消费的比例是稳定的。这就是说，决定人们消费的是收入，但这种收入不是现期绝对收入水平，而是一生中的收入与财产。如果以 C 代表消费，b 代表劳动收入中的边际消费倾向，Y_L 代表劳动收入，a 代表实际财产的边际消费倾向，WR 代表实际财产，生命周期假说的消费函数为：

$$C = b \cdot Y_L + a \cdot WR$$

这种理论认为，人是理性的，希望一生中实现效用最大化，所以，人根据自己一生所能得到的劳动收入与财产来安排一生的消费，以实现一生中各年的消费基本相等。人一生的全部消费等于一生中所得到的劳动收入与财产之和。

> 比较这两种理论的不同之处。

人的一生可以分为工作时期和退休以后两个阶段。其消费规律是：在工作时收入大于消费，有储蓄，这些储蓄作为财产为退休后的消费提供资金。在退休后收入减少，要保持以前的消费水平，消费就大于收入，有负储蓄，即使用工作时期的储蓄。综合起来，一生的收入与消费相等，并把一生的收入平均分配到各年中去。正因为每个人都按一生的收入与财产来安排消费，所以，长期中平均消费倾向与边际消费倾向相等，而且是相当稳定的。

如果每个人都按这种方式决定消费，同时假设一个社会的人口结构是稳定的，即工作年龄人口和退休人口在人口中有一个稳定的比例，那么，一部分人（工作年龄人口）的收入大于消费，另一部分人（退休人口）的收入小于消费。社会总消费是每个人的消费之和，社会边际消费倾向是每个人的边际消费倾向的平均数。每个人一生收入与消费的比例稳定，从整个社会来看，消费函数就是稳定的。

2. 持久收入假说

持久收入假说认为人的消费取决于持久收入，持久收入是稳定的，从而消费是稳定的。

这就是说，消费取决于收入，但强调这种收入应该分为持久收入与暂时性收入。持久收入指长期的、有规律的稳定收入，一般应持续 3 年以上，如固定的工资收入。暂时性收入是一时的、非连续性的偶然收入，如偶然得到一笔遗产。持久收入假说认为，决定人的消费的不是暂时性收入，而是持久收入。以 C 代表消费，b 代表边际消费倾向，YP 代表持久收入，则持久收入假说的消费函数为：

$$C = b \cdot YP$$

人们希望消费是稳定的，因此会根据持久收入来安排消费，而不是根据暂时性收入来安排消费。而且，人们可以在估算持久收入时把暂时性收入的影响估算进去。持久收入假说提出了估算持久收入的方法。这就是说，持久收入与过去收入和现在收入相关，因为人们是根据过去与现在的收入来预测未来的收入的，这种过去与现在的收入中包含暂时性收入引起的收入变动。持久收入并不是现在得到的收入，而是过去收入与现在收入的加权平均数。时期越近，加权数越大，表示对持久收入影响越大；时期越远，加权数越小，表示对持久收入影响越小。以 Y_{t-1} 表示过去的收入，Y_t 代表现期收入，Q 代表加权数，则持久收入的公式是：

$$YP = Q \cdot Y_t + (1 - Q) \cdot Y_{t-1} \qquad (0 < Q < 1)$$

长期中，无论暂时性收入如何变动，持久收入都是稳定的。持久收入决定消费，消费在持久收入中占一个稳定的比例，因此，边际消费倾向是稳定的。这就证明了消费函数的稳定性。

这些理论说明了长期中消费函数的稳定性，与分析长期消费统计资料所得出的结论是一致的。所以，消费函数的稳定性在理论与经验上都是成立的，这对研究宏观经济问题十分重要。

三、消费函数稳定性的意义

确定消费函数的稳定性对我们分析宏观经济问题，实现宏观经济的稳定有十分重要的意义。

我们知道，消费在总需求中占 2/3 左右。短期中，决定宏观经济状况的是总需求，在总需求中约占 2/3 的消费的稳定性保证了宏观经济的稳定性。这还说明了，尽管经济中有周期性波动，但这种波动并不是无限的。经济繁荣时，繁荣不会无限度，而是以资源和技术进步为限。国内生产总值增加到资源和技术进步所允许的极限时，就无法再增加了，这就是经济周期的上限。经济衰退时，也不会无限地衰退，因为人们总要消费，消费的稳定性使衰退也有一定的限度。在总需求中，消费是一个重要的稳定性因素，或者说，消费函数的稳定性保证了宏观经济的稳定性。

在总需求中，除了消费还有投资、政府支出和净出口。在任何一个经济体中，政府支出都是由政府的政策决定的，一般情况下也是稳定的。而且，随着政府在经济中作用的加强，其支出在稳定增加。因此，政府支出也不是引起经济波动的主要根源。净出口在经济中占的比例很小（在许多国家，净出口占国内生产总值的1%左右），它的变动也不足以引起经济周期性波动。由此可以推导出，引起经济波动的主要因素是投资。因此，现代经济学家都把投资作为引起经济周期性波动的主要原因。

刺激消费的政策的作用为什么是有限的？

从消费函数的稳定性中还可以得出另一个结论：刺激消费的政策作用十分有限。如前所述，消费取决于收入和边际消费倾向，边际消费倾向是稳定的，因此，增加消费的关键是增加收入。如果一种政策不能增加收入，就无法刺激消费。收入的增加关键在于经济的增长潜力。因此，就刺激总需求的政策而言，刺激消费是困难的，以繁荣为目的的总需求政策不应以刺激消费为中心，而应以刺激投资为中心。

消费函数的稳定性对宏观经济的理论分析和政策建议都是有意义的。

案例研究

中国消费的增加

过去长期困扰中国经济的问题是消费不足，主要靠高投资实现高增长。但从2010年以后，中国的消费在稳定地增加，从近期来看已超过GDP的50%。其原因何在呢？

政府认识到消费增加的重要作用，采取了一系列有力的措施。首先，随着经济增长，人民的收入增加了，尤其是改变了过去GDP增加高于收入增加的趋势，使收入增加与GDP增加同步，甚至略快于GDP增加。同时，在GDP增加过程中，形成了一个购买力强的中等收入阶层，近年来，这个阶层迅速扩大。特别应该指出，这些年深入扎实的扶贫工作取得了重大成就，许多贫困地区摆脱贫困，走上靠自己的力量致富的道路。这就增加了这些地区的人的购买力。此外，政府也采取了一些促进消费的政策，如用新家电替换旧家电的补贴、购买新能源汽车的补贴等。在全国范围内，养老医疗的改革和完善，也使人们花钱的欲望提高了。当然也应该承认，“80后”、“90后”“00后”年轻人的消费观念与老一代人的消费观念相比有了根本性变化，年轻人的赚钱能力强，为享受生活花钱的欲望也高。这种代际消费观念的改变，在以后还会越来越明显。

我们在正文中讲过，消费是宏观经济稳定的重要因素。当消费在 GDP 中达到一定比重且相当稳定时，经济即使遇到意外冲击，所受的打击也小。而且，中国有 14 亿人口，这就是世界上最大的市场，有这样一个市场，仅靠国内消费的大循环，经济的稳定性就很强，受世界经济形势变化的冲击就小，或者说经济波动的忍耐能力更强。在国际环境变幻莫测的情况下，这大大有利于国内经济稳定，也有利于我们生活的安宁。

马克思早就指出，生产的目的是消费。我们增加 GDP 的目的正是不断提高人民的生活水平。在一定时期内把增加的 GDP 更多地用于投资，以求经济更快发展是合理的。历史上西方国家也有这样的时期。但一国不能总采用“压消费，增投资”的方法，否则增加的产品无关人民生活，就会出现生产过剩的经济危机。所以，在经济增长到一定阶段时，调节政策，增加人民收入，增加消费，就是必然的。这样，经济才会有正常的持续增长。中国已成为全球 GDP 第位，在这种时候，增加消费是保证以后中国增长与繁荣的强有力措施。

第二节　投资函数

在总需求中，除了消费，最重要的就是投资了。投资在总需求中所占的比例并不大（约为百分之十几），但波动大，对宏观经济的稳定十分重要。所以，本节分析投资问题。

一、投资及其组成

投资这个词在经济中具有不同的含义。比如，我们把钱用于购买股票可以称为投资，把钱用于教育可以称为人力资本投资，把钱用于购买古玩或艺术品也可以称为不动产投资。在这里我们把一切带来收益的活动都称为投资。

在分析总需求时，我们所指的投资需求与一般意义上所说的投资略有差别。在这里我们所说的投资包括三种：企业固定投资，即企业用于厂房和设备等的支出；居民住房投资，即居民用于购买住房的支出；存货投资，即企业用于购买原料、半成品的支出或未销售出去的制成品支出。存货投资指净存货，即年初存货与年末存货之间的差额。从以上这三种投资类型可以看出，在分析宏观经济的总需求时，我们把投资作为一种对实物（厂房、设备、住房、制成品）的支出，因为这种支出是总需求的一部分。

> 我们平常在什么意义上说投资？对个人与整体经济来说，投资有什么不同？

我们还可以把投资分为总投资、折旧投资（又称重置投资）和净投资。总投资是全部投资支出；折旧投资是用于补偿或替代消耗的投资（如用一台新机床取代已报废的旧机床）；净投资是新增加的投资。这三者之间的关系是：

总投资 = 折旧投资 + 净投资

净投资 = 总投资 − 折旧投资

这种区分对我们分析投资需求是十分必要的。折旧投资的目的是保持资本的完整性，其投资量的大小取决于折旧率，即旧设备折旧的快慢。净投资是新增加的投资，取决于这种投资所能带来的效益。所以，总投资取决于折旧和投资的收益率。

我们知道，人们和企业进行投资是为了实现收益率最大化，而且这种收益率指的是实际的净收益率。影响收益率的因素包括利率、预期的通货膨胀率以及预期的收益。投资无论是用自有资金还是借贷资金，都有利息（当用自有资金时，利息是花掉资金所放弃的利息）。这就是说利息是投资的成本，从收益中扣除利息才是投资的净收益。利息的多少取决于利率，因此，利率是决定投资的重要因素。投资的目的是实现实际收益的最大化，因此要扣除通货膨胀的影响，这就是预期的通货膨胀率会影响投资。而且，现在投资在未来才能收回，因此，收益要看预期的收益率。

我们可以通过计算投资的净现值来决定一项投资是否值得进行。现值是未来的货币量在现在的价值，它取决于利率的大小。例如，如果利率为每年 10%，那么，明年的 110 元在今年的现值就是 100 元。换言之，当利率为 10% 时，今年的 100 元与明年的 110 元其价值是一样的，因为今年的 100 元到明年可以额外带来 10 元的利息。净现值是一笔投资未来所带来的收入的现值与现在投入的资金现值的差额。

假设一笔投资为 2 775 元，年利率为 4%，在以后 3 年中每年可以带来的收入为 1 000 元，这笔投资 3 年后的净现值（*NPV*）为：

$$NPV = \frac{1\,000}{1+0.04} + \frac{1\,000}{(1+0.04)^2} + \frac{1\,000}{(1+0.04)^3} - 2\,775$$

$$= 961 + 925 + 889 - 2\,775 = 0$$

当年利率为 4% 时，投资收益的现值与支出的现值相等，净现值为零。如果利率低于 4%，净现值为正数，投资是有利的；如果利率高于 4%，净现值为负数，投资无利。由此可以看出利率在投资中的重要性。同样，我们也可以用通货膨胀率求投资收益的现值，以说明通货膨胀对投资的影响。

二、投资函数

投资受多种因素影响，其中最重要的因素之一是利率。投资函数是指投资与利率之间的关系。以 I 代表投资，i 代表利率，则投资函数可写为：

$$I = b \cdot i$$

在上式中，b 是投资的利率弹性，衡量利率变动会引起投资多大程度的变动。如果既定的利率变动引起的投资变动大，则投资的利率弹性大或投资富有利率弹性；如果既定的利率变动引起的投资变动小，则投资的利率弹性小或投资缺乏利率弹性。

我们知道，投资与利率之间呈反方向变动，即利率上升投资减少，利率下降投资增加。因此，投资函数曲线是一条向右下方倾斜的线，如图 13-2 所示。

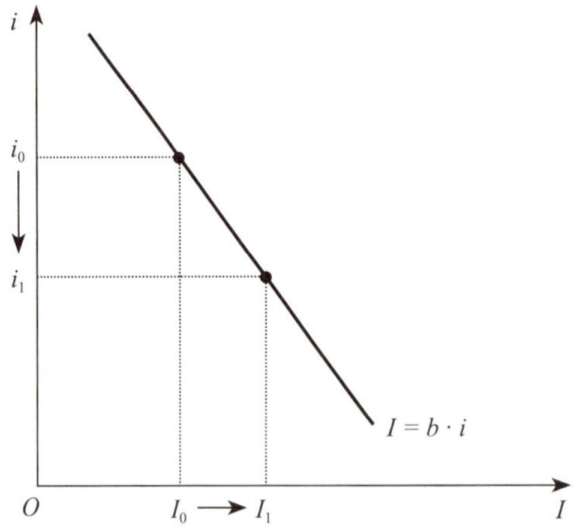

图 13-2　投资函数曲线

注意区分利率变动引起的投资变动与国内生产总值变动引起的投资变动有什么不同？如何用图形表示？

在图 13-2 中，横轴代表投资 I，纵轴代表利率 i，向右下方倾斜的 $I = b \cdot i$ 为投资函数曲线。从图中可以看出，当利率从 i_0 下降到 i_1 时，投资从 I_0 增加到 I_1。

当利率变动时，投资量的变动表现为同一条投资函数曲线上点的上下移动；当利率既定时，由其他因素引起的投资变动表现为投资函数曲线本身的移动，如图 13-3 所示。

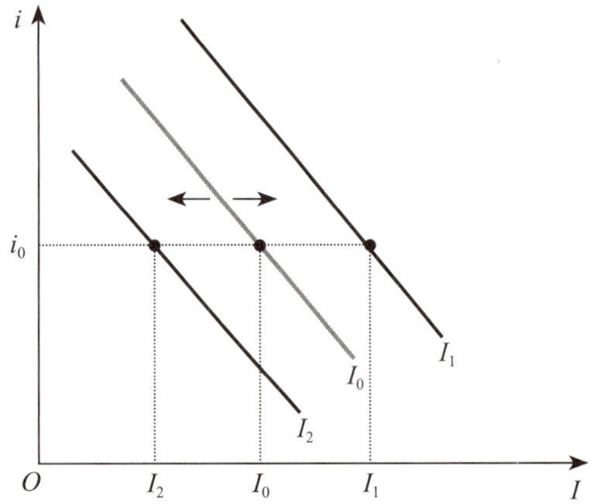

图 13-3　投资函数曲线的移动

在图 13-3 中，投资函数曲线由 I_0 向右移动到 I_1 时，利率仍然为 i_0，但投资从 I_0 增加

到 I_1，这表示其他因素引起投资增加。投资函数曲线由 I_0 向左移动到 I_2 时，利率仍然为 i_0，但投资从 I_0 减少为 I_2，这表示其他因素引起投资减少。

在引起投资变动的其他因素中，最重要的是产量变动，以下的加速原理正是说明这一点的。

三、加速原理

投资不仅受利率的影响，而且受产量（实际国内生产总值）的影响。一个国家实际国内生产总值增加越多，所需要的投资就越多。**加速原理正是说明产量变动会引起投资更大变动的理论。**

> 注意加速原理所说明的是产量变动率与投资变动率之间的关系。

加速原理说明，投资取决于产量变动率，但投资变动率大于产量变动率。我们可以用以下公式来表示加速原理：

$$I_t = I_0 + D = a \cdot (Y_t - Y_{t-1}) + D$$

在上式中，I_t 代表总投资，它分为净投资（新增加的投资）I_0 和重置投资（折旧）D。净投资 I_0 取决于加速系数 a 和本期收入 Y_t 与上期收入 Y_{t-1} 的差异。加速系数指产量增加一定量所需要增加的净投资量，即净投资量与产量增加量之比，它反映了社会的生产技术水平。例如，如果在一定的生产技术水平之下，增加 100 万元的产量需要增加的净投资为 200 万元，则加速系数为 2。与加速系数相关的另一个概念是资本—产量比率，即生产一单位产量所需要的资本量或者资本量与产量之比。在技术不变的条件下，加速系数与资本—产量比率的数值是相同的。

为了进一步说明加速原理的含义，我们可以举一个例子。设 $a=2$（资本—产量比率亦为 2），折旧率为 10%，则我们可以作出下面的加速原理举例表，见表 13-1。

表 13-1　加速原理举例表　　金额单位：100 万元

年	产量	资本量	净投资	重置投资	总投资
1	100	200	—	20	20
2	120	240	40	24	64
3	140	280	40	28	68
4	160	320	40	32	72
5	160	320	0	32	32
6	150	300	−20	30	10

根据表 13-1，我们可以说明加速原理的基本含义。

第一，投资是产量变动率的函数，而不是产量变动的绝对量的函数。这也就是说，投资的变动取决于产量变动率，而不是产量变动量。

第二，投资的变动大于产量的变动。当产量增加时，投资的增加率大于产量的增长率（在表 13-1 中，从第 1 年到第 2 年，产量增加 20%，而总投资增加 220%）；当产量减少时，投资的减少也大于产量的减少（在表 13-1 中，从第 5 年到第 6 年，产量减少 6.25%，而总投资减少 68.75%），这就是加速的含义。投资的变动大于产量的变动是因为现代生产是一种迂回生产，即采用了大量的机器设备，这样，在开始时必然需要大量的投资。同样，在产量减少时，投资也会减少得更多。加速原理所反映的正是这种现代化大生产的特点。

第三，要使投资增长率保持不变，产量就必须维持一定的增长率（在表 13-1 中，第 2 年到第 3 年和第 3 年到第 4 年，要使净投资不变，产量的增长率应分别为 16.67% 和 14.29%）。如果产量维持在原水平，投资一定会下降（在表 13-1 中，从第 4 年到第 5 年，产量没变，总投资减少了 55.56%）。这说明经济发展到一定阶段时，再实现高增长率就是一件困难的事。

总之，加速原理说明了产量（国内生产总值）水平的变动是影响投资水平变动的重要因素。

这里还应指出两点：

第一，影响投资的因素不仅有产量，还有其他因素，诸如资本家的预期、风险、投资成本、利率、技术进步等。加速原理没有考虑这些因素，它实际上是在假设这些因素不变的条件下，分析产量对投资的影响。

第二，加速原理只适用于机器设备得到充分利用的情况，如果机器设备没有得到充分利用，则加速原理无法发挥作用。

四、投资的波动性

如前所述，在总需求中投资占的比例并不大，但投资的波动相当大。经济繁荣与衰退的主要原因都在于投资的波动性。

引起投资波动大的原因是多方面的。加速原理说明了投资的波动要大于实际国内生产总值的变动。在一般情况下，实际国内生产总值由于各种因素的影响总在波动，这是引起投资波动的一个重要原因。

但引起投资波动的另一个更重要的原因是人们的心理预期。我们知道，投资是现在投入资金，在若干时期以后才能得到收益，但未来是不确定的，现在对未来和未来投资收益的预期可能会由于各种突发因素的影响而与其有差距。许多影响未来投资收益的因素又是难以预期的，如某些自然灾害或政治上的变动。这就使投资成为一项风险事业。人们对未来的预期往往会成为投资波动的根源。

一般来说，在经济繁荣时，人们对未来充满乐观的预期，这就会使他们高估未来的投资收益，从而使投资高于正常预期下应有的水平，形成投资过度。但在经济衰退时，人们对未来充满悲观的预期，这就会使他们低估未来的投资收益，从而使投资低于正常预期下应有的水平，形成投资不足。投资高于或低于正常水平，都是一种心理预期的结果，这造成投资剧烈波动。所以，过分乐观的预期会使投资过多，而过分悲观的预期又会使投资过少。人们的心理预期往往受各种因素，如现实经济中的某些变动甚至谣传的影响，而难以确定。这就形成投资的波动性，并反过来加剧经济中的周期性波动。

第三节　总需求决定原理

在凯恩斯主义的宏观经济学中，总需求决定短期国内生产总值。这种分析假设短期中总供给是不变的，只分析总需求如何决定国内生产总值，因此，被称为简单的凯恩斯主义模型。我们知道，总需求就是总支出，因此，在这里我们用总支出代表总需求。本节介绍这部分内容。

一、总支出与实际国内生产总值的决定

在进行总需求分析时，我们首先不考虑货币和利率，因此假设投资（I）、政府需求（G）和净出口（NX）不变，用消费函数代表消费（C），总支出用 AE 来表示，这样就可以把总支出公式写为：

$$AE = C + I + G + NX$$

设 $I = \overline{I}$，$G = \overline{G}$，$NX = \overline{NX}$，则有：

$$AE = C_0 + c \cdot Y + \overline{I} + \overline{G} + \overline{NX}$$

在上式中，C_0、$\overline{I}$、$\overline{G}$、$\overline{NX}$ 都是总支出中假设不变的部分，可以合并为不变的总支出 $\overline{AE}$，即

$$\overline{AE} = C_0 + \overline{I} + \overline{G} + \overline{NX}$$

这样就有：

$$AE = \overline{AE} + c \cdot Y$$

这样我们就可以用 45°线和总支出曲线来说明国内生产总值的决定，如图 13-4 所示。

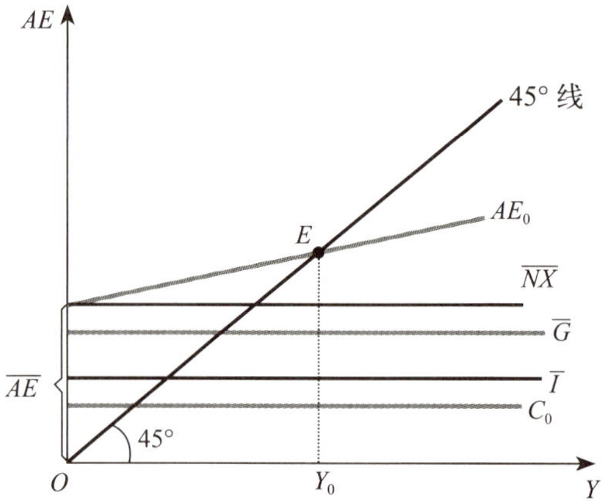

图 13-4 国内生产总值的决定

在图 13-4 中，横轴代表实际国内生产总值 Y，纵轴代表总支出 AE。45° 线上的任何一点的总支出与总供给相等，即实现了宏观经济均衡。AE_0 为总支出曲线，截距 $\overline{AE}$ 为总支出中假设不变的部分，包括 C_0、$\overline{I}$、$\overline{G}$ 和 $\overline{NX}$。AE_0 曲线向右上方倾斜是由消费函数所决定的，其斜率为边际消费倾向 c。当总支出曲线 AE_0 与 45° 线相交于 E 点时，就决定了均衡的国内生产总值为 Y_0。这就是在不考虑总供给时，总支出如何决定均衡的国内生产总值。

如前所述，宏观经济均衡的条件是总供给（Y）与总支出（AE）相等。用公式来表示则有：

$$Y = AE$$

$$AD = \overline{AE} + c \cdot Y$$

$$Y = \overline{AE} + c \cdot Y$$

$$Y - c \cdot Y = \overline{AE}$$

$$Y_0 = \frac{1}{1 - c} \cdot \overline{AE}$$

上式说明了均衡的国内生产总值 Y_0 是如何决定的。

均衡的国内生产总值是由总支出决定的，因此总支出的变动必然引起均衡的国内生产总值的变动。总支出水平的高低，决定了均衡的国内生产总值的大小。所以，总支出的变动会引起均衡的国内生产总值同方向的变动，即总支出增加，均衡的国内生产总值增加；总支出减少，均衡的国内生产总值减少。我们可以用图 13-5 来说明这一点。

在图 13-5 中，总支出曲线向上方移动，即从 AE_0 移动到 AE_1，表示总支出增加；总支出曲线向下方移动，即从 AE_0 移动到 AE_2，表示总支出减少。当总支出为 AE_0 时，决定了国内生产总值为 Y_0。当总支出为 AE_1 时，决定了国内生产总值为 Y_1。$Y_1 > Y_0$，这就说明由于总支出水平由 AE_0 增加到 AE_1，均衡的国内生产总值水平由 Y_0 增加到 Y_1。当总支出为 AE_2 时，决定了均衡的国内生产总值为 Y_2。$Y_2 < Y_0$，这就说明由于总支出水平由 AE_0 减少

到 AE_2，均衡的国内生产总值由 Y_0 减少到 Y_2。

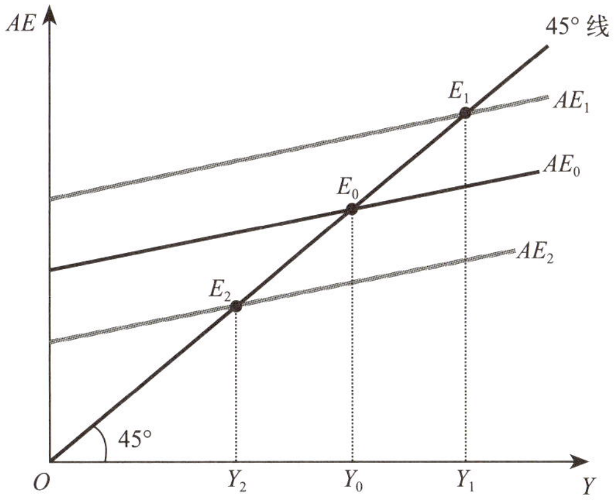

图 13-5　总支出曲线的移动与国内生产总值的变动

在图 13-5 中，总支出变动表现为总支出曲线的平行移动。这就说明总支出变动是由于自发总支出的变动所引起的。设自发总支出的变动量为 $\Delta\overline{AE}$，则这三条总支出曲线分别为：

$$AE_0=\overline{AE}+c\cdot Y$$

$$AE_1=\overline{AE}+\Delta\overline{AE}+c\cdot Y$$

$$AE_2=\overline{AE}-\Delta\overline{AE}+c\cdot Y$$

根据上述总支出与国内生产总值变动的关系，我们还可以进一步研究储蓄与国内生产总值变动的关系。在既定的收入条件下，消费与储蓄呈反方向变动，即消费增加，储蓄减少；消费减少，储蓄增加。消费是总支出的一个重要组成部分，储蓄增加使消费减少，总支出减少，从而国内生产总值减少；反之，储蓄减少使消费增加，总支出增加，从而国内生产总值增加。因此，储蓄的变动会引起国内生产总值反方向的变动。

> 请回忆长期与短期情况的区别。这个结论在短期中有道理，但在长期中国内生产总值增加还得靠生产力的提高。

根据消费与储蓄对国内生产总值的不同影响，凯恩斯得出一个与传统的道德观相矛盾的推论。按照传统的道德观，增加储蓄是好的，减少储蓄是不好的。但按上述储蓄变动引起国内生产总值反方向变动的理论，增加储蓄会减少国内生产总值，使经济衰退，是不好的；而减少储蓄会增加国内生产总值，使经济繁荣，是好的。这种矛盾被称为“节约的悖论”。

二、乘数理论

自发总支出的增加会引起国内生产总值增加，但是，一定量自发总支出的增加会使国内生产总值增加多少，即总支出增加与国内生产总值增加之间量的关系如何呢？乘数理论正是要回答这一问题的。

> 政府增加支出可以增加国内生产总值的重要原因正在于乘数的作用。理解这一点有助于理解财政政策。

乘数是指自发总支出的增加所引起的国内生产总值增加的倍数，或

者说国内生产总值增加量与引起这种增加量的自发总支出增加量之间的比率。

根据均衡的国内生产总值决定的公式，增加的总支出与增加的国内生产总值相等，即

$$\Delta Y=\Delta AE=\Delta\overline{AE}+c\cdot\Delta Y$$

$$\Delta Y-c\cdot\Delta Y=\Delta\overline{AE}$$

$$\Delta Y=\frac{1}{1-c}\cdot\Delta\overline{AE}$$

增加的国内生产总值（ΔY）与引起这种增加的自发总支出的增加量（$\Delta\overline{AE}$）之比$\left(\frac{1}{1-c}\right)$就是乘数。如果以 a 代表乘数，则有：

$$a=\frac{1}{1-c}$$

乘数的公式表明，乘数的大小取决于边际消费倾向。边际消费倾向越高，乘数就越大；边际消费倾向越低，乘数就越小。这是因为边际消费倾向越高，增加的收入就有更多的部分用于消费，从而使总支出和国内生产总值增加得更多。

从乘数的公式还可以看出，因为边际消费倾向是小于 1 的，所以，乘数一定是大于 1 的。这也反映了国民经济各部门之间存在密切的联系。某一部门自发总支出的增加，不仅会使本部门收入增加，而且会使其他部门引起连锁反应，从而使这些部门的支出与收入也增加，最终使国内生产总值的增加数倍于最初自发总支出的增加。

> 任何事物都有两面性，学习经济学时需要牢记这一点。

应该承认，国民经济各部门之间确实存在乘数理论所反映的这种连锁反应，国内生产总值的增加也大于最初自发总支出的增加。但乘数发挥作用是需要一定条件的，这就是说，只有在社会上各种资源没有得到充分利用时，总支出的增加才会使各种资源得到利用，产生乘数作用。如果社会上各种资源已经得到了充分利用，或者某些关键部门（如能源、交通部门）存在制约其他资源利用的“瓶颈”状态，乘数也无法发挥作用。此外，乘数的作用是双重的，即当自发总支出增加时，所引起的国内生产总值的增加要大于最初自发总支出的增加；当自发总支出减少时，所引起的国内生产总值的减少也要大于最初自发总支出的减少。所以，经济学家形象地把乘数称为一把“双刃剑”。

三、总需求分析的适用性与局限性

这里介绍的总需求分析是有局限性的：其一，在简单的凯恩斯主义模型中，不涉及货币对经济的影响，因此，也没有考虑利率对投资的影响以及投资时对总需求的影响。但在现实中，货币是十分重要的，因此，这一总需求模型在下一章中要扩大为 *IS*–*LM* 模型才是完整的总需求分析。其二，没有考虑总供给的影响。短期中，即使不考虑长期总供给，

短期总供给也会变动。因此，总需求分析还应发展为包括总需求分析与总供给分析的总需求—总供给模型。只分析总需求而不涉及总供给，无法导出物价水平的决定。这个简单的模型没有物价水平的决定。其三，这种分析只适用于短期而不适用于长期，长期中经济增长引起的长期总供给变动也十分重要。

当然，这种总需求分析也有其意义。经济学分析总是由简单到复杂，这种简单模型先假设其他条件不变，分析短期中总需求对实际国内生产总值的影响，对我们认识总需求在宏观经济中的重要性还是有意义的。

案例研究

刺激经济：消费还是投资

短期总需求分析尽管有其不现实的假设条件（总供给不变等），但对我们认识宏观经济问题、实现经济稳定是有意义的。

应该承认，总需求短期中对宏观经济状况的确有重要的影响。我国政府近年来一直重视扩大内需已说明需求成为经济稳定的一个重要因素。

但如何扩大内需呢？我们知道，就内需而言，如果不考虑政府支出，关键在于消费和投资。消费函数理论说明了消费的稳定性，它告诉我们，要刺激消费是困难的。前些年我国多次降息，但对内需的拉动有限，居民储蓄一直增加，这说明拉动消费不容易。

拉动内需的重点在于拉动投资。第一，我们要区分投资与消费的差别。例如，我们过去一直把居民购买住房作为消费就是一个误区。应该把居民购买住房作为一种投资，并用刺激投资的方法拉动这项投资。随着城市化和人民生活水平提高，人们要求改善住房条件。第二，在我国经济中，私人经济已有了长足的发展，成为经济的半壁江山。投资中的企业固定投资应该以私人企业投资为主。这就要为私人企业投资创造更为开放宽松的环境。

现在几乎每个人都认识到了扩大内需的重要性。学习宏观经济学可以为我们寻找扩大内需的方法提供一个思路。

关键概念

消费函数	平均消费倾向	边际消费倾向	储蓄函数
平均储蓄倾向	边际储蓄倾向	生命周期假说	持久收入假说
持久收入	暂时性收入	投资	总投资
折旧投资	净投资	净现值	投资函数
加速原理	乘数理论		

内容提要

- 消费函数是消费与收入之间的依存关系。它表明消费取决于收入。
- 根据长期消费资料，消费函数是稳定的，生命周期假说和持久收入假说从理论上证明了这一结论。
- 投资函数是投资与利率之间的关系。这表明利率是影响投资的重要因素之一。
- 加速原理说明了投资与国内生产总值（产量）之间的关系。这一理论证明了投资的波动性大于实际国内生产总值的波动性。
- 简单的凯恩斯主义模型说明，短期中总需求是决定均衡的国内生产总值的最重要因素。
- 自发总支出的增加会引起国内生产总值成倍增加，这就是乘数理论。

思考题

1. 一个社会的总收入为 10 000 亿元，消费为 6 000 亿元，当收入增加到 12 000 亿元时，消费增加到 7 000 亿元。计算平均消费倾向、边际消费倾向、平均储蓄倾向、边际储蓄倾向。

2. 经济学家认为刺激消费的作用相当有限。从消费函数理论来看，这种观点对不对？为什么？

3. 判断下列哪些收入是持久收入，哪些是暂时性收入，并解释其原因。

（1）每月从单位领到的工资。

（2）某月为一杂志写稿，得到 1 000 元稿费。

（3）以写稿为生的自由撰稿人每月平均写稿 10 篇，得稿费 5 000 元。

（4）每月从政府得到的贫困津贴 200 元。

（5）每月领取的科研经费 500 元。

（6）科研成果获奖，得奖金 10 000 元。

4. 2017 年收入为 1 万元，加权数（Q）为 0.2，2018 年收入为 1.2 万元，加权数为 0.3，2019 年收入为 1.5 万元，加权数为 0.5，这 3 年的持久收入是多少？

5. 1990—1991 年，美国经济出现了衰退，当时的总统老布什宣布临时调整个人所得税，即个人所得税的缴纳时间推迟半年，结果这种做法并没有达到刺激经济的目的。你认为这是为什么？

6. 在一个经济体中，2019 年企业对厂房和设备的投资为 1 200 亿元，居民购买住房共支出 500 亿元，2019 年 1 月 1 日存货为 1 000 亿元，2019 年 12 月 31 日存货为 1 200 亿元。这个经济体 2019 年的投资是多少？

7. 一笔投资支出为 1 000 亿元，可以在之后的 3 年内每年得到 400 亿元的收益。当利率为 3% 时，这笔投资的净现值是多少？这笔投资值不值得进行？

8. 用加速原理说明经济中投资的波动大于实际国内生产总值的波动。

9. 有两种情况会引起投资增加：一是利率从 4% 下降为 3%；二是实际国内生产总值增加了 1 000 亿元。用图形表示这两种因素引起的投资变动。

10. 有两种说法：个人增加消费可以增加实际国内生产总值，促成经济繁荣；个人增加储蓄可以增加国内生产总值，促成经济繁荣。这两种说法互相矛盾吗？为什么？

11. 假设在一个经济体中总收入为 20 000 亿元，储蓄为 4 000 亿元。当收入增加到 25 000 亿元时，储蓄增加到 5 000 亿元，计算该经济的乘数。如果这个经济体总支出增加了 2 000 亿元，实际国内生产总值会增加多少？如果在实际国内生产总值为 25 000 亿元时已经实现了充分就业，总支出增加 2 000 亿元会使实际国内生产总值增加多少？

12. 用总需求决定原理分析我国政府提出的扩大内需政策的意义。

13. 如果要扩大内需，你认为下列哪一项政策有意义，哪一项政策没意义，并解释其原因。

（1）向国家公务员发放一次性补贴，每人 1 000 元。

（2）降低住房贷款利率，并对购买住房的支出实行免税。

（3）对企业投资实行税收优惠，即企业把利润用于投资，可以免缴企业所得税。

（4）全国所有职工每月加薪 100 元。

（5）增加对困难职工的补贴，如把最低生活保障从 200 元增加到 250 元。

第十四章 CHAPTER 14

货币与经济

现代市场经济的本质是货币经济，货币对经济至关重要。我们已经说过，长期中货币只影响名义变量，但短期中还会影响实际变量。这一章将分析短期中货币如何影响经济。

重点掌握

◎ 货币市场与利率的关系

◎ *IS* 曲线的含义

◎ *LM* 曲线的含义

◎ *IS-LM* 模型的含义

一般掌握

◎ 商业银行如何创造货币

◎ 货币需求理论

一般了解

◎ 金融机构的基本知识

◎ 金融市场的基本知识

第一节 货币与金融体系

货币在经济中的作用与一个经济体的金融体系密切相关，因此，了解货币如何影响经济，必须首先了解金融体系。一个经济体的金融体系包括中央银行、金融中介机构、金融工具与金融市场。

一、中央银行

中央银行是用以监督银行体系并控制经济中货币量的机构。比如，美国联邦储备委员会（简称美联储）、英国的英格兰银行、日本的日本银行、德国的德意志联邦银行、我国的中国人民银行都是中央银行。

任何一个国家的经济都需要这样一个维持银行体系和经济正常运行的中央银行。世界上最早的中央银行是 1668 年瑞典由一家私人银行改组成的国家银行，但其直至 1897 年才拥有独立的货币发行权，并且不从事商业银行业务。1694 年成立的英格兰银行，在 19 世纪中期才成为现代意义上的中央银行。19 世纪西欧各国成立中央银行，20 世纪后世界各国才普遍成立了中央银行。有些国家的中央银行是由私人银行改建的，如英格兰银行；有些是新建的，如 1914 年成立的美联储。各国中央银行的地位也有差别：有些国家的中央银行并不是政府的一个组成部分，有相当大的独立性，如美联储；有些国家的中央银行是政府的一个组成部分，甚至划归财政部领导，独立性较小，如英格兰银行与日本银行。经济学家发现，中央银行的独立性与物价稳定之间存在正相关关系。这就是说，大凡独立性强的中央银行，能更好地保持物价稳定。所以，加强中央银行的独立性成为当前各国的一种趋势。

> 注意中央银行不同于商业银行。

各国的中央银行无论在形式上有什么差别，都有四个基本特点：第一，不以营利为目的。第二，不从事商业银行和其他金融中介机构的业务。第三，具有服务和监管双重作用，它既对商业银行和其他金融机构进行监管，又为它们提供服务。第四，它通过货币政策来调节经济。无论它有多大的独立性，是否作为一个政府部门，它都是政府调节经济的重要机构。正因为如此，中央银行在经济中的作用越来越重要。

中央银行的一种职能是对银行体系进行监管与提供服务。例如，中央银行监督每个银行的金融状况与业务活动，确保各银行与其他金融中介机构按政府有关法令运营；为银行保管准备金；作为最后贷款人在银行需要资金时提供贷款；协助银行之间的结算业务；等等。这些活动保证了整个银行体系有序而正常地运行，防止由于银行金融问题而引发经济动荡。

另一种职能是中央银行作为唯一的货币发行者可以控制经济中的货币供给量，并通过对这种货币供给量的控制来调节经济。这就是说，中央银行可以运用货币政策调节经济。美国货币政策的决策机构是美联储下设的联邦公开市场委员会。

二、金融中介机构

金融中介机构是把居民户和企业与金融市场联系起来的纽带。它是向居民户和企业吸收存款，并向其他居民户和企业发放贷款的企业，也是为居民户和企业提供金融服务的企业。在理解金融中介机构时要注意两点：第一，它们是企业，和其他提供产品与劳务的企业一样，以利润最大化为目标；第二，它们从事的业务是提供各种金融中介服务，作为居民户与企业和金融市场的中间人。它们提供存贷款和各种金融结算服务，并从这种服务中获利。它们利润的来源包括各种金融服务的收费，以及存贷款之间的利率差。

> 注意“中介”的含义。中介是联系两个东西的桥梁。
> 中国有哪些商业银行？

各国金融机构也有不同类型，但其中最重要的是商业银行。**商业银行是从事金融中介的企业**。除了商业银行，还有其他金融机构。例如，美国还有储蓄贷款协会、储蓄银行、信贷协会、共同基金。有些国家还有信用社或邮政储蓄局等。无论哪一种金融中介机构，其职能都是基本相同的，但各国金融中介机构也有不同。有些国家的金融中介机构是混业经营，即各个金融中介机构都可以从事各种金融活动；有些国家的金融中介机构是分业经营，即不同的金融中介机构只能从事指定的业务。现在许多国家的金融中介机构都向混业经营方向发展。

金融中介机构在经济中有一种特殊的作用，即可以创造货币。但这并不是说，金融中介机构可以自己发行货币，而是指其可以通过正常的存贷款业务创造货币。**银行创造货币就是银行可以通过存贷款业务使流通中的货币量增加**。这种机制对经济十分重要。我们以商业银行为例来说明银行创造货币的机制。

银行创造货币作用的关键在于现代银行的**部分准备金制度，即只把一部分存款作为准备金的制度**。这就是说，银行不用把所吸收的存款全部作为准备金留在金库中或存入中央银行，只要按中央银行规定的法定准备金率留够准备金就可以，其他存款则可以作为贷款发放出去。**法定准备金率是中央银行规定的银行所保持的最低准备金与存款的比率**。例如，法定准备金率为10%，就是说银行吸收100万元存款时，要把其中10万元作为准备金。在实行部分准备金制度时，我们以100万元的银行存款为例进行说明。

> 注意部分准备金制度与银行创造货币的关系。

银行如何创造货币呢？我们通过A银行的资产负债表来说明这一点，如表14-1所示。

假设A银行吸收了100万元存款，把其中的10万元作为准备金，其余的90万元作为贷款贷给客户甲。在现代社会中，一般来说，得到贷款的客户甲并不把贷款作为现金提出，而是存入与其有业务关系的B银行，因为其可以通过开支票或转账来用这笔贷款进行各项支付。当B银行得到这笔90万元的存款时，它的资产负债表如表14-2所示。

表14-1 A银行的资产负债表

资 产	负 债
准备金 10万元 贷款 90万元	存款 100万元

表14-2 B银行的资产负债表

资 产	负 债
准备金 9万元 贷款 81万元	存款 90万元

这就是说，B银行得到90万元存款后，把其中的9万元作为准备金，其余的81万元可以作为贷款提供给乙。乙得到贷款后也把这81万元存入与自己有业务关系的C银行。于是C银行的资产负债表如表14-3所示。

表14-3 C银行的资产负债表

资 产	负 债
准备金 8.1万元 贷款 72.9万元	存款 81万元

C银行得到81万元存款，仍把8.1万元作为准备金，其余72.9万元作为贷款贷出……

这个过程会一直继续下去，存款是货币，存款增加就是流通中的货币增加。这个过程中存款的增加就是：

$$\text{存款增加} = 100 + 90 + 81 + 72.9 + \cdots = 1\,000\ \text{（万元）}$$

这个过程结束时，流通中的货币共有1 000万元。100万元的存款通过各银行发放贷款和吸收存款的过程，使流通中的货币增加到1 000万元。这就是银行创造了货币。当最初的存款既定时，银行能创造多少货币呢？

如果以R代表最初存款；D代表存款总额，即创造出的货币；r代表法定准备金率（$0 < r < 1$），则商业银行体系所能创造出的货币量的公式是：

$$D = \frac{R}{r}$$

由这一公式可以看出，商业银行体系所能创造出来的货币量与法定准备金率成反比、与最初存款成正比。这说明法定准备金率的高低决定银行能创造出的货币的多少。在这个例子中，法定准备金率为 10%，所以，银行创造出来的货币就是：

$$D=\frac{100}{10\%}=1\ 000\text{（万元）}$$

银行所创造的货币量与最初存款的比例，称为简单货币乘数。在我们所举的例子中，简单货币乘数为：

货币乘数与乘数有什么相似之处？

$$\text{简单货币乘数}=\frac{1\ 000}{100}=10$$

如果用 D 代表银行所创造出来的货币，R 代表最初存款，m 代表简单货币乘数，则简单货币乘数的公式是：

$$m=\frac{D}{R}$$

我们还可以看出，简单货币乘数实际上就是法定准备金率的倒数。根据 $D=\frac{R}{r}$ 可以写出：

$$m=\frac{D}{R}=\frac{1}{r}$$

在我们的例子中，法定准备金率 r 为 10%，所以简单货币乘数 m 为 10。

简单货币乘数表明一定的最初存款能创造多少货币，这对分析货币供给十分重要。

三、金融工具与金融市场

货币对经济的影响是通过各种经济主体在金融市场上的活动实现的。所以，要知道货币如何影响经济，必须了解金融工具与金融市场。

金融工具是货币借以流动的载体，包括政府发行的长期与短期债券（长期债券是期限为 1 年以上的债券，短期债券是期限为 1 年以下的债券），这些债券又称为政府债券（中央政府与地方政府都有政府债券）；金融债券；企业债券；股票；大额可转让定期存单（银行向存款人发行的大面额存款凭证，可以在金融市场上流通）；商业票据；回购协议；银行承兑汇票；等等。在这些金融工具中，政府发行的短期债券十分重要，是中央银行控制货币供给量的重要工具。

各种金融工具的共同特点是收益与风险的正相关性。这就是说，风险越大的金融工具其收益也越大；风险越小、越安全的金融工具，收益也越小。例如，企业债券的风险大于政府债券的风险，所以，企业债券的利率也高于政府债券的利率。

金融工具是在金融市场上流动的，这种流动是整个经济活动的一部分，而且对整体经济有极其重要的影响。

金融市场又称公开市场，是各种金融工具交易的场所。中央银行主要通过在公开市场上的活动运用货币政策调节经济。

金融市场分为货币市场与资本市场。

货币市场是从事短期信用工具买卖的金融市场，是短期信用工具与货币相交换的市场。在货币市场上交易的短期信用工具主要有：①商业票据，即由公司发行的短期票据；②国库券，即由政府发行的短期债券；③银行承兑汇票，即由私人或公司所签发而以某一承兑银行为付款人的定期汇票；④大额可转让定期存单，即由银行发行的一种债券。参加货币市场活动的主体主要是：①政府，主管国库的机构，通过国库券的出售以获得短期资金；②中央银行，通过货币市场调节货币供给量与利率；③商业银行，通过货币市场进行它所需要的准备金数量的调整；④其他金融机构（人寿保险公司、互助储蓄银行等），通过货币市场从事其资金的筹措与运用。

资本市场是从事长期信用工具买卖的场所。长期信用工具指借贷期限在 1 年以上的信用工具，如政府债券（包括中央政府与地方政府发行的政府债券）、公司债券、股票以及房地产抵押单等。此外，进行股票交易的证券市场、进行外汇交易的外汇市场等也属于金融市场。

第二节 货币市场与利率的决定

短期中，货币市场上货币的供求决定利率，利率影响总需求与实际国内生产总值。所以，要了解货币如何影响经济，就必须了解货币市场上利率是如何决定的。

一、货币需求理论

个人与企业出于不同的动机而需要持有货币，这就形成货币需求。经济学家用各种理论来解释货币需求。凯恩斯主义经济学家认为人们持有货币的动机有交易动机、预防动机和投机动机。我们由此来介绍决定货币需求的因素。

> 比较用货币交易与物物交易的区别。

交易动机指人们持有货币是为了方便地进行日常交易，降低交易费用。人每天都在进行交易，如吃一顿午餐或买一本杂志。如果有货币这种交易媒介，消费者进行这些交易活动就要方便得多。这种出于交易动机的货币需求取决于交易量，交易量越大，出于这种动机的货币需求越大。交易量的大小又取决于人们的收入水平，收入越高，进行的交易量越大，所需的货币也就越多。因此，交易动机的货币需求取决于收入或实际国内生产总值，与之呈同方向变动。

预防动机指人们持有货币是为了应付因意外事件而需要进行的支付，这种动机也可以称为**谨慎动机**。在一个充满不确定性和风险的世界中，出现无法预料的意外事件总是难免的。为应付这种事件，人们需要货币。人们出于预防动机所需要的货币也取决于收入，即收入越多，用于预防动机的货币越多，货币需求就越大。因此，预防动机的货币需求也取决于收入或实际国内生产总值，与之呈同方向变动。

投机动机指人们持有货币是为了使自己的资产得到最合理的组合。货币是资产的一种形式，人们的资产可以有多种形式，如货币、不动产、债券、股票或其他。人们的目的是使自己的资产实现收益最大化。持有各种形式的资产既有风险又有收益，风险越大，收益也越大。例如，持有货币风险很小，但没有什么收益；持有股票风险很大，但收益也大。人们都是厌恶风险的，希望在考虑风险的情况下实现预期收益最大化。这样人们就不应以一种形式来持有自己的资产，而应该持有不同风险与收益的资产。这就是一般所说的资产组合或资产选择，其基本原则是不要把所有的鸡蛋放在一个篮子里。从这一理论出发，人们持有货币的目的是减少风险，同时使自己的资产具有流动性。货币是最具流动性的资产形式，随时可以转换为其他资产形式。投机动机就是指持有货币可以随时灵活地转变为其他有利的资产形式。人们在持有货币时亦有成本，即为持有货币而放弃的利息或其他资产的收益。因此利率的高低对投机动机的货币需求影响很大。如果利率低，人们就愿意持有货币，以在适当的时候用这种货币去购买其他资产，如到金融市场上去购买股票或债券，从而货币需求高；如果利率高，持有货币成本高，人们就会减少这种动机的货币需求。因此，这种动机的货币需求与利率相关，即与利率呈反方向变动。

在现实中，人们的货币需求很难分清是出于哪一种动机。因此，我们把上述三种动机综合在一起，分析决定货币需求的因素。综合起来，决定货币需求的因素是物价水平、实际国内生产总值（收入）与利率。物价水平要影响实际货币量，当物价上升一倍时，实际货币量减少一半，人们进行同样的支付所需要的名义货币量也增加一倍。因此，名义货币需求量与物价水平是同比例变动的。当我们分析货币需求时，如果考虑的是名义货币需求，就要把物价水平作为重要的因素之一；如果考虑的是实际货币需求，则可以排除物价水平这一因素。

> 注意名义货币量与实际货币量的区分。

实际国内生产总值决定了一个经济体中的交易量，这是决定货币需求的重要因素。这就是说，实际国内生产总值越大，所需要的货币越多，货币需求就越大。因此，货币需求与实际国内生产总值总是同方向变动的。

利率对货币需求亦有重要影响，因为放弃的利息是持有货币的机会成本。这就是说，当人们以货币的形式持有资产时，就放弃了把它存入银行可以获得的利息。利率越高，持有货币的机会成本越高，从而货币需求越小；利率越低，持有货币的机会成本越低，从而货币需求越大。因此，利率与货币需求是呈反方向变动的。

> 注意利率变动引起的货币需求变动与国内生产总值变动引起的货币需求变动之间有什么不同。

我们可用表 14−4 说明实际货币需求量与利率的关系。

表 14−4　实际货币需求量与利率的关系

实际货币需求	利　率	实际货币需求量 / 万亿元
a	7%	2.4
b	5%	3
c	3%	4

如果用图形表示实际货币需求量与利率的关系，则有图 14−1。

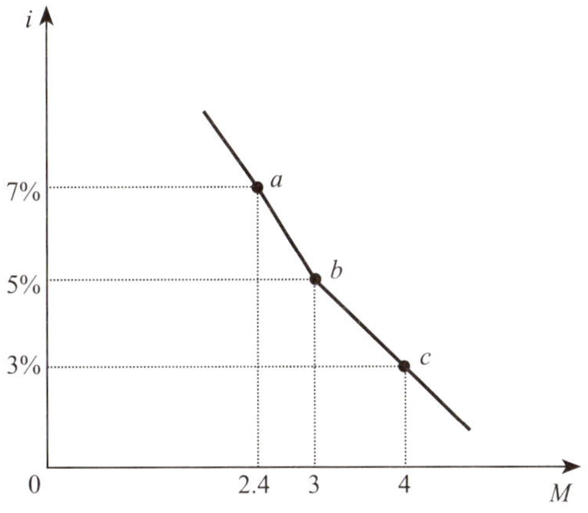

图 14−1　货币需求曲线

在图 14−1 中，横轴代表实际货币需求量 M，纵轴代表利率 i，连接 a、b、c 三点的线为实际货币需求曲线。该曲线向右下方倾斜，表示利率 i 与实际货币需求量 M 呈反方向变动，a、b、c 三点为表 14−4 中的 a、b、c 各点。

我们可用表 14−5 说明实际国内生产总值与实际货币需求量之间的关系。

表 14−5　实际国内生产总值与实际货币需求量的关系

实际货币需求	实际国内生产总值 / 万亿元	实际货币需求量 / 万亿元
a	6	2
b	7	3
c	8	4

如果用图形表示实际货币需求量 M 与实际国内生产总值 G 之间的关系，则有图 14−2。

在图 14−2 中，a 表示实际国内生产总值为 6 万亿元时的实际货币需求曲线（实际货币需求量为 2 万亿元），b 表示实际国内生产总值为 7 万亿元时的实际货币需求曲线（实际货币需求量为 3 万亿元），c 表示实际国内生产总值为 8 万亿元时的实际货币需求曲线（实际货币需求量为 4 万亿元）。要注意的是，随着实际国内生产总值增加，实际货币需求量增加，在图中表示为实际货币需求曲线向右方移动。

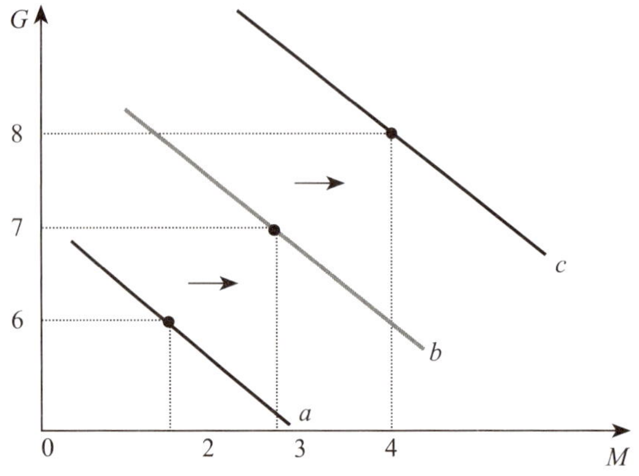

图 14-2 货币需求曲线的移动

二、货币供给理论

货币供给是指流通中的货币量。我们已经说明，中央银行可以控制货币供给，但商业银行可以通过存贷款机制创造货币。因此，中央银行和商业银行都对货币供给有决定作用。

中央银行控制货币供给量的工具主要是公开市场活动、贴现以及准备金率。这些工具也称为货币政策工具。

公开市场活动就是中央银行在金融市场上买进或卖出有价证券，其中主要是政府发行的各类债券。买进或卖出有价证券是为了调节货币供给量。买进有价证券实际上就是发行货币，从而增加货币供给量；卖出有价证券实际上就是回笼货币，从而减少货币供给量。公开市场活动是一种灵活而有效地调节货币量，进而影响利率的工具，因此，它是最重要的货币政策工具。

贴现是商业银行向中央银行贷款的方式。当商业银行资金不足时，其可以用客户借款时提供的票据到中央银行要求再贴现，或者以政府债券或中央银行同意接受的其他“合格的证券”作为担保来贷款。再贴现与抵押贷款都属于贴现，目前以后一种方式为主。贴现的期限一般较短，为 1 天～2 周。商业银行向中央银行进行这种贴现时所付的利率就称为贴现率。贴现政策包括变动贴现率与贴现条件，其中最主要的是变动贴现率。中央银行降低贴现率或放松贴现条件，使商业银行得到更多的资金，这样就可以增加商业银行对客户的放款，放款的增加又可以通过银行创造货币的机制增加流通中的货币供给量，降低利率。相反，中央银行提高贴现率或收紧贴现条件，使商业银行资金短缺，这样商业银行就不得不减少对客户的放款或收回贷款，贷款的减少也可以通过银行创造货币的机制减少流通中的货币供给量，提高利率。此外，贴现率作为官方利率，它的变动也会影响一般利率水平，使一般利率与之呈同方向变动。

准备金率是商业银行吸收的存款中用作准备金的比率。准备金包括库存现金和在中央银行的存款。中央银行变动准备金率则可以通过对准备金的影响来调节货币供给量。假定商业银行的准备金率正好达到了法定要求，这时，中央银行降低准备金率就会使商业银行产生超额准备金，这部分超额准备金可以作为贷款放出，从而又通过银行创造货币的机制增加货币供给量，降低利率。相反，中央银行提高准备金率就会使商业银行原有的准备金率低于法定要求，于是商业银行不得不收回贷款，从而又通过银行创造货币的机制减少货币供给量，提高利率。

注意中央银行通过货币政策工具改变的货币量与流通中货币量变动的差别。

除了以上三种主要的工具，中央银行控制货币供给量还有几种次要的工具：第一，道义上的劝告，即中央银行对商业银行的贷款、投资业务进行指导，要求商业银行采取与中央银行保持一致的做法。这种劝告没有法律上的约束力，但也能起作用。第二，垫头规定，即规定购买有价证券必须付出的现金比例。第三，利率上限，即规定商业银行和其他储蓄机构对定期存款和储蓄存款的利率上限。第四，控制分期付款与抵押贷款条件。

在现实中，各国中央银行控制货币供给量的工具并不完全相同，但各国都把公开市场活动，即在金融市场上买卖债券，作为控制货币供给量的主要工具。以美国为例，决定货币供给量的是美联储下设的联邦公开市场委员会。该委员会一般每 6 周开一次会，根据所要实现的利率（联邦基金利率，即各商业银行之间互相拆借的利率）决定增加或减少的货币量。作出这一决定后，由纽约联邦储备银行在纽约的证券市场上进行操作。

但是，中央银行通过公开市场活动所能控制的仅仅是基础货币，由于商业银行有创造货币的机制，因此，基础货币的变动量并不等于流通中货币的变动量。我们所说的货币供给量是指流通中的货币量。

我们用一个例子说明中央银行和商业银行如何共同决定流通中的货币量，即实际货币供给量。

假设某国中央银行在金融市场上买进 100 万元政府债券。把这 100 万元债券卖给中央银行的甲得到了中央银行支付的 100 万元。这 100 万元就是基础货币的增加。但货币供给量增加的过程，这时刚刚开始。

甲把 100 万元存入与自己有业务关系的 A 银行。A 银行得到了 100 万元存款。现在 A 银行可以根据 10% 的法定准备金率把 10 万元作为准备金留下，其余 90 万元贷出去。得到贷款的乙把这 90 万元存入与自己有业务关系的 B 银行……这就是我们以前讲的银行创造货币的过程，当这一过程结束时，流通中的货币为 1 000 万元。

如果以 M 代表货币供给量，即流通中的货币量，H 代表基础货币，这两者之间的比例就是货币乘数。用 *mm* 代表货币乘数，则有：

$$mm = \frac{M}{H}$$

注意简单货币乘数与货币乘数的不同。

在上例中，流通中的货币量是 1 000 万元，基础货币是 100 万元，则货币乘数是 10。

在现实中，得到贷款的人会把一部分贷款作为现金留下来，这部分被留下的现金不再参与以后的货币创造过程，称为现金漏出。这时银行所创造的货币量就要小于没有现金漏出时的数量。现金漏出的大小用所持现金—存款率（*cu*）来表示。例如，一个人得到 100 万元贷款，10 万元作为现金留下，90 万元作为存款存入银行。这时现金—存款率就是 0.111。因此，货币乘数的大小不仅取决于法定准备金率（*r*），而且取决于现金—存款率。这时，货币乘数的公式是：

$$mm = \frac{M}{H} = \frac{cu + 1}{cu + r}$$

货币乘数特别重要。例如，如果一个经济体的货币乘数是 5，那么，如果中央银行想使货币供给量增加 500 万元，其就不用在公开市场上购买 500 万元的政府债券，即不用增加 500 万元基础货币，而只要购买 100 万元政府债券，即增加 100 万元基础货币就可以实现。

三、利率的决定

利率是货币的价格，如同一切物品和劳务的价格一样是由货币市场上的供求关系决定的。我们在了解货币需求与货币供给的基础上就可以说明利率的决定。

比较货币市场与物品市场的区别。

图 14-3 可以说明利率的决定。

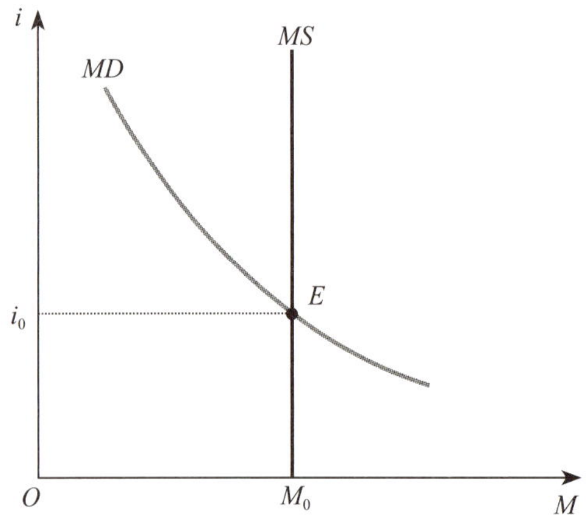

图 14-3　利率的决定

在图 14-3 中，横轴代表实际货币量 M，纵轴代表利率 i，MD 为货币需求曲线，MS 为货币供给曲线。MD 向右下方倾斜，表明货币需求与利率呈反方向变动。MS 是一条垂线，表示在某一时间时，货币供给量是固定的，由中央银行的货币政策和货币乘数决定。当 *MD* 与 *MS* 相交于 *E* 点时，决定了利率为 i_0。

我们可以用表 14-6 说明货币市场均衡的实现过程。

表 14-6 利率决定表

利率	实际货币需求量 / 万亿元	实际货币供给量 / 万亿元
7%	2	3
5%	3	3
3%	4	3

当利率为 7% 时，人们想持有的货币量仅为 2 万亿元，但现在的货币供给量是 3 万亿元，这 3 万亿元是居民与企业实际持有货币量。由于人们实际持有的货币量大于他们想要持有的货币量，因此人们必然要把一部分货币抛出去，换成其他形式的资产，比如要用货币去购买债券与股票这类金融资产。金融资产价格与利率呈反方向变动，即金融资产价格上升，利率下降；反之，亦反之。于是，金融资产价格上升引起利率下降。只有利率下降到 5%，人们想持有的货币量（货币需求）与实际持有的货币量（货币供给）相等时，金融资产价格才不上升，利率才不下降，这时，货币市场均衡利率是使货币供求相等的均衡利率。

当利率为 3% 时，人们想持有的货币量为 4 万亿元，但实际持有的只有 3 万亿元。于是人们想把自己持有的金融资产卖出变为货币。金融资产的供给增加，金融资产的价格下降，从而利率上升。直至利率上升为 5% 时，货币市场又恢复均衡。

因此，货币市场供求均衡，即人们想持有的货币量与实际持有的货币量相等时，决定了均衡利率。

利率由货币市场的供求决定，因此，货币供求的变动会影响利率。我们先看货币需求的变动与利率的变动，如图 14-4 所示。

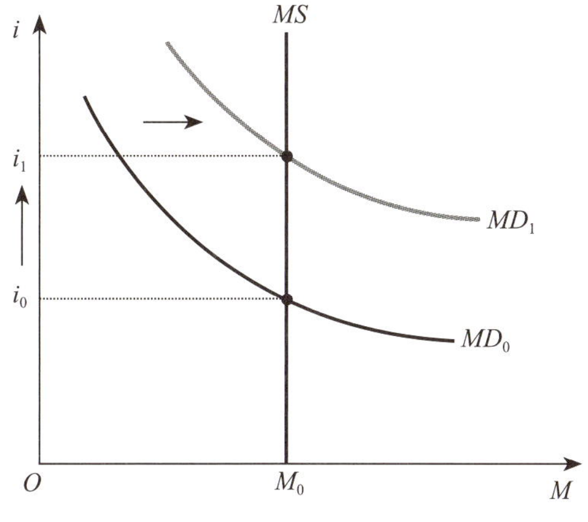

图 14-4 货币需求的变动与利率的变动

在图 14-4 中，由于实际国内生产总值增加，货币需求量增加，货币需求曲线从 MD_0 向右移动至 MD_1，货币供给并没有变动。MD_1 与 MS 相交，决定了利率由 i_0 上升为 i_1。货币需求增加使利率上升。同理可以推出，货币需求减少（货币需求曲线向左移动）使利率下降。

我们再看货币供给的变动与利率的变动，如图 14-5 所示。

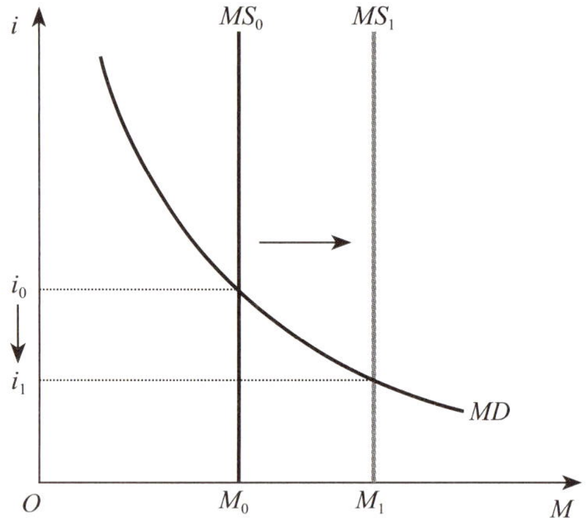

图 14-5　货币供给的变动与利率的变动

在图 14-5 中，货币需求未变，但货币供给增加了，即货币供给曲线从 MS_0 向右移动到 MS_1。MS_1 与原来的货币需求曲线相交，决定了利率从 i_0 下降为 i_1。货币供给增加使利率下降。同理可以推出，货币供给减少（货币供给曲线向左移动）使利率上升。

参考资料

货币主义论货币需求

我们所介绍的是凯恩斯主义对货币需求的解释，可称为凯恩斯主义货币需求理论。但货币主义的货币需求理论则与凯恩斯主义有相当大的分歧。

货币主义的领袖弗里德曼在《货币数量论：一种重新表述》中重点分析了货币需求。他提出的货币需求公式是：

$$\frac{M}{P}=f\left(Y,\ W,\ r_m,\ r_b,\ r_e,\ \frac{1}{P}\cdot\frac{\mathrm{d}P}{\mathrm{d}t},\ u\right)$$

式中，M 为名义货币量，P 为物价水平，$\frac{M}{P}$ 为实际货币需求量，它取决于实际收入（Y）、非人力财富收入（由财产获得的收入）或非人力财富收入与持久收入的比率（W）、预期的货币名义报酬率（r_m）、预期的债券名义报酬率（r_b）、预期的股票名义报酬率（r_e）、预期的物价变动率 $\left(\frac{1}{P}\cdot\frac{\mathrm{d}P}{\mathrm{d}t}\right)$、其他非收入变量（$u$）。

弗里德曼把货币作为财产的一种形式，所以决定货币需求的应该是财产，但总财产是难以衡量的，因此就用持久收入来代替财产。正因为如此，弗里德曼认为，决定货币需求的最重要因素是持久收入。他认为，利率并不是决定货币需求的因素。在他与施瓦茨合著的《美国货币史》一书中，他用 100 年以来美国的资料证明，货币需求由收入（实际国内生产总值）决定，而与利率没什么关系。而且，他还说明，持久收入是稳定的，所以，货币需求也是稳定的。这种结论不同于凯恩斯主义。

由这种不同的理论出发，货币主义反对凯恩斯主义的政策主张。关于这一点在以后的论述中会进一步证明。

第三节 *IS–LM* 模型

简单的凯恩斯主义模型只研究了在利率与投资不变的情况下，总需求如何决定均衡的国内生产总值。但实际上，利率和投资都是变动的，而且，对总需求和国内生产总值的影响较大。在 *IS–LM* 模型中，我们分析在利率与投资变动的情况下，总需求如何决定国内生产总值，以及利率与国内生产总值之间的关系。

IS–LM 模型是说明物品市场与货币市场同时达到均衡时国内生产总值与利率决定的模型。在这里，I 是指投资，S 是指储蓄，L 是指货币需求，M 是指货币供给。这一模型在理论上是对总需求分析的全面高度概括，在政策上可以用来解释财政政策与货币政策，因此被认为是凯恩斯主义宏观经济学的核心。

一、*IS* 曲线

IS 曲线是描述物品市场达到均衡，即 $I = S$ 时，国内生产总值与利率之间存在反方向变动关系的曲线。*IS* 曲线如图 14–6 所示。

在图 14–6 中，横轴代表国内生产总值 Y，纵轴代表利率 i。*IS* 曲线上的任何一点都表示 $I = S$，即物品市场上实现了均衡。*IS* 曲线向右下方倾斜，表明在物品市场上实现均衡时，利率与国内生产总值呈反方向变动，即利率高则国内生产总值低，利率低则国内生产总值高。

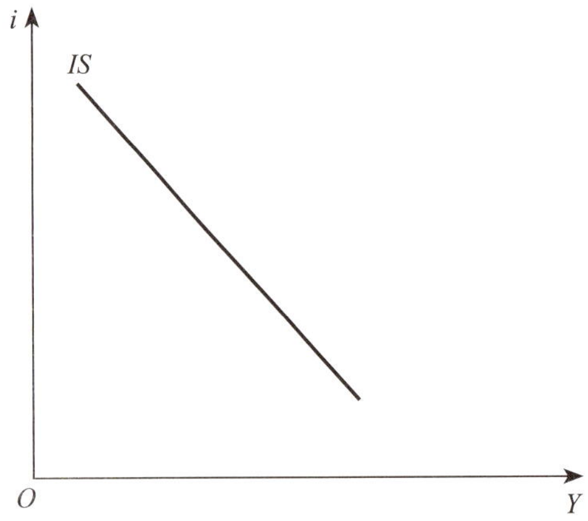

图 14-6　*IS* 曲线

在物品市场上利率与国内生产总值呈反方向变动是因为利率与投资呈反方向变动。我们知道，投资的目的是实现利润最大化。投资者一般要用贷款来投资，而贷款必须付出利息，所以利润最大化实际是偿还利息后纯利润的最大化。这样，投资就要取决于利润率与利率。如果利润率既定，则投资就取决于利率。利率越低，纯利润就越大，从而投资就越多；反之，利率越高，纯利润就越小，从而投资就越少。因此，利率与投资呈反方向变动。投资是总需求的一个重要组成部分，投资增加，总需求增加；投资减少，总需求减少。而总需求又与国内生产总值呈同方向变动，因此，利率与国内生产总值呈反方向变动。

我们也可以用总支出公式来说明这一点。在这里，投资不是不变的，可分为两部分：一部分是不随利率变动的自发投资，如由于技术进步而引起的投资；另一部分则取决于利率，与利率呈反方向变动。所以，我们得出下式：

$$I=\overline{I}-b\cdot i$$

式中，$\overline{I}$是自发投资，i是利率，b是一个固定的系数。

这样，我们就可以把总支出公式写为：

$$\begin{aligned}AE&=C+I\\&=\overline{C}+c\cdot Y+\overline{I}-b\cdot i\\&=(\overline{C}+\overline{I})+c\cdot Y-b\cdot i\end{aligned}$$

式中，($\overline{C}+\overline{I}$) 为自发总支出，假定 $c\cdot Y$ 不变，则总支出 AE 与利率 i 呈反方向变动，总支出与均衡的国内生产总值呈同方向变动，所以利率与国内生产总值呈反方向变动。

此外，自发总支出的变动，如自发消费、自发投资的变动会使 *IS* 曲线的位置平行移动，如图 14-7 所示。

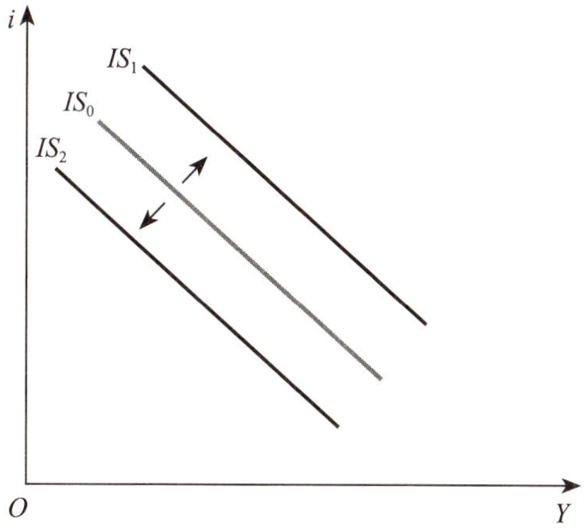

图 14-7　*IS* 曲线的移动

这种变动可以用来分析财政政策。

在图 14-7 中，当自发总支出增加时，*IS* 曲线向右上方平行移动，即从 IS_0 移动到 IS_1；当自发总支出减少时，*IS* 曲线向左下方平行移动，即从 IS_0 移动到 IS_2。

二、*LM* 曲线

***LM* 曲线是描述货币市场达到均衡，即 $L = M$ 时，国内生产总值与利率之间存在同方向变动关系的曲线。** *LM* 曲线如图 14-8 所示。

在图 14-8 中，*LM* 曲线上任何一点都满足 $L=M$，即货币市场上实现了均衡。*LM* 曲线向右上方倾斜，表明在货币市场上实现了均衡时，利率与国内生产总值呈同方向变动，即利率高则国内生产总值高，利率低则国内生产总值低。

在货币市场上，利率与国内生产总值呈同方向变动可以用凯恩斯主义的货币理论来解释。根据这一理论，货币需求（*L*）由 L_1 与 L_2 组成。L_1 代表货币的交易需求与预防需求，取决于国内生产总值，与国内生产总值呈同方向变动，记为 $L_1 = L_1(Y)$；L_2 代表货币的投机需求，取决于利率，与利率呈反方向变动，记为 $L_2 = L_2(i)$。货币的供给（*M*）是指实际货币供给量，由中央银行的名义货币供给量与价格水平决定。货币市场均衡的条件是：

$$M = L = L_1(Y) + L_2(i)$$

从上式中可以看出，当货币供给既定时，如果货币的交易需求与预防需求（L_1）增加，为了保持货币市场均衡，则货币的投机需求（L_2）必然减少。L_1 的增加是国内生产总值增加的结果，而 L_2 的减少又是利率上升的结果。因此，在货币市场上实现了均衡时，国内生产总值与利率之间必然呈同方向变动的关系。

货币供给量的变动会使 *LM* 曲线平行移动。我们可用图 14-9 来说明这一点。

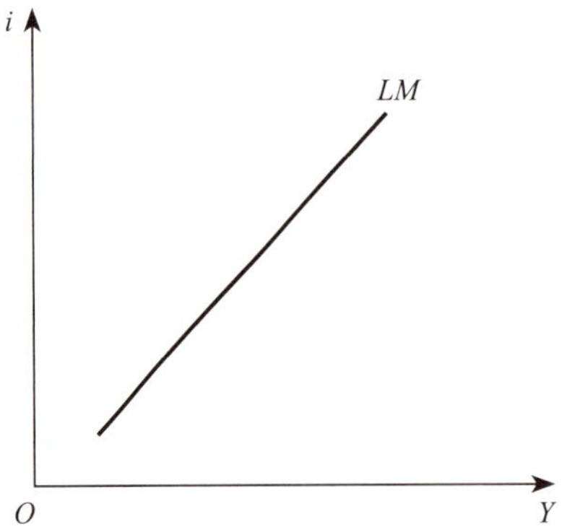

图 14-8 *LM* 曲线

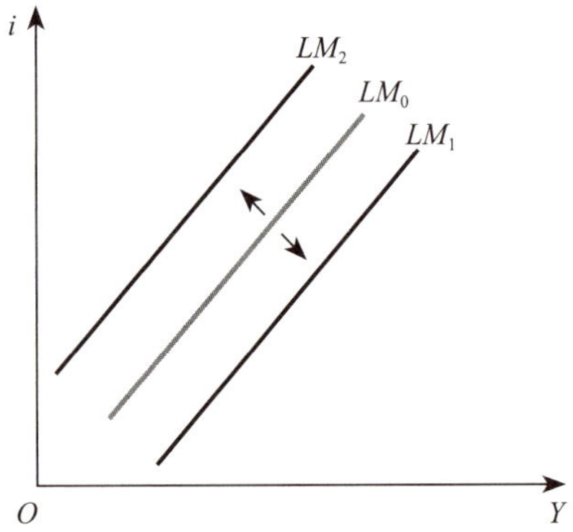

图 14-9 *LM* 曲线的移动

在图 14-9 中，当货币供给量增加时，*LM* 曲线向右下方平行移动，即从 LM_0 移动到 LM_1；当货币供给量减少时，*LM* 曲线向左上方平行移动，即从 LM_0 移动到 LM_2。

> 这种变动可以用来分析货币政策。

三、*IS-LM* 模型

***IS-LM* 模型是说明物品市场与货币市场同时均衡时利率与国内生产总值决定的模型。**

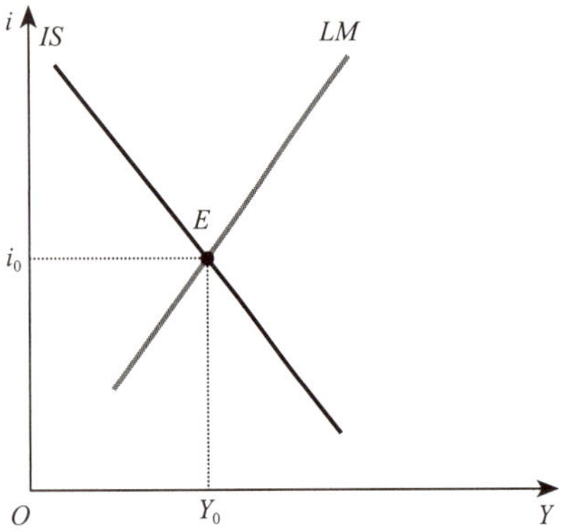

图 14-10 *IS-LM* 模型

把 *IS* 曲线与 *LM* 曲线放在同一个图上，就可以得出说明两个市场同时均衡时国内生产总值与利率决定的 *IS-LM* 模型，如图 14-10 所示。

在图 14-10 中，*IS* 曲线上任意一点都表示物品市场的均衡，即 $I = S$；*LM* 曲线上任意一点都表示货币市场的均衡，即 $L = M$。*IS* 曲线与 *LM* 曲线相交于 *E*，在 *E* 点两种市场同时实现均衡，这时决定了均衡的利率水平为 i_0，均衡的国内生产总值为 Y_0。而且，也只有在利率为 i_0、国内生产总值为 Y_0 时，两种市场才能同时达到均衡。

自发总支出变动会引起 *IS* 曲线移动，从而会使国内生产总值与利率变动。这就是说，在 *LM* 曲线不变的情况下，自发总支出增加，*IS* 曲线向右上方平行移动，从而国内生产总值增加，利率上升；反之，自发总支出减少，*IS* 曲线向左下方平行移动，从而国内生产总值减少，利率下降。我们可用图 14-11 来说明这一点。

在图 14-11 中，IS_0 与 *LM* 相交于 E_0，决定了利率为 i_0，国内生产总值为 Y_0。当自发总支出增加时，*IS* 曲线从 IS_0 移动到 IS_1，这就引起国内生产总值从 Y_0 增加到 Y_1，利率从 i_0 上升为 i_1；反之，当自发总支出减少时，*IS* 曲线从 IS_0 移动到 IS_2，这就引起国内生产总值从

Y_0 减少到 Y_2，利率从 i_0 下降为 i_2。

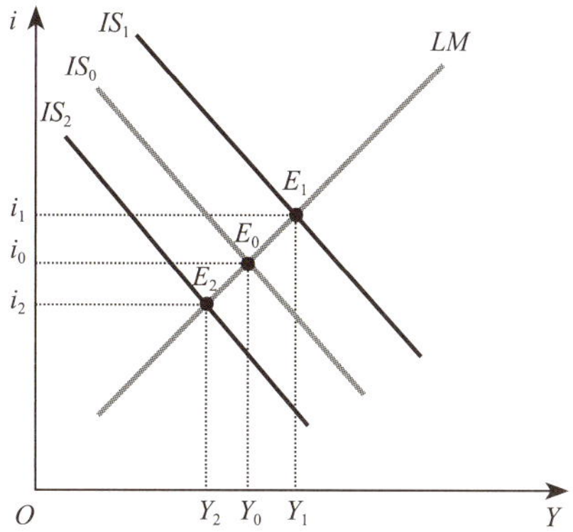

图 14-11　*IS* 曲线变动与 *IS-LM* 模型

在三部门经济中，政府支出由政府的政策决定，在经济分析中也作为一种自发性支出，也是自发总支出的一个组成部分。所以，如果把财政支出的变动视为一种自发总支出的变动，这里分析的就是财政政策对国内生产总值和利率的影响。

货币量的变动会引起 *LM* 曲线移动，从而会使国内生产总值与利率变动。这就是说，在 *IS* 曲线不变的情况下，货币量增加，*LM* 曲线向右下方平行移动，从而国内生产总值增加，利率下降；反之，货币量减少，*LM* 曲线向左上方平行移动，从而国内生产总值减少，利率上升。我们可用图 14-12 来说明这一点。

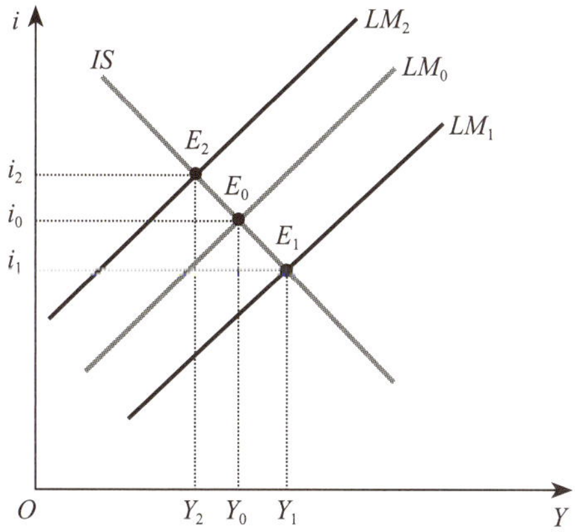

图 14-12　*LM* 曲线变动与 *IS-LM* 模型

在图 14-12 中，LM_0 与 *IS* 相交于 E_0，决定了利率为 i_0，国内生产总值为 Y_0。当货币量增加时，*LM* 曲线从 LM_0 移动到 LM_1，这就引起国内生产总值从 Y_0 增加到 Y_1，利率从 i_0 下降为 i_1；反之，当货币量减少时，*LM* 曲线从 LM_0 移动到 LM_2，这就引起国内生产总值从 Y_0 减少到 Y_2，利率从 i_0 上升为 i_2。

如果货币量的变动是由中央银行的货币政策的变动引起的，这里分析的就是货币政策对国内生产总值和利率的影响。

当然，我们也可以同时分析自发总支出的变动与货币量的变动对国内生产总值与利率的影响，从而说明财政政策与货币政策的共同作用与配合。这里我们就不详细说明这一问题了。

总之，*IS–LM* 模型分析了储蓄、投资、货币需求与货币供给如何影响国内生产总值和利率。这一模型不仅精练地概括了总需求分析，而且可以用来分析财政政策和货币政策。因此，这一模型被认为是凯恩斯主义宏观经济学的核心。

关键概念

中央银行	金融中介机构	商业银行	部分准备金制度
银行创造货币	简单货币乘数	法定准备金率	金融工具
金融市场	交易动机	预防动机	投机动机
公开市场活动	贴现率	货币需求	货币供给
货币乘数	*IS* 曲线	*LM* 曲线	*IS–LM* 模型

内容提要

- 中央银行是用以监督银行体系并控制经济中货币量的机构。它的职能包括对银行体系进行监督和提供服务，以及通过货币政策来调节经济。
- 金融中介机构是把居民户和企业与金融市场联系起来的纽带。其通过为客户提供金融结算服务和吸收存款发放贷款而盈利。最有代表性的金融中介机构是商业银行。
- 商业银行可以通过吸收存款与发放贷款的业务活动创造货币。
- 金融工具是货币借以流动的载体，包括债券、股票和其他有价证券。金融市场是金融工具进行交易的市场，主要有证券市场等。
- 人们出于交易动机、预防动机和投资动机而需要货币。货币需求取决于实际国内生产总值（收入）和利率。货币需求与实际国内生产总值呈同方向变动，与利率呈反方向变动。
- 货币供给由中央银行和商业银行决定。中央银行通过公开市场活动、变动贴现率和准备金率改变基础货币，商业银行通过创造货币的机制决定流通中的货币量。中央银行改变基础货币引起的流通中货币量变动的大小取决于货币乘数。
- 利率由货币市场上的供求决定。货币需求增加，利率上升；货币需求减少，利率下降；货币供给增加，利率下降；货币供给减少，利率上升。

- *IS*–*LM* 模型是简单凯恩斯主义模型的发展，它考虑了货币与利率对总支出和国内生产总值的影响。它也是凯恩斯主义以总需求分析为中心的宏观经济学的核心。
- *IS* 曲线表示物品市场达到均衡时利率与国内生产总值之间呈反方向变动的关系。
- *LM* 曲线表示货币市场达到均衡时利率与国内生产总值之间呈同方向变动的关系。
- *IS*–*LM* 模型说明物品市场与货币市场同时达到均衡时利率与国内生产总值的决定。
- 我们可以用 *IS*–*LM* 模型分析自发总支出的变动或货币供给量的变动对利率和实际国内生产总值的影响。

思考题

1. 在我国的银行中，下列哪个银行是中央银行，并解释理由。

（1）中国银行。

（2）中国人民银行。

（3）中国工商银行。

2. 中央银行的职能是什么？为什么中央银行不能从事商业银行的业务活动？

3. 中国农业银行是不是金融中介机构？为什么？中国建设银行是国有银行，中国民生银行是股份制银行，它们有什么共同之处？银行的产权对银行属于商业银行的性质有影响吗？为什么？

4. 假设小王在一家银行存入 1 万元，法定准备金率为 0.2。这 1 万元通过银行体系可以创造出多少货币？用商业银行的资产负债表说明商业银行创造货币的过程及简单的货币乘数是多少。这个银行创造货币的过程在什么情况下会中断？

5. 作为金融工具，政府债券和企业债券有什么差别？

6. 人们需要货币的动机是什么？

7. 用图形说明货币需求与利率和实际国内生产总值之间的关系。

8. 中央银行控制货币供给量的主要工具是什么？

9. 中央银行在金融市场购买 1 000 万元政府债券是否意味着流通中的货币量必定也增加 1 000 万元？为什么？

10. 如果中央银行想使流通中的货币量增加 1 000 万元，是否需要在金融市场上购买 1 000 万元的政府债券？为什么？如果现金—存款率是 0.3，法定准备金率是 0.1，中央银行需要在金融市场上购买多少政府债券？

11. 根据表 14–7 用图形说明均衡利率的变化。

表 14-7　利率与货币的关系

利率	货币需求量 / 万亿元	货币供给量 / 万亿元
2%	40	30
3%	30	30
4%	20	30
5%	10	30

（1）如果上表的货币需求量对应的实际国内生产总值是 5 万亿元，现在实际国内生产总值减少为 4 万亿元，货币供给量未变，利率是多少？用图形加以说明。

（2）如果货币供给量减少为 20 万亿元，货币需求量未变，利率是多少？用图形加以说明。

12. 为什么在物品市场上 *IS* 曲线向右下方倾斜，利率与实际国内生产总值呈反方向变动？

13. 为什么在货币市场上 *LM* 曲线向右上方倾斜，利率与实际国内生产总值呈同方向变动？

14. 如果外资进入，投资增加，*IS* 曲线会如何变动？用 *IS–LM* 模型说明这对利率和实际国内生产总值的影响。

15. 如果中央银行采取紧缩性货币政策，货币供给减少，这对 *LM* 曲线有什么影响？用 *IS–LM* 模型说明这对利率和实际国内生产总值的影响。

第十五章 CHAPTER 15

失业、通货膨胀与经济周期

宏观经济学研究失业、通货膨胀、经济周期与经济增长。我们在分析长期宏观经济时分析了经济增长问题，在分析短期宏观经济时重点分析失业、通货膨胀与经济周期问题。这一章主要运用总需求一总供给模型来解释失业、通货膨胀和经济周期。

重点掌握

◎ 周期性失业及其原因
◎ 通货膨胀对经济的影响
◎ 需求拉上的通货膨胀理论
◎ 供给推动的通货膨胀理论
◎ 菲利普斯曲线的含义

一般掌握

◎ 失业的影响与奥肯定理
◎ 不同流派对菲利普斯曲线的解释
◎ 引起通货膨胀的其他原因

一般了解

◎ 经济周期的含义
◎ 各种经济周期理论

第一节　失业

注意这一部分是总需求—总供给模型的应用。

长期中存在的失业称为自然失业，短期中存在的失业是周期性失业。这一节所分析的是短期中的周期性失业。

一、周期性失业

周期性失业又称为总需求不足的失业，是由于总需求不足而引起的短期失业。这种失业与经济中周期性波动是一致的。当经济繁荣时，总需求充分，这时失业水平低，甚至不存在；当经济衰退时，总需求不足，这时失业水平高，因为它与总需求有这种关系，所以，被称为周期性失业。

凯恩斯强调短期中的总需求分析，并用总需求不足来解释这种失业的存在。凯恩斯认为，就业水平取决于国内生产总值，国内生产总值短期中取决于总需求。当总需求不足，国内生产总值达不到充分就业水平，这时失业就必然产生。凯恩斯用紧缩性缺口的概念来解释这种失业的原因。这可以用图 15-1 来说明。

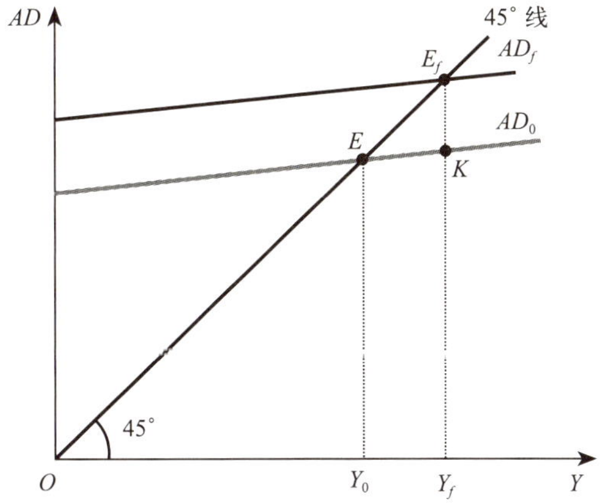

图 15-1　紧缩性缺口与失业

注意用不同模型解释失业只是方法上的不同，结论是一样的。

图 15-1 是简单的凯恩斯主义模型，说明总需求如何决定国内生产总值。这个图形可以解释周期性失业的原因。

在图 15-1 中，当总需求为 AD_f 时，决定的国内生产总值为 Y_f，这时实现了充分就业。所以，AD_f 是充分就业的总需求，Y_f 是充分就业的国内生产总值。但实际的总需求为 AD_0，AD_0 小于 AD_f，是小于充分就业的总需求。AD_0 所决定的国内生产总值为 Y_0，Y_0 小于 Y_f，是小于充分就业的国内生产总值。这就引起了周期性失业。**紧缩性缺口指当实际总需求（AD_0）小于充分就业总需求（AD_f）时，实际总需求与充分就业总需求之间的差额，**即图 15-1 中

的 $E_f K$ 这一段距离。

凯恩斯分析了紧缩性缺口产生的原因。凯恩斯把总需求分为消费需求与投资需求。他认为，决定消费需求的因素是国内生产总值水平与边际消费倾向，决定投资需求的是预期的未来利润率（资本边际效率）与利率水平。他认为，在国内生产总值既定的情况下，消费需求取决于边际消费倾向。他以边际消费倾向递减规律说明了消费需求不足的原因。这就是说，在增加的收入中，消费也在增加，但消费的增加低于收入的增加，这样就造成了消费不足。投资是为了获得最大纯利润，而这一利润取决于投资预期的利润率（资本边际效率）与为了投资而贷款时所支付的利率。预期的利润率比利率大的越多，则纯利润越大，投资越多；反之，预期的利润率比利率小的越多，则纯利润越小，投资越少。凯恩斯用资本边际效率递减规律说明了预期的利润率是下降的，又说明了由于货币需求（心理上的流动偏好）的存在，利率的下降有一定的限度，这样预期利润率与利率越来越接近，投资需求也是不足的。消费需求的不足与投资需求的不足造成了总需求的不足，从而引起了非自愿失业，即周期性失业的存在。

我们也可以用总需求—总供给模型来解释周期性失业存在的原因。如前所述，总需求—总供给模型分析告诉我们，当实现了宏观经济均衡时，存在三种状态：充分就业均衡、小于充分就业均衡以及大于充分就业均衡。引起周期性失业的正是小于充分就业均衡。这一点可用图 15-2 来说明。

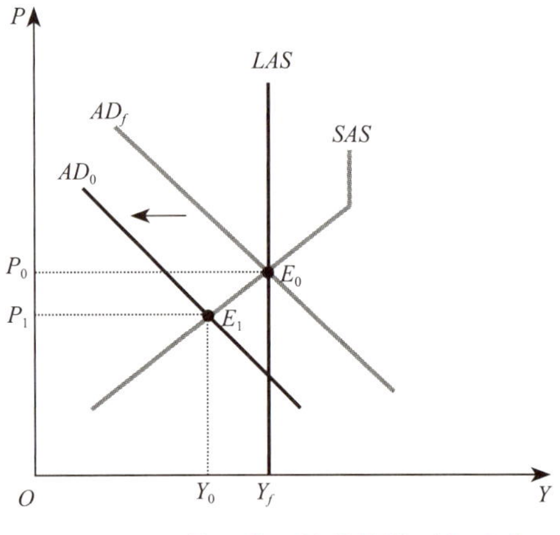

图 15-2 总需求—总供给模型与失业

在图 15-2 中，当总需求为充分就业总需求（AD_f）时，AD_f 与短期总供给曲线（SAS）相交于 E_0，国内生产总值为 Y_f。这时 AD_f 正好与长期总供给曲线（LAS）也相交，Y_f 为充分就业的国内生产总值，不存在失业。如果实际总需求为 AD_0，AD_0 与 SAS 相交于 E_1，决定的国内生产总值为 Y_0，这时长期总供给曲线 LAS 在交点 E_1 的右边，表示这时为小于充分就业均衡，从而产生失业。

图 15-2 与图 15-1 同样说明了总需求不足如何引起失业。但图 15-1 由于没有考虑总

供给，不能说明物价水平的决定；图 15-2 既说明了国内生产总值的决定，又说明了物价水平的决定。从图 15-2 中可以看出，当经济中有失业时，物价水平（P_1）低于充分就业的物价水平（P_0）。因此，失业与通货紧缩往往是并存的。

二、失业的影响：奥肯定理

失业最主要的损失是对增长率的影响。失业会引起增长率多大的损失？20 世纪 60 年代美国经济学家奥肯根据美国的实际资料估算出**失业率与实际国内生产总值增长率之间的经济关系**。这就是经济学说中的**奥肯定理**。

> 注意奥肯定理中所说的失业指周期性失业。

奥肯定理适用于周期性失业，我们假设充分就业的国内生产总值每年增长 3% 就维持了充分就业，这时奥肯定理的公式可以写为：

$$失业率变动 = -\frac{1}{2} \times（实际国内生产总值的增长率 - 3\%）$$

当实际国内生产总值的增长率为 3% 时，失业率不变，这时的失业率是自然失业率。当实际国内生产总值的增长率高于 3% 时，自然失业率会下降，即实现超充分就业。假设实际国内生产总值的增长率为 5%，则有：

$$失业率变动 = -\frac{1}{2} \times（5\% - 3\%）= -1\%$$

这就说明，当实际国内生产总值的增长率高于 3% 时，失业率下降；如果实际国内生产总值的增长率高于充分就业实际国内生产总值的增长率 2%，则失业率下降 1%。

如果实际国内生产总值的增长率小于 3%，如为 1%，则有：

$$失业率变动 = -\frac{1}{2} \times（1\% - 3\%）= 1\%$$

这时失业率提高 1%。

奥肯定理是根据美国 20 世纪 60 年代的统计资料得出的，是一个经验统计公式，不一定适用于其他国家，也不一定适用于美国的其他时期。但它指出的失业率与实际国内生产总值的增长率呈反方向变动的关系是普遍存在的。经济学家在运用奥肯定理时，一般也把失业率与实际国内生产总值的增长率的比例关系确立为 1∶2。在实际运用这一定理时，我们要根据实际统计资料调节这种比例关系。

失业除了影响实际国内生产总值的增长，还引起其他经济与社会问题，如资源浪费、社会问题加剧等。因此，实现充分就业一直是各国宏观经济政策的主要目标之一。

第二节 通货膨胀理论

通货膨胀是宏观经济中另一个重要问题，也是本节讨论的中心。

一、通货膨胀的含义与分类

经济学界对通货膨胀的解释并不完全一致，一般所接受的是这样的定义：通货膨胀是价格水平普遍而持续的上升。例如，弗里德曼说，价格水平普遍的上涨就叫作通货膨胀。而萨缪尔森则说，通货膨胀的意思是，物品和生产要素的价格普遍上升的时期——面包、汽车、理发的价格上升；工资、租金等的价格也都上升。在理解通货膨胀时应注意：第一，价格水平的上升不是指一种或几种商品的价格水平上升，而是指价格水平的普遍上升，即价格总水平的上升。第二，不是指价格水平一时的上升，而是指持续一定时期的价格水平上升。

请回忆物价指数的含义。

衡量通货膨胀的指标是物价指数。用物价指数计算通货膨胀率的公式是：

$$通货膨胀率=\frac{现期物价指数-基期物价指数}{基期物价指数}$$

例如，把 2015 年作为基期，物价指数为 100，把 2021 年作为现期，物价指数为 120，则 2015—2021 年的通货膨胀率为：

$$通货膨胀率=\frac{120-100}{100}=20\%$$

如果要计算逐年的通货膨胀率，我们也可以把这一公式写为：

$$通货膨胀率=\frac{今年的物价指数-去年的物价指数}{去年的物价指数}$$

这时就是把前一年的物价指数作为基期物价指数了。现在一般用消费物价指数的变动来表示通货膨胀率。

经济学家根据不同的标准对通货膨胀进行分类。我们介绍的是根据通货膨胀的严重程度所进行的分类。通货膨胀按照严重程度，可以分为三类。

第一，爬行的通货膨胀，又称温和的通货膨胀，其特点是通货膨胀率低而且比较稳定。

第二，加速的通货膨胀，又称奔驰的通货膨胀，其特点是通货膨胀率较高（一般在两位数以上），而且还在加剧。

第三，超速通货膨胀，又称恶性通货膨胀，其特点是通货膨胀率非常高（标准是每月通货膨胀率在 50% 以上），而且完全失去了控制。这种通货膨胀会引起金融体系完全崩溃、经济崩溃，以致政权的更迭。例如，第一次世界大战后德国的通货膨胀与我国国民党政府垮台前的通货膨胀就属于这种超速通货膨胀。

另外还有一种受抑制的通货膨胀，又称隐蔽的通货膨胀。这种通货膨胀是指经济中存在通货膨胀的压力，但是由于政府实施了严格的价格管制与配给制，通货膨胀并没有发生。一旦解除价格管制并取消配给制，就会发生较严重的通货膨胀。原计划经济时期国家在经济改革之前存在这种通货膨胀，其表现是供给小于需求，当经济改革放开物价时就出现了严重的通货膨胀。

> 计划经济与市场经济条件下都有通货膨胀，但是表现形式不同。

二、通货膨胀对经济的影响

在分析通货膨胀对经济的影响时首先要区分可预期的通货膨胀与不可预期的通货膨胀。

可预期的通货膨胀是人们可以正确预见到的通货膨胀。或者说，通货膨胀率的预期值与实际值是一致的。例如，在 2020 年，人们预期 2021 年的通货膨胀率为 3%，如果 2021 年的通货膨胀率为 3%，这就是可预期的通货膨胀。一般来说，温和的通货膨胀都是可预期的。

不可预期的通货膨胀是人们无法正确预期的通货膨胀。或者说，通货膨胀率的预期值与实际值不一致。例如，在 2020 年，人们预期 2021 年的通货膨胀率为 3%，结果 2021 年的通货膨胀率为 5%。这时通货膨胀率的实际值高于预期值，这就是不可预期的通货膨胀。当然，如果 2021 年的通货膨胀率为 1%，通货膨胀率的实际值低于预期值，这也是不可预期的通货膨胀。

在可预期的通货膨胀下，通货膨胀给经济带来的问题是：第一，皮鞋成本。在通货膨胀时，货币的购买力在下降，人们为了避免这种损失就把更多的钱存入银行，从而必须多去几次银行，这种多去几次银行所花费的时间和精力被经济学家称为皮鞋成本——多磨损鞋底。第二，菜单成本。这是为了根据通货膨胀调整价格必须付出的成本。第三，税收扭曲。税收标准是根据货币收入确定的。当发生通货膨胀时，如果税收标准不变，人们名义收入增加而实际收入未变，缴纳的税收实际就增加了。例如，规定 1 000 元为起征点，1 000 元以上部分征收 20% 的所得税。在通货膨胀为 10% 时，为了保持实际工资不变，名义工资会从 1 000 元增加到 1 100 元。当工资为 1 000 元时，人们不用纳税；但当名义工资增加到 1 100 元时，人们为抵消通货膨胀而增加的 100 元就要缴纳 20 元税收。到手工资只有 1 080 元，而通货膨胀为 10% 时，1 080 元的名义工资低于实际工资 1 100 元，这就使人们多缴税了。第四，固定收入者受损失。一般来说，工资也会随可预期的通货膨胀而调整，因此，有工作的人受这种通货膨胀的影响并不大，但那些依靠存款利息或固定收入生活的人，货币购买力下

> 根据通货膨胀对经济的影响考虑稳定物价的意义。

降，生活质量下降。而且，存入银行的货币也会贬值。

从总体上看，如果通货膨胀率相当稳定，或者人们可以完全预期，那么，通货膨胀对经济影响并不大，而且以上谈到的各种问题都易于解决。因为在这种可预期的通货膨胀之下，各种名义变量（名义工资、名义利率等）都可以根据通货膨胀率进行调整，从而使实际变量（实际工资、实际利率等）不变。这时，通货膨胀的主要影响是人们将减少他们所持有的现金量。

在通货膨胀不可预期的情况下，通货膨胀将影响收入分配及经济活动。因为这时无法准确地根据通货膨胀率来调整各种名义变量，以及相应的经济行为。我们可以从以下两方面来分析这一问题。

第一，在债务人与债权人之间，通货膨胀将有利于债务人而不利于债权人。这是因为，债务契约根据签约时的通货膨胀率来确定名义利率。当发生了不可预期的通货膨胀之后，债务契约无法更改，从而使实际利率下降、债务人受益，而债权人受损。这就会给贷款，特别是长期贷款带来不利的影响，使债权人不愿意发放贷款。贷款的减少会影响投资，使投资减少。这种不可预期的通货膨胀对住房建设贷款这类长期贷款的债权人最不利，从而就会减少住房投资这类长期投资。

> 这会恶化投资环境。

第二，在雇主与工人之间，通货膨胀将有利于雇主而不利于工人。这是因为，在不可预期的通货膨胀之下，工资不能迅速地根据通货膨胀率来调整，从而就在名义工资不变或略有增长的情况下使实际工资下降。实际工资的下降就会使利润增加，而利润的增加是有利于刺激投资的。这正是一些经济学家主张以通货膨胀来刺激经济发展的理由。

那么，通货膨胀对经济发展究竟是有利还是不利呢？经济学家对这个问题并没有一致的看法，大体上可以分为“有利论”“不利论”“中性论”三种观点。

“有利论”者认为，通货膨胀，尤其是温和的通货膨胀有利于经济发展，在他们看来“通货膨胀是经济发展必不可少的润滑剂”。他们的理由是：第一，通货膨胀引起的有利于雇主不利于工人的影响可以增加利润，从而刺激投资。第二，通货膨胀所引起的“通货膨胀税”可以增加政府的税收，从而增加政府的支出，这就刺激了经济发展。第三，通货膨胀会加剧收入分配的不平等，而富人的储蓄倾向又大于穷人，所以，通货膨胀可以通过加剧收入分配不平等而增加储蓄。他们强调，对于资金缺乏的发展中国家来说，利用通货膨胀来发展经济尤为重要。

> 这种刺激经济的作用是暂时的。

“不利论”者认为，通货膨胀是不利于经济发展的。他们的理由是：第一，在市场经济中，通货膨胀使价格信号扭曲，无法正常反映社会供求状态，从而使价格失去调节经济的作用，经济无法正常发展。第二，通货膨胀破坏了正常的经济秩序，使投资风险增大，社会动荡，从而导致经济混乱，经济效率低下。第三，通货膨胀所引起的紧缩性政策会抑制经济的发展。第四，在固定汇率下通货膨胀所引起的货币贬值不利于对外经济交往。他们强调，也许通货膨胀在某个时期中可以促进经济发展，但其最终结果却是不利于经济发展。采用通货膨胀的方法来刺激经济无疑是饮鸩止渴。

“中性论”者认为，通货膨胀与经济增长并没有什么必然的联系。他们认为，货币在经济中是中性的，从长期来看决定经济发展的是实际因素（劳动、资本、自然资源等），而不是物价水平。长期中，由于货币量变动引起的通货膨胀，既不会有利于也不会不利于经济的发展。因此，我们没有必要把经济增长与通货膨胀联系在一起。

以上三种观点有各自的理论与实际依据，很难说哪种观点绝对正确。应该说，在不同国家的不同历史时期，通货膨胀有不同的影响，只有把通货膨胀与经济增长放在具体的历史条件下进行分析才有意义。但从第二次世界大战后的情况来看，通货膨胀的弊大于利，借助于通货膨胀来发展经济绝非上策。所以，现在绝大多数经济学家都主张保持物价稳定，为经济的正常运行创造一个良好的环境。而且，也有许多国家在实现高速经济增长的同时保持了物价稳定。相反，有些国家以通货膨胀刺激经济，尽管短期中经济增长加快了，但以后为解决通货膨胀问题又付出了极大的代价。

三、需求拉上的通货膨胀理论

总需求与总供给决定宏观经济状况，因此，我们也从这两个不同的角度来分析通货膨胀产生的原因。我们先从总需求分析开始，由总需求原因所引起的通货膨胀被称为需求拉上的通货膨胀。

从总需求的角度来分析，通货膨胀产生的原因在于总需求过度增加，总供给不足，即“太多的货币追逐较少的物品”，或者是“因为物品与劳务的需求超过按现行价格可得到的供给，所以一般物价水平便上涨”。总之，**需求拉上的通货膨胀是总需求大于总供给所引起的通货膨胀**。对于引起总需求过大的原因又有两种解释：其一是凯恩斯主义的解释，其强调实际因素对总需求的影响；其二是货币主义的解释，其强调货币因素对总需求的影响。与此相对应，就有两种需求拉上的通货膨胀理论。

> 想想我国出现过的需求拉上的通货膨胀是什么情况。

凯恩斯认为，当经济中实现了充分就业时，表明资源已经得到了充分利用。这时，如果总需求仍然增加，就会由于过度总需求的存在而引起通货膨胀。我们可以用膨胀性缺口这一概念来说明这种通货膨胀产生的原因。**膨胀性缺口是指实际总需求大于充分就业总需求时，实际总需求与充分就业总需求之间的差额。**可用图 15-3 来说明。

在图 15-3 中，AD_f 为充分就业总需求，这时决定的国内生产总值 Y_f 为充分就业的国内生产总值，但这时实际总需求为 AD。尽管总需求是 AD，但因为国内生产总值已经达到了充分就业的水平，无法再增加，所以，实际总需求 AD 与充分就业总需求 AD_f 之间的差额 KE_f 就形成了膨胀性缺口。

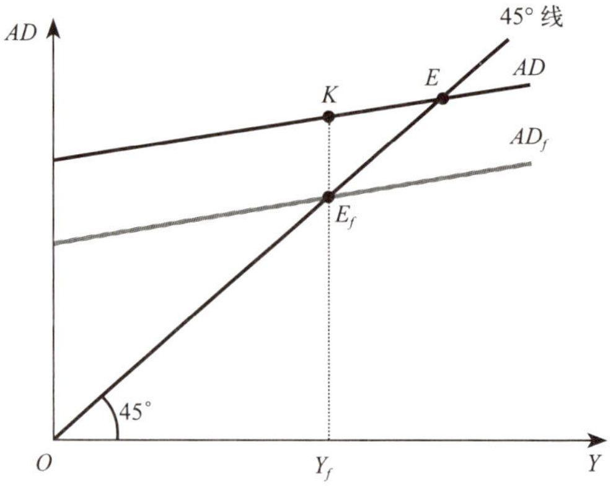

图 15-3　膨胀性缺口与通货膨胀

我们还可用图 15-4 来说明当经济中实现了充分就业时，总需求增加与通货膨胀之间的关系。

在图 15-4 中，横轴代表国内生产总值 Y，纵轴代表价格水平 P。当总需求为 AD_f 时，国内生产总值达到充分就业的水平 Y_f，价格水平为 P_0。当总需求增加到 AD 时，国内生产总值已无法增加，价格水平上升到 P_1，这样就由于总需求过度而引起通货膨胀。

凯恩斯强调了通货膨胀与失业不会并存，通货膨胀是在充分就业实现后产生的。但实际上，当经济中未实现充分就业时，也可能产生通货膨胀。这是由于在产量增加的同时总需求增加，也会引起通货膨胀。我们可用图 15-5 来说明这种情况。

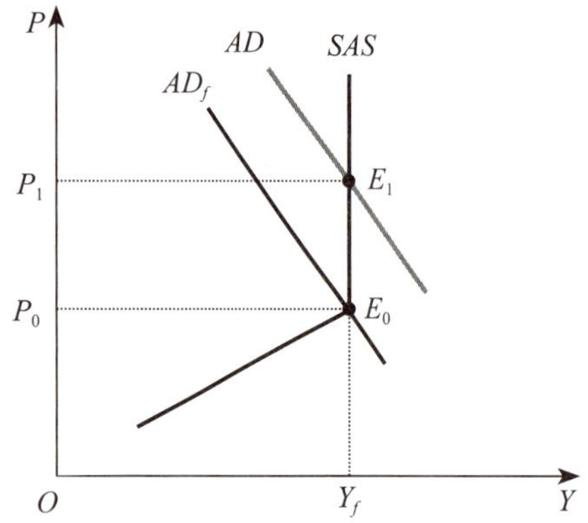

图 15-4　充分就业后需求拉上的通货膨胀

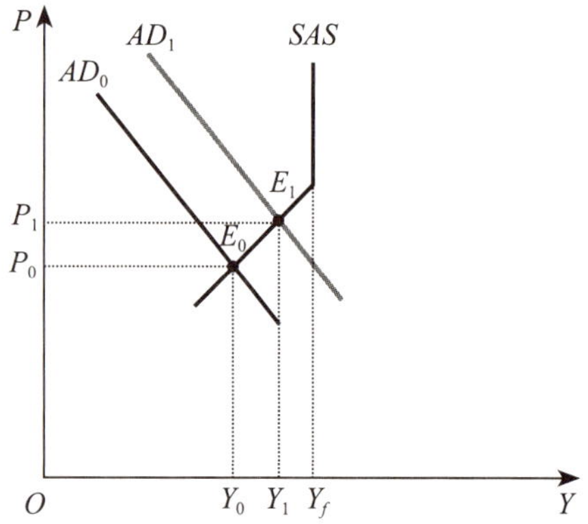

图 15-5　充分就业前需求拉上的通货膨胀

> 注意不同经济学家对需求拉上的通货膨胀有不同解释。

在图 15-5 中，当总需求为 AD_0 时，决定了国内生产总值为 Y_0，价格水平为 P_0，这时国内生产总值并没有达到充分就业的水平 Y_f。当总需求增加到 AD_1 时，国内生产总值增加到 Y_1，这时国内生产总值仍没有达到充分就业的水平 Y_f，但伴随着国内生产总值的增加，价格水平上升到 P_1，于是，由于总需求的增加而产生了通货膨胀。这是因为当总需求增加后，总供给的增加并不能迅速满足总需求的这种增加，产生暂时的供给短缺，价格水平上升。但这时经济中并未实现充分就业，价格水平的上升刺激了总供给，使国内生产总值增加。

货币主义认为，实际因素即使对总需求有影响也是不重要的，由此所引起的通货膨胀也不可能持久。引起总需求过度的根本原因是货币的过量发行。这一理论可用下面的一组方程式来表示：

$$M_d = K \cdot P \cdot Y \tag{15-1}$$

$$M_d = M_s \tag{15-2}$$

$$\dot{P} = f\left(\frac{Y}{Y_f}\right) + \dot{P}^* \qquad \left[f\left(\frac{Y}{Y_f}\right) > 0\right] \tag{15-3}$$

$$\Delta \dot{P}^* = \theta(\dot{P} - \dot{P}^*) \quad (0 < \theta < 1) \tag{15-4}$$

式（15－1）表明名义货币需求量（M_d）是货币流通速度的倒数（K）与物价水平（P）和实际国内生产总值（Y）的乘积，其中 K 是稳定的。

式（15－2）表明货币市场均衡条件是货币需求量（M_d）与货币供给量（M_s）相等。

式（15－3）表明通货膨胀率（$\dot{P}$）取决于总需求函数 $f\left(\frac{Y}{Y_f}\right)$ 和预期通货膨胀率（$\dot{P}^*$）。

式（15－4）表明预期通货膨胀率的修正（$\Delta \dot{P}^*$）取决于实际通货膨胀率与预期通货膨胀率的差额。

在以上 4 个方程式中，假定货币供给量（M_s）、实际国内生产总值（Y）、充分就业的国内生产总值（Y_f）为已知，这样就可以解出 M_d、P、$\dot{P}$ 和 $\dot{P}^*$。货币主义者认为总需求为货币供给量（M_s）和货币流通速度 $\left(V，即\frac{1}{K}\right)$ 的乘积，再把通货膨胀率作为总需求的函数。假定货币流通速度稳定的情况下，货币量的增加会引起总需求增加，总需求增加会引起通货膨胀。所以，弗里德曼认为，通货膨胀发生在货币量增加的速度超过产量增加速度的情况下，而且每单位产品所配给的货币量增加得越快，通货膨胀的速度就越快。

四、供给推动的通货膨胀理论

这是从总供给的角度来分析通货膨胀产生的原因。供给就是生产，根据生产函数，生产取决于成本。因此，从总供给的角度看，引起通货膨胀的原因在于成本的增加。供给推动的通货膨胀是由于成本增加而引起的通货膨胀。成本的增加意味着只有高于从前的价格水平，才能达到与以前同样的产量水平，即总供给曲线向左移动。在总需求不变的情况下，总供给曲线向左上方移动使国内生产总值减少，价格水平上升，这种价格上升就是供给推动的通货膨胀。我们可用图 15－6 来这说明这种情况。

在图 15-6 中，原来的总供给曲线 SAS_0 与总需求曲线 AD 决定了国内生产总值为 Y_0，价格水平为 P_0。成本增加，总供给曲线向左移动到 SAS_1，这时总需求曲线没变，决定了国内生产总值为 Y_1、价格水平为 P_1，价格水平由 P_0 上升到 P_1 是由成本的增加引起的。这就是供给推动的通货膨胀。

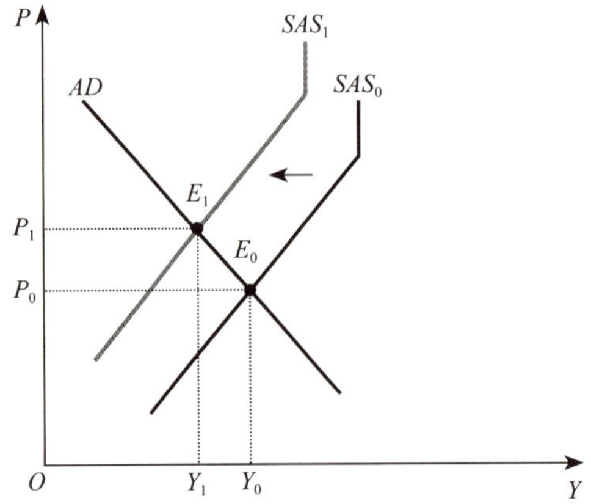

图 15-6　供给推动的通货膨胀

引起成本增加的原因并不相同，因此，成本推动的通货膨胀又可以根据其原因的不同而分为以下几种。

1. 工资成本推动的通货膨胀

许多经济学家认为，工资是成本中的主要部分。工资的提高会使生产成本增加，从而使价格水平上升。在劳动市场存在工会的卖方垄断的情况下，工会利用其垄断地位要求提高工资，雇主迫于压力提高工资之后，就把提高的工资加入成本，提高产品的价格，从而引起通货膨胀。美国经济学家哈伯勒认为，有组织的劳工要求提高工资的威胁，助长了一种趋势，即要走向长期的、断续的或不断的、迂回的或急促的通货膨胀。

工资的增加往往是从个别部门开始的，但由于各部门之间工资的攀比行为，个别部门工资的增加往往会导致整个社会的工资水平上升，从而引起普遍的通货膨胀。而且，这种通货膨胀一旦开始，还会形成"工资—物价螺旋式上升"，即工资上升引起物价上升，物价上升又引起工资上升。这样，工资与物价不断互相推动，形成严重的通货膨胀。

2. 利润推动的通货膨胀

利润推动的通货膨胀指市场上具有垄断地位的企业为了增加利润而提高价格所引起的通货膨胀。在不完全竞争市场上，具有垄断地位的企业控制了产品的销售价格，从而可以提高价格以增加利润。通货膨胀是

一些企业借机涨价会引起哪一种成本推动的通货膨胀?

由于利润的推动而产生的。尤其是当工资增加时，垄断企业以工资的增加为借口更大幅度地提高物价，使物价的上升幅度大于工资的上升幅度，其差额就是利润的增加。这种利润的增加使物价上升，形成通货膨胀。

美国经济学家夏皮罗指出，正如工会可以行使其市场权利来迫使工资增长一样，寡头企业和垄断企业在追逐更大的利润时，也可能提高价格……在一个大量存在所谓“价格操纵”的经济体中，至少有可能操纵这些价格以大于成本增长的速度上涨，以便赚取更大的利润。如果这一过程得以推广，就会产生利润推动的通货膨胀。

经济学家认为，工资成本推动和利润推动实际上都是操纵价格的上升，其根源在于经济中的垄断，即工会的垄断形成工资推动，企业的垄断引起利润推动。

3. 进口成本推动的通货膨胀

这是指在开放经济中，由于进口的原材料价格上升而引起的通货膨胀。在这种情况下，一国的通货膨胀通过国际贸易渠道而影响其他国家。例如，20 世纪 70 年代初西方国家通货膨胀严重的重要原因之一就是世界石油市场价格的大幅度上升。发生这种通货膨胀时，价格水平上升会导致生产减少，从而引起萧条。

在开放经济条件下，进口成本推动的通货膨胀更值得注意。

与这种通货膨胀相对应的是出口性通货膨胀，即出口迅速增加，以致出口生产部门成本增加，国内产品供给不足，引起通货膨胀。

五、其他通货膨胀理论

通货膨胀产生的原因往往是多方面的、复杂的，因此，解释通货膨胀产生的原因的理论也相当多。我们再介绍一些在宏观经济学中较有影响的通货膨胀理论。

1. 供求混合推动的通货膨胀理论

这种理论把总需求与总供给结合起来分析通货膨胀产生的原因。许多经济学家认为，通货膨胀产生的根源不是单一的总需求或总供给，而是这两者共同作用的结果。供求混合推动的通货膨胀是由于需求拉上和供给推动共同作用而引起的通货膨胀。如果通货膨胀是由需求拉上开始的，即过度需求的存在引起物价上升，这种物价上升又会使工资增加，从而供给成本的增加又会引起供给推动的通货膨胀。如果通货膨胀是由供给推动开始的，即成本增加引起物价上升，这时如果没有总需求的相应增加，工资上升最终会减少生产、增加失业，从而使供给推动引起的通货膨胀停止。只有在供给推动的同时又有总需求的增加，这种通货膨胀才能持续下去。

我们可以用图 15-7 来说明供给推动与需求拉上如何引起通货膨胀。

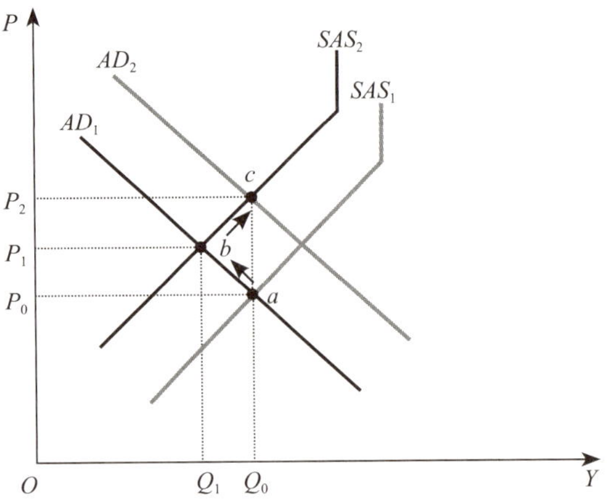

图 15-7 供求混合推动的通货膨胀

在图 15-7 中，总供给曲线由 SAS_1 移动到 SAS_2，会使价格水平由 P_0 上升为 P_1，这是供给推动引起的通货膨胀。但如果仅仅是供给推动的，由于价格上升为 P_1，产量会由 Q_0 下降为 Q_1，最终由于经济衰退而结束通货膨胀。换言之，这种通货膨胀不会持续下去。只有供给推动之后，总需求也由 AD_1 增加为 AD_2，才能使产量水平恢复到 Q_0，而价格水平上升为 P_2。这时，物价上升的过程是 $a \rightarrow b \rightarrow c$。

2. 结构性通货膨胀理论

结构性通货膨胀是由于生产部门之间劳动生产率的差异、劳动市场的结构特征和各生产部门之间收入水平的赶超速度等经济结构特点所引起的通货膨胀。

英国经济学家希克斯对扩展部门与非扩展部门进行了结构分析。他认为经济中存在扩展部门与非扩展部门。扩展部门正在扩大，需要更多的资源与工人，而非扩展部门已在收缩，资源与工人过剩。如果资源与工人能迅速地由非扩展部门流动到扩展部门，则这种结构性通货膨胀就不会发生。但在现实中，由于种种限制，非扩展部门的资源与工人不能迅速地流动到扩展部门。这样，扩展部门由于资源与人力短缺，资源价格上升，工资上升。而非扩展部门尽管资源与人力过剩，但资源价格并不会下降，尤其是工资不仅不会下降，还会由于攀比行为而上升。这就会由于扩展部门的总需求过度和这两种部门的成本增加，尤其是工资成本的增加而产生通货膨胀。

此外，各经济部门的劳动生产率不同（例如，工业部门劳动生产率高，服务部门劳动生产率低），而各部门的工资水平由于攀比行为而向高工资水平看齐，也会使整个社会的工资增长率超过劳动生产率从而引起通货膨胀。这种通货膨胀也是结构性通货膨胀。

美国经济学家托宾分析了劳动市场结构特征所引起的通货膨胀。他认为，劳动市场的特点是失业与空位并存，即存在一方面有人没工作，另一方面有工作无人做的情况。这种情况是由劳动力市场技术结构、地区结构、性别结构这些特征造成的劳动力不能迅速流动而引起的。在这种情况下，工资存在能上不能下的刚性：有失业存在，工资不能下降；有空位存在，则工资上升。这样，工资总水平的提高就会导致通货膨胀。

瑞典经济学家还分析了在小国的开放经济中，开放部门与非开放部门的结构特征如何使国际上的通货膨胀传递到国内。对这一点我们不作详细介绍。

3. 预期的通货膨胀理论与惯性的通货膨胀理论

这两种通货膨胀理论重点不是分析通货膨胀产生的原因，而是分析为什么通货膨胀一旦形成就会持续下去。

预期的通货膨胀理论认为，无论什么原因引起了通货膨胀，即使最初引起通货膨胀的原因消除了，通货膨胀也会由于人们的预期而持续甚至加剧。

预期对人们的经济行为有重要的影响，而预期往往又是根据过去的经验形成的。在产生了通货膨胀的情况下，人们要根据过去的通货膨胀率来预期未来的通货膨胀率，并把这种预期作为指导未来经济行为的依据。例如，上一年的通货膨胀率是 10%，人们据此预期下一年的通货膨胀率不会低于 10%。这样，他们就要以此作为下一年工资谈判的基础，即要求下一年的货币工资增长率最低为 10%。下一年的货币工资增长率为 10%，就使得下一年的通货膨胀率最低也会由于工资的增加而保持 10% 的水平。于是，由于预期的关系，即使引起上一年通货膨胀率为 10% 的原因消失了，下一年的通货膨胀率也会是 10%。

> 经济学家十分注意预期对人们经济行为与整个经济的影响。

惯性的通货膨胀理论也是要解释通货膨胀持续下去的原因，但它所强调的不是预期，而是通货膨胀本身的惯性。

根据这种理论，无论什么原因引起了通货膨胀，即使最初引起通货膨胀的原因消除了，通货膨胀也会由于其本身的惯性而持续下去。这是因为，工人与企业所关心的是相对工资与相对价格水平。在决定自己的工资与价格水平时，他们要参照其他人的工资与价格水平。如果其他人的工资与价格水平由于通货膨胀上升了 10%，那么，他们在决定自己的工资与价格水平时，也要以这 10% 的通货膨胀率为基础。所有工人与企业的工资与价格水平的决定都要互相参照。这样，通货膨胀就会由于这种惯性而持续下去，因为谁也不会首先降低自己的工资与价格水平。只有在经济严重衰退时，才会由于工资与价格水平的被迫下降而使通货膨胀中止。

预期的通货膨胀理论与惯性的通货膨胀理论是很相近的。前者由货币主义者提出，强调了现在对未来的影响，即现在的通货膨胀对未来预期及经济行为的影响。后者由凯恩斯主义者提出，强调了过去对现在的影响，即过去的通货膨胀由于存在惯性对现在经济行为的影响。这两种理论从不同的角度解释了通货膨胀持续下去的原因。

以上介绍了不同的通货膨胀理论，应该说，各种理论从不同的角度对通货膨胀进行分析，都有一定的道理，也有各自的证据。通货膨胀往往是由于各种因素共同作用所引起的，有时某一种因素也许会更加重要，

> 注意各种通货膨胀理论之间的互补性以及在不同条件下的适用性。

但要具体确定各种因素在引起通货膨胀时的重要程度是困难的。从这种意义上说，各种通货膨胀理论是相互补充的，而不是相互排斥的。这也是许多经济学家的一致看法。此外，还应当指出的是，这些理论描述现象多，而从经济内在根源上分析少。正因为如此，人们对以上各种解释并不十分满意。探讨更基本的通货膨胀产生的原因，仍然是经济学家的重要任务之一。

第三节　菲利普斯曲线

失业与通货膨胀是经济中的两个主要问题，那么，这两者之间有什么关系？如前所述，凯恩斯认为，失业与通货膨胀不会并存，即存在通货膨胀时已经没有失业，当存在失业时就不会有通货膨胀。但 20 世纪 50 年代中期，英籍新西兰经济学家菲利普斯提出了解释通货膨胀与失业之间关系的菲利普斯曲线，对失业与通货膨胀之间的关系作出了理论分析。

一、菲利普斯曲线与新古典综合派的解释

菲利普斯曲线是用来表示失业与通货膨胀之间交替关系的曲线，由菲利普斯提出。

> 菲利普斯曲线的形成与发展是现实经济中失业与通货膨胀之间关系发展与变化的反映。

1958 年，菲利普斯根据英国 1861—1957 年失业率和货币工资变动率的经验统计资料，提出了一条用以表示失业率和货币工资变动率之间交替关系的曲线。这条曲线表明：当失业率较低时，货币工资增长率较高；反之，当失业率较高时，货币工资增长率较低，甚至是负数。美国新古典综合派经济学家萨缪尔森和索洛在 1960 年发表文章，用美国的统计资料证明了菲利普斯曲线所表示的关系是存在的，并进一步把菲利普斯曲线解释为失业和通货膨胀之间的关系。这是因为，根据供给推动的通货膨胀理论，货币工资增长率可以表示通货膨胀率。因此，这条曲线就可以表示失业率与通货膨胀率之间的交替关系，即失业率高，则通货膨胀率低；失业率低，则通货膨胀率高。这就是说，失业率高，表明经济处于萧条阶段，这时工资与物价水平都较低，从而通货膨胀率也低；反之，失业率低，表明经济处于繁荣阶段，这时工资与物价水平都较高，从而通货膨胀率也高。失业率与通货膨胀率之间存在反方向变动关系，是因为通货膨胀使实际工资下降，从而能刺激生产，增加劳动的需求，减少失业。

我们可以用图 15-8 来说明菲利普斯曲线。

在图 15-8 中，u 代表失业率，gP 代表通货膨胀率，向右下方倾斜的曲线 PC 即为菲利普斯曲线。这条曲线表明，当失业率高时，通货膨胀率低，见（d，b）；当失业率低时，通货膨胀率高，见（c，a）。

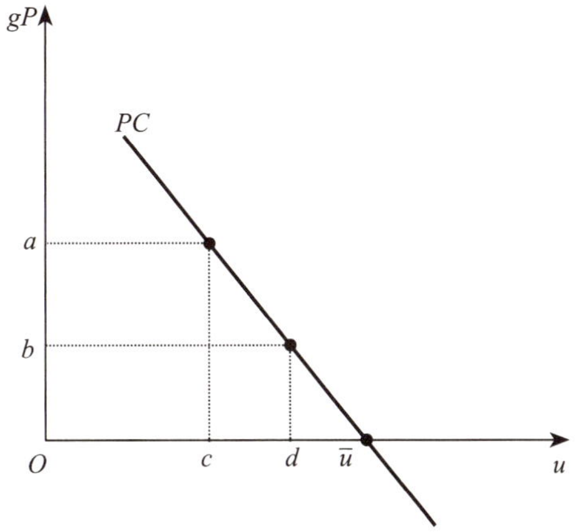

图 15-8　菲利普斯曲线

菲利普斯曲线表明了这样几个重要的观点。

第一，通货膨胀是由工资成本推动引起的，这就是供给推动的通货膨胀理论。菲利普斯正是根据这一理论把货币工资增长率与通货膨胀率联系起来的。

第二，承认了通货膨胀与失业之间的交替关系。这就否定了凯恩斯关于失业与通货膨胀不会并存的观点。

第三，当失业率为自然失业率 $\bar{u}$ 时，通货膨胀率为零。因此，我们也可以把自然失业率定义为通货膨胀率为零时的失业率。

新古典综合派还把菲利普斯曲线运用于指导政策，即根据菲利普斯所表明的失业与通货膨胀之间的关系，运用政策对经济进行微调，实现宏观经济稳定。

具体做法是先确定一个社会临界点，失业率与通货膨胀率在此之内政府不用调节，如在此之外，则可根据菲利普斯曲线所表示的关系调节。我们可以用图 15-9 来说明这一点。

结合下一章的宏观经济政策来理解这一点。

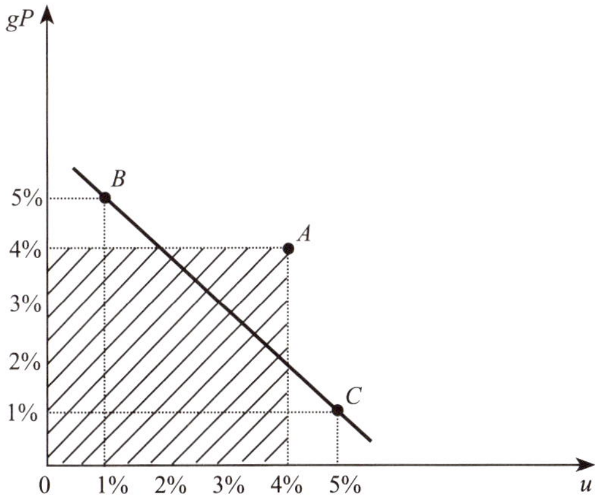

图 15-9　菲利普斯曲线与政策运用

在图 15−9 中，当失业率和通货膨胀率为 4% 以下时，社会是安全的，失业率 4% 和通货膨胀率 4% 是社会临界点 *A*，图中的阴影部分即为社会临界点之内的范围。这时政府不用采用任何政策调节。

如果通货膨胀率高于 4%（如图 15−9 中的 *B* 点），这时根据菲利普斯曲线，失业率一定低（图 15−9 中为 1%）。这时政府可以采取紧缩性政策，以提高失业率为代价降低通货膨胀率。调整后通货膨胀率在 4% 以下，失业率也超不过 4%。

如果失业率高于 4%（如图 15−9 中的 *C* 点），这时根据菲利普斯曲线，通货膨胀率一定低（图 15−9 中为 1%）。这时政府可以采用扩张性政策，以提高通货膨胀率为代价降低失业率。调整后失业率在 4% 以下，通货膨胀率也超不过 4%。

菲利普斯曲线及新古典综合派所作的解释中反映的失业与通货膨胀之间的交替关系基本符合 20 世纪五六十年代西方国家的实际情况。根据这种解释提出的政策主张也是有效的。但是，70 年代末期，由于滞胀的出现，失业与通货膨胀之间又不存在这种交替关系了。于是对失业与通货膨胀之间的关系又有了新的解释。

二、货币主义对菲利普斯曲线的解释：附加预期的菲利普斯曲线

货币主义者在解释菲利普斯曲线时引入了预期的因素。附加预期的菲利普斯曲线就是引入了预期因素作出重新解释的菲利普斯曲线。

> 注意这里短期与长期的区分，强调了预期的调整。

货币主义者在解释菲利普斯曲线时所用的预期概念是适应性预期，即人们根据过去的经验来形成并调整对未来的预期。他们根据适应性预期，把菲利普斯曲线分为短期菲利普斯曲线与长期菲利普斯曲线。

短期中，工人来不及调整通货膨胀预期，预期的通货膨胀率可能低于以后实际发生的通货膨胀率。这样，工人所得到的实际工资可能少于先前预期的实际工资，从而使实际利润增加，刺激投资，就业增加，失业率下降。在此前提之下，通货膨胀率与失业率之间存在交替关系。短期菲利普斯曲线正是表明在预期的通货膨胀率低于实际发生的通货膨胀率的短期中，失业率与通货膨胀率之间存在交替关系的曲线。所以，向右下方倾斜的菲利普斯曲线短期中是可以成立的。这也说明，短期中引起通货膨胀率上升的扩张性财政政策与货币政策是可以起到减少失业的作用的。这就是宏观经济政策的短期有效性。

但是，长期中，工人将根据实际发生的情况不断调整自己的预期。工人预期的通货膨胀率与实际发生的通货膨胀率迟早会一致。这时，工人会要求增加名义工资，使实际工资不变，从而通货膨胀就不会起到减少失业的作用。长期菲利普斯曲线是一条垂线，表明失业率与通货膨胀率之间不存在交替关系。而且，长期中，经济中能实现充分就业，失业率是自然失业率。因此，垂直的菲利普斯曲线表明，无论通货膨胀率如何变动，失业率总是

固定在自然失业率的水平上。以引起通货膨胀为代价的扩张性财政政策与货币政策并不能减少失业。这就是宏观经济政策的长期无效性。

我们可以用图 15−10 来说明货币主义者所解释的短期菲利普斯曲线与长期菲利普斯曲线的关系，以及短期菲利普斯曲线不断向上移动的原因。

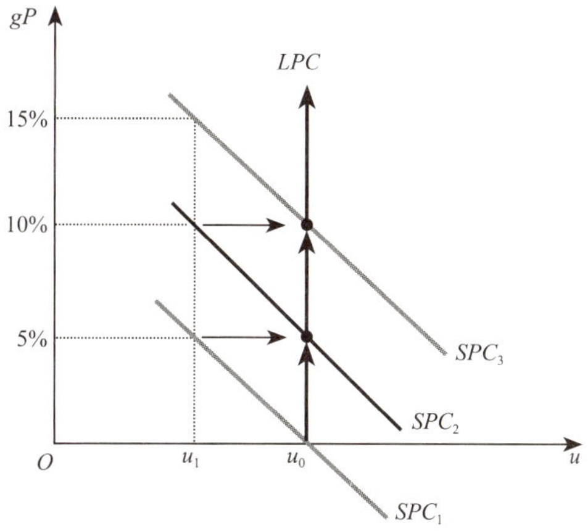

图 15−10　短期菲利普斯曲线与长期菲利普斯曲线

在图 15−10 中，开始时自然失业率为 u_0，通货膨胀率为零。政府采用扩张性政策，发生了不可预期的通货膨胀，工人没有预期到通货膨胀率为 5%，没有要求相应地提高名义工资。实际通货膨胀率高于预期的通货膨胀率，工人的实际工资下降，企业利润增加，于是，企业增加生产，失业减少为 u_1。这就形成表示失业与通货膨胀之间交替关系的短期菲利普斯曲线 SPC_1。但根据适应性预期假设，长期中工人会调整自己的预期。当工人的通货膨胀率预期调整为 5% 时，他们会要求名义工资提高 5%，于是实际工资回到原来的水平，企业利润减少，企业又使生产回到原来的水平，失业率又回到原来的 u_0。

政府再一次采用扩张性政策，又发生了不可预期的通货膨胀。工人预期的通货膨胀率为 5%，实际发生的通货膨胀率为 10%，实际工资又下降，利润增加，企业增加生产和就业，失业率又下降为 u_1。长期中，工人又把预期的通货膨胀率调整为 10%。这就形成另一条短期菲利普斯曲线 SPC_2。如此继续，短期菲利普斯曲线不断向上移动。

短期中，由于工人不能及时改变预期，失业与通货膨胀之间存在交替关系，有 SPC_1、SPC_2、SPC_3 等各条短期菲利普斯曲线。但随着工人预期通货膨胀率的上升，短期菲利普斯曲线不断上升。

从长期来看，工人的预期通货膨胀率与实际通货膨胀率是一致的。所以，企业不会增加就业，失业率不能下降。换言之，通货膨胀和失业之间并不存在交替关系。长期菲利普斯曲线 LPC 是一条垂线。

由此得出的结论是：尽管扩张性政策短期中可以减少失业，但其代价是通货膨胀率不断上升。从长期来看，运用扩张性政策不但不能降低失业率，还会使通货膨胀率不断上升。

因此，政府不应该采用扩张性政策来刺激经济。20 世纪 70 年代的滞胀正是政府不断采用扩张性政策刺激经济的恶果。

三、理性预期学派对菲利普斯曲线的解释

理性预期学派所采用的预期概念不是适应性预期，而是理性预期。**理性预期是合乎理性的预期，其特征是预期值与以后发生的实际值是一致的。**

> 注意不同预期假设得出不同的结论。

在这种预期的假设之下，短期中也不可能有预期的通货膨胀率低于以后实际发生的通货膨胀率的情况，即无论短期还是长期中，预期的通货膨胀率与实际发生的通货膨胀率总是一致的，从而也就无法以通货膨胀为代价来降低失业率。这就是说，如果政府要采用扩张性政策来刺激经济，工人就会正确地预期到通货膨胀率上升，从而提前要求增加名义工资。这时，尽管扩张性政策引起通货膨胀，但由于名义工资也增加了，实际工资仍然保持不变。企业利润没有增加，生产不会增加，就业不会增加，从而失业率也不会下降。由于工人能作出正确的预期，并采取相应对策，结果政府的扩张性政策起不到应有的作用，因此，即使短期中也不存在菲利普斯曲线所表示的失业与通货膨胀之间的交替关系。这时无论短期还是长期中，菲利普斯曲线都是一条表示失业与通货膨胀之间没有交替关系的垂线，如图 15-11 所示。

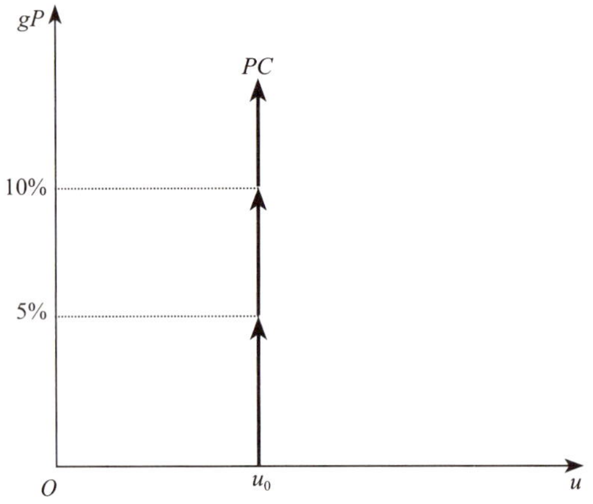

图 15-11　理性预期的菲利普斯曲线

在图 15-11 中，当政府采用扩张性政策使通货膨胀率上升至 5% 时，工人早就作出了正确预期，并以提高名义工资作为对策。因此，通货膨胀率上升了，失业率并没有减少。如果政府再采用扩张性政策，结果仍是通货膨胀率上升，而失业率没有下降。菲利普斯曲线短期与长期中都是垂线 *PC*。这就是美国 20 世纪 70 年代出现滞胀的原因。

所以，无论短期还是长期中，菲利普斯曲线都是一条从自然失业率出发的垂线，即失业率与通货膨胀率之间不存在交替关系。由此得出的推论就是：无论短期还是长期中，宏

观经济政策都是无效的。

四、新凯恩斯主义对菲利普斯曲线的解释

20 世纪 80 年代之后兴起的新凯恩斯主义对菲利普斯曲线作出了新的解释。他们认为，短期中菲利普斯曲线所反映的失业与通货膨胀之间的交替关系是存在的，但长期中并不存在这一关系。他们的结论与货币主义者相同，但解释的原因完全不同。

新凯恩斯主义者用市场调节的信息不对称和不完全性来解释菲利普斯曲线。他们认为长期中，市场机制的调节作用是有效的，因此，市场可以实现充分就业均衡。这时，失业与通货膨胀也就不存在交替关系。失业率为自然失业率，由制度、资源、技术进步等因素决定，通货膨胀率由货币供给量增长率决定，两者之间决定机制不同，当然也就不存在交替关系。

> 注意新凯恩斯主义对菲利普斯曲线解释的结论与货币主义相同，但解释的原因不同。

但是，短期中，由于信息的不对称性，市场调节并不是完全有效的，宏观经济会出现小于充分就业均衡或大于充分就业均衡的情况。具体来说，在劳动市场上，信息不对称引起的工资黏性，使劳动市场不能实现供求平衡。在物品市场上，由于价格黏性，物品市场也不能实现供求平衡。在信贷市场上，信息不对称导致利率并不能起到充分的调节作用，银行实行配给制（对信用好的客户多贷款，对信用不好的客户少贷款甚至不贷款，而不是完全由利率决定贷款），供求也不一定平衡。这样，短期中，市场机制的调节作用就受到限制。

当劳动市场存在工资黏性，即工资的调整慢于劳动供求关系的变动，发生通货膨胀时，名义工资并不增加，从而实际工资下降，这样，通货膨胀短期中仍然可以使企业实际利润增加，生产增加，就业增加，失业率下降。当物品市场上也存在价格黏性，即价格的调整慢于供求关系的变动，发生通货膨胀时，企业价格并不会立即上升，这是相对于整体价格水平而言的，但企业产品的相对价格下降。这种相对价格下降增加了产品销售量，从而企业也会增加生产和就业，降低失业率。因此，短期中，物价水平上升，即发生通货膨胀，仍然可以降低失业率。这样，通货膨胀和失业之间就存在交替关系。

> 回忆第九章中的信息不对称理论。

新凯恩斯主义得出的结论是：由于短期中市场调节并不完全有效，就需要政府采用政策进行调节，而且，采用扩张性政策提高通货膨胀率还可以降低失业率。但长期中，市场机制是有效的，失业与通货膨胀并不存在交替关系，政府就没必要进行调节了。

案例研究

沃尔克反通货膨胀的代价

20 世纪 70 年代末 80 年代初，美联储主席为反通货膨胀所付出的代价说明了菲利普斯曲线的存在。

20 世纪 70 年代，滞胀一直困扰着美国。1979 年夏，美国的通货膨胀率高达 14%，失业率高达 6%，经济增长率不到 1.5%。在这种形势下，沃尔克被卡特总统任命为美联储主席。沃尔克上台后把自己的中心任务定为反通货膨胀。他把贴现率提高到 12%，货币量减少，但到 1980 年 2 月通货膨胀率仍高达 14.9%。与此同时，失业率高达 10%。沃尔克顶住各方面压力，继续实施这种紧缩性政策，终于在 1984 年使通货膨胀率降至 4%，美国开始了 80 年代的繁荣。

沃尔克反通货膨胀的最终胜利是以高失业率为代价的。经济学家把通货膨胀率减少 1% 的过程中每年国内生产总值减少的百分比称为牺牲率。国内生产总值减少必然引起失业加剧。这充分说明通货膨胀与失业之间短期中存在交替关系，实现低通货膨胀率在一定时期内要以高失业率为代价。

经济学家把牺牲率确定为 5%，即通货膨胀率每年降 1%，每年的国内生产总值减少 5%，沃尔克把 1980 年 14.9% 的通货膨胀率降低至 1984 年的 4%，按此推理，每年减少的国内生产总值应为 30%。实际上，国内生产总值的下降并没有这么严重。其原因在于沃尔克坚定不移地反通货膨胀的决心使人们对通货膨胀的预期下降，从而使菲利普斯曲线向下移动。这样，反通货膨胀的代价就小了。但代价仍然是有的，美国这一时期经历了自 20 世纪 30 年代以来最严重的经济衰退，失业率达到 10%。

为反通货膨胀付出的代价证明了短期菲利普斯曲线的存在，也说明了维持物价稳定的重要性。

第四节　经济周期

1825 年，英国爆发了资本主义历史上的第一次生产过剩经济危机，以后每隔 10 年左右就有一次这样的危机。危机时期出现生产锐减、物价暴跌、社会动荡、人心不安的状况，人们将这种危机称为“恐慌”或其他令人生畏的名称。同时，也有一些经济学家冷静地分析这种现象。就在大多数经济学家仍把危机作为一种孤立的现象时，法国一位原来行医的学者朱格拉提出，危机并不是一种独立的现象，而是经济周期性波动中的一个阶段。从那以后，经济周期就成为宏观经济学的主题之一。现代经济学家把经济周期作为一种短期现象进行分析。

经济周期理论与经济危机理论的不同之处在于，前者把繁荣与衰退的交替作为一个过程，后者强调周期中的一个阶段——衰退或萧条。

一、经济周期的含义与特征

什么是经济周期？经济学家给经济周期下了这样一个定义：经济活动水平的一种波动（通常以国民收入来代表）。它形成一种规律性模式，即先是经济活动的扩张，随后是收缩，接着是进一步扩张。这类周期随着产量的长期趋势进程而出现。美国著名经济学家萨缪尔森曾对资本主义经济的发展作了这样的描述：在繁荣之后，可以有恐慌与暴跌。经济扩张让位于衰退。国民收入、就业和生产下降。价格与利润跌落，工人失业。当到达最低点以后，复苏开始出现。复苏可以是缓慢的，也可以是快速的。新的高涨可以表现为长期、持续、旺盛的需求、充足的就业机会以及提高的生活标准。它也可以表现为短暂的价格膨胀和投机活动，接踵而至的是又一次灾难性的萧条。简单来说，这就是所谓的“经济周期”。

从萨缪尔森的这种描述中可以看出，经济周期就是国内生产总值及经济活动的周期性波动。

经济学家在解释这一定义时强调：第一，经济周期的中心是国内生产总值的波动，由这种波动而引起了失业率、物价水平、利率、对外贸易等活动的波动。所以，研究经济周期的关键是研究国内生产总值波动的规律与根源。第二，经济周期是经济中不可避免的波动。第三，虽然每次经济周期并不完全相同，但它们有共同之处，即每个经济周期都是繁荣与衰退的交替。

经济周期可以分为两个大的阶段：扩张阶段与收缩阶段。收缩阶段常常短于扩张阶段，其振幅可能是收敛性的、发散性的或稳定性的。扩张阶段亦称繁荣，收缩阶段亦称衰退。

我们可以用图 15－12 来说明这两个阶段的特点。

在图 15－12 中，纵轴代表国内生产总值，横轴代表时间（年份），向右上方倾斜的直线 N 代表正常的经济活动水平。A 为顶峰，A ～ B 为衰退，B 为谷底，B ～ C 为繁荣，C 为顶峰。从 A 到 C 即为一个周期。衰退阶段总的经济趋势是下降，繁荣阶段总的经济趋势是上升。

经济周期的两个阶段各有特点。

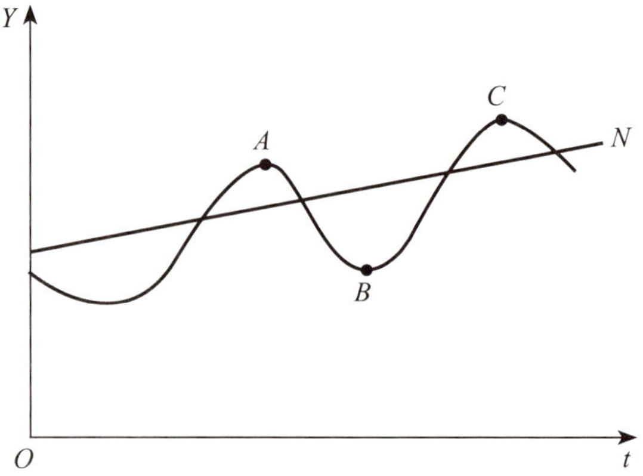

图 15-12 经济周期

繁荣：国内生产总值与经济活动高于正常水平的一个阶段。其特征为生产迅速增加，投资增加，信用扩张，价格水平上升，就业增加，公众对未来乐观。繁荣的最高点称为顶峰，这时就业与产量水平达到最高，但股票与商品的价格开始下跌，存货水平高，公众的情绪正由乐观转为悲观。这是繁荣的极盛时期，也是由繁荣转向衰退的开始。顶峰一般为 1 ～ 2 个月。

衰退：国内生产总值与经济活动低于正常水平的一个阶段。其特征为生产急剧减少，投资减少，信用紧缩，价格水平下跌，失业严重，公众对未来悲观。衰退的最低点称为谷底，这时就业与产量水平跌至最低，但股票与商品的价格开始回升，存货减少，公众的情绪正由悲观转为乐观。这是衰退的最严重时期，也是由衰退转向繁荣的开始。谷底一般为 1 ～ 2 个月。如果衰退严重，则称为萧条。

注意第二次世界大战后的经济周期不同于战前。

第二次世界大战之后，经济周期仍然存在，但呈现出一些与以往不同的特点：第一，经济中的波动仍存在，但更没有规律。第二，繁荣阶段延长了，而衰退阶段缩短了。第三，没有出现过像 20 世纪 30 年代那样严重的萧条。从总体上说，尽管有周期性波动，但波动程度小了，经济以繁荣为主。

二、内生经济周期理论：乘数—加速原理相互作用

不同经济学家对经济周期作出了不同的解释，经济周期理论有几十种之多，但大体上可以分为内生经济周期理论和外生经济周期理论两类。

内生经济周期理论致力于在经济体系之内寻找经济周期自发地循环的因素。这种理论并不否认外生因素对经济的冲击作用，但强调经济中这种周期性的波动是经济体系内的因素引起的。因此，每一次繁荣都为下一次衰退创造了条件。这些经济体系内的因素

自发地运动就引起了周期性波动。外生经济周期理论认为，经济周期的根源在于经济体系之外的某些因素的变动。这种理论并不否认经济中内在因素（如投资等）的重要性，但强调引起这些因素变动的根本原因在经济体系之外，而且，这些外生因素本身并不受经济因素的影响。

内生经济周期理论包括许多理论。我们以最有影响的乘数—加速原理相互作用理论来分析内生经济周期理论。

乘数—加速原理相互作用理论是凯恩斯主义者提出的。凯恩斯主义认为引起经济周期的因素是总需求，在总需求中起决定作用的是投资。这种理论把乘数理论和加速原理结合起来说明投资如何自发地引起经济周期性波动。

乘数—加速原理相互作用理论可以用下面的公式来表示：

$$Y_t = C_t + I_t + G_t \tag{15-5}$$

式中，Y_t 为现期收入，C_t 为现期消费，I_t 为现期投资，G_t 为现期政府支出。

这个公式说明，根据凯恩斯主义的国民收入决定理论，现期收入等于现期消费、现期投资与现期政府支出之和（不考虑开放经济中的净出口）。

现期消费取决于边际消费倾向（c）和前期收入（Y_{t-1}）：

$$C_t = c \cdot Y_{t-1} \tag{15-6}$$

现期投资取决于加速系数（a）和消费的变动（$C_t - C_{t-1}$）：

$$I_t = a \cdot (C_t - C_{t-1}) = a \cdot (c \cdot Y_{t-1} - c \cdot Y_{t-2})$$

$$= a \cdot c \cdot (Y_{t-1} - Y_{t-2}) \tag{15-7}$$

式（15−7）说明了在考虑消费时，投资最终仍取决于收入的变动，即加速原理所说明的关系。

再设现期政府支出为既定的，即

$$G_t = \overline{G}_t \tag{15-8}$$

把式（15−6）、式（15−7）、式（15−8）代入式（15−5），则得出：

$$Y_t = c \cdot Y_{t-1} + a \cdot c \cdot (Y_{t-1} - Y_{t-2}) + \overline{G}_t \tag{15-9}$$

现在设 $c = 0.5$，$a = 1$，$G_t = 1$，则可根据式（15−9）作出表 15−1。

表 15−1 乘数—加速原理相互作用理论举例

t	G_t	C_t	I_t	Y_t
1	1	0	0	1
2	1	0.5	0.5	2
3	1	1.0	0.5	2.5
4	1	1.25	0.25	2.5

续表

t	G_t	C_t	I_t	Y_t
5	1	1.25	0	2.25
6	1	1.125	− 0.125	2
7	1	1.0	− 0.125	1.875
8	1	0.937 5	− 0.062 5	1.875
9	1	0.937 5	0	1.937 5
10	1	0.968 75	0.031 25	2
11	1	1	0.031 25	2.031 25
12	1	1.015 625	0.015 625	2.031 25
13	1	1.015 625	0	2.015 625
14	1	1.007 812 5	− 0.007 812 5	2

可以根据表 15−1 作出图 15−13。

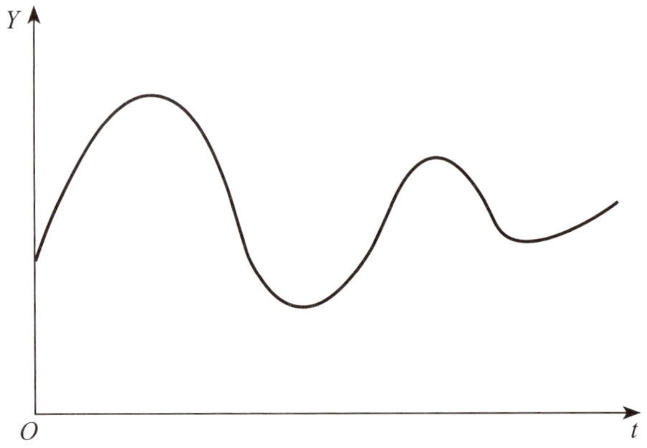

你试着一直算下去会是什么结果。你会发现波动越来越小。

图 15−13　运用乘数—加速原理相互作用理论解释的经济周期

图 15−13 正是经济周期波动的图形。

乘数—加速原理相互作用理论说明了以下几点。

第一，在经济中，投资、国内生产总值、消费相互影响、相互调节。如果政府支出为既定的（政府不干预经济），只靠经济本身的力量自发调节，就会形成经济周期。经济周期中各阶段的出现，正是乘数—加速原理相互作用的结果。而在这种自发调节中，投资是关键的，经济周期主要是由投资引起的。

第二，乘数—加速原理相互作用产生经济周期的具体过程是：投资增加通过乘数效应引起国内生产总值的更大增加，国内生产总值的更大增加又通过加速效应引起投资的更大增加，这样，经济就会出现繁荣。然而，国内生产总值达到一定水平后，由于社会需求与资源的限制无法再增加，这时就会由于加速原理的作用使投资减少，投资的减少又会由于乘数的作用使国内生产总值继续减少。这两者的共同作用又使经济进入衰退。衰退持续一段时间后，国内生产总值回升又使投资增加、国内生产总值再增加，从而经济进入另一次繁荣。正是由于乘数—加速原理相互作用，经济中就形成了由繁荣到衰退，又由衰退到繁荣的周期性波动。

第三，政府可以通过干预经济的政策来减轻经济周期性波动。在上例中，假设 G_t、a、c 都是不变的，从而有经济周期性波动。如果政府运用经济政策改变这些变量，则经济周期性波动可以减轻，甚至消除。

三、外生经济周期理论：实际经济周期理论

外生经济周期理论是用经济体系之外的因素来解释经济周期产生的原因。它包括的理论也很多，但当前最有影响的是 20 世纪 80 年代之后出现的实际经济周期理论。

这一理论与传统的经济周期理论不同。第一，它认为，经济周期并不是实际国内生产总值与潜在（充分就业）国内生产总值的背离，而是潜在国内生产总值本身的变动。这样，经济周期产生的原因就不是总需求引起的实际国内生产总值的变动，而是由其他因素引起的经济潜力，即总供给的变动。第二，它认为市场机制无论是在短期还是在长期中都是完善的，可以自发地调节并使经济实现充分就业均衡。因此，经济周期不是由于市场机制的自发调节引起的，即不在于经济体制内部。第三，它并不否认经济周期的存在，但认为是来自外部的冲击，即一些实际因素引起这种经济周期的。这种外部冲击可以是技术进步、自然灾害、战争或其他突发事件。由于这些冲击没有规律，经济周期也没有规律。第四，当经济因外部冲击而波动时，要靠市场机制自发调节恢复均衡。政府的政策只会加剧波动，而不会有助于稳定，甚至成为引起波动的外部冲击之一。因此，政策结论是放弃政府对经济的干预，让市场机制自发地发挥调节作用。

> “9·11”事件引起的美国经济衰退就是外部冲击引起经济周期的一个例子。

我们以技术进步这种外部冲击为例，说明实际经济周期理论对经济波动的解释。

假设经济原来处于充分就业均衡状态，这时发生了某种技术突破，如出现了人工智能。新的技术突破带来了有利的投资机会，引起投资迅速增加，这就提高了经济的生产能力，并带动整个经济的发展，引起经济繁荣，直到这种技术突破引起的有利投资机会最终消失。如果一个技术突破接着一个技术突破出现，经济就会持续繁荣下去。但技术突破不可能一个接一个出现。当投资逐渐减少时，这时，与繁荣时相比，经济就进入衰退，只有等待下一次技术突破，才有可能再次繁荣。技术突破是间歇性的，经济也会出现繁荣与衰退的交替。其他外部冲击也会引起经济波动。外部冲击可分为有利的冲击与不利的冲击。有利的冲击引起繁荣及以后的衰退，不利的冲击则先引起衰退，而后又逐渐恢复繁荣。无论哪一种冲击都会引起经济周期。这些外部冲击与经济内部的市场机制无关。

实际经济周期理论属于主张自由放任、反对政府干预经济的新古典宏观经济学。

四、关于 20 世纪 30 年代大萧条的争论

20 世纪 30 年代的大萧条已经过去 80 多年了，但经济学家围绕这次大萧条的争论一直没有停止。这种争论不是纯学术性的，是为了更深入地认识引起大萧条的原因，避免这种悲剧的重演。

一种观点认为，引起大萧条的原因是支出的减少。20 世纪 20 年代后期是美国经济极度繁荣的时期，新住房、新工厂不断建设，资本积累迅速增加，股市上涨，但是这种繁荣背后亦有潜在的危机。由于世界经济增长的不平衡，一些国家采取了限制性贸易政策。人们对未来有不确定的感觉。1929 年秋的纽约股市崩溃引发了危机，支出大大减少，投资崩溃，建筑业几乎消失。这就是悲观与不确定性引起的支出减少，包括耐用品消费和投资的减少。这是大萧条发生的真正原因。

另一种观点认为，大萧条发生的更深层的原因是货币供给的大幅度减少。这种货币供给减少并不是由美联储的货币紧缩引起的，因为基础货币并没有减少。货币供给减少的原因在于大量银行破产或停业，不能创造货币。在大萧条之前，经济极度繁荣，银行信贷亦大大增加；但大萧条开始之后，许多企业破产，无力偿还银行债务，这就使银行的银根吃紧，银根吃紧又引发了挤兑风潮，使大量银行破产或停业。银行破产，货币供给减少，企业得不到贷款，更加无法维持，同时又使利率上升，抑制了投资。如果没有银行的破产与货币供给减少，大萧条也不至于如此严重。

经济学家争论大萧条发生的原因，就提出了大萧条会不会重演的问题。大部分经济学家认为发生这种大萧条的可能性很小。这是因为：第一，在制度上有了许多进步。例如，中央银行作为商业银行的“最后贷款人”和存款保险制度防止了银行大量破产。第二，国家加强了对经济的干预，以美国为例，1929 年美国政府的支出仅占国内生产总值的 6%，如今这一比例已上升到 20% 以上。政府的支出增加有利于经济稳定和避免大萧条的出现。第三，经济发生变化，无论个人还是社会，抵抗衰退的能力都加强了。比如，劳动参工率的提高和双职工家庭的增加，使消费维持在一定水平。

历史不会重演，但我们仍然要减少经济周期波动。

参考资料

经济周期理论回顾

我们介绍的是第二次世界大战之后的经济周期理论。实际上经济学家从 19 世

纪中期就开始研究经济周期问题了。了解经济周期理论的发展是有意义的。

第二次世界大战前的经济周期研究集中在两个问题上：第一，整理有关经济周期的历史资料，对经济周期进行分类。第二，研究经济周期出现的原因，提出了各种经济周期理论。

我们先来看根据统计资料对经济周期进行的分类。

1825 年世界上第一次生产过剩危机发生于英国，之后经济学家开始注意并研究这一问题。但是，他们大多把这类危机作为一种独立的事件来研究。1860 年法国经济学家朱格拉在其《论法国、英国和美国的商业危机及其发生周期》一书中提出，危机并不是一种独立的现象，而是经济中周期性波动的三个连续阶段（繁荣、危机、清算）中的一个。这三个阶段反复出现形成周期现象。他对较长时期的工业经济周期进行了研究，并根据生产、就业人数、物价等指标，确定了经济中平均每一个周期为 9 ～ 10 年。这就是中周期，又称为朱格拉周期。美国经济学家汉森把这种周期称为“主要经济周期”，并根据统计资料计算出美国 1795—1937 年共有 17 个这样的周期，其平均长度为 8.35 年。

1923 年，英国经济学家基钦在《经济因素中的周期与趋势》中研究了 1890—1922 年英国与美国的物价、银行结算、利率等指标，认为经济周期实际上有主要周期与次要周期两种。主要周期即中周期；次要周期为 3 ～ 4 年一次的短周期，又称为基钦周期。汉森根据统计资料计算出美国 1807—1937 年共有 37 个这样的周期，其平均长度为 3.51 年。

1925 年，苏联经济学家康德拉季耶夫在《经济生活中的长期波动》中研究了美国、英国、法国和其他一些国家长期的时间序列资料，认为资本主义社会有一种为期 50 ～ 60 年、平均长度为 54 年左右的长期波动。这就是长周期，又称康德拉季耶夫周期。

康德拉季耶夫根据美国、英国、法国一百多年内批发物价指数、利率、工资率、对外贸易量、煤铁产量与消耗量等的变动，认为从 18 世纪末期以后，这些国家的经济经历了 3 个长周期。第一个长周期从 1789 年到 1849 年，上升部分为 25 年，下降部分为 35 年，共 60 年。第二个长周期从 1849 年到 1896 年，上升部分为 24 年，下降部分为 23 年，共 47 年。第三个周期从 1896 年起，上升部分为 24 年，1920 年以后进入下降时期。

1930 年，美国经济学家库兹涅茨在《生产和价格的长期运动》中提出存在一种与房屋建筑业相关的经济周期，这种周期长度为 15 ～ 25 年，平均长度为 20 年。这也是一种长周期，被称为库兹涅茨周期或建筑业周期。

库兹涅茨主要研究了美国、英国、德国、法国、比利时等国从 19 世纪初或中叶到20世纪初60种工农业主要产品的产量和35种工农业主要产品的价格变动的长期时间数列资料。他剔除了在此期间短周期与中周期的变动，着重分析了有关数列资料中反映出的长期消长过程，提出主要工业国家存在长度从15年到25年不等、平均长度为20年的长周期。这种周期与人口增长引起的建筑业增长与衰退相关，是由建筑业的周期性波动引起的。而且，在工业国家中产量增长呈现出渐减的趋势。库兹涅茨提出的长周期受到了经济学界的重视。

美籍奥地利经济学家熊彼特在1939年出版的《经济周期》第一卷中，对朱格拉周期、基钦周期和康德拉季耶夫周期进行了综合分析。

熊彼特认为，每个长周期包括6个中周期，每个中周期包括3个短周期。短周期约为40个月，中周期为9～10年，长周期为48～60年。他以重大的创新为标志，划分了3个长周期。第一个长周期从18世纪80年代到1842年，是“产业革命时期”；第二个长周期从1842年到1897年，是“蒸汽和钢铁时期”；第三个长周期从1897年开始，是“电气、化学和汽车时期”。在每个长周期中仍有中等创新所引起的波动，这就形成若干个中周期。在每个中周期中还有小创新所引起的波动，这就形成若干个短周期。

经济学家基于对经济周期原因的研究提出了一些经济周期理论。

第一，纯货币理论。这种理论认为，经济周期是一种纯货币现象。经济中周期性波动完全是银行体系交替地扩大和紧缩信用所造成的。在发达的资本主义社会，流通工具主要是银行信用。商人运用的资本主要来自银行信用。当银行体系降低利率、扩大信用时，商人就会向银行增加借款，从而增加向生产者的订货。这样就引起生产的扩张和收入的增加，而收入的增加又引起对商品需求的增加和物价上升，经济活动继续扩大，经济进入繁荣阶段。但是，银行扩大信用的能力并不是无限的。当银行体系被迫停止信用扩张，转而紧缩信用时，商人得不到贷款，就减少订货，由此出现生产过剩危机，经济进入萧条阶段。在萧条时期，资金逐渐回到银行，银行可以通过某些途径来扩大信用，促进经济复苏。根据这一理论，其他非货币因素也会引起局部的萧条，但只有货币因素才能引起普遍的萧条。

第二，投资过度理论。这是一种用生产资料的投资过多来解释经济周期的理论。这种理论认为，无论是什么原因引起了投资的增加，这种增加都会引起经济繁荣。这种繁荣首先表现为对投资品（生产资料）需求的增加以及投资品价格的上升。这就更加刺激了对投资品的投资。投资品的生产过多引起消费品生产的减少，从而造成经济结构的失衡。而投资品生产过多必将引起投资品过剩，于是出现生产过剩危机，经济进入萧条。

第三，创新理论。这是一种用技术创新来解释经济周期的理论，由熊彼特提出，属于外生经济周期理论。创新是指对生产要素的重新组合，如采用新生产技术、新的企业组织形式，开辟新产品、新市场等。这种理论首先用创新来解释繁荣和衰退。这就是说，创新提高了生产效率，为创新者带来了盈利，引起其他企业效仿，形成创新浪潮。创新浪潮使银行信用扩大，对投资品的需求增加，引起经济繁荣。随着创新的普及、盈利机会的消失，银行信用紧缩，对投资品的需求减少，这就引起经济衰退。直至另一次创新出现，经济才再次繁荣。

第四，消费不足理论。这是一种历史悠久的理论，主要用于解释经济周期中危机阶段的出现以及生产过剩危机产生的原因，并没有形成解释经济周期整个过程的理论。这种理论的早期代表人物是英国经济学家马尔萨斯和法国经济学家西斯蒙第，近期代表人物是英国经济学家霍布森。这种理论认为，经济中出现萧条与危机是因为社会对消费品的需求赶不上消费品的增长，而消费品需求不足又引起投资品需求不足，进而使整个经济出现生产过剩危机。消费不足的根源主要是国民收入分配不平等所造成的穷人购买力不足和富人储蓄过度。这种理论属于内生经济周期理论。在现代经济学中，属于左翼的激进政治经济学派和新马克思主义者中仍有人运用并发展这种理论。

第五，心理周期理论。这种理论强调心理预期对经济周期各个阶段形成的决定作用。这种理论认为，预期对人们的经济行为有决定性的影响，乐观与悲观预期的交替引起了经济周期中繁荣与萧条的交替。当任何一种因素刺激了投资活动，引起高涨之后，人们对未来预期的乐观程度一般会超过合理的经济考虑下应有的程度。这就导致过多的投资，形成经济过度繁荣。而当这种过度乐观的情绪所造成的错误被察觉以后，其又会变成不合理的过分悲观的预期，由此过度减少投资，引起经济萧条。凯恩斯认为，萧条的产生是由于资本边际效率的突然崩溃，而造成这种崩溃的正是人们对未来的悲观预期。因为这种理论强调了引起人们预期过分悲观或乐观的原因仍然是经济因素，所以，应该属于内生经济周期理论。

第六，太阳黑子理论。这种理论用太阳黑子来解释经济周期。这种理论认为，太阳黑子的活动对农业生产影响很大，而农业生产的状况又会影响工业及整个经济。太阳黑子的周期性决定了经济的周期性。具体来说，太阳黑子活动频繁就使农产品减产，农产品的减产影响到工业、商业、工资、购买力、投资等方面，从而引起整个经济萧条。相反，太阳黑子活动的减少则使农业丰收，整个经济繁荣。他们用长期中太阳黑子活动周期与经济周期基本吻合的资料来证明这种理论。这种理论把经济周期产生的根本原因归结为太阳黑子的活动，是典型的外生经济周期理论。

这些理论为研究经济周期奠定了基础。有些理论至今仍有影响。

关键概念

周期性失业	紧缩性缺口	奥肯定理
通货膨胀	可预期的通货膨胀	不可预期的通货膨胀
需求拉上的通货膨胀	供给推动的通货膨胀	供求混合的通货膨胀
结构性通货膨胀	预期的通货膨胀	膨胀性缺口
菲利普斯曲线	短期菲利普斯曲线	长期菲利普斯曲线
附加预期的菲利普斯曲线	适应性预期	理性预期
经济周期	繁荣	衰退
内生经济周期理论	外生经济周期理论	乘数—加速原理相互作用理论
实际经济周期理论		

内容提要

- 周期性失业是由于总需求不足而引起的短期失业。
- 通货膨胀是价格水平普遍而持续的上升，根据严重程度可以分为爬行的通货膨胀、加速的通货膨胀和超速通货膨胀。
- 可预期的通货膨胀与不可预期的通货膨胀对经济的影响不同。不可预期的通货膨胀对经济更为不利。
- 由于总需求过大或增加过快引起的通货膨胀称为需求拉上的通货膨胀。
- 由于成本增加而引起的通货膨胀称为供给推动的通货膨胀。
- 菲利普斯曲线表示失业和通货膨胀之间存在交替关系。
- 不同经济学流派对菲利普斯曲线作出了不同解释，得出了不同政策结论。
- 新古典综合派认为菲利普斯曲线所表示的失业与通货膨胀的关系在长期与短期中都存在，因此，主张政府干预经济。
- 货币主义根据适应性预期认为，菲利普斯曲线所表示的失业与通货膨胀之间的交替关系短期中存在，长期中不存在，反对政府干预经济。
- 理性预期学派根据理性预期认为，菲利普斯曲线所表示的失业与通货膨胀之间的交替关系短期与长期中都不存在，反对政府干预经济。
- 新凯恩斯主义根据市场不完全性认为，菲利普斯曲线所表示的失业与通货膨胀的交替关系短期中存在，长期中不存在，主张短期中政府应该干预经济。
- 经济周期是繁荣与衰退的交替。

- 乘数—加速原理相互作用理论认为，经济周期是由于投资与国内生产总值相互作用而产生的。
- 外生经济周期理论认为经济周期产生于外部冲击。

思考题

1. 周期性失业与自然失业有什么不同？

2. 在一个经济体中，充分就业的国内生产总值为 8 万亿元，实际国内生产总值为 7 万亿元。这时会发生周期性失业吗？用图形加以说明。

3. 当一个经济体的实际国内生产总值增长率为 4% 时，失业率会如何变动？变动多少？

4. 在一个经济体中，每年通货膨胀率为 20%，且有加快的趋势，这属于哪一种通货膨胀？为什么？这种通货膨胀可以预期吗？

5. 在什么情况下，不可预期的通货膨胀有利于债务人？在什么情况下，不可预期的通货膨胀有利于债权人？解释其原因。

6. 经济学家说通货膨胀是政府向公众变相征收的税收，并称之为“通货膨胀税”。这种说法有道理吗？为什么？

7. 20 世纪 80 年代中期，我国固定投资增加过快引发了较严重的通货膨胀，这属于哪一种通货膨胀？用图形加以说明。

8. 20 世纪 70 年代初，世界石油价格大幅度上升引起美国通货膨胀加剧。这属于哪一种通货膨胀？用图形加以说明。

9. 当考虑到预期时，有两种关于预期的概念：适应性预期和理性预期。根据这两种不同的预期，解释菲利普斯曲线。

10. 为什么信息不对称和市场的不完全性会引起短期中失业与通货膨胀的交替关系？为什么长期中不会有这种关系存在？

11. 投资与国内生产总值的相互影响如何引起经济周期？

12. 外部冲击如何引起经济周期？以生物工程技术和应用的突破来说明这一点。

13. 经济周期可以完全消失吗？经济周期会引起一个经济体崩溃吗？为什么？

第十六章 CHAPTER 16

宏观经济政策

宏观经济学的任务是要说明国家为什么必须干预经济，以及应该如何干预经济，即要为国家干预经济提供理论依据与政策指导。因此，经济政策问题在宏观经济学中占有十分重要的地位。正如美国著名经济学家、诺贝尔经济学奖获得者托宾所说，宏观经济学的重要任务之一就是要研究如何运用中央政府的财政工具和货币工具来稳定经济。本章介绍宏观经济政策。

重点掌握

◎ 财政政策的运用

◎ 赤字财政政策

◎ 货币政策的运用

一般掌握

◎ 宏观经济政策目标

◎ 财政政策的自动稳定器

◎ 货币主义的货币政策

一般了解

◎ 各经济学派在宏观经济政策问题上的争论

◎ 财政政策的挤出效应

◎ 反馈规则与固定规则

第一节 宏观经济政策概况

经济政策是要通过某些手段来达到特定的目标。宏观经济政策是国家进行总量调控，以达到一定目的的手段。本节就介绍宏观经济政策目标、宏观经济政策工具，以及宏观经济政策决策机制。

注意宏观经济理论与政策的关系。

一、宏观经济政策目标

宏观经济政策要对经济进行总量调控，那么，这种调控的具体目标是什么呢？

现在一般经济学家都认为，宏观经济政策应该达到的目标是实现经济稳定，为此要同时达到四个目标：充分就业、物价稳定、减少经济波动和实现经济增长。如果考虑到开放经济，其目标还应该包括国际收支平衡与汇率稳定。

充分就业并不是指人人都有工作。只要消灭了周期性失业就实现了充分就业。换言之，当失业率下降至自然失业率时，就实现了充分就业，因为在任何一个经济体中自然失业都是无法避免的。这种自然失业也是社会可以接受的。

物价稳定不是指通货膨胀率为零，因为通货膨胀率为零要付出较高的失业代价，也是不现实的。物价稳定是维持一个低而稳定的通货膨胀率，这时的通货膨胀率能为社会所接受，也不会对经济产生不利的影响。一般而言，当经济中存在温和的通货膨胀时也就实现了物价稳定。

制定政策目标不能理想化或最优化，要注意兼顾不同目标。

减少经济波动并不是要消灭经济周期。由于经济体系内外各种因素的影响，一个经济体中出现周期性波动是正常的，只要将波动控制在一定范围之内，而且，尽量缩短经济衰退的时间，使衰退程度减少到最低，就达到了目的。

经济增长是指达到一个适度的增长率，这种增长率既要满足社会发展的需要，又应是人口增长和技术进步所能达到的。每个经济体应根据资源和技术进步来确定适度增长率，并考虑环境保护和减少污染问题。这就是我们所说的可持续增长。

这四种经济目标总体上是实现经济稳定所需要的，但从某一定时期来看，它们之间是存在矛盾的。充分就业与物价稳定是矛盾的，根据短期菲利普斯曲线，失业与通货膨胀存在交替关系。要实现充分就业，就必须运用扩张性财政政策和货币政策，而这些政策又会由于财政赤字的增加和货币供给量的增加而引起通货膨胀。减少经济波动有时也要以一定程度的失业或通货膨胀为代价。充分就业与经济增长既有一致的一面，也有矛盾的一面。这就是说，一方面经济增长会提供更多的就业机会，有利于充分就业；另一方面经济增长中的技术进步又会引起资本对劳动的替代，相对地减少生产对劳动的需求，使部分工人，尤其是文化技术水平低的工人失业。此外，物价稳定与经济增长两者也存在矛盾。因为经济增长过程中，通货膨胀是难以避免的。减少经济波动也会影响经济增长。不同的经济政策对某些目标有利，但也会对另一些目标不利，因此如何协调这些目标是一个重要问题。

宏观经济政策目标之间的矛盾，就要求政策制定者或者确定重点政策目标，或者对这些政策目标进行协调。政策制定者在确定宏观经济政策目标时，既要受自己对各项政策目标重要程度理解的影响，考虑国内外政治因素，又要受社会可接受程度的制约。不同流派的经济学家对政策目标有不同的理解。例如，凯恩斯主义经济学家比较重视充分就业与经济增长，而货币主义经济学家则比较重视物价稳定。这些对政策目标的确定都有相当大的影响。从第二次世界大战后美国的实际情况来看，不同时期也有不同的政策目标偏重。例如，在 20 世纪 50 年代的政策目标是兼顾充分就业与物价稳定，在 60 年代的政策目标是充分就业与经济增长，在 70 年代之后则强调物价稳定和四个目标的兼顾。

运用政策调节经济是一门艺术。从政策目标的协调可以体会到这一点。

二、宏观经济政策工具

宏观经济政策工具是用来达到政策目标的手段。一般来说，政策工具是多种多样的，各种政策工具都有自己的作用，但也往往可以达到相同的政策目标。政策工具的选择与运用是一门艺术。在宏观经济政策工具中，常用的有需求管理政策、供给管理政策以及国际经济政策。

1. 需求管理政策

需求管理政策是通过调节总需求来达到一定政策目标的宏观经济政策工具。这也是凯恩斯主义所重视的政策工具。

凯恩斯主义产生于 20 世纪 30 年代大危机时期。这时经济资源严重闲置，总供给不是限制国内生产总值增加的重要因素，经济中的关键问题是总需求不足。凯恩斯主义的国民收入决定理论，在假定总供给无限的条件下说明总需求对国民收入的决定作用。因此，由这种理论所引出的政策工具就是需求管理政策。

需求管理政策是要通过对总需求的调节，实现总需求等于总供给，达到既无失业又无通货膨胀的目标。在总需求小于总供给时，经济中会由于需求不足而产生失业，这时政府就要运用扩张性的政策工具来刺激总需求。在总需求大于总供给时，经济中会由于需求过度而引起通货膨胀，这时政府就要运用紧缩性的政策工具来抑制总需求。需求管理政策包括财政政策与货币政策。

需求管理政策是短期中重要的政策工具。

2. 供给管理政策

20 世纪 70 年代初，石油价格大幅度上升对经济产生严重影响，使经济学家认识到总供给的重要性。总需求—总供给模型分析了总供给对国民收入和价格水平的影响。这样，宏观经济政策工具中就不仅有需求管理政策，而且有供给管理政策。

供给管理政策是要通过对总供给的调节来达到一定的政策目标的宏观经济政策工具。供给即生产。短期中影响供给的主要因素是生产成本，特别是生产成本中的工资成本。长期中影响供给的主要因素是生产能力，即经济潜力的增长。因此，供给管理政策包括控制工资与物价的收入政策、指数化政策，改善劳动力市场状况的人力资源政策，以及促进经济增长的增长政策。

3. 国际经济政策

现实中每一个国家的经济都是开放的，各国经济之间的往来日益密切，相互影响日益深远。一国的宏观经济政策目标中有国际经济关系的内容（国际收支平衡），其他目标的实现不仅有赖于国内经济政策，而且有赖于国际经济政策。因此，宏观经济政策中也应该包括国际经济政策，或者说政府对经济的宏观调控包括对国际经济关系的调节。

本章主要介绍需求管理政策，即财政政策和货币政策。

三、宏观经济政策决策机制

在西方国家，宏观经济政策是在政治领域内决定的，参与决策过程的有选民、议会、政府与中央银行。这些决策主体相互制约、相互协商，共同决定宏观政策。

选民是决策的基础，但并不直接参与决策。他们的作用在于选出议员和总统。他们的投票决定了议员和总统当选与否，因此，他们的意愿最终决定政策走向。

经济政策的直接决策者是议会、政府与中央银行。其中议会与政府决定财政政策，中央银行独立决定货币政策。

财政政策的决策过程是先由政府（总统作为代表）提出财政政策方案，然后由议会讨论并按多数原则通过。议会通过后由总统签署，交由财政部实施。

> 政策决策机制与政治体制相关。

中央银行独立决定货币政策，政府与总统无权干预。中央银行责任人（如美联储主席和理事）由总统提名，议会通过。但一经任命，政府与总统就无法干预其决策。中央银行的独立性是保证货币政策决策独立性的基础。

这种决策机制有两个特点：民主化与科学化。民主化的实质在于权力的制约，而不是多数原则（在多数原则下可能出现多数暴政——别忘了当年希特勒也是由多数德国人选举为总理的，但他们对希特勒的法西斯独裁没有任何制约，所以，它不是民主，是多数暴政引起的独裁）。宏观决策的民主化有助于减少政策失误（民主制并不能得出最好的结果，而是能减少失误。例如，民主选举不一定能选出最好的人，但可以避免选出最差的人）。这种民主化体现为两点：第一，财政政策与货币政策分别由不同部门决策，这两种政策可以互相制约，当然也能互相合作。第二，财政政策由政府与议会决策，双方相互制约，减少了失误。民主决策不仅可以避免较大的失误，而且能通过这种过程协调解决社会各个利益集团的矛盾。

注意民主决策的机制重在对权力的制衡。

政策决策民主化是政治民主化的体现。

决策的科学化指专家在决策中起了重要的作用。白宫经济顾问委员会由三名专家任委员，并下设一个经济专家顾问机构，该委员会是政府政策的制定者。议会有预算办公室，亦由专家组成，向议员提供咨询建议。中央银行（美联储）亦有专家进行分析与建议工作。这些专家在宏观经济决策中发挥专业特长，从而使经济政策决策的失误减少。

参考资料

宏观经济政策的发展与演变

自 20 世纪 30 年代以来，宏观经济政策的发展大致经历了三个阶段。

从 20 世纪 30 年代到第二次世界大战前是第一阶段。20 世纪 30 年代的经济大危机迫使各国政府走上了国家干预经济的道路。凯恩斯在 1936 年出版的《就业、利息和货币通论》，正是要为这种干预提供理论依据。这一时期是宏观经济政策的试验时期，其中最全面且成功的试验是美国罗斯福总统的“新政”。

第二次世界大战以后，宏观经济政策的发展进入第二个阶段。1944 年英国政府发布的《就业政策白皮书》和 1946 年美国政府通过的《就业法》，都把实现充分就业、促进经济繁荣作为政府的基本职责。这标志着国家开始全面而系统地干预经济，宏观经济政策的发展进入一个新时期。这一时期的宏观经济政策是以凯恩斯主义为基础的，主要政策工具是财政政策与货币政策。

20 世纪 70 年代初，西方国家相继出现了高通货膨胀率与高失业率并存的滞胀局面。这就迫使它们对国家干预经济的政策进行反思，于是，宏观经济政策的发展进入第三个阶段。在这个阶段，最重要的特征是自由放任思潮的复兴。自由放任思潮主张减少国家干预，加强市场机制的调节作用。因此，经济政策的自由化和多样化，成为宏观经济政策的重要特点。

值得注意的是，1992 年美国总统克林顿上台后，又强调了国家干预经济，希望依靠国家的力量振兴美国经济。这是又一次加强国家干预经济的一个信号。以后的奥巴马政府和特朗普政府都根据经济形势对经济政策进行了调整。欧洲国家无论谁当政，也都会根据经济形势调整政策。政策变化的关键是在国家多干预与市场多自由之间取舍。根据这个总体思路，就可以理解各国政策的变化。

第二节 财政政策

在凯恩斯主义出现之前，财政政策的目的是为政府的各项开支筹集资金，以实现财政收支平衡，它所影响的主要是收入分配，以及资源在私人部门与公共部门之间的配置。在凯恩斯主义出现之后，财政政策被作为需求管理的重要工具，以实现既定的政策目标。这种财政政策包含三个相互关联的选择：第一，选择开支政策，即开支多少，以及用于哪些方面的开支。第二，征税，即征收多少税，以及采用何种手段征税。第三，赤字政策，即确定赤字的规模和分配。

注意有国家就有财政政策。但作为调节经济工具的财政政策不同于一般意义上的财政政策。

一、财政政策的内容与运用

财政政策是通过政府支出与税收来调节经济的政策。财政政策的主要内容包括政府支出与税收。政府支出包括政府公共工程支出（如政府投资兴建基础设施）、政府购买（政府对各种产品与劳务的购买），以及转移支付（政府不以取得产品与劳务为目的的支出，如各种福利支出等）。政府税收主要是个人所得税、企业所得税和其他税收。

财政政策就是要运用政府开支与税收来调节经济。具体来说，在经济萧条时期，总需求小于总供给，经济中存在失业，政府就要通过扩张性财政政策来刺激总需求，以实现充分就业。扩张性财政政策是通过增加政府支出和减少税收来刺激经济的政策。政府公共工程支出与购买的增加有利于刺激私人投资，转移支付的增加可以增加个人消费，这样就会刺激总需求。减少个人所得税（主要是降低税率）可以使个人可支配收入增加，从而使消费增加；减少企业所得税可以使企业收入增加，从而使投资增加，这样也会刺激总需求。在经济繁荣时期，总需求大于总供给，经济中存在通货膨胀，政府则需要通过紧缩性财政政策来抑制总需求，以实现物价稳定。紧缩性财政政策是通过减少政府支出与增加税收来抑制经济的政策。政府公共工程支出与购买的减少有利于抑制投资，转移支付的减少可以减少个人消费，这样就抑制了总需求。增加个人所得税（主要是提高税率）可以使个人可支配收入减少，从而使消费减少；增加企业所得税可以使企业收入减少，从而使投资减少，这样也会抑制总需求。

在20世纪50年代，美国等西方国家就是采取了这种“逆经济风向行事”的财政政策，其目的在于实现低失业率且无通货膨胀的经济稳定。

二、内在稳定器

某些财政政策由于其本身的特点，具有自动调节经济使经济稳定的机制，被称为内在稳定器或者自动稳定器。

具有内在稳定器作用的财政政策，主要是个人所得税、企业所得税，以及各种转移支付。个人所得税与企业所得税有其固定的起征点和税率。当经济萧条时，由于收入减少，税收也会自动减少，从而抑制消费的减少与投资的减少，有助于减轻经济萧条的程度。当经济繁荣时，由于收入增加，税收也会自动增加，从而抑制消费的增加与投资的增加，有助于减轻由于需求过大而引起的通货膨胀。失业补助与其他福利支出这类转移支付，有其固定的发放标准。当经济萧条时，由于失业人数和需要其他补助的人数增加，这类转移支付会自动增加，从而抑制消费的减少与投资的减少，有助于减轻经济萧条的程度。当经济繁荣时，由于失业人数和需要其他补助的人数减少，这类转移支付会自动减少，从而抑制消费的增加与投资的增加，有助于减轻由于需求过大而引起的通货膨胀。

这种内在稳定器能够自动地发生作用，调节经济，无须政府作出任何决策，但是这种内在稳定器调节经济的作用是十分有限的。它只能减轻萧条或通货膨胀的程度，并不能改变萧条或通货膨胀的总趋势；只能对财政政策起到自动配合的作用，并不能代替财政政策。因此，尽管某些财政政策具有内在稳定器的作用，但仍需要政府有意识地运用财政政策来调节经济。

> 注意内在稳定器的自发性与作用的有限性。

三、赤字财政政策

在经济萧条时期，财政政策是增加政府支出，减少政府税收，这样就必然出现财政赤字，即政府收入小于支出。凯恩斯认为，财政政策应该为实现充分就业服务，因此，政府必须放弃财政收支平衡的旧信条，实行赤字财政政策。20世纪60年代，美国的凯恩斯主义经济学家强调要把财政政策从害怕赤字的框框下解放出来，以充分就业为目标来制定财政预算，而不管是否有赤字。这样，赤字财政政策就成为财政政策的一项重要内容。

凯恩斯主义经济学家认为，赤字财政政策不仅是必要的，而且是可能的。这是因为：第一，债务人是国家，债权人是公众。国家与公众的根本利益是一致的。政府的财政赤字是国家欠公众的债务，也就是自己

> 注意这两种筹资方式的区别。

欠自己的债务。第二，政府的政权是稳定的，这就保证了债务的偿还是有保证的，不会引起信用危机。第三，债务用于发展经济，使政府有能力偿还债务，弥补赤字。这就是通常说的“公债哲学”。

政府实行赤字财政政策是通过发行债券来进行的。债券卖给不同的人就有了不同的筹资方法。如果把债券卖给中央银行，称为货币筹资。因为中央银行可以把政府债务作为准备金发行货币。这种方法的好处是政府不必还本付息，从而减轻了政府的债务负担。但缺点是会增加货币供给量，引起通货膨胀。如果把债券卖给中央银行以外的其他人，如个人、企业、商业银行等，称为债务筹资。这时，政府的债券相当于向公众借钱的借据。这种筹资方法相当于向公众借钱，不会增加货币量，也不会直接引发通货膨胀，但政府必须还本付息，背上沉重的债务负担。政府不能仅用一种方法筹资，因为货币筹资过多会增加通货膨胀压力；债务筹资过多会使财政负担加剧，而且公众会拒绝购买，现实中往往是政府交替地用这两种方法为赤字筹资。

赤字财政政策的确短期中可以刺激经济，尤其可以较快地使经济走出衰退，但赤字财政政策有几个问题：第一，赤字财政政策会引发通货膨胀，因为这是用货币筹资的必然结果。第二，用债务筹资减少了私人储蓄，对长期经济增长不利。第三，只有市场机制有活力，赤字财政政策才有作用。仅仅靠赤字财政政策使经济持久繁荣是不可能的，而且长期用赤字财政政策会引起赤字依赖症。所以，经济学家认为，赤字财政政策可以用，但要有限制，债务与国内生产总值，以及债务增长与国内生产总值之间要保持一定比例。

四、财政政策的挤出效应

财政政策的挤出效应是指，政府开支增加所引起的私人支出减少，即以政府开支代替了私人开支。这样，扩张性财政政策刺激经济的作用就被减弱。财政政策的挤出效应存在的最重要原因就是政府支出增加引起利率上升，而利率上升会引起私人投资与消费减少。我们可以用图 16-1 来说明财政政策的挤出效应。

图 16-1 是 *IS*-*LM* 模型，当 *IS* 曲线为 IS_0 时，IS_0 与 *LM* 相交于 E_0，决定了国内生产总值为 Y_0，利率为 i_0。政府支出增加，即自发总需求增加，*IS* 曲线从 IS_0 向右上方平行移动至 IS_1，IS_1 与 *LM* 相交于 E_1，国内生产总值为 Y_1，利率为 i_1。在政府支出增加，从而使国内生产总值增加的过程中，由于货币供给量没变（*LM* 曲线没有变动），而货币需求随国内生产总值的增加而增加，引起利率上升。这种利率上升就减少了私人的投资与消费，即一部分政府支出的增加实际上只是对私人支出的替代，并没有起到增加国内生产总值的作用。这就是财政政策的挤出效应。从图 16-1 中还可以看出，如果利率仍为 i_0 不变，那么国内生产总值应该增加为 Y_2。$Y_2 - Y_1$ 就是由于挤出效应所减少的国内生产总值增加量。

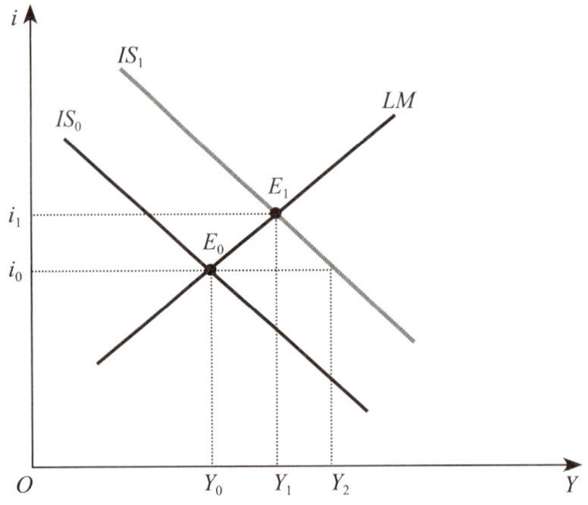

图 16-1 财政政策的挤出效应

财政政策的挤出效应的大小取决于多种因素。在实现了充分就业的情况下，挤出效应最大，即挤出效应为 1，也就是政府的支出增加等于私人支出的减少，扩张性财政政策对经济没有任何刺激作用。在没有实现充分就业的情况下，挤出效应一般大于 0 而小于 1，其大小主要取决于政府支出增加所引起的利率上升幅度的大小。利率上升幅度大，则挤出效应大；反之，利率上升幅度小，则挤出效应小。

各经济学派对财政政策的挤出效应的大小看法不同。凯恩斯主义者认为，财政政策的挤出效应不大，所以，财政政策有刺激经济的作用。这是因为，他们认为，货币需求会对利率变动作出反应。这就是说，由于货币投机需求存在，所以，当利率上升时，货币需求会减少。在货币供给不变的情况下，当财政政策引起利率上升时，货币需求减少。这就会抑制利率的进一步上升，甚至会使利率有所下降，从而利率上升有限，挤出效应小。货币主义者认为，财政政策的挤出效应大，甚至是 1，所以财政政策效用不大，甚至无用。他们认为，货币需求只取决于收入，而不取决于利率，即货币需求对利率变动没有什么反应。这样，利率上升并不会使货币需求减少，从而利率的上升就会引起挤出效应，使财政政策起不到刺激经济的作用。

案例研究

美国第二次世界大战后财政政策的运用

美国在第二次世界大战后长期运用财政政策刺激经济，研究这一问题可以加深我们对财政政策的理解。

第二次世界大战以后，美国加大了政府对宏观经济的调节。在 20 世纪 50 年代，美国的宏观经济政策以稳定为中心，运用的是补偿性财政政策，这种政策是在经济萧条时期增加政府支出，减少税收，使财政有赤字；而在经济繁荣时期减少政府支出，增加税收，使财政有盈余。美国政府希望借此求得长期的财政预算平衡。在 1952 年到 1960 年的 8 年中，美国财政 5 年有赤字，3 年有盈余，赤字最多时也只是 125 亿美元。但与此相对应，美国经济处于缓慢增长状态。这一时期美国总统是艾森豪威尔，因此，这一时期被称为“艾森豪威尔停滞”。

20 世纪 60 年代以后，为了实现充分就业与经济增长，财政政策则以扩张性财政政策为基调，强调通过增加政府支出与减税来刺激经济。特别是在 1962 年肯尼迪政府时期，美国曾进行了全面的减税。个人所得税税率减少 20%，最高税率从 91% 降至 65%，企业所得税税率从 52% 降到 47%，政府还采取了加速折旧、投资减税优惠等变相的减税政策。这些对经济起到了有力的刺激作用，带来 60 年代美国经济的繁荣。但与此相对应，美国的财政赤字大幅度增加。

20 世纪 70 年代是美国经济的停滞时期，面对高通货膨胀率和高失业率，赤字财政的运用有所控制。同时，美国财政政策的运用中又强调了微观化，即对不同的部门与地区实行不同的征税方法，制定不同的税率，个别地调整征税范围，以及调整政府对不同部门与地区的拨款、支出政策，以求获得经济的平衡发展。

20 世纪 80 年代里根政府上台之后，制定了以供给学派理论为依据的经济政策，其中最主要的一项也是减税。但应该指出的是，供给学派的减税不同于凯恩斯主义的减税。凯恩斯主义的减税是为了刺激消费与投资，从而刺激总需求；而供给学派的减税是为了刺激储蓄与个人工作的积极性，以刺激总供给。减税政策刺激了经济，但由于减税的同时无法大量减少政府支出，这就使财政赤字大幅度增加。

1981—1992 年的 12 个财政年度中，美国的财政赤字金额总计达到 22 724 亿美元。同期，美国的国债从 9 085 亿美元猛增至 39 700 亿美元。国债占国内生产总值的比例，从 1981 年的 26.5% 上升到 1992 年的 51.5%，1992 年当年的赤字达 2 920 亿美元。如果不采取得力的措施，之后美国每年的赤字都会达到 3 000 亿美元。正因为如此，消灭赤字、实现财政收支平衡是美国政府的愿望，但没有一届政府能实现这一愿望。里根上任时，曾讥讽他的前任使美国的国债达到了这样的程度：如果将每张票面值为 1 000 美元的钞票摞在一起，其高度可达 67 英里（1 英里≈1.61 千米）。里根一再声称要解决这一问题，但实际上到 1983 年年底，里根已把这一纪录加高到近 100 英里。

1992 年克林顿上台之后，更多地运用货币政策刺激经济。为了减少财政赤字，克林顿采用了有限度的紧缩性财政政策，增加税收并减少政府支出。这种政策使赤字减少，甚至在 1997—1998 年度实现了当年财政收支略有盈余。

2000 年小布什上台后为了刺激经济，又实行减税，对经济亦起到刺激作用，使美国经济走出 20 世纪 80 年代以来的衰退。

政策的运用是一门艺术，美国政府在实践中变换政策，总体上起到了积极作用。

第三节　货币政策

货币政策在宏观经济政策中的作用是不断加强的。凯恩斯认为，由于人们心理上对货币的偏好，利率的下降是有一定限度的，所以，依靠降低利率来刺激私人投资的货币政策的效果是有限的。宏观经济政策的重点在于财政政策，尤其是大规模的公共工程投资。20 世纪 60 年代以后，美国的凯恩斯主义经济学家强调货币政策与财政政策同样重要，主张双管齐下，以促进经济繁荣。在 70 年代后期，由于通货膨胀严重，西方各国又采用了货币主义经济学家所主张的控制货币供给量的政策。90 年代之后，克林顿政府又更多地运用货币政策来刺激经济并取得了成功。

> 货币政策由中央银行运用。

一、凯恩斯主义的货币政策

从 *IS*－*LM* 模型的分析中可以看出，货币供给量的变动影响利率，利率的变动通过对投资和总需求的影响而影响国内生产总值。这一分析正是凯恩斯主义货币政策的理论基础。由此出发，货币政策的直接目标是利率。

1. 货币政策的机制

凯恩斯主义货币政策是要通过对货币供给量的调节来调节利率，再通过利率的变动来影响总需求的货币政策。这样，凯恩斯主义货币政策的机制就是：货币量→利率→总需求。

在这种货币政策中，政策的直接目标是利率，利率的变动通过货币量的调节来实现，所以调节货币量是手段。调节利率的目的是要调节总需求，所以总需求变动是政策的最终目标。

> 回忆货币在经济中的作用。

因此可以看出，要了解凯恩斯主义货币政策的机制就必须弄清两个问题：第一，货币量如何影响利率；第二，利率如何影响总需求。

凯恩斯主义之所以认为货币量可以调节利率，是以人们的财富只有货币与债券这两种形式的假设为前提的。在这一假设之下，债券是货币的唯一替代物，人们在保存财富时只能在货币与债券之间作出选择。持有货币无风险，但也没有收益；持有债券有收益，但也有风险。人们在保存财富时总要使货币与债券两者保持一定的比例。如果货币供给量增加，人们就要以货币购买债券，债券的价格就会上升；反之，如果货币供给量减少，人们就要抛出债券以换取货币，债券的价格就会下降。根据下列公式：

$$债券价格=\frac{债券收益}{利率}$$

这就是说，债券价格与债券收益成正比，与利率成反比。因此，货币量增加，债券价格上升，利率下降；反之，货币量减少，债券价格下降，利率上升。

利率的变动影响投资。投资是总需求中重要的一部分，因此会影响总需求和国内生产总值。

我们可以用图 16−2 说明凯恩斯主义货币政策的机制。

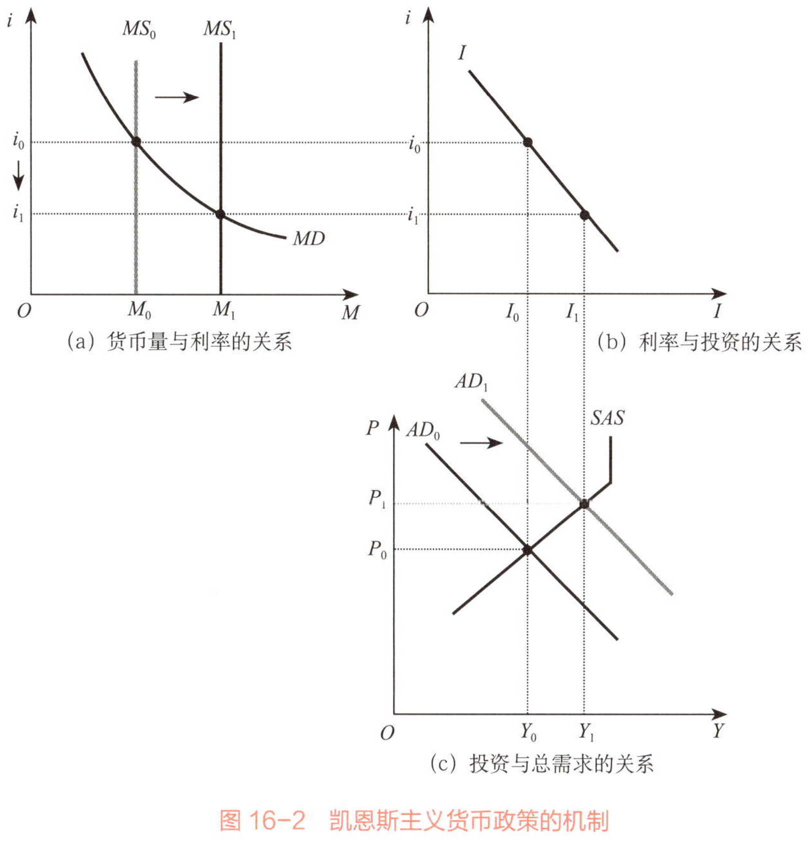

图 16−2　凯恩斯主义货币政策的机制

图 16−2（a）说明货币市场均衡决定利率。当货币供给从 MS_0 增加到 MS_1 时，利率由 i_0 下降为 i_1，即中央银行运用货币政策增加货币量，降低利率。

图 16−2（b）说明利率下降使投资从 I_0 增加到 I_1，即利率下降对投资的影响。

图 16-2（c）用总需求—总供给模型说明投资增加使总需求增加，即从 AD_0 增加到 AD_1，国内生产总值从 Y_0 增加到 Y_1。

这就是扩张性货币政策发生作用的机制。

中央银行运用货币政策直接调控的是货币供给量。它控制货币供给量的工具就是以前介绍的公开市场活动，改变贴现率和改变准备金率。最常用的是公开市场活动，即通过在金融市场上买卖政府债券来调节货币供给量。

2. 货币政策的运用

在不同的经济形势下，中央银行要运用不同的货币政策来调节经济。

在萧条时期，总需求小于总供给，为了刺激总需求，政府就要运用**扩张性货币政策，即增加货币供给量、降低利率、刺激总需求的货币政策**。其中包括在公开市场上买进有价证券、降低贴现率并放松贴现条件、降低准备金率等。这些政策可以增加货币供给量，降低利率，刺激总需求。

在繁荣时期，总需求大于总供给，为了抑制总需求，政府就要运用**紧缩性货币政策，即减少货币供给量、提高利率、抑制总需求的货币政策**。其中包括在公开市场上卖出有价证券、提高贴现率并严格贴现条件、提高准备金率等。这些政策可以减少货币供给量，提高利率，抑制总需求。

二、货币主义的货币政策

货币主义的货币政策并不属于需求管理。为了使读者对宏观经济政策的货币政策有较全面的了解，我们对这一政策作一些简单的介绍。

> 20 世纪 80 年代，美国里根政府和英国撒切尔政府都运用了这种货币政策。

货币主义的货币政策在传递机制上与凯恩斯主义的货币政策不同。货币主义的基础理论是现代货币数量论，即认为影响国内生产总值与价格水平的不是利率而是货币量。货币量直接影响国内生产总值与价格水平这一机制的前提是人们的财富具有多种形式——货币、债券、股票、住宅、珠宝、耐用消费品等。这样，人们在保存财富时就不仅是在货币与债券中作出选择，而是在这各种财富的形式中进行选择。在这一假设之下，货币供给量的变动主要并不是影响利率，而是影响各种形式的资产的相对价格。在货币供给量增加后，各种资产的价格上升，从而直接刺激生产，在短期中使国内生产总值增加，以后又会使整个价格水平上升。

货币主义者反对把利率作为货币政策的目标。因为货币供给量的增加只会在短期中降低利率，而其主要的影响还是提高利率。首先，货币供给量的增加使总需求增加，总需求增加一方面增加了货币需求量，另一方面提高了价格水平，从而减少了货币的实际供给量，这两种作用的结果就是利率提高。其次，利率还要受到人们对通货膨胀预期的影响。这也就是说，名义利率等于实际利率加预期的通货膨胀率。货币供给量的增加提高了预期的通货膨胀率，从而提高了名义利率。因此，货币政策无法限定利率，利率是一个会把人们引入歧途的指标。

货币主义者还认为，货币政策不应该是一项刺激总需求的政策，而应该作为防止货币本身成为经济失调的根源的政策，为经济提供一个稳定的环境，并抵消其他因素所引起的波动。因此，货币政策不应该是多变的，应该以控制货币供给量为中心，即根据经济增长的需要，按一固定比率增加货币供给量，这也被称为“简单规则的货币政策”。这种政策可以制止通货膨胀，为经济的发展创造一个良好的环境。

近年来在许多国家出现的一种趋势是中性货币政策。所谓中性货币政策，是指不用货币政策去刺激、抑制经济，而是使货币在经济中保持中性，这就是把货币政策的重点放在稳定物价上。换言之，货币政策的目的不是实现充分就业、经济增长，而是稳定物价，为市场机制的正常运行创造一个良好的环境。与这种政策相关，中央银行的趋势是提高独立性，使之不受政府的干扰，以更好地实现中性货币政策和物价稳定。

案例研究

格林斯潘与美国货币政策

在美国甚至全世界，曾任美联储主席的格林斯潘的一言一行都备受关注。他曾被认为是美国仅次于总统的第二号人物，在经济方面甚至比总统的地位还高。他知道自己“一言可以兴邦，一言可以废邦”，说话格外谨慎，习惯于用一种故意让人不明其意的“美联储语言”，以至于用这种语言向女友求婚，女友都没听懂，婚事拖了好几年。

格林斯潘为什么有如此大的影响力呢？这来自两个方面：一是货币政策在美国经济中的重要性及美国经济在世界上的地位；二是美联储的独立性及决策权。

美国政府一直运用财政政策与货币政策调节经济，但总的趋势是货币政策的作用在不断加强，而财政政策的作用相对下降。这是因为，加拿大经济学家芒德尔证明了，在资本自由流动和浮动汇率的情况下，货币政策对国内宏观经济的影响要大于财政政策。在 20 世纪 90 年代，克林顿政府就是主要靠货币政策实现了经济繁荣与物价稳定。这种政策的主要制定者正是格林斯潘。在世界上，美国经济是世界经济的领头羊，“美国感冒，全世界打喷嚏”。这样，对美国经济影响重大的人，必定也是对世界经济影响重大的人。

格林斯潘的地位还与美联储的独立性相关。美联储的最高领导机构的成员由总统任命，并得到议会批准的 7 名理事会成员组成，每位成员任职 14 年，每 2 年更换一位。理事会主席即美联储主席由总统任命并得到议会批准，任期 4 年。决定货币政策的机构是联邦公开市场委员会，由美联储 7 名理事和 12 位地区联邦储备银行总裁组成（其中 5 位有投票权，除纽约联邦储备银行总裁外，其他 4 位轮流行权）。这些地区联邦储备银行总裁并不是由政府任命，而是通过选举产生的。格林斯潘也是联邦公开市场委员会的主席。货币政策由美联储的联邦公开市场委员会决定，不受议会和政府干预。因而，美联储的这种独立性也加强了格林斯潘的地位。

格林斯潘自 1987 年以来先后由老布什、克林顿和小布什任命为美联储主席，可见他在美国货币政策的决定中起了至关重要的作用。

第四节　宏观经济政策争论

经济学家对于宏观经济政策问题存在激烈而尖锐的争论。这种争论的中心是政府应不应该用经济政策来稳定经济。这就体现在关于反馈规则与固定规则的争论上。

一、反馈规则：相机抉择

反馈规则指政策行为要对经济状态的变动作出反应，即根据经济状况的变动制定相应的稳定经济的政策。

> 请回想宏观经济学中两派的争论。

在采用反馈规则时，制定经济政策的方法称为相机抉择。**相机抉择**是指政府在运用宏观经济政策调节经济时，可以根据市场情况和各种调节措施的特点，机动地决定和选择当前究竟应采取哪一种或哪几种政策措施。

宏观财政政策与宏观货币政策各有自己的特点。它们的猛烈程度不同，如政府支出的增加与法定准备金率的调整作用都比较猛烈；税收政策与公开市场活动的作用都比较缓慢；政策效应的时延不一样，如货币政策可以由中央银行决定，作用快一些，财政政策从提案到议会讨论、通过，要经过相当长的一段时间；政策产生影响的范围大小不一样，如政府支出政策的影响面就大一些，公开市场活动的影响面则小一些；政策受到阻力的大小也不同，如增税与减少政府支出的阻力较大，而货币政策一般来说遇到的阻力较小。因此，在需要进行调节时，究竟应采取哪一项政策，或者如何对不同的政策手段进行搭配使用，并没有一个固定不变的程式，政府可以根据不同的情况灵活地决定。

这种对政策的配合在于要根据不同的经济形势采取不同的政策。例如，当经济发生严重的衰退时，政府就不能运用作用缓慢的政策，而是要运用作用猛烈的政策，如紧急增加政府支出或开展公共工程；相反，当经济开始出现衰退的苗头时，政府不能用作用猛烈的政策，而要采用一些作用缓慢的政策，如有计划地在金融市场上收购债券以缓慢地增加货币供给量，降低利率。

> 主张国家干预经济的经济学家都主张用反馈规则。

相机抉择的实质是灵活地运用各种政策，其所包括的范围相当广泛，如在什么情况下不用采用政策措施，可以依靠经济本身的机制自发地调节；在什么情况下必须采用政策措施等。这些都属于运用政策的技巧。

经济学家认为，运用反馈规则有利于经济尽快克服衰退或通货膨胀。我们用图 16-3 来说明反馈规则政策的有效性。

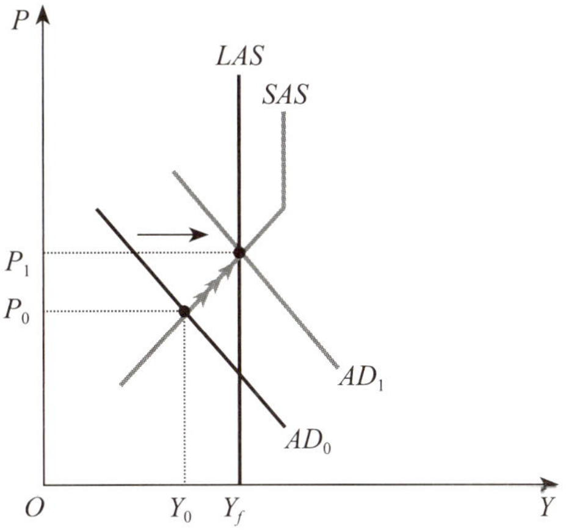

图 16-3　反馈规则

在图 16-3 中，原来的总需求为 AD_0，AD_0 与短期总供给曲线 SAS 相交时决定的国内生产总值为 Y_0，Y_0 小于充分就业的国内生产总值 Y_f，经济处于衰退状态。

如果政府不采取任何政策，经济也会沿着向右上方倾斜的箭头逐渐上升到 AD_1 的水平。这种总需求的增加是通过市场机制的自发调节实现的，所需要的时间比较长。比如，在存在衰退时，物价水平较低，这会刺激消费（实际财产效率）和投资（利率效应，以及企业购买投资品较为合适）增加，也有利于出口（本国物品价格下降而外国物品价格未变），从而总需求逐渐增加到 AD_1。由于这个自发的过程较长，经济要经历较长时间衰退的折磨，付出失业率提高等代价。

如果政府采取扩张性政策，总需求曲线沿图中的箭头迅速增加到 AD_1，衰退可以较为迅速地结束。相机抉择就是考虑使用什么政策或哪些政策的配合能更好地走出衰退。

二、固定规则：以不变应万变

固定规则是所采用的经济政策不取决于经济状况，无论经济进入衰退还是繁荣，经济政策都不会改变。例如，货币主义提出的简单规则货币政策，即按一个固定比率增加货币供给量，无论经济发生什么变动，这个比率都不变，这就是一种固定规则的政策。所以，这种规则的中心是以不变应万变。

反对国家干预经济的经济学家主张用固定规则。

主张固定规则的经济学家认为，从理论上说，反馈规则可以及时使经济走出衰退，当然是好的。但由于经济政策实施中存在一些问题，可能会产生意想不到的结果。

1. 政策时延问题

任何一项政策，从决策到在经济中达到预期的目标都会有一定的时间间隔，这种时间间隔就叫政策时延。这种政策时延的长短，对政策能否达到预期的目标有重要的影响。政策时延可以分为内在时延与外在时延。内在时延是指从经济中发生了引起不稳定的变动到决策者制定出适当的经济政策并付诸实施之间的时间间隔。其中包括从经济中发生了引起不稳定的变动到决策者认识到有必要采取某种政策的认识时延，从认识到有必要采取某种政策到实际作出决策的决策时延以及从作出决策到政策付诸实施的实施时延。外在时延是指从政策实施到政策在经济中完全发生作用，达到预期目标之间的时间间隔。各种宏观经济政策的时延是不同的。一般来说，财政政策从决策、批准到实施，需要经过许多中间环节，内在时延较长，但其作用比较直接，见效快，外在时延较短。货币政策由中央银行直接决定，所经过的中间环节少，内在时延较短，但它的作用比较间接，外在时延就较长。缩短政策时延使政策更快地发生作用是十分必要的。但是时延是客观存在的，无法消除。这样，政府在决定政策时一定要考虑到各种政策时延，以防政策无法达到预定的目标。

2. 预期问题

这种预期包括决策者对未来经济走势的预期与公众的预期。一方面，一种正确的决策要建立在正确预期的基础之上。但由于信息不充分或对经济运行规律认识欠深入，要作出完全正确的预期是困难的，甚至是不可能的。如果根据错误的预期作出错误的政策，还不如没有政策。另一方面，政策效应如何还取决于公众对政策本身和经济形势的预期以及他们所作出的反应。任何一项政策无论多么合理，都需要有公众的配合。没有公众的配合及积极反应，政策很难起到它应有的作用。例如，如果公众认为政策的变动只是暂时的，从而不对政策作出反应，那么，政策就很难达到预期的目标。例如，如果公众认为某次减税只是暂时的、一次性的，那么，他们就不会由于这次减税增加消费或投资，从而减税也就起不到刺激总需求的作用。再假定，如果公众认为未来的经济会发生严重衰退，这样，即使政府减税，公众也不会增加消费或投资，减税也就起不到刺激总需求的作用。只有公众认为政策是一种长期的政策，并与政府有大致相近的经济预期时，他们才会配合政策，使政策发挥作用，达到预期的效应。但要公众作出正确的预期，自动配合政府又是困难的，这就使政策的实施有时得不到公众的配合，从而使政策难以完全达到预期的目标。

3. 非经济因素对政策的影响

经济政策不是孤立的，它要受到许多因素，特别是国内外政治因素的影响。这首先在于制定政策时应考虑的不仅有经济因素，而且有政治因素，有时政治因素比经济因素还重要。例如，在大选前夕，尽管经济中已出现通货膨胀，但本届总统为了连选连任，一般不会采取紧缩性政策。因为紧缩性政策会使失业增加，经济萧条会对其当选带来不利的影响。其次，政策在实施中也会由于各种因素的影响，而难以达到预期的目标。例如，减少政府支出的政策会遇到受此影响的企业集团与工人，以及接受政府补助的穷人的反对或抵制。政府出于政治上的考虑，也会减少或中止这种政策，从而原定政策难以达到预定的目标。此外，国际政治关系的变动，某些重大事件的发生，甚至意想不到的自然灾害，都会影响政策的实施与效果。

由于有这样一些因素在起作用，有时目的在于稳定经济的政策，结果变成经济波动的根源。根据反馈规则不断作出政策调整很可能破坏经济本身的稳定性。

支持固定规则的经济学家认为，如果衰退不是来自总需求，而是来自总供给，反馈规则则会引起供给推动的通货膨胀。我们可以用图 16-4 来说明。

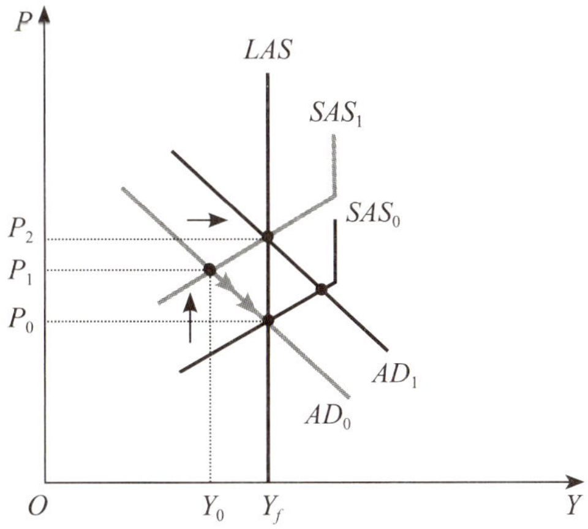

图 16-4　反馈规则的结果

在图 16-4 中，由于生产成本增加，短期总供给曲线从 SAS_0 移动到 SAS_1，这时，物价水平由 P_0 上升为 P_1，国内生产总值从充分就业的水平 Y_f 减少为 Y_0，经济中出现了滞胀。

这时，如果采用固定规则，即不改变既定的政策，市场机制会自发地调节。这时，存在失业，失业的压力使工资下降，工资下降就是成本下降，因此短期总供给曲线沿着向右下方倾斜的箭头最终回到 SAS_0，又恢复到以前的水平，即实际国内生产总值为 Y_f、物价水平为 P_0 的充分就业均衡。

如果政府采用反馈规则，增加总需求，即总需求曲线从 AD_0 向右移动至 AD_1，这时可以较快地实现充分就业的国内生产总值 Y_f，但物价水平从 P_0 上升为 P_2，短期总供给曲线不会从 SAS_1 回到 SAS_0，这就产生了供给推动的通货膨胀。

结论是：无论经济波动来自总需求还是总供给，依靠市场自发调节要优于政策调节，固定规则政策优于反馈规则政策。

三、宏观经济政策之争的实质

反馈规则与固定规则之争的实质是政府要不要干预经济。

主张反馈规则的经济学家是凯恩斯主义者。他们认为市场机制的调节作用是不完善的，短期中市场机制无法发挥作用，经济中必然出现失业或通货膨胀。尽管长期中经济可以依靠市场机制自发地恢复充分就业均衡，但这种短期也可能是 1 年或几年，在这一段时期内经济中的失业或通货膨胀会给社会带来不利影响，甚至使经济衰退或繁荣过分严重，社会无法承受。因此，在这种情况下，有必要由政府用经济政策进行调节，以尽快恢复充分就业的均衡。尽管政策也可能有失误，但与经济经历的痛苦相比，失误的代价是小的。

主张固定规则的经济学家是新古典宏观经济学派。他们认为无论短期还是长期中，市场机制都是完善的，可以起到有效调节作用，使经济处于充分就业均衡状态。这个过程需要的时间可能长一点，但自发调节不会带来什么不利影响。相反，如果经济中有了什么问题就用反馈规则作出反应，结果反而会加剧经济波动。政府的职责是维持正常的市场秩序，用固定规则维持物价稳定，避免政策本身成为波动的根源。政府干预往往破坏了市场机制正常发挥作用，使经济的自发调节更为困难。所以，无论短期还是长期中，政府干预有百弊而无一利。

整个宏观经济学的争论实际上都围绕政府干预与自由放任展开，对政策的争论也说明了这一点。

案例研究

中外宏观经济政策的差异

我们教科书中所讲的是经济学的基本原理，各国的政策都是根据这些原理和本国的实际情况制定的。这就决定了各国的宏观经济政策是不同的，一个国家不可能照抄另一个国家的政策。即使经济学原理相同，不同国家在运用这些原理时也会有完全不同的特点。

我国的经济有许多不同于西方国家的特点，因此，宏观经济政策也会有许多不同。

第一，现在我国已经是市场经济，但市场经济仍有不同的模式。从大的方面看，西方国家的完全市场经济不同于东亚各国政府干预较多的市场经济。西方国家无论有什么不同，都属于资本主义市场经济，而我国是社会主义市场经济，我国的市场经济在世界上是独一无二的。这就决定了我国不可能模仿其他市场经济国家的宏观经济政策，要走自己的宏观经济政策之路。

第二，我国与其他国家的历史传统不一样。我国的市场经济从开始到现在也就四十年左右的历史，而西方国家的市场经济已有几百年的历史。我国市场经济的经验不足，这就决定了宏观经济政策不可能与西方国家完全一样。

第三，我国的国情与其他国家也不同，我国人口众多，许多资源相对稀缺，我国的教育水平和科技水平与发达国家还有一定的差距。尽管这种差距正在缩小，但短期内不可能完全消除。同时人口众多，尤其是总体受教育程度不高就决定了就业政策特别重要，尤其是技术水平低的人的就业更为重要。我国的经济总量已居世界第二，但人均 GDP 仍较低。

第四，正是出于以上原因，决定宏观经济政策效果的重要参数，我国也不同于别国。例如，货币政策的有效性在于货币需求对利率的反应程度（货币需求的利率弹性）和投资对利率的反应程度（投资的利率弹性），这些数据都不同于其他国家。这就决定了货币政策的有效性在我国与西方国家不同。

第五，在我国的市场经济中国有企业占有相当大的比重，而且控制了国计民生的关键部门。这些国有企业的决策与运营机制不同于民营企业，在决定宏观经济政策时必须考虑到这一点。

每个国家都有自己的特点，也有自己的宏观经济政策，这一点对我国的宏观经济政策制定特别重要。

关键概念

充分就业　物价稳定　需求管理
供给管理　财政政策　扩张性财政政策
紧缩性财政政策　财政赤字　货币筹资
债务筹资　自动稳定器　挤出效应
凯恩斯主义货币政策　扩张性货币政策　紧缩性货币政策
简单规则货币政策　反馈规则　固定规则
相机抉择　政策时延

内容提要

- 宏观经济政策目标是充分就业、物价稳定、减少经济波动与实现经济增长。其中心是稳定。
- 财政政策是通过政府支出与税收来调节经济的政策。繁荣时采用增加税收、减少支出的紧缩性财政政策，衰退时采用减少税收、增加支出的扩张性财政政策。
- 赤字财政政策用货币筹资与债务筹资来筹资。赤字财政政策有利于经济走出衰退，但会加重财政负担，并引起通货膨胀，减少储蓄。
- 凯恩斯主义货币政策是通过货币量影响利率，通过利率影响总需求。增加货币供给、降低利率是扩张性货币政策，减少货币供给、提高利率是紧缩性货币政策。
- 固定规则与反馈规则之争的实质是政府要不要干预经济。

思考题

1. 宏观经济政策的目标是什么？

2. 1997年东南亚国家发生金融危机之后，我国经济出现了增长放缓的现象。这时我国应该采取什么样的财政政策？我国是如何运用这一政策的？

3. 你如何看待我国实行的赤字财政政策？赤字财政政策应该淡出，还是应该继续实施下去？（回答这一问题时最好能收集一些有关我国财政政策的资料）

4. 为什么仅仅有自动稳定器是不好的？为什么还要运用积极的财政政策？

5. 比较赤字财政政策的两种筹资方式。

6. 经济学家认为，无论采用哪一种赤字财政政策的筹资方式最终都会引起通货膨胀，这种看法正确吗？为什么？

7. 什么是财政政策的挤出效应？如何消除这种挤出效应？

8. 凯恩斯主义货币政策的机制是什么？其中间目标与最终目标是什么？政策工具是什么？

9. 货币主义的货币政策其中心是什么？

10. 什么是反馈规则？什么是固定规则？两者的分歧实质是什么？

第十七章 CHAPTER 17

开放经济中的宏观经济

不管支持也好，反对也好，全球经济一体化已成为一股不可抗拒的潮流。当今各国的经济都是开放的，一国经济的波动会影响别国，也会受别国的影响。用《红楼梦》里所说的“一损皆损，一荣皆荣”来形容各国经济之间的相互联系恐怕是再恰当不过了。当今，任何一个国家的经济都是开放的，只不过开放程度不同而已。本章就是从开放经济的角度来分析一国的宏观经济问题。

重点掌握

◎ 国际贸易对一国宏观经济的影响

◎ 国际金融对一国宏观经济的影响

◎ 开放经济中的宏观经济均衡

◎ 开放经济中的宏观经济调节

一般掌握

◎ 自由贸易理论

◎ 保护主义贸易理论

◎ 汇率理论

◎ 开放经济中的最优政策配合

一般了解

◎ 国际收支理论

◎ 国际资本市场

第一节 国际贸易与一国经济

国际贸易是各国物品与劳务之间的交易。出口是一国卖给外国物品与劳务，进口是一国向外国购买物品与劳务。出口与进口之差称为净出口，或称贸易余额。出口大于进口称为贸易盈余（或贸易顺差），出口小于进口称为贸易赤字（或贸易逆差）。国际贸易对一国宏观经济有重要的影响。

> 全球经济一体化有利也有弊，但这是一股不可抗拒的潮流。应该从这个意义上来理解我国加入世界贸易组织。

一、当代世界国际贸易的特征

第二次世界大战后世界经济的显著特点是国际贸易增长极为迅速，20 世纪 90 年代以来国际贸易的年均增长率为 8% ~ 9%。这种迅速增长的国际贸易呈现出一些与第二次世界大战前不同的特征。

第一，在国际贸易中增长最快的是发达国家之间的制成品贸易。世界上绝大多数贸易是在发达国家之间进行的，而且以制成品为主。例如，各国都生产汽车，但各国之间的汽车交易量仍然相当大。这种贸易称为行业内贸易，它的增长成为一个显著的特点。

> 国际贸易的发展带动了世界经济增长，也呈现出新特征。

第二，劳务贸易增长迅速，包括旅游、运输、保险等在内的劳务贸易增长迅速。这种贸易主要是在发达国家之间进行的。

第三，各国之间的贸易并不平衡，发达国家贸易增加迅速，发展中国家在国际贸易中的地位相对下降。在 20 世纪 90 年代前，五个发达国家（美国、德国、日本、法国、英国）在世界出口总额中所占的比例达 42%，几乎是全世界出口总额的一半。而且，发达国家与地区国际贸易的增长率在 10% 以上。这说明，经济发达程度决定一国参与国际贸易的程度。

第四，贸易自由化程度提高。尽管各国之间也发生贸易战，但总的趋势是贸易壁垒在减少，发达国家之间的关税已降至 3%。世界贸易组织的成立既标志着国际贸易自由化的进展，也推动了这一进程。

第五，发展中国家通过国际贸易使经济得到发展。第二次世界大战后经济发展成功的发展中国家实行的都是出口导向战略，即通过出口来发展经济，以自力更生发展经济的进口替代战略都失败了。这说明国际贸易已成为推动经济发展的重要动力。

第六，跨国公司的发展在推动国际贸易中起到了巨大作用。它们在生产中实行全球采购，这就大大扩大了贸易量，世界上很难找出纯粹的民族工业产品。同时，它们巨大的规模对推动各国的贸易起了重要作用。

第七，国际贸易与全球资本一体化同步发展，相互促进。

总之，从国际贸易发展的现状与趋势来看，全球经济一体化已成为不可抗拒的趋势。这种发展必然给一国宏观经济状况及其调节带来举足轻重的影响。这是我们分析开放经济中一国宏观经济的出发点。

二、自由贸易理论：从亚当·斯密到当代

国际贸易的迅速发展说明国际贸易对各国都是有利的。这种利表现在何处呢？经济学家对此作出了解释，提出了各种不同的理论。

1. 亚当·斯密的绝对优势理论

如果一国生产一种产品的效率比另一国生产这种产品的效率高，则该国在这种产品生产上就有绝对优势。英国古典经济学家亚当·斯密提出，分工能提高生产率，这一原则不仅适用于国内，而且适用于各国之间。各国由于自然资源赋予或后天的条件，生产同一种商品所用的成本并不一样。各国生产自己生产成本最低的产品，然后与其他国家交换其他产品，这样对各国都是有利的。例如，英国和葡萄牙都生产呢绒和葡萄酒。两国的成本情况如表 17-1（成本用每单位产品所用工时数计算）所示。

表 17-1　两国的成本情况（一）

国　家	1 单位呢绒	1 单位葡萄酒
英　国 / 工时	30	40
葡萄牙 / 工时	40	30

不同时代有不同的国际贸易理论，但主流观点是支持自由贸易的。

由此看来，英国生产呢绒的成本低于葡萄牙，而葡萄牙生产葡萄酒的成本低于英国。这样，英国只生产呢绒，葡萄牙只生产葡萄酒，英国进口葡萄酒出口呢绒，葡萄牙进口呢绒出口葡萄酒，双方进行国际贸易，对双方都是有利的。根据这一理论，亚当·斯密提出了自由贸易的主张。

2. 李嘉图的比较优势理论

如果一国生产一种产品的机会成本比另一国生产这种产品的机会成本低，则该国在生产这种物品上就有比较优势。亚当·斯密的理论建立在两国绝对成本比较的基础之上，但实际上，往往是一国无论生产什么绝对成本都低于另一国。在这种情况下，国际贸易还有利于双方吗？李嘉图的比较优势理论正是要解决这一问题。

这种理论认为，一国生产自己相对成本低的产品，即有比较优势的产品，与别国进行交换，对双方都是有利的。

例如，英国与葡萄牙生产呢绒与葡萄酒的成本情况如表 17-2 所示。

表 17-2 两国的成本情况（二）

国　家	1 单位呢绒	1 单位葡萄酒
英　国 / 工时	100	90
葡萄牙 / 工时	90	60

联系机会成本的概念考虑这里所举的例子，进而理解比较优势。

这就是说，葡萄牙生产这两种产品都比英国有利。在这种情况下，双方贸易的基础就不是绝对成本而是相对成本。

从葡萄牙来看，生产呢绒的成本是英国的 90%，生产葡萄酒的成本是英国的 67%。这就说明，葡萄牙生产两种产品都绝对有利，但生产葡萄酒的相对优势更大。从英国来看，生产呢绒的成本是葡萄牙的 1.1 倍，生产葡萄酒的成本是葡萄牙的 1.5 倍。这就说明，英国生产这两种产品都绝对不利，但生产呢绒相对有利一些。这样双方生产自己相对有利的产品并进行交换就是有利的。英国生产呢绒，换取葡萄牙的葡萄酒；葡萄牙生产葡萄酒，换取英国的呢绒，对双方都有利。这是因为，英国 220 工时的劳动可以生产出 2.2 单位的呢绒，葡萄牙 132 工时的劳动可以生产出 2.2 单位的葡萄酒。两国按 1∶1 的比例交换，则在同样的劳动成本下，能消费的产品都增加了。

以后的经济学家继承了李嘉图比较优势的思想，并用机会成本来解释比较优势。如果一国生产某种产品的机会成本低于另一国，那么，该国在生产这种产品上就有比较优势。例如，A、B 两国都生产汽车和粮食。A 国生产一辆汽车需要 0.9 万小时劳动，生产一吨粮食需要 300 小时劳动。B 国生产一辆汽车需要 1 万小时，生产一吨粮食需要 500 小时。A 国在生产汽车和粮食上都有绝对优势（劳动生产率高）。A 国生产一辆汽车要放弃 30 吨粮食，生产一吨粮食要放弃 0.03 辆汽车。A 国生产一辆汽车的机会成本是 30 吨粮食，生产一吨粮食的机会成本是 0.03 辆汽车。B 国生产一辆汽车要放弃 20 吨粮食，生产一吨粮食要放弃 0.05 辆汽车。B 国生产一辆汽车的机会成本是 20 吨粮食，生产一吨粮食的机会成本是 0.05 辆汽车。由此可知，B 国生产汽车的机会成本（放弃的粮食）低于 A 国，所以，在生产汽车上有比较优势；A 国生产粮食的机会成本（放弃的汽车）低于 B 国，所以，在生产粮食上有比较优势。这样 A 国专门生产粮食，B 国专门生产汽车，然后进行交易就有利于双方。各国在不同的产品上有比较优势，从而进行贸易，对各方都有利。一个国家无论生产率（绝对优势）如何，一定都有自己的比较优势，因此，各国之间进行交易就是双赢的。

这种以比较优势为基础的国际贸易理论一直是自由贸易理论的中心，也是自由贸易政策的基础。

3. 俄林—赫克歇尔定理

> 注意要素禀赋说与比较优势之间的关系。

俄林—赫克歇尔定理也叫要素禀赋说，强调的是各国自然资源赋予的差异。这一理论的基本内容是：**各种商品生产中所使用的各种生产要素的比例是不相同的。各国所拥有的资源不同，这使各国的贸易是互利的。**具体来说，使用劳动多的是劳动密集型产品，使用资本多的是资本密集型产品。各国由于资源赋予的不同，各种生产要素的多少与价格就不同，有些国家劳动力资源丰富，劳动的价格低；有些国家资本丰富，资本的价格低。在国际上，生产要素的流动要受到一定的限制。这样，各国就生产自己具有资源优势的产品，然后进行交换。具体来说，劳动力丰富而价格低的国家生产劳动密集型产品，资本丰富而价格低的国家生产资本密集型产品，然后进行交换。因为各自都是出口自己生产要素价格低的产品，进口自己生产要素价格高的产品，其结果对双方都有利。

根据这种理论，国际贸易给各国带来的好处是：第一，资源配置在世界范围内实现最优化。各国按自己的资源条件进行专业化生产，这就可以使资源得到最有效的运用。由于资源配置的改善，同样的资源可以生产出更多的产品，这样，就会增加世界各国的福利。第二，产品价格的均等化。各国产品在世界范围内进行竞争，其结果使各种产品在各国的水平相等，而且是最低的价格水平。第三，生产要素价格的均等化。通过国际贸易，各国生产要素的价格也均等化。在进行贸易之前，同种要素在各国的价格不同，这正是进行贸易的原因。通过各国之间的贸易，某种要素价格低的国家生产这类物品以供出口，需求增加，价格提高，生产要素价格也提高。某种要素价格高的国家进口这类物品，其要素价格必然下降。各国产品流动的结果就是要素价格的均等化。

4. 新国际贸易理论

第二次世界大战后发达国家之间制成品贸易的迅速增长是传统的比较优势理论和要素禀赋说都无法解释的。20 世纪 80 年代后，美国经济学家克鲁格曼等人提出了新国际贸易理论来解释这种现象。这种理论的依据是世界市场竞争的不完全性和规模经济的存在。

> 思考这种新国际贸易理论与当代国际贸易特征之间的联系。

新国际贸易理论从需求出发来解释国际贸易。这种理论认为，由于收入和偏好不同，消费者的需求千差万别。即使是同一种产品，如汽车，消费者也有不同需求，有的人喜欢豪华型的，有的人喜欢节油型的，也有的人喜欢特殊颜色的，等等。这种不同的需求就使企业要生产出有差别的产品。产品差别引起垄断，这样，像汽车这种制成品的市场就是不完全竞争市场。在这种市场上，企业只有具有一定的规模才有创造产品差别的能力，也才能实现低成本生产。在这种市场上规模经济十分重要。如果企业以本国需求为目标来生产有差别的产品（如不同的汽车），由于国内市场有限，难以实现规模经济。企业只有以全世界的需求为目标才能实现规模经济。这样，各国生产有细微差别的制成品，然后交易，各国都实现了规模经济，企业和消费者都受益，这就是国际贸易的利益所在。

各种自由贸易理论都证明了国际贸易的好处，也推动了国际贸易的发展。

三、保护贸易理论：从重商主义到当代

尽管国际贸易有了极大的发展，而且总的趋势是贸易自由化，但在不同时期和不同国家，保护贸易的情况仍然相当严重。

历史上最早的保护贸易理论是欧洲 16 世纪至 17 世纪的重商主义学派提出来的。重商主义是近代资本主义历史上第一个经济学派，其中心观点是，只有以金银为形式的货币才是一国真正的财富。增加一国财富的唯一方法是只出口不进口，或者多出口少进口。当一国有贸易顺差时，其他国家的金银流入，这时本国财富就增加了。由此得出贸易限制政策有利于一国经济的结论。重商主义的这种理论是贸易保护主义的开端。

19 世纪德国历史学派经济学家李斯特等人根据当时德国经济发展的要求提出了贸易保护主义。他们认为，面对英国经济的强大，德国这样落后的国家只有依靠保护国内市场才能发展起来，在发展起来之后才可以自由贸易。这种以保护求发展，通过限制进口保护国内工业的观点也有相当大的影响。现代许多保护贸易理论是这种理论的发展。

> 想一想为什么会有保护贸易理论？哪些理论在我国还有一定的影响？

在现代经济中仍有一定影响的保护贸易理论，主要有下面一些观点。

1. 工作岗位论

这种理论认为，与其他国家之间的贸易会减少国内的工作岗位，从而加剧失业。例如，当一国向他国进口纺织品时，该国的纺织行业失业人口就会增加。尽管增加出口也会创造一些工作岗位，但原来纺织行业的从业者由于年龄、技术等限制，无法进入新行业，这就加剧了失业。发达国家工资高、劳动成本高，在一些劳动密集型行业（如纺织业）竞争不过劳动成本低的发展中国家，因此，在国际贸易中会失去这些工作岗位。为了保护这些工作岗位与国内就业，政府需要保护市场。

2. 国家安全论

有些行业影响国家安全，如钢铁行业。如果实行自由贸易，这些行业消失，产品消费完全依靠进口，一旦出口国与进口国成为敌对国，进口国的国家安全就会受到威胁，或者出口国会把这些出口品作为威胁对方的武器。因此，从国家安全出发，政府也应该对某些行业进行保护。

3. 幼稚产业论

幼稚产业论是为了使国内尚不具备国际竞争力的行业得以发展而进行保护的保护贸易理论。落后国家的新兴行业无法与发达国家竞争。为了使落后国家的这些行业得到保护，落后国家的政府就应该对这些行业实行保护，至少是暂时的保护，等这些行业发展起来，能与发达国家抗争之后再放开。这种理论与德国历史学派理论相似，而且在发展中国家颇为流行。

4. 战略性保护论

这种理论认为，一国要建立起自己有比较优势的战略性行业，才能进入世界市场进行竞争。战略性保护论是为了建立国内有竞争力的行业而进行保护的保护贸易理论。这就是说，比较优势不一定自然存在，可以人为地创造，建立战略性行业正是创造自己的比较优势。要建立这种行业并使之能具有规模经济，一要靠国家支持，二要保护国内市场。这种理论在 20 世纪 90 年代颇为流行，其实质与幼稚产业论颇为相似，不过强调的不是保护一些幼稚产业，而是重点保护未来有竞争力的战略性产业。

5. 不公平竞争论

这种理论认为世界市场并不是一个完全竞争的市场，发达国家在世界市场上具有垄断地位，尤其是发达国家大型跨国公司的存在增强了国家竞争实力。加之国际经济秩序总体上有利于发达国家，这就使发展中国家在国际贸易中处于不利地位。因此，发展中国家用限制性贸易政策保护自己的国内市场是天经地义的。此外，各种法律与政策不同，有些国家对国内出口行业给予补贴，这也造成世界市场竞争的不公平，因此，保护是合理的。

6. 作为讨价还价筹码的保护论

这种理论认为，各国在国际贸易中要就开放市场、降低关税等问题相互谈判。为了在谈判中有讨价还价的余地，各国政府就对一些部门实行保护，然后在谈判中以放弃或减少保护为代价换取其他好处。

总之，这些理论都试图说明保护贸易政策的有利性与合理性。这些理论仍有相当的影响，这正是保护贸易主义经常抬头、国际贸易中纷争与贸易战从未停止的原因。

四、国际贸易对一国宏观经济的影响

> 国际贸易既影响总供给也影响总需求。这里以分析总需求为中心。

当考虑到国际贸易时，决定宏观经济状况的仍然是总需求与总供给，我们分析这时总需求的变动及其对宏观经济的影响。

首先来看总需求的变动。当存在国际贸易时，一部分国内产品要卖到外国（出口），国内居民的一部分支出主要用于购买外国产品（进口）。因此，在开放经济中，要区分国内支出（国内总需求）与对国内产品支出（对国内产品总需求）这两个概念。国内支出指国内家庭、企业与政府的支出，其中部分用于国内产品，部分用于进口产品。对国内产品支出包括本国对国内产品支出与国外对本国产品支出。国内支出中减去进口，是本国对国内产品支出，国外对本国产品支出就是出口。所以，我们得出下式：

对国内产品支出 = 国内支出 − 进口 + 出口

= 国内支出 +（出口 − 进口）

= 国内支出 + 净出口

这时决定国内生产总值水平的总需求不是国内总需求，而是对国内产品总需求。

这时，我们不仅要考虑总需求变动对国内生产总值的影响，还要考虑国内生产总值变动与贸易余额之间的关系。我们可以用图 17−1 来说明。

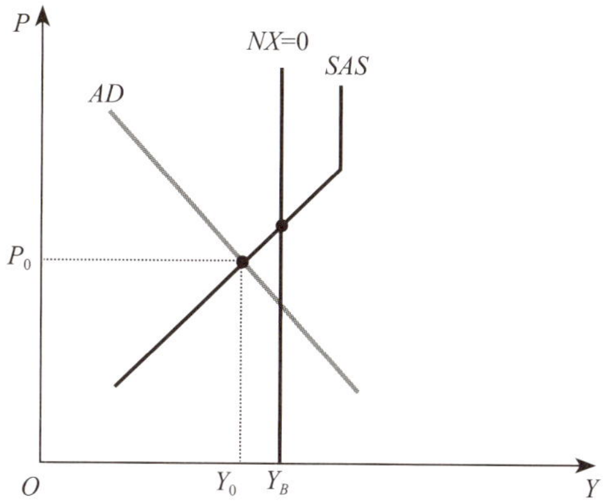

图 17−1　开放经济中的一国宏观经济均衡

在图 17−1 中，总需求曲线 *AD* 与短期总供给曲线 *SAS* 相交决定了均衡的国内生产总值为 Y_0、物价水平为 P_0。在封闭经济中，我们所考虑的是均衡的国内生产总值是否等于充分就业的国内生产总值。当考虑国际贸易时，我们还要考虑均衡的国内生产总值能否实现国际贸易平衡。我们假设出口不变，进口由国内生产总值决定，与国内生产总值呈同方向变动。图 17−1 中的垂线 *NX* 表示在这种国内生产总值（Y_B）下，贸易平衡，既无贸易盈余，又无贸易赤字，贸易余额为 0（$NX = 0$）。

如果国内生产总值小于 Y_B（在 Y_B 之左），这时的进口小于 Y_B 时的进口，因此，出口大于进口，贸易收支有盈余（$NX > 0$）。如果国内生产总值大于 Y_B（在 Y_B 之右），这时的进口大于 Y_B 时的进口，因此，出口小于进口，贸易收支有赤字（$NX < 0$）。图 17−1 中的情况是 $Y_0 < Y_B$，所以，贸易收支有盈余。

总需求的变动不仅会影响均衡的国内生产总值，而且会影响贸易余额状况。总需求的变动来自国内总需求（消费与投资）的变动和出口的变动。我们先用图 17−2 分析国内总需求变动的影响。

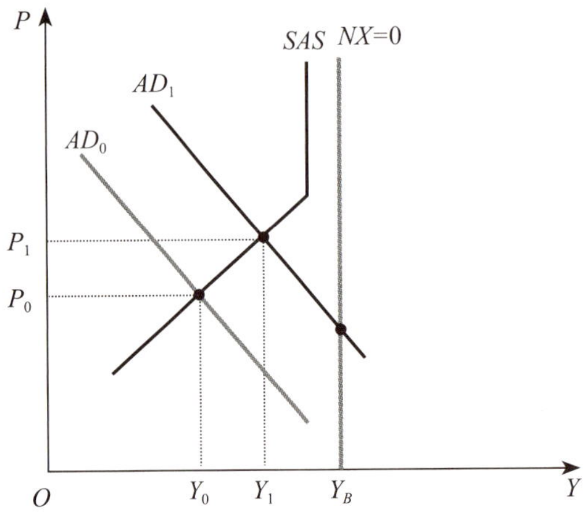

图 17-2　总需求变动与开放经济中的宏观经济均衡

在图 17-2 中，国内总需求增加，总需求曲线由 AD_0 移动到 AD_1，这时均衡的国内生产总值由 Y_0 增加为 Y_1。假设出口不变，国内生产总值增加使进口增加，从而贸易余额减少，即赤字增加或盈余减少（在图 17-2 中，Y_B 仍大于 Y_1，所以仍然有贸易盈余，但由于 Y_1 大于 Y_0，贸易盈余减少了）。由此得出的结论是：国内总需求的增加会使总需求曲线向右上方移动，这就会使均衡的国内生产总值增加，同时也会使贸易收支状况恶化（贸易收支盈余减少或贸易赤字增加）。

但是，应该注意的是，这时国内总需求增加对国内生产总值增加的影响大小，即国内总需求增加所引起的国内生产总值增加量取决于乘数的大小。但开放经济中的乘数要考虑进口增加在国内生产总值增加中所占的比例。**进口增加在国内生产总值增加中所占的比例称为边际进口倾向。开放经济中的乘数称为对外贸易乘数。**对外贸易乘数的公式为：

$$\text{对外贸易乘数} = \frac{1}{1-\text{边际消费倾向}+\text{边际进口倾向}}$$

这一乘数小于封闭经济中的乘数。

根据上述论述同样可以推出：国内总需求的减少会使国内生产总值减少，并使贸易收支状况改善（贸易收支盈余增加或贸易赤字减少）。可见这时国内总需求的增加（如政府支出的增加），不仅会影响国内生产总值，还会影响贸易收支状况，而且国内总需求增加所引起的国内生产总值增加也与封闭经济的情况不一样。

如果总需求的变动是由出口的变动引起的，宏观经济均衡的变动与国内总需求引起的变动有所不同。这就在于出口的增加提高了对国内产品的需求，从而总需求增加，并使国内生产总值增加。国内生产总值的增加会使进口增加，但由于这时国内生产总值的增加是由出口增加引起的，一般来说，出口增加所引起的国内生产总值增加不会全用于进口（边际进口倾向是小于1的)，所以，贸易收支状况改善（贸易盈余增加或贸易赤字减少)。我们可用图17-3来说明。

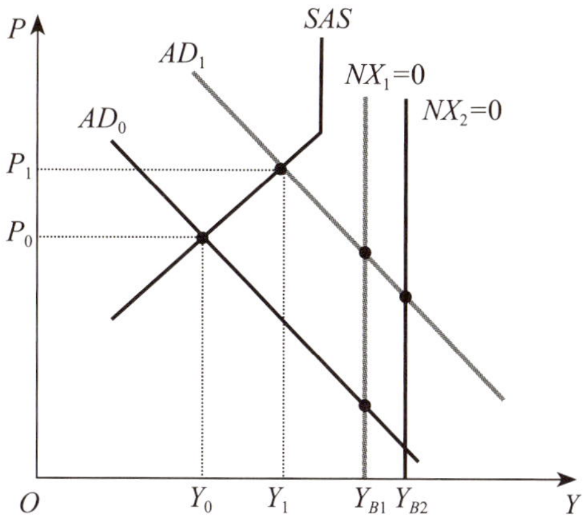

图 17-3　出口变动与开放经济中的宏观经济均衡

在图17-3中，出口增加使总需求增加，总需求曲线从 AD_0 移动到 AD_1，均衡的国内生产总值从 Y_0 增加到 Y_1。由于出口增加，贸易收支均衡水平由原来的 Y_{B1} 变为 Y_{B2}，即在 Y_{B2} 时实现了贸易收支均衡（$NX_2=0$)。国内生产总值增加中进口的增加小于出口的增加，因此，贸易收支状况改善。

当国内总需求中由对进口品的需求变为对国内产品的需求时，也同样会增加对国内产品的总需求，从而与出口增加的影响相同，即国内生产总值增加，贸易收支状况得以改善。

案例研究

克林顿为什么禁止进口墨西哥西红柿

美国、加拿大和墨西哥在1992年签署了《北美自由贸易协定》，但是1996年克林顿政府限制从墨西哥进口西红柿到美国。

美国西红柿质次价高，墨西哥西红柿质高价低。无论从哪一个角度看，美国进口墨西哥西红柿是有利的。但我们知道，西红柿进口受益的是消费者，但每个消费者受益并不大，他们无法组织起来支持西红柿进口。西红柿进口受损的主要是佛罗里达州的西红柿种植者。他们的损失总体上小于消费者的受益。但他们人少，分摊到每个人身上损失并不小，因此，他们就会组织起来反对西红柿进口。

那么，克林顿为什么不支持消费者而支持生产者呢？因为消费者不会由于西红柿进口少了而不支持他，但生产者会由于西红柿进口多而反对他。1996年正值总统大选，克林顿担心支持西红柿进口会失去佛罗里达州西红柿种植者的支持，从而限制从墨西哥进口西红柿。

这个例子说明，决定国际贸易的不仅有经济利益，还有政治与其他社会因素。国际贸易对一些人有利，也对另一些人不利。决策者在考虑自由贸易时一定要考虑各集团利益的冲突与平衡。这是自由贸易受到限制、保护贸易经常抬头的原因所在。

案例研究

特朗普上台对中国经济有什么影响

特朗普上台提出了“美国第一”的口号，以发展美国经济为重任。与此相对应，在对外贸易上则采取贸易保护主义。中国已是美国重要的贸易伙伴，许多产品向美国出口。特朗普的贸易保护会给中国经济带来不利影响吗？

在当今世界上，各国经济已联成一体，谁也离不开谁。中国向美国出口的大量廉价产品，已成为美国人民日常所需。如果完全禁止进口中国产品，美国人民的生活会受到影响，特朗普的统治也不会稳定。而且，在美国的政治体制下，即使贵为总统，特朗普也不能一语定乾坤，还要受到议会及各种力量的限制。比如，美国对中国轮胎的“双反”诉讼就以中国获胜而结束。美国的政策有持续性，很难由于一个总统的看法而改变。况且，特朗普是一个商人，不同于从反华思想出发的美国政客。特朗普相信一切都是可以谈判的，谈判的原则是互利。我们听其言还要观其行，不能仅凭保护贸易的言论得出结论。

中国是一个大国，经济发展如何从根本上说还是取决于自己。我们目前经济困难的主要原因不在于美国或其他国家的政策变化，而在于我们自己。只要我们根据党中央的指示坚持不懈地进行供给侧结构性改革，实现技术创新，我们的前途就是光明的。

第二节　国际金融与一国经济

国际金融是指各国资金的往来。国际金融对一国宏观经济具有重要的影响。这正是本节要介绍的内容。

一、国际收支

国际收支是一国在一定时期内（通常是 1 年内）对外国的全部经济交往所引起的收支总额的对比。这是一国与其他各国之间经济交往的记录。国际收支集中反映在国际收支平衡表中，该表按复式记账原理编制。

在阅读国际收支平衡表时，我们应该了解编制国际收支平衡表的三项基本原则：第一，只有国内外经济单位间的经济交易才计入国际收支中，其中包括居民、企业与政府。区分国内与国外的概念十分重要，例如，一家企业在国内的部分是国内的，而在国外的子公司被认为是国外的。第二，要区分借方和贷方两类不同的交易。借方是国内单位付给国外单位的全部交易项目，是一国资产减少或负债增加；贷方是国外单位付给国内单位的全部交易项目，是一国资产增加或负债减少。在国际收支平衡表上，最后借方与贷方总是平衡的。第三，国际收支平衡表采用复式记账法。

国际收支平衡表的主要项目如表 17-3 所示。

表 17-3 某国国际收支平衡表

年　　季度　　　　单位：亿美元

项　目	行次	差额	贷方	借方
一、经常项目				
A. 货物和服务				
a. 货物				
b. 服务				
1. 运输				
2. 旅游				
3. 通信服务				
4. 建筑服务				
5. 保险服务				
6. 金融服务				
7. 计算机和信息服务				
8. 专有权利使用费和特许费				
9. 咨询				
10. 广告、宣传				
11. 电影、音像				
12. 其他商业服务				
13. 别处未提及的政府服务				

续表

项　　目	行次	差额	贷 方	借 方
B. 收益				
1. 职工报酬				
2. 投资收益				
C. 经常转移				
1. 各级政府				
2. 其他部门				
二、资本和金融项目				
A. 资本项目				
B. 金融项目				
1. 直接投资				
1.1 我国在外直接投资				
1.2 外国在华直接投资				
2. 证券投资				
2.1 资产				
2.1.1 股本证券				
2.1.2 债务证券				
2.1.2.1（中）长期债券				
2.1.2.2 货币市场工具				
2.2 负债				
2.2.1 股本证券				
2.2.2 债务证券				
2.2.2.1（中）长期债券				
2.2.2.2 货币市场工具				
3. 其他投资				
3.1 资产				
3.1.1 贸易信贷				
3.1.2 贷款				

续表

项　目	行次	差额	贷方	借方
3.1.3 货币和存款				
3.1.4 其他资产				
3.2 负债				
3.2.1 贸易信贷				
3.2.2 借款				
3.2.3 货币和存款				
3.2.4 其他负债				
三、储备资产				
3.1 货币黄金				
3.2 特别提款权				
3.3 在基金组织的储备头寸				
3.4 外汇				
3.5 其他债权				
四、净误差与遗漏				

二、汇率理论

在各国经济往来中，汇率是十分重要的。因此，要了解开放经济，就必须了解一些汇率的基本知识。汇率理论是国际金融中的一个重要组成部分。

外汇是指外国货币或者对外国货币的索取权，如在外国的存款和外国的支付承诺等。

汇率又称外汇行市或汇价，是一国货币单位同他国货币单位的兑换比率。它是由于国际结算中本币与外币折合兑换的需要而产生的。在现行的货币制度下，汇率以两国货币实际所代表的价值量为依据。汇率是国际汇兑得以顺利进行的条件，也是国际经济往来的必要前提，汇率的变动对各国的国内经济与国际经济关系都有重大的影响。

外汇汇率有两种标价法。直接标价法是以 1 单位或 100 单位外国货币作为标准，折算为一定数额的本国货币，这种标价法又称付出报价。间接标价法是以 1 单位或 100 单位本国货币作为标准，折算为一定数额的外国货币，这种标价法又称收进报价。现在的外汇市场一般用直接标价法，我国所用的也是直接标价法。伦敦外汇市场与纽约外汇市场用间接标价法。

在进行外汇买卖时，银行卖出外汇的价格叫银行卖价。银行买进外汇的价格叫银行买价。卖价高于买价，两者的差额一般为1‰～5‰。

> 请你按现在汇率牌价，说明人民币与美元汇率的两种不同表示方法。

在汇率问题上，还有两个基本的概念：汇率升值与汇率贬值。汇率升值是指用本国货币表示的外国货币的价格下跌了。例如，如果美元与欧元的汇率由1欧元1.3美元下降为1欧元1.1美元，则对美国来说是汇率升值，因为用美元表示的欧元价格下跌，意味着美元升值了。汇率贬值是指用本国货币表示的外国货币的价格上升了。例如，如果美元与欧元的汇率由1欧元1.1美元上升为1欧元1.3美元，则对美国来说是汇率贬值，因为用美元表示的欧元价格上升，意味着美元贬值了。

有关汇率决定的理论相当多，例如，用国际资金供求关系来解释汇率决定的国际借贷理论；用人们对外汇主观心理评价解释汇率决定的汇兑心理理论；把外汇作为一种资产，从资产选择角度来说明汇率决定的流动资产选择理论；强调货币市场在汇率决定中的作用的货币主义汇率理论；等等。但到现在为止最有影响的还是购买力平价理论，或称购买力平价说。

购买力平价说是20世纪初由瑞典经济学家卡塞尔系统提出的。购买力平价说有两种形式：绝对购买力平价和相对购买力平价。前者要说明在某一时点上汇率的决定，后者要说明汇率的变动。

购买力平价说的基本观点是：本国人之所以需要外国货币，是因为它在外国（货币发行国或第三国）具有对一般商品的购买力。外国人之所以需要本国货币，也是因为它在本国内具有购买力。因此，一国货币对外汇率主要是由两国货币在其本国所具有的购买力决定的，两国货币购买力之比决定了两国货币的交换比率。其计算公式如下：

$$R=\frac{P_a}{P_b}$$

式中，R表示两种货币的汇率，P_a与P_b分别表示两国各自的物价水平。这里的前提是各国都实行自由贸易，国际价格（不同货币的相对购买力）保持稳定，国际收支趋于平衡。这样，我们就可以根据两国物价水平求得均衡汇率。这就是绝对购买力平价说。

相对购买力平价说把汇率的升降归因于物价或货币购买力的变动。这就是说，在某一时期内，汇率的变化要与同一时期内两国物价水平的相对变动成比例。假定某一时期A国物价指数由100上升为320，B国物价指数由100上升为240，于是新汇率等于旧汇率乘以两国物价指数的比率，其计算公式为：

$$R'=\frac{\dfrac{P_a^1}{P_a^0}}{\dfrac{P_b^1}{P_b^0}}\cdot R^0=\frac{gP_a}{gP_b}\cdot R^0$$

式中，R'为新汇率，$\frac{P_a^1}{P_a^0}$和$\frac{P_b^1}{P_b^0}$分别为A国与B国基期与下一期的物价变动率，即A国与

B 国的通货膨胀率 gP_a 和 gP_b，R^0 为旧汇率。

汇率作为外汇的价格要取决于外汇的供求关系。汇率的变动实际上反映了一国的国际收支与经济状况，取决于多种因素，主要有国际收支状况、通货膨胀率、利率、经济增长率、财政赤字、外汇储备等。

一国汇率对经济的影响还与各国的汇率制度相关。下面介绍固定汇率制与浮动汇率制。

固定汇率制指一国货币同他国货币的汇率基本固定，其波动仅限于一定的幅度之内。在这种制度下，中央银行固定了汇率，并按这一水平进行外汇的买卖。中央银行必须为任何国际收支盈余或赤字按官方汇率提供外汇，当有盈余时购入外汇，当有赤字时售出外汇，以维持固定的汇率。

实行固定汇率有利于一国经济的稳定，也有利于维护国际金融体系与国际经济交往的稳定，减少国际贸易与国际投资的风险。但是，实行固定汇率要求一国的中央银行有足够的外汇或黄金储备。如果不具备这一条件，实行固定汇率必然出现外汇黑市，黑市的汇率要远远高于官方汇率，这样反而不利于经济发展与外汇管理。

浮动汇率制指一国中央银行不规定本国货币与他国货币的官方汇率，听任汇率由外汇市场自发地决定。

浮动汇率制又分为自由浮动与管理浮动，自由浮动又称“清洁浮动”，指中央银行对外汇市场不采取任何干预措施，汇率完全由市场力量自发地决定。管理浮动又称“肮脏浮动”，指实行浮动汇率制的国家，其中央银行为了控制或减缓市场汇率的波动，对外汇市场进行各种形式的干预活动，主要是中央银行根据外汇市场的情况售出或购入外汇，通过对供求施加影响来影响汇率。

实行浮动汇率有利于通过汇率的波动来调节经济，也有利于促进国际贸易，尤其在中央银行的外汇与黄金储备不足以维持固定汇率的情况下，实行浮动汇率对经济较为有利，同时也能消除非法的外汇黑市交易。但浮动汇率不利于国内经济和国际经济关系的稳定，会加剧经济波动。

注意这种干预不是行政手段，而是市场手段。

三、国际资本流动与国际金融市场

各国之间资本的流动加剧成为当前世界经济中的一个重要特征。因此，我们在研究开放经济时必须考虑国际资本流动与国际金融市场。

国际金融市场是各国资本流动的地方，国际资本流动包括各国间外汇的买卖、黄金的买卖、证券买卖，以及短期和长期资金信贷。国际金融市场包括外汇市场、黄金市场、货币市场和资本市场。货币市场和资本市场都从事证券交易与信贷活动，一般把期限为 1 年之内的金融活动的市场称为货币市场，把期限为 1 年以上的金融活动的市场称为资本市场。如果根据参与者来划分，国际金融市场又可以分为本国居民与外国人参与的在国内进行的在岸金融市场和在境外经营由外国人参与的离岸金融市场。

国际金融市场具备四个条件：第一，政治和经济稳定，本国货币是可以自由兑换的硬通货；第二，自由外汇制度，资本可以自由出入；第三，具备发达的银行和其他金融机构与专业人才；第四，具备现代化的通信和优越的地理位置。例如，香港、纽约、苏黎世等都是著名的国际金融市场。

各国资本通过国际金融市场大量而迅速地流动，并通过套利活动使全世界的利率与汇率趋向一致。套利活动是在低价地方买入而在高价地方卖出，以赚取其中的差价。在资本自由流动的情况下，资本流出利率低的国家，而流入利率高的国家，结果实现了利率平价，即全世界的资本无论在哪一国都得到相同的利息。同样，在外国市场上，各地的买卖活动也会实现汇率平价。

国际金融市场上的资本流动为各国融资提供了方便，有利于各国经济的发展。一国缺少资金时，可以到国际金融市场上去筹资，通过发行债券、股票或贷款筹资。一国有富余资金时，也可以以其在国际金融市场上盈利。国际资本流动引起的利率与汇率相同也有利于国际贸易的发展。

> 如果纽约市场美元与日元的汇率是1∶100，东京市场美元与日元的汇率是1∶110，套利活动如何起作用？

但我们也应该认识到，国际金融市场也是一个高风险的市场，具有相当大的投机性，会给一国经济带来冲击，尤其是国际的短期资本流动。1994年的墨西哥金融危机、1997年的东南亚经济危机，都与国际短期游资的冲击有关。

四、国际金融对一国宏观经济的影响

首先，各国汇率的变动会影响一国的宏观经济状况。

汇率变动对一国经济有重要的影响，主要是影响进出口贸易。我们可以用一个例子来说明这个道理。

假定美国生产并出口雪佛兰牌小汽车，每辆售价为8 000美元。德国生产并出口大众牌小汽车，每辆售价为5 000欧元。如果美元与欧元的汇率为1.25∶1，那么，每辆雪佛兰牌小汽车在出口到德国时，按欧元计价应为6 400欧元（$8\ 000 \times 0.8$，每美元等于0.8欧元）；每辆大众牌小汽车出口到美国时，按美元计价应为6 250美元（$5\ 000 \times 1.25$，每欧元等于1.25美元）。

现在如果美元汇率贬值50%，即美元与欧元的汇率为1.875∶1，那么，每辆雪佛兰牌小汽车出口到德国时，按欧元计价为4 267欧元$\left(8\ 000 \times \frac{8}{15}\right.$，每美元等于$\left.\frac{8}{15}\text{欧元}\right)$；每辆大众牌小汽车出口到美国时，按美元计价应为9 375美元（$5\ 000 \times 1.875$，每欧元等于1.875美元）。

这样，在美元汇率贬值之后，美国出口到德国的雪佛兰牌小汽车，尽管按美元计算价格没变，但按欧元计算时价格下降了，从而美国出口到德国的雪佛兰牌小汽车数量一定会增加。美元汇率贬值，相对来说就是欧元汇率升值了。这时，德国出口到美国的大众牌小汽车，尽管按欧元计算价格没变，但按美元计算时价格上升了，从而美国进口的大众牌小汽车数量一定会减少。

从这个例子可以看出，汇率贬值有增加出口、减少进口的作用。相反，汇率升值则有减少出口、增加进口的作用。这样，汇率贬值就可以使国内生产总值增加。同时，因为边际出口倾向小于1，所以尽管国内生产总值增加会使进口增加，但进口的增加一定小于出口的增加，从而也可以使贸易收支状况改善。相反，汇率升值会使国内生产总值减少，贸易收支状况恶化。

注意贬值对一国也是有利有弊的。想一想为什么。

其次，国际资本的流动也会影响一国宏观经济。如前所述，利率不仅影响国内总需求，从而影响国内生产总值，而且影响国际资本流动，并通过国际资本流动影响国内生产总值和贸易余额。因为各国间资本的流动取决于利率的差异，如果国内利率高于国际利率，则资本流入国内；如果国内利率低于国际利率，则资本流往国外。资本流入有利于增加总需求，并改善国际收支状况；资本流出会减少总需求，并造成国际收支状况恶化。

这样，利率上升在国内会使国内生产总值减少，从而会减少进口，改善贸易收支状况。当国际利率水平不变时，国内利率水平上升会使资本流入。这样，利率的上升就使国内生产总值减少，国际收支状况改善。相反，利率下降在国内会使国内生产总值增加，从而会增加进口，使贸易收支状况恶化。当国际利率水平不变时，国内利率水平下降又会使资本流出。这样，利率的下降就会使国内生产总值增加，国际收支状况恶化。

无论是国际贸易还是国际金融，都是通过对总需求和总供给的影响来影响国内生产总值和国际收支的。我们这里主要分析如何通过总需求来影响一国的宏观经济。

参考资料

国际汇率制度的演变

第二次世界大战后的七十多年中，国际汇率制度发生了重大变动。这种变动反映了国际经济的变化。

1944年7月，美、英、法、中、苏等44国代表在美国新罕布什尔州布雷顿森林举行了联合国货币金融会议，会议通过了《国际货币基金协定》，由此形成了以美元为中心的国际货币体系，又称“布雷顿森林体系”。在这一体系下，西方各国实行了黄金美元本位制（又称国际黄金汇兑本位制）。这一制度的基本内容是：

第一，美元与黄金挂钩，国际货币基金组织各国确认美国在 1934 年 1 月所规定的美元与黄金比价即 35 美元等于 1 盎司黄金。各国有义务协助美国维持美元官价，美国承担准许各国中央银行按官价向美国兑换黄金的义务。第二，其他各国货币与美元挂钩，即其他国家的货币与美元保持固定汇率。一国只有在国际收支出现“根本不平衡”时才能调整汇率。市场汇率波动超过 1% 时，各国政府有义务干预，而汇率调整超过 10% 须经国际货币基金组织同意。这就是 20 世纪 70 年代之前西方各国所实施的固定汇率制。

20 世纪 60 年代之后，由于多次发生美元危机，这一货币体系开始动摇。1971 年 8 月 15 日，美国宣布停止美元兑换黄金。同年 12 月，根据西方“十国集团”达成的《史密森协定》，美元贬值 7.89%，即从每盎司黄金 35 美元改为 38 美元，并将汇率波动幅度从 1% 扩大为 2.25%。1973 年 2 月，美元再度贬值 10%，即每盎司黄金升为 42.22 美元。由此起，西方各国相继放弃了固定汇率制而采用了浮动汇率制。目前，各国主要采用浮动汇率制。

浮动汇率制取代固定汇率制标志着美元在国际货币体系中地位的下降。应该说，在目前的国际货币体系中，美元仍有重要的地位，但这一地位已不是独占性的了，欧元、日元、人民币等币值稳定的通货也与美元一起发挥国际通货的作用。这种国际通货的多元化，有利于世界经济的稳定。

第三节　开放经济中一国经济的调节

开放经济中，各国国内生产总值的决定与变动是相互影响的。一国的失业和通货膨胀会通过不同的渠道传递到其他国家。各国经济的这种相互依赖性是分析开放经济中一国经济调节的出发点。

一、开放经济中各国经济的相互依赖性

在开放经济中，各国经济通过国际贸易和国际金融连为一体，这就是全球经济一体化。

> 注意这两种效应之间的关系。

在开放经济中，各国国内生产总值的决定与变动是相互影响的。一国国内总需求与国内生产总值的增加会通过进口的增加而影响对国外产品的需求，从而使与之有贸易关系的国家的国内生产总值也增加。这种一国总需求与国内生产总值增加对别国的影响，称为溢出效应。反过来，别国由于溢出效

应所引起的国内生产总值增加，又会通过进口的增加使最初引起溢出效应的国家的国内生产总值再增加，这种影响被称为回波效应。这两种效应概括了各国间国内生产总值变动的相互影响。

各国之间相互影响的程度并不一样，大体取决于这样几个因素：第一，国家的大小。一般来说，大国对小国的影响大，小国对大国的影响小。第二，开放程度。开放程度高的国家对别国的影响与受别国的影响都大。相反，开放程度低的国家对别国的影响与受别国的影响都小。第三，各国边际进口倾向的大小。一国的边际进口倾向越高，对别国的影响与受别国的影响越大；反之，一国的边际进口倾向越低，对别国的影响与受别国的影响越小。

各国之间的这种影响是很重要的。根据经济合作与发展组织的估算，20 世纪末，美国的总需求增加 1%，使德国的国内生产总值增加 0.23%，即美国对德国的溢出效应为 0.23。而德国国内生产总值增加 0.23%，又会使美国的国内生产总值增加 0.011 5%，即德国对美国的回波效应为 0.011 5。这种影响对经济的作用相当大。例如，德国 1981—1982 年的经济衰退就是依靠美国的复兴而得以摆脱的。也就是说，美国因为经济复兴引起的国内生产总值增加提高了进口水平，而美国的进口中有相当一部分来自德国，这就增加了德国的出口，使其摆脱经济衰退。

总之，通过溢出效应与回波效应，国际贸易就把各国经济紧紧联系在一起，既可以由一国的繁荣带动其他国家的繁荣，也可以由一国的萧条引起其他国家的萧条。

在当前世界上，除了国际贸易，国际资本流动也把各国经济紧紧联系在一起。

这种联系可能是短期资本的流动，也可能是利率的变动。在前一种情况下，如果一国发生了衰退而引起资金周转不灵，从各国抽回资本或减少对外投资，这就会引起其他国家由于资本外流而总需求减少，从而也发生衰退；在后一种情况下则是一国经济变动引起利率变动，而利率变动引起国际短期资本流动，从而影响其他国家的经济。关于这一点我们就不详细分析了。

二、开放经济中的宏观经济调节

在开放经济中，政府进行经济调节时，一方面要考虑各国经济的相互关系，另一方面又要同时实现内在均衡与外在均衡。我们在这里重点分析同时实现内在均衡与外在均衡的困难。

我们把内在均衡界定为充分就业与物价稳定，把外在均衡界定为国际收支平衡。这三者之间的关系在现实中则有不同的情况。我们可把这三者组合的情况归纳如下：国内通货膨胀与国际收支赤字，国内经济衰退与国际收支盈余，国内通货膨胀与国际收支盈余，国内经济衰退与国际收支赤字，国内经

在开放经济中政策的运用更为复杂和困难。

济均衡与国际收支赤字，国内经济均衡与国际收支盈余，国内通货膨胀与国际收支平衡，国内经济衰退与国际收支平衡，国内经济均衡与国际收支平衡。

在上述九种情况中，第九种实现了内在均衡与外在均衡，不用进行任何调节，是最优状态。但这种情况毕竟是少的，大量存在的还是其他八种情况。在这八种情况中，第一种与第二种情况很好解决。在第一种情况下，采取紧缩性政策，就可以使总需求得到抑制，国内生产总值减少，消灭通货膨胀；国内生产总值的减少又会使进口减少，从而消除国际收支赤字。第二种情况采取扩张性政策，就可以刺激总需求，使国内生产总值增加，经济摆脱衰退；国内生产总值的增加又会增加进口，从而消除国际收支盈余。但第三种到第八种情况，则存在政策上的矛盾。例如，对于第三种情况，采取紧缩性政策可以制止国内的通货膨胀，但国内生产总值的减少则会减少进口，使国际收支盈余更多；而采取扩张性政策，增加国内生产总值固然可以增加进口，减少国际收支盈余，却又加剧了国内的通货膨胀。第四种情况与此相反，采用扩张性政策可以摆脱国内经济衰退，却加重了国际收支赤字；采用紧缩性政策可以减少国际收支赤字，却加剧了经济衰退。第五种与第六种情况是国内实现了均衡，而国际收支不平衡，采取任何解决国际收支不平衡的政策都会破坏国内的均衡。第七种与第八种情况是国际收支平衡，但国内不均衡，采取任何解决国内问题的政策都会破坏国际收支的平衡。这些矛盾的情况，使经济政策面临进退维谷的困境，这就是同时实现内在均衡与外在均衡的困难。

三、开放经济中的最优政策配合

内在均衡与外在均衡的矛盾要求经济学家找出最优政策配合的方案。**最优政策配合的含义是，在国内外需要不同的调节政策的情况下，所采用的政策应使其中一种政策的积极作用超过另一种政策的消极作用。**各国政府在选择最优政策时，首先，应该注意各种政策对内与对外的不同影响。货币政策对外的影响往往要大于对内的影响。例如，货币量增加通过利率下降对国内总需求的刺激作用比利率下降对资本流入的影响要小。财政政策对内的影响往往要大于对外的影响。又如，增加政府支出引起的国内生产总值增加的作用要大于增加进口的作用。其次，各国政府应该确定政策所要解决的主要问题。例如，如果在国内经济衰退与国际收支盈余的情况下，主要是解决国内经济衰退问题，那就要把政策重点放在刺激国内经济上。最后，各种政策应配合运用，用一种政策去抵消另一种政策的副作用。

加拿大经济学家芒德尔提出了实现最优政策配合的有效市场分类原理。这一原理认为，每一种政策手段应当用于其能产生最大的有利影响的市场或经济环境。其对另一市场或经济环境必然产生的某种副作用，可用性质相反的另一种经济手段加以抵消。这样，两种经济政策的相互配合就可以达到此种目的。例如对于第三种情况，即国内通货膨胀与国际收支盈余，政府应该采用紧缩性财政政策以制止通货膨胀，同时用扩张性货币政策增加货币量、降低利率，以使资本流出，减少国际收支盈余。对于第四种情况则可用扩张性财政政策与紧缩性货币政策相结合的方法，以摆脱国内经济衰退，同时吸引外资，减少国际收支赤字。此外，政府还可以用对外经济政策来配合国内经济政策。例如，对于第五种情况，即国内经济均衡与国际收支赤字，政府可以通过支出转换政策来调节。支出转换是在对国内产品总需求保持不变的情况下，改变总需求的构成，即通过保护贸易政策或汇率贬值政策来减少进口，以使国内经济仍保持均衡，而国际收支赤字得以减少。

最优政策配合是一个很复杂的问题，不仅要考虑国内国外的经济状况、政策目标、政策效应等问题，还要考虑各种复杂的政治因素、国际关系、一国的历史传统等问题。例如，在通过增加进口来减少国际收支盈余时，政府应考虑到本国的边际进口倾向有多大。边际进口倾向是由许多经济与非经济因素决定的，在一定时期内有相对稳定性。如果一国出于历史原因边际进口倾向较低，那么，增加进口消除国际收支盈余的作用就有限。此外，政府在通过扩张性货币政策降低利率，以吸引资本流入、减少国际收支赤字时，还要考虑资本流动对本国利率变动的反应程度，这种反应程度在相当程度上取决于一国的政局是否稳定、投资环境与政策是否足以吸引外资等。在通过出口来增加国内生产总值、减少国际收支赤字时，政府应考虑到国际经济形势及世界市场对本国出口产品的需求弹性。如果国际经济处于衰退时期，而且本国出口产品在世界市场上的需求弹性低，那么这一政策就很难奏效。

案例研究

开放是成功的关键

在历史上，汉唐都是开放的时期，也是中国强大、繁荣的时期。明清之后中国进入闭关锁国时代，失去了许多宝贵的机会。尤其是清乾隆以后更加封闭，而西方国家飞速发展，以至于发生了鸦片战争。中国近代史就是一部贫穷、落后、挨打的历史。尽管晚清有洋务运动师夷之长，但终未成功。

20 世纪 80 年代之后，中国经济突飞猛进，取得了举世瞩目的成绩，国际地位空前提高。这完全源于改革与开放，而在这两者中，开放是至关重要的。我们的改革开放，不仅向国外开放市场，而且学习国外成功的经验，学习国外先进的科学技术，也引进国外的资本。我们建立了社会主义市场经济制度，让市场有效地配置资源，特别是在 21 世纪初又加入了 WTO。加入 WTO 是中国经济改革与发展强有力的助推剂，这些年我国经济增长率基本上每年在10%以上，实现了GDP位居世界第二。这些成就与国内的改革分不开，更与开放分不开，开放创造了汉唐之后又一个繁荣的中国盛世。

当然开放也不是一帆风顺的，这其中既有国内保守势力的抵制，也有国外反华势力的干扰。由于历届党中央始终坚持改革开放的政策，国内的保守势力已不成气候，但随着中国力量的强大，国外反华势力总以各种方式阻挠中国的开放和进步。“中国威胁论”正是这种反华势力的代表。

但我们改革开放的初心始终不变。党中央一再提出更多开放的举措，尤其是从历史上的“丝绸之路”概念引申出“一带一路”倡议，并将之付诸行动，带动了中国和相关欧亚各国的共同繁荣。现在这些政策的效果已经明显可见。特别是在新冠疫情期间，我们仍排除疫情的干扰，与各国加强往来，举办中国国际进口博览会这类活动，扩大开放的步伐，并根据开放的需要调整各项政策，如提高人民币的国际化程序，对关税进行调整等。这些表明无论遇到什么困难，中国开放的决心不会变，开放的路子会一直走下去，而且步伐会越来越大。

繁荣的中国离不开世界，繁荣的世界也离不开中国。在全球化的今天，中国与世界休戚相关，开放是我们将会坚定不移地走下去的道路。

关键概念

国际贸易	进出口	净出口	贸易盈余
贸易赤字	绝对优势	比较优势	要素禀赋说
幼稚产业论	战略性保护论	边际进口倾向	内在均衡
外在均衡	国际收支	汇率	购买力平价说
汇率升值	汇率贬值	固定汇率制	直接标价法
间接标价法	浮动汇率制	自由浮动	管理浮动
国际金融市场	套利活动	溢出效应	回波效应
最优政策配合			

内容提要

- 国际贸易在第二次世界大战后出现的重要特点之一是发达国家之间行业内制成品贸易大量增加，推动了经济繁荣。

- 比较优势理论是自由贸易的基石。这一理论证明了自由贸易是双赢的。
- 新国际贸易理论根据市场竞争的不完全性和规模经济证明了行业内制成品贸易的合理性，使自由贸易理论有了突破性发展。
- 保护贸易的思想始终存在，并成为限制性贸易政策的基础。传统的保护贸易理论是幼稚产业论，当代的保护贸易理论是战略性保护论。
- 在考虑国际贸易时，宏观经济均衡要同时考虑充分就业均衡与贸易收支平衡。
- 国际收支是一国在一定时期内（通常是一年内）对外国的全部经济交往所引起的收支总额的对比。
- 汇率决定的重要理论是购买力平价理论，它证明了两国的汇率在本质上取决于各国货币的购买力。
- 国际金融市场是国际资本流动的场所。国际金融市场的资本流动既有利于各国经济发展，也会对各国经济造成冲击。
- 在考虑到资本流动时，宏观经济均衡还受汇率与利率引起的资本流动影响。
- 在开放经济中，各国经济通过溢出效应与回波效应相互影响。
- 在开放经济中要同时实现内在均衡与外在均衡，政策的运用更为复杂，各国政府要灵活地运用政策组合，实现最优政策配合。

思考题

1. 当代国际贸易有什么特点？哪一个特点最重要？

2. A、B 两个国家都生产牛肉与土豆。A 国一个工人生产 1 千克牛肉需要 10 小时劳动，生产 1 千克土豆需要 4 小时劳动。B 国一个工人生产 1 千克牛肉需要 18 小时劳动，生产 1 千克土豆需要 6 小时劳动。A 国的生产率无论是生产牛肉还是土豆都高于 B 国，这两个国家之间进行贸易能实现双赢吗？为什么？

3. 有一种观点认为，资本丰富而廉价的国家应该生产资本密集型产品，劳动丰富而廉价的国家应该生产劳动密集型产品。这种观点正确吗？为什么？

4. 市场竞争的不完全性和规模经济如何引起行业内的贸易？

5. 发展中国家是否应该保护幼稚产业或战略性行业？为什么？

6. 在开放经济中，由于国内消费和投资增加而引起的总需求增加与由于出口增加而引起的总需求增加，对宏观经济均衡有什么不同影响？

7. 一个国家的边际消费倾向为 0.6，边际进口倾向为 0.2。如果该国总需求增加 100 亿元，国内生产总值能增加多少？

8. 下面这些国际经济往来数据应列在国际收支平衡表的哪一项？

（1）出口飞机 100 亿元。

（2）进口衣服20亿元。

（3）本国人到国外旅游，共支出10亿元。

（4）外国人到本国旅游，共收入12亿元。

（5）国内公司在外国保险公司投保5亿元。

（6）国外公司雇用本国船队共收入6亿元。

（7）本国公民购买外国公司股票共50亿元。

（8）本国政府购买外国政府债券40亿元。

（9）本国公司在国外建厂共支出50亿元。

（10）外国公司在本国建厂共投资30亿元。

（11）本国公司向国外银行借款20亿元。

根据以上各项计算经常项目、资本和金融项目与储备资产各是多少。

9. 用购买力平价理论说明国内物价水平变动对本国汇率的影响。

10. 用泰国（或其他任何一个国家）说明国际资本流动对一国经济的影响。（搜集有关资料再做题）

11. 假设美元与日元在纽约外汇市场的汇率为1:120，在东京外汇市场的汇率为1:150。这两种汇率会趋同吗？如果能趋同，说明它实现的过程。

12. 当一个国家面临国内经济衰退与国际收支赤字时，仅仅用一种政策调节有什么困难？

13. 什么是最优政策配合？这种理论有什么意义？

参考文献 REFERENCE

[1] 曼昆. 经济学原理 . 梁小民，梁砾，译. 7 版 . 北京：北京大学出版社，2015.

[2] 梁小民 . 经济学是什么 . 北京：北京大学出版社，2017.